José Sánchez de Murillo

Luise Rinser

Ein Leben in Widersprüchen

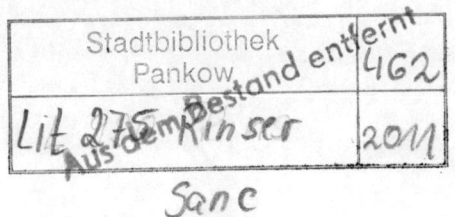
S. Fischer

© S. Fischer Verlag GmbH, Frankfurt am Main 2011
Satz: pagina GmbH, Tübingen
Druck und Bindung: CPI – Clausen & Bosse, Leck
Printed in Germany
ISBN 978-3-10-071311-7

Inhalt

Vorwort

Über ein halbes Jahrhundert spielte die Schriftstellerin Luise Rinser als Integrationsfigur und moralische Instanz eine wichtige Rolle in der deutschen Gesellschaft. Weit über die nationalen Grenzen hinaus wurden ihre literarische Begabung, ihre demokratische Gesinnung und ihre menschliche Ausstrahlung anerkannt.

Der jungen Frau gelang 1941 mit ihrer ersten Erzählung *Die gläsernen Ringe* ein dichterisches Werk, das während der Nazi-Herrschaft das öffentliche Bewusstsein eindringlich – um mit Hermann Hesse zu sprechen – an den Geist erinnerte. 1950 folgte *Mitte des Lebens*, eine Liebesgeschichte und zugleich eine tiefe Reflexion über ihre eigenen Lebens- und Kunsterfahrungen. Dieser Roman, der das Lebensgefühl der Zeit traf, verschaffte ihr den literarischen Durchbruch.

Man bewunderte die treue Gattin, die nach dem Tod ihres Ehemannes im Russland-Feldzug mit ihren zwei Kindern auf der Suche nach Überlebensmöglichkeiten durch Kriegsdeutschland gezogen war, die wegen ihrer Ablehnung der nationalsozialistischen Ideologie 1944 verhaftet und ins Gefängnis gebracht wurde. Man staunte über die Kraft der zierlichen Frau, die zum kulturellen Wiederaufbau des zerstörten Deutschlands beitrug und sich, stets auf der Seite der Schwachen, für Frieden und Demokratie, für die Rechte der Frauen weltweit einsetzte. Sie wurde von Frauen und Männern unterschiedlichster Herkunft verehrt.

Das ist der Mythos. Er wurde 1981 mit der Veröffentlichung von *Den Wolf umarmen*, dem ersten Teil dessen, was sie als ihre Autobiographie vorstellte, gefestigt und gewann gesellschaftliche Bedeutung. Mit diesem glänzenden Epos aus dem Deutschland der Nachkriegszeit hatte Luise Rinser sich selbst gleichsam in die Nähe von Gestalten epochalen Ranges wie etwa Jeanne d'Arc in Frankreich oder Agustina de Aragón in Spanien gestellt.

Prompt kam politische Anerkennung. Die Grünen schlugen sie 1984 für das Amt des Bundespräsidenten vor. Eine damals kleine, elitäre Partei, die als Erneuerungskraft für Mensch und Natur entstanden war, wollte die sozialistisch gesinnte Schriftstellerin zum Symbol des neuen Deutschlands erheben. Dass sie nicht gewählt wurde, bestätigte die Richtigkeit der Symbolik. Die Politik war noch nicht so weit.

Wie wichtig der Rinser'sche Mythos für die deutsche Gesellschaft war, zeigt der Erfolg des Buches. *Den Wolf umarmen* erreichte schon im Erscheinungsjahr eine Auflage von 50 000 Exemplaren.

Freilich meldeten sich auch Zweifel. Gedichte, in denen sie Hitler verherrlichte, wurden entdeckt. Ihre Beziehungen zu dem Benediktinerabt Hoeck und dem Theologen Karl Rahner überzeugten viele nicht. Ihre Freundschaft mit dem koreanischen Diktator Kim Il-sung empfand man als befremdend. Der Ruf der Schriftstellerin überstand jedoch alle Angriffe der Kritik.

Während meiner Freundschaft mit Luise Rinser in ihren späten Jahren erfuhr ich zwar viel Persönliches von ihr, das die Öffentlichkeit nicht kannte. Über ihre Vergangenheit im Dritten Reich schwieg sie sich aber aus. So sah auch ich sie stets im Licht ihrer eigenen Darstellung. Erst durch die wissenschaftliche Erforschung ihres Lebens und durch das Studium ihres Werkes nach ihrem Tod kam ich zu der Einsicht, dass die angedeuteten Widersprüche nur die Spitze des Eisbergs waren. Luise Rinser war in der Nazizeit ebenso verstrickt wie viele andere. Und nicht nur dies. Aber die mutige Frau, die sich in der von Männern dominierten Welt durchsetzte, war vor allem ein Mensch, der es verstand, in schwierigen Zeiten unter widrigen Umständen zu leben und zu überleben.

Luise Rinser war eine bedeutende Frau und eine begabte Schriftstellerin. Das hat man immer gewusst. Nicht erkannt hatte man, wie ungewöhnlich sie war und wie zukunftsweisend ihr Werk ist.

I.
Kindheit und Jugend
in Zeiten des Umbruchs
1910–1929

Josef Rinser und Aloisia Sailer

Über die ersten Jahre seiner Ehe führt Josef Rinser kein Tagebuch. Doch die wichtigsten Augenblicke hält er in einer illustrierten Ausgabe von Adelbert von Chamissos *Frauen-Liebe und Leben* fest. Neben dem Bild einer jungen Frau, die ihrem Mann etwas ins Ohr flüstert, steht: *August 1910.*[1]

Geheiratet haben der Oberlehrer Josef Rinser und die Hausfrau Aloisia, geborene Sailer, am 10. Juli 1910 in Pitzling bei Landsberg in Oberbayern. Getraut wurden sie von Georg Rinser, einem Bruder des Bräutigams.[2] Das Kind, das sich im August ankündigt, soll, wenn es ein Bub ist, Georg heißen wie Josefs Vater; ein Mädchen soll wie die Mutter genannt werden, aber mit »y«: Aloysia.

Josef Rinser, am 28. Februar 1883 in Rosenheim geboren, ist das jüngste von sechs Kindern des Salinenzimmerers Georg Rinser (1846–1935) und seiner Ehefrau Maria, geborene Pauker (1847–1923). Von den Geschwistern, die hier noch eine Rolle spielen, wären zu nennen: der schon erwähnte Georg (1876–1938), Pfarrer in Aschau am Inn, und Marie (1887–1967), Besitzerin einer Limonadenfabrik in Kirchanschöring. Während Josefs ältere Brüder Georg und Vitus[3] groß wie ihr Vater und gut gewachsen sind, ist er missgebildet. Zwar kann man ihm den Buckel kaum ansehen. Doch als er sich 1916, dreiunddreißigjährig, als Kriegsfreiwilliger meldet und gemustert wird, stellt der Militärarzt eine Verkrümmung der Wirbelsäule fest. Er wird als kriegsuntauglich abgelehnt. Warum habt ihr mich zum Krüppel werden lassen?, warf das Kind einmal seinen Eltern vor. Eine Tante habe ihn als Säugling zu Boden fallen lassen, erklärte die Mutter. Sie schämte sich, die Wahrheit zu sagen: Ihr

Sohn hatte das, was damals als Arme-Leute-Krankheit galt: Rachitis, eine auf Vitamin-D-Mangel beruhende Missbildung der Wirbelsäule. Lebenslang leidet Josef unter Minderwertigkeitskomplexen. Ob er sich deswegen gelegentlich den Tod wünscht? Jedenfalls entwickeln sich bei ihm nekrophile Grundzüge. Und er hat eine Neigung zu tiefem Nachdenken, liebt das Alleinsein.

Sein Lieblingsfach Musik kann er aus finanziellen Gründen nicht studieren. Er wird Volksschullehrer. Diese Entscheidung, aus der Not getroffen, erweist sich freilich als richtig. Josef Rinser liebt Kinder, kann gut mit ihnen umgehen. 1936 lässt er sich vorzeitig pensionieren – unter dem Vorwand seiner Wirbelsäulenverkrümmung, in Wirklichkeit jedoch, weil er es ablehnt, unter Hitler Lehrer zu sein. Vom Schuldienst entpflichtet, wird er Organist an der Stadtpfarrkirche Rosenheim. Unbezahlt, da er eine Rente bezieht.

Doch die Schatten werden ihn sein Leben lang nicht verlassen. Die Sehnsucht nach dem unerreichbaren Traumberuf, die immer deutlicher werdende Verkrüppelung machen aus dem in sich gekehrten Jungen einen schwermütigen Mann, der in eine übertriebene Ordnungswelt mit streng katholischen Werten flüchtet. Auf diese Weise versucht er, sein Harmoniebedürfnis zu befriedigen. Und auch seinen Drang, überall der Beste zu sein.

Die Frau, die Josef Rinser heiratet, ist wahrhaftig in jeder Hinsicht sein Gegenstück. Aloisia Sailer wurde am 29. Juni 1883 in Balzhausen (Landkreis Günzburg, Bayerisch-Schwaben) als zweites Kind des Josef Sailer und seiner Ehefrau Anna, geb. Egger, geboren. Zu der wohlhabenden Großbauernfamilie zählen noch fünf weitere Töchter und zwei Söhne. Unter diesen vielen Geschwistern ist Franziska (»Tante Fanny«) hervorzuheben, von der hier noch oft die Rede sein wird.

Aloisia ist nicht so attraktiv wie Fanny, dafür aber höchst intelligent, vital und wortgewandt. Nach der Mittelschule kommt sie zum Erlernen der höheren Kochkunst auf das Schloss Seyfriedsberg in Ziemetshausen zwischen Augsburg und Krumbach, wo die Fürstin Wallerstein residiert. Die junge Prinzessin ist derart angetan von dem gescheiten Landmädchen, dass sie es zu ihrer Gesellschafterin macht. Überall, ob auf dem Land oder in der Großstadt, sind sie zusammen. Überwintert wird teils im Stadtpalais in der Münchner Briener Straße, teils im Wiener Palais.

Die flotte junge Frau genießt das Leben der aristokratischen Gesellschaft, ist allseits beliebt, bekommt sogar verlockende Heiratsanträge. Für eine Ehe fühlt sie sich jedoch noch zu jung. Stattdessen lernt sie ungewöhnliche Kochkünste, vornehmen Kleidungsstil, feine Umgangsformen bei Ballabenden und Empfängen.

Es überrascht nicht, dass die wohlhabenden Sailers einen Sohn aus der eher bescheidenen Rinser-Familie als Ehepartner für ihre Tochter ablehnen. Die Sailer-Mutter »aus dem Schwäbischen« – wie Schwiegersohn Josef sie später nennen wird – kann Armut nicht leiden. So ist für sie die bloße Vorstellung einer Heirat ihrer Tochter mit einem Volksschullehrer entsetzlich, zumal ein Brauereibesitzer beharrlich um sie anhält. Doch die Tochter wählt den Volksschullehrer und setzt sich bei ihren Eltern mit ihrem Wunsch durch.

Aloisia Sailer ist eine taktisch begabte Willensfrau, die ihr Herz beiseitezulassen weiß, wenn das Ziel es erfordert. Sie sei nicht gefühllos, allein das Gefühl sitze in ihrem Gehirn, wird ihre Tochter später schreiben. Entdeckt sie Not, hilft sie. Keine Theorien, nur Taten gelten ihr als Beweise von Mitmenschlichkeit. Energisch, intelligent und lebenslustig, überaus erzählfreudig, pragmatisch orientiert und durchsetzungsfähig: das ist Aloisia Rinser, geborene Sailer.

Recht bald lernt die Mutter Sailer ihren musikalischen Schwiegersohn zu schätzen und betont überzeugt, sie hätte sich für ihre Tochter keinen besseren Mann vorstellen können. Also kauft sie ihm gleich ein Klavier. Und da sie von materieller Enge nichts hören will, schickt sie dem jungen Paar regelmäßig Mehl, Schweineschmalz, Geräuchertes und gelegentlich, wenn nötig, auch Geld. In finanzielle Not gerät das junge Paar dennoch ziemlich oft, weil die an großzügiges Wirtschaften gewöhnte Ehefrau mit dem knappen Gehalt des angehenden Volksschullehrers nicht auskommt – vor allem wenn sie sich Kleidungsstücke leistet wie einen modischen Panamahut, der fast ein Monatseinkommen kostet. Sie hatte es nie nötig gehabt, auf den Preis zu schauen. Findet sie etwas schön, greift sie zu. Und die Rechnung wird pünktlich von der Mutter oder der Prinzessin Wallerstein bezahlt.

Die vitale Frau braucht den stillen Mann. Und der depressive Mann braucht eine Frau, die ihm Lebenslust und Unternehmungsgeist bringt. Im Laufe der Jahre lernen sie sich immer besser verstehen und derart innig lieben, dass sie nicht mehr ohne einander leben können. Wie hat sich dieses ungleiche Paar gefunden?

In der Erzählung *Die gläsernen Ringe*, die 1941 erscheint und sie als Schriftstellerin bekannt machte, schilderte die junge Luise Rinser einen Onkel »Felix«, der im oberbayerischen Kloster Wessobrunn wohnt und als Dorfpfarrer und Seelsorger der Missionsbenediktinerinnen fungiert. Der Mann, der ihr dafür Modell stand, Franz Hörtensteiner, war ein entfernter Verwandter der Sailer-Familie, geboren im schwäbischen Dorf Fischach, das Ende des 19. Jahrhunderts zum größten Teil aus einer jüdischen Gemeinde bestand. Er selbst entstammte einer schon lange zum Christentum konvertierten jüdischen Familie. Trotzdem nennt ihn Josef Rinser, wenn er auf ihn zornig wird, »den alten Juden«. Doch er ist kein Antisemit. Er bedauert es sogleich und schwächt ab in »der alte Hörtensteiner« oder einfach »der Alte«. Die anderen dagegen nennen ihn, wie damals für Geistliche üblich, ehrerbietig »der Herr«. Der Ortspfarrer, Klosterseelsorger, Dekan und geistliche Rat der Region ist also für seine Umgebung »der Herr« schlechthin.

Wenn Luise Rinser im späten Alter gelegentlich noch auf Onkel Franz zu sprechen kam, sagte sie, er sei ein skeptischer Atheist gewesen, den man in die Rolle des Geistlichen gedrängt habe. Durch die vielen Reisen habe er einen Ausgleich gesucht für die Entbehrungen, welche ihm sein Berufsstand als katholischer Kleriker auferlegte.

Josef Rinser und Franz Hörtensteiner leben in ständiger Spannung, die sich gelegentlich in heftigen Wortausbrüchen entlädt. Sie können einander nicht ausstehen. Gewiss gibt es zwischen den beiden politische Differenzen. Hörtensteiner ist eher nach rechts orientiert, Rinser dagegen, obwohl streng katholischen Glaubens, sozialistisch und antiklerikal. Die Ursache für diese Haltung lag darin, dass Anfang des 20. Jahrhunderts die Schulaufsichtsbehörde ausschließlich aus Klerikern bestand, denen mangelnde Kompetenz in Sachen Pädagogik und Didaktik nachgesagt wurde. Dies ist oft der Anlass zu Streit zwischen Franz und Josef.

Doch die beiden mögen sich nicht. Der Grund für diese gegenseitige Abneigung ist sehr menschlich: eine Frau, die beide wollen. Vor seiner Versetzung nach Wessobrunn war Franz Hörtensteiner in einem Dorf – vielleicht Pitzling – bei Landsberg am Lech tätig. Dort hatte Josef Rinser seine erste Anstellung als Lehrer. In Hörtensteiners Pfarrhof arbeitete als Haushälterin eine junge Verwandte, eine »Nenn-Nichte«, die mit ihm aus dem Schwäbischen gekommen war. Die auffallend schöne Frau mit schwarzen Augen, dunklen Locken und einer betont weiblichen Figur hieß Fanny Sailer. Sie war das »Primizbräutchen« des Neugeweihten gewesen.[4]

Franz Hörtensteiner liebt die junge Frau innig. Ein Verstoß gegen den Zölibat konnte ihm aber nie nachgewiesen werden. Doch das Mädchen hat sich in den ruhigen, sensiblen Volksschullehrer Josef Rinser verliebt. Und der erwidert ihre Liebe. Als Franz Hörtensteiner die Beziehung entdeckt, bewacht er seine Haushälterin sorgfältig. Fanny und Josef müssen sich im Geheimen treffen. Vielleicht denken sie an Heirat. Doch da taucht Fannys Schwester Aloisia auf, etwas jünger und nicht so hübsch, aber klug genug, um in kurzer Zeit den blondgelockten Lehrer für sich zu gewinnen. Bald beschließen Aloisia Sailer und Josef Rinser zu heiraten, Pfarrer Franz Hörtensteiner und seine Primizbraut bleiben zusammen. Bis zum Tode.

Fanny muss sich Tag für Tag ansehen, wie ihre Schwester Aloisia mit ihrem geliebten Josef zusammenlebt, schwanger wird und eine süße Tochter bekommt, die ihre eigene hätte sein können. Und Aloisia leidet darunter, dass ihr Josef zuerst die Fanny geliebt und nur deshalb nicht geheiratet hat, weil sie, Aloisia, dies schlau zu vereiteln wusste und der Pfarrer es ohnehin nie zugelassen hätte.

Auf diese spannungsreiche Weise bleiben beide Paare aneinander gebunden, ein Leben lang. Wenn die Schriftstellerin Jahrzehnte später über diese Beziehung berichtet, stellt sie lapidar fest: »Die Bindung zwischen den Vieren [...] war schicksalhaft. Nie kamen sie voneinander los.«[5] Sogar ein Haus bauen sie zusammen in Rosenheim; dabei übernimmt Pfarrer Hörtensteiner den größeren Anteil der Kosten. Josef und Aloisia Rinser werden Mitbesitzer und Erben, unter einer Bedingung allerdings: dass sie ständig dort wohnen bleiben – was sie auch tun, trotz aller Probleme und Spannungen. In diesem verwickelten Beziehungszusammenhang, der natürlich auch viele schöne Tage kennt, werden die vier alt.

Als Erste stirbt Fanny Sailer, Luises Lieblingstante. Sie wird mürrisch, launisch, manchmal gemein und böse, aber Schwester und Schwager pflegen sie liebevoll, bis sie in Frieden scheidet. Dem alten Hörtensteiner fällt der »Heimgang« nicht leicht, er hat gerne gelebt. Auf einer seiner Reisen nach Italien erkrankt er schwer. Er wird in eine Münchner Klinik gebracht, lehnt sich lange gegen den Tod auf. In seinem Heimatort Fischach wird er begraben.

Jeder stirbt, wie er gelebt hat, sagt die Volksweisheit. Zumindest auf die Rinsers und Sailers trifft dies zu. Josef scheidet friedlich und überlegt. Ohne eigentlich krank zu sein, fühlt er sich eines Tages lebenssatt. Er verabschiedet sich am Morgen des 1. Oktober 1951 von seiner Frau mit den Worten: »Du bist mir immer eine gute Frau gewesen.« Spricht, schweigt und geht.

Aloisia überlebt alle drei um zwanzig Jahre, die sie als Alleinerbin des Rosenheimer Hauses genießt. Sie stirbt neunundachtzigjährig, am 22. August 1972, in einem Altersheim, ohne dass die Frage geklärt wäre, wer schwieriger war: ihre berühmte Tochter oder sie selbst, die energische, in der Erzählkunst so talentierte Mutter. Oder bestanden die Schwierigkeiten zwischen Mutter und Tochter darin, dass sie sich so ähnlich waren?

Auf dem Friedhof in Rosenheim liegen nun drei der vier im selben Grab: ganz unten Tante Fanny, oben Mutter Aloisia, dazwischen Josef, der Mann, den beide liebten.

Geboren in einer wirren Zeit
30. April 1911

Anfang des 20. Jahrhunderts war Pitzling noch ein selbständiges Dorf, fünf Kilometer von der Stadt Landsberg am Lech entfernt. Während der Zeit der Völkerwanderung und im frühen Mittelalter bildete der Fluss die Grenze zwischen dem alemannischen Stammesgebiet im Westen und dem bayerischen im Osten und markiert heute noch ungefähr die Grenze zwischen Altbayern und Schwaben sowie zwischen den bayerischen und den schwäbischen Dialekten.

In dieser Umgebung leben Josef und Aloisia Rinser. Die junge Frau kennt die Stimmungswechsel ihres Mannes, seine Tiefpunkte. Sie versucht ihn mit witzigen Erzählungen abzulenken, lädt Freunde ein. Dann spielt Josef Rinser ihnen auf dem Klavier vor.

Weihnachten 1910 verbringt das junge Paar wohl bei der Sailer-Familie im schwäbischen Balzhausen, wo das Fest besonders großzügig gefeiert wird. Von dort geht es zu den Rinsers nach Rosenheim. Was hier an Wohlstand fehlt, ersetzt die Liebe im Überfluss. Die Rinser-Mutter ist warmherzig, stets um ihren depressiven Sohn besorgt. Die gemütliche Art seines Vaters Georg wirkt wohltuend auf ihn. Trotz großen Fleißes ist dieser als Zimmermann finanziell nicht sehr weit gekommen. Doch Georg Rinser lebt gerne mit seiner Familie, zufrieden mit dem, was das Schicksal und die eigene Arbeit gebracht haben. Ihr Haus ist bescheiden. Aber es ist *ihr Haus*, das Rinserhaus in der Kufsteiner Straße 26 mit einem schönen Garten am Stadtbach.

Wir können annehmen, dass die Silvesternacht beim Baron von der Tann auf dem Gut Linden gefeiert wird. Seit Jahren ist das Fest ein Mittelpunkt des regionalen Adels. Die junge Frau Rinser bewegt sich gewandt in der aristokratischen Gesellschaft. Noch wenige Jahre zuvor hatten bei Unterhaltungen von Damen – in Bayern wie in Preußen – die drei »Ks« (Kinder, Kirche, Küche) den Stoff geliefert. Die Belle Époque, die Jugendbewegungen, besonders die Wandervogelbewegung, haben ein neues Selbstbewusstsein hervorgebracht. Meist benehmen sich die Frauen noch zurückhaltend. Einige beginnen aber, sich von der konventionellen Enge in Auftreten und Kleidung zu befreien. Aloisia Rinser hält die gute Mitte. Als Ehefrau eines Lehrers muss sie Rücksicht auf »rechte« Formen nehmen, als Tochter reicher Landbesitzer mit Erfahrung bei Hofe den Blick nach vorn richten.

Schon vor ihrer Geburt sei sie ungeduldig gewesen, hat Luise Rinser oft erzählt. Seit Wochen auffällig unruhig, meldet das Kind seinen Lebensanspruch eine Woche vor dem Termin an. Das Mädchen bekommt wie beschlossen den Namen Aloysia, wird aber Luise genannt. Es ist im Vergleich zum Durchschnitt eher klein, aber gesund, lebendig und laut. Lebenshungrig zeigt es gleich seinen starken Drang zum Mittelpunkt.

Ihren Namen, wird die Schriftstellerin später sagen, habe sie nie gemocht, bis sie ihn auf Italienisch hörte. Luisa wurde sie genannt in Rom, in Rocca di Papa. Es trifft aber nicht zu, dass sie »diesen Namen nie leiden« konnte.[6] Die Abneigung entstand langsam und wuchs im Laufe der turbulenten Mutter-Tochter-Beziehung, die für den Lebensweg Luise Rinsers wesentlich ist.

Doch jetzt ist sie noch klein. Für Vater Josef ist sie »das Mädi«, sein Mädi. Leider hat er kein Tagebuch über die ersten Jahre seiner Tochter geführt. Aber seine Notizen im Buch *Frauen-Liebe und Leben* hat die Schriftstellerin, die Jahre später durch Zufall das Büchlein entdeckte, in ihrer Autobiographie wiedergegeben: »Mädi ist lieb und schläft schon durch … Mädi hat schon zwei Zähne … Mädi ist mit neun Monaten zur Impfung gelaufen … Mädi bleibt vor jedem Feldkreuz stehen und faltet die Händchen … Mädi kann schon beten: Liebes Schutzengele mein, hüpf zu mir ins Bettchen rein …« Und einmal notiert er stolz, wie sein Mädi Sätze von sich gibt, die ihm als Zeichen für eine literarische Begabung gegolten zu haben scheinen: *Pipale, papale, popale,* sagt sie plötzlich mit einem Jahr zum erstaunten Papa. Und mit eineinhalb Jahren noch deutlicher: *Auweh auweh 's Katzele hat Bauweh* ...[7]

Ihr Leben lang litt Luise Rinser unter der Vorstellung, sie habe nie wirklich Kind sein dürfen. Als sie in ihrer Münchner Ausbildungszeit Goethes *Hermann und Dorothea* las, sah sie ihre eigene Einstellung bestätigt. Nach Goethe als Vater sehnte sich die junge Studentin. Auch er hatte nur ein Kind, einen Sohn, und sie glaubte, der Dichter habe ihn gewähren lassen. Ihre Eltern dagegen hätten das nicht gekonnt. Ob Rinsers Bild von Goethe historisch zutrifft, sei dahingestellt.

Die Spannungen mit ihren Eltern führte Luise Rinser vor allem auf den Ehrgeiz ihres Vaters zurück. Seine Tochter musste die in seinen Augen ideale Frau verkörpern und sollte wie er den Lehrerberuf ergreifen. Sie hatte tugendhaft zu sein, um sich eines Tages zur Schulrätin emporarbeiten zu können. Von allen geehrt, streng religiös, fein und nobel, »moralisch« untadelig, also ohne Liebesgeschichten – so schwebte dem Vater die Zukunft seiner Tochter vor. Doch sehr früh zeichnete sich ab, dass für Luise Rinser die Freiheit den Gipfel der Existenz darstellte. Und sie warf ihren Eltern vor, dies nicht erkannt zu haben, obwohl es sich in ihrem Leben immer wieder gezeigt habe, und zwar früh genug, spätestens seit ihrem ersten Geburtstag. Als Beweis führt sie in ihrer Autobiographie *Den Wolf umarmen* folgende Begebenheit an:

Die einjährige Luise sieht im großen Spiegel des Kleiderschranks einen Mann mit ausgebreiteten Armen auf sich zukommen. Es ist ihr Rosenheimer Großvater. Das Kind läuft ihm entgegen, rennt in den Spiegel und bleibt ohnmächtig liegen. Du wolltest seit deinem Eintritt in diese Welt immer mit dem Kopf durch die Wand, interpretierte später der Vater. Und die Schriftstellerin konterte:

»Falsch: ich sah ja gar keine Wand, im Gegenteil, ich sah eine offene Tür, durch die ich gehen konnte, ich sah die Spiegel-Wirklichkeit, die mir ebensoviel galt wie die andre. [...] Meine Spiegelwirklichkeit ist jene der Ideen und jene meiner Arbeit. Ich lebe in der Doppelwirklichkeit.«[8]

Sie meint: In jedem Menschen schlummert eine Ur-Idee, die ihn, oft verborgen, sein Leben lang begleitet: die Ahnung von sich selbst, von dem, was er eigentlich ist. Diese Wahrheit wird von den Erziehern in Familie und Schule oft übersehen. Doch selbst wenn der Mensch das Bild annimmt, das man ihm aufzwingt, bildet die ursprüngliche Selbsterfahrung seinen eigentlichen Lebensgrund. Zuweilen ist die Umgebung stärker. Dann verkennt der Mensch sich selbst und sucht Zuflucht in Scheinbildern. In einigen Fällen allerdings setzt sich die Ur-Idee durch. Den »Weg« nennt Luise Rinser diese Idee. Denn sie stellt jenes Selbstziel dar, das, zunächst nur geahnt, sich im Laufe des Lebensprozesses verdeutlicht.

Im Kampf um die Selbstverwirklichung wird Luise Rinser gegen starke Feinde zu Felde ziehen müssen. Doch ihr gefährlichster Gegner wird stets sie selbst sein.

Aufgewachsen im Krieg
1914–1918

Am 28. Juni 1914 wurden der österreichische Thronfolger Franz Ferdinand und seine Gemahlin Sophie in Sarajevo (damals österreichisch-ungarisches Gebiet) ermordet. Dieses Attentat war Auslöser eines Krieges, der sich wohl seit Jahren angebahnt hatte.

In Europa hatten sich zwei Blöcke gebildet. Auf der einen Seite die Mittelmächte: Deutsches Reich, Österreich-Ungarn und das Osmanische Reich (Türkei). Auf der anderen Seite der russisch-französische Zweiverband, der sich mit Großbritannien zur Triple-Entente gestaltete. Hauptgrund für den Konflikt dieser drei Staaten mit dem Deutschen Reich und für das Anwachsen der Spannungen waren die imperialistischen Bestrebungen der Mittelmächte.

Als der Krieg ausbrach, überwog im Deutschen Reich zunächst die Ansicht, er diene der Verteidigung. Doch bald entstanden, ausgelöst durch die raschen Erfolge der Armee im Westfeldzug, euphorische Eroberungsprojekte, die weite Teile Europas und Vorderasiens einschlossen. Die Kriegsbegeisterung war auch in der Bevölkerung nicht mehr zu bremsen. Im Deutschen Reich wurde ein Notabitur eingeführt, damit die Oberprimaner als Freiwillige vorzeitig ins Heer eintreten konnten.

Deutschland war aufgewühlt. Nach den »Balkonreden« Kaiser Wilhelms II. (Juli/August 1914) begeisterte der Dankerlass nach der Schlacht von Tannenberg die deutsche Öffentlichkeit. Von den Massen angefeuert, trieben Politik und Militär in eine der größten Katastrophen der europäischen Geschichte hinein.

*

Diese verhängnisvollen Tage bleiben Luise Rinser ihr Leben lang im Gedächtnis. Aus »genauester Erinnerung« beschreibt sie die Situation in ihrer Autobiographie:[9]

Das Kind geht auf einem Feldweg. Da kommt ein Radfahrer, der außer sich vor Aufregung schreit: Geh heim, du, Krieg ist! Das Mädchen rennt voller Angst nach Hause. »Alle Leute liefen, alles war laut und rot.«

Was ist das: Krieg?

Krieg ist, wird die Schriftstellerin erläutern, wenn ein Volk ein anderes angreift, weil es sich selbst für »das auserwählte« hält, für besser als die anderen. Man müsse auf sein Vaterland stolz sein, hieß es, und, wenn es bedroht sei, auch töten, je mehr, desto besser. Auf der anderen Seite lernt man: Du darfst nicht töten. Sie habe nie verstanden, warum der Gruppe erlaubt, ja befohlen sei, was beim Einzelnen als Sünde und Verbrechen gelte, schreibt sie später. »Wer kann das verstehen? Es geht nicht um Gewinn, wurde uns gesagt, es geht um die Ehre. […] Wenn zwei Buben raufen, so ist einer der Sieger. Es ist schmählich, Unterlieger zu sein.«[10] Dem Mädchen prägt sich ein, dass Krieg ist, wenn sich Erwachsene wie kleine Buben benehmen.

Vom Krieg nimmt das Kind das Unsinnige wahr, die Zerstörung des schönen Alltags im friedlichen Dorf im Voralpenland. Die Verantwortlichen nehmen die Katastrophe in Kauf. Der Krieg kostet viel Geld, das Vaterland ist arm geworden, erläutert der Lehrer, man muss alles sammeln, was man noch verwerten kann. Die Kinder bekommen schulfrei zum Queckenausreißen. Sie müssen auf die Äcker gehen und die zähen weißen Wurzeln sammeln. Man macht Stoff daraus, Mantelstoff, Uniformstoff. Die kleine Luise hat ihr kupfernes Puppengeschirr hergeben müssen, damit man daraus Waffen machen konnte, und die Eltern haben bereits ihre Gold- und Silbertaler, Mutters Mitgift, geopfert. Nun zeichnen sie wie Millionen Deutsche auch noch Kriegsanleihen, damit die Zerstörungsmaschinerie weiterlaufen kann. Und wie die anderen unzähligen deutschen Familien verlieren auch die Rinsers ihr Geld.

Aus allen Teilen des Reichs müssen immer jüngere, später ältere Männer eingezogen werden. Dazu gehört auch der junge Baron

von der Tann. Die Schriftstellerin erinnert sich: Es ist noch dunkel
an einem Herbsttag. Die kleine Luise liegt in ihrem Gitterbett. Eine
Gestalt kommt leise in ihr Zimmer, setzt sich neben das Kinder-
bettchen. Luise weiß, wer es ist. Aber sie stellt sich schlafend. Sie
spürt, dass das ein wichtiger Augenblick ist im Schicksal des Mannes. Der Baron schweigt, betrachtet nur das Mädchen. Dann steht
er auf und geht. Einige Tage später zieht er in den Krieg. Luise
Rinser vergisst den jungen Baron nie, den sie »meine allererste
Liebe« nannte – allerdings bis ins hohe Alter durch ein vorsichtiges
»ich glaube« eingeschränkt.

Vorsicht ist bei Luise Rinser stets geboten, wenn es um Verliebtheiten geht. Denn sosehr das dreijährige Mädchen von dem vornehmen jungen Offizier angetan ist, so gibt es doch kurz nach
dessen Tod wieder eine andere »erste große Liebe«, und zwar erneut auf Gut Linden.

Sechs Jahre alt dürfte Luise sein, da sich die Begebenheit gleich
nach der russischen Revolution 1917 abspielt.

»Es war irgendein Fest, etwas Besonderes, ich wurde ganz in
Weiß gekleidet, alles war wunderbar, und auf Gut Linden sah ich
ihn: er war zwei Jahre älter als ich, er hatte kohlschwarze Augen,
und die Haare in Fransen in die Stirn gekämmt. Er war ebenfalls
in Weiß, er trug einen Russenkittel und Stiefelchen [...] Der
schöne Junge neben mir konnte nur Rumänisch und Französisch,
aber wir unterhielten uns, Kinder können das. Und nach dem
Essen verschwanden wir in geheimer Verabredung. Man fand uns
Stunden später, völlig verdreckt, schwarz nämlich, denn wir hatten uns ein Spiel daraus gemacht, die oberste Dachbodentreppe
herunterzurutschen. Die aber war rußig. Als man uns fand, waren wir schon verlobt. Wir liebten uns sehr. Leider mußten wir
uns trennen: er ging mit seinen Eltern nach Paris ins Exil. Eines
Tages kam von dort eine Ansichtskarte. Ich sehe sie noch vor
mir: ›Chère demoiselle ...‹. Und die Unterschrift, fast unleserlich,
darum nur halbwegs in meinem Gedächtnis geblieben. Der Vor-
name war Constantin, das war klar, der Nachname, der fürstliche,
hieß so ähnlich wie Wardiati. Ich habe dann nie mehr von ihm
gehört. Aber vergessen habe ich ihn nicht. Er war so schön, und

er war ein Fürst! Er war mehr: er war der Prinz aus dem Märchen. [...] das war die archetypische Erfahrung vom *Hohen Paar*.
Ich habe seither immer nach dem Prinzen gesucht.«[11]
Durch diese frühen Erfahrungen werden Liebe und Größe, Trennung und Tod für ihre Entwicklung bestimmend. Das Kindheits-
trauma der Angst vor dem Verlassenwerden wird zu einem Urquell
ihrer Inspiration.

Von Pitzling zieht die Familie nach Etting, wo der Vater, vermutlich zum Schuljahr 1914, eine feste Anstellung als Oberlehrer erhalten hat. Sie bewohnt ein gemütliches Haus mit großem Obst-
garten.

In dieser ruhigen Atmosphäre lernt Luise Rinser von ihrer Mutter lesen und schreiben. Dann aber, mit vier Jahren, geht sie zu
ihrem Vater in die Schule. Es ist keine nachträgliche Interpretation,
dass das Kind gerne mit Geschriebenem wie mit einem Spielzeug
umgeht. Als es nämlich, drei Jahre alt, zum ersten Mal nach Wessobrunn zum Onkel Franz Hörtensteiner gebracht wird, beschäftigt
es sich mit alten Büchern wie andere Kinder mit Puppen. Die mag
sie nicht. »Puppen sind dumm!«, sagt sie zu Spielfreundinnen.[12]
Dagegen ist sie neugierig auf schwer zugängliche Ecken im Wald,
auf Pflanzen und Tiere, auf Kreuze am Straßenrand, auf Statuen
und Altäre in der Kirche und eben auf alte Bücher mit Ledereinband.
Darunter findet sich eines, an dem sie, wie sie in *Die gläsernen Ringe*
erzählt, das Lesen gelernt habe: *Anweisungen für Beichtväter*.[13]
Möglich ist es wohl. Dies war eines der wenigen auf Deutsch geschriebenen Bücher in der Klosterbibliothek.

Der schulische Alltag in Etting wird für den Oberlehrer Josef
Rinser bereichert durch die sonntäglichen Gottesdienste. Da sitzt
er an der Orgel; darauf freut er sich die ganze Woche. Für die
Mutter, und in dieser Zeit auch für das Kind, sind dagegen die
Besuche bei Friedrich von der Tann das wöchentliche Ereignis.

Jeden Donnerstag wird Familie Rinser gleich nach Schulschluss
vom Kutscher mit dem »Landauer« des Barons abgeholt und zum
Gut Linden in Weilheim gefahren. Oft sind weitere Freunde mit-
eingeladen. Eine erlesene Gesellschaft trifft sich. Es wird über Poli-

tik und die Unruhe in Europa, über Kirche und Schule geplaudert. Es wird auch gesungen, meistens klassische Lieder, die der Baron vorträgt, von Josef Rinser am Klavier begleitet. Zum Beschluss aber wird stets das Lied »Näher, mein Gott, zu Dir« angestimmt, mit dem die Passagiere der *Titanic* nach deren Kollision mit einem Eisberg am 12. April 1912 Abschied vom Leben genommen hatten. Alle beteiligen sich tief bewegt. Denn das tragische Unglück des Riesendampfers blieb lange in Erinnerung.

Die Katastrophe stellt für die Menschen eine Lehre dar. Wir können annehmen, dass Josef Rinser sie der Tochter nach und nach erläutert. Größe und Kleinheit des Menschen. Ohnmacht der Wissenschaft angesichts der Grundfragen des Daseins, Grenzen der Vernunft. In Etting wird der Boden für Luise Rinsers spätere Beschäftigung mit der Mystik bereitet – für die mystische Selbsterfahrung in den dunklen Zeiten des Lebens, wo kein Licht zu sehen ist und trotzdem der urmenschliche Instinkt, die Kraft der Hoffnung, unbeirrt nach vorne drängt.

Der Krieg vergiftet Europa und zerstört den Geist in Deutschland für die nächsten drei Jahrzehnte. Doch oft sind Verletzungen, die sich Menschen innerhalb der Familie gegenseitig zufügen, schmerzhafter als die Eindrücke, welche die großen Katastrophen hinterlassen. Luise Rinsers Verhältnis zu ihren Eltern ist von Anfang an schwierig. Das Problem hat immer zwei Seiten. Da die Dichterin – trotz guten Willens, ihren Eltern Gerechtigkeit widerfahren zu lassen – nur ihre eigene Sicht darzustellen vermag, ist hier besondere Aufmerksamkeit vonnöten.

Ihre Beziehung zum Vater ändert sich immer wieder; aus Begeisterung wird manchmal Ablehnung. Aber sie wird von einer Grundliebe getragen, die durch alle Enttäuschungen hindurch bestehen bleibt. Mit ihrer Mutter dagegen trägt die Schriftstellerin lebenslang einen erbitterten Kampf aus. Alles ist spannungsgeladen zwischen den beiden. Die Mutter mag die Tochter von früh an nicht, sucht ständig nach Fehlern bei ihr – und findet sie natürlich auch. Sie gönnt ihr weder Freude noch Erfolg. Und später, als sie das erzählerische Talent ihrer berühmt gewordenen Tochter anerkennen muss, tut sie es stets in deren Abwesenheit. »Eben sagt mir

mein Vetter, daß meine Mutter später mit mir und meinen Büchern schier geprahlt hat: Später, ja später, als ichs nicht mehr
brauchte.«[14] Die Tochter ihrerseits geht hart mit der Mutter ins
Gericht, wobei sie ihr nicht bloß diese oder jene punktuelle Schwäche, sondern Grundsätzliches vorwirft:
> »Meiner Mutter fehlte die Gabe des Trauerns, sie war kalt, oder
> sie verdrängte alles, was ihr nicht paßte. Vielleicht mußte sie
> das tun, und anders hätte sie, wer weiß, das Leben mit meinem
> depressiven Vater nicht ertragen.«[15]

Zwar hat Luise Rinser die guten Eigenschaften ihrer Mutter –
Sachlichkeit, Menschenkenntnis, Großzügigkeit – wohl erkannt
und dies auch zum Ausdruck gebracht, doch stets gleichsam mit
einer Fußnote:
> »Sie besaß offenbar das, was man in der älteren Theologie das
> Charisma des guten Rates nannte. (Nur mir hat sie nie raten
> und helfen können und wollen.)«

Die Einschränkung beim Lob verrät hier Abneigung. Die ganze
Tragik dieser Beziehung offenbart sich in dem Satz:
> »Aber: wenn diese Frau nicht meine Mutter gewesen wäre, so
> wäre das für beide ein Segen gewesen.«[16]

Wenn eine Tochter noch in hohem Alter so von ihrer Mutter
spricht, kann man die Wurzel des Hasses sehr tief vermuten. Um
den Verstimmungsprozess, der zu diesem schrecklichen Urteil führt,
nachvollziehen zu können, müssen wir früh ansetzen.

Die Eifersucht der Mutter auf die Tochter, die dem strebsamen
Vater viel ähnlicher sieht, als es Aloisia Sailer lieb wäre, ist offenkundig. Sie missbilligt Luises Intelligenz, ihre Religiosität, ihre
dichterische Begabung. Dazu bemerken mehrere Verwandte, Aloisia verstehe das Kind nicht, es sei ganz anders als die anderen Kinder. Doch gerade das ist es, was die Mutter nicht erträgt: dass ihr
Mädchen so anders ist. Ist Neid also der Hauptgrund des Problems?
Nein, es ist komplizierter.

Eine scheinbar harmlose Begebenheit setzt uns auf eine Spur. Im
Dorf Etting lebt das fünfjährige Zwillingspärchen Hilla und Peter,
mit dem Luise, ein Jahr jünger, gern spielt. Einmal zeigt der kleine
Peter den beiden Mädchen seinen Penis und wie schön er Pipi ma-

chen kann. Die Vorführung ist sicher eine Stunde des Männerstol-
zes, doch zugleich eine sachliche Demonstration. Luise Rinser erzählt Jahrzehnte später, zunächst an der Vorstellung nicht besonders
interessiert gewesen zu sein. Doch sie schaut trotzdem zu und gestaltet das Spiel mit. Freuds Lehre des Penisneides bei Mädchen –
den viele Frauen, z. B. Simone de Beauvoir, bestreiten – ist nur eine
wissenschaftliche Hypothese. Das Natürliche wäre, dass jedes Ge-
schlecht mit seiner Ausstattung zufrieden ist. Tatsache bleibt dennoch, dass die Normalität, die in der Kinderwelt meist noch waltet,
leider allzu oft durch die Einmischung der Erwachsenen zerstört
wird. Und so erfährt der Unterricht des kleinen Pinkeldozenten
durch das ungelegene Auftauchen der Mutter eine unerwartete
Wendung.

»Aber während der Peter sein Pipi machte in eine kleine Schüssel aus meiner Puppenküche, trommelte eine Hand auf das Fenster, vor dem wir, in einigem Abstand, im Gartenhäuschen uns
informierten. Dann sprang das Fenster auf, eine Hand drohte,
und wir wußten jetzt, daß man derlei nicht zeigen, nicht an-
schauen, nicht wissen dürfe. Verstanden haben wir es nicht, aber
das Tabu war geschaffen.«[17]

Im Gesamtzusammenhang dieser Mutter-Tochter-Beziehung gewinnt die Episode eine Bedeutung, die über die puritanisch-katholi-
sche Erziehung in Bayern zu Beginn des 20. Jahrhunderts hinausgeht. Eifersucht wegen der liebevollen Beziehung Vater–Tochter,
Neid auf die Begabung des Kindes. Ist das alles? Nein. Es bildet vielmehr die Maske, hinter der sich eine tiefere Abneigung verbirgt.

»Die Mutter wollte, daß ich nie heirate. Warum? Wollte sie, daß
ich meine unversehrte Jungfräulichkeit durchs Leben trage? Wieso, wozu aber? Mißgönnte sie mir das, was sie offenbar besaß:
die erotische Liebe eines Mannes?«[18]

In der Tat: später wird es um die grundsätzliche Ablehnung der
Männer gehen, die sich ihrer Tochter nähern. Kein Mann wird der
Mutter recht sein. Luise Rinsers Selbstinterpretation trifft zu. Aber
sie erreicht noch nicht den Grund. Der scheint zu sein: Die Mutter
will die Tochter nur für sich haben, sie nie verlieren. Und da das
Tor, durch das die Tochter der Herrschaft der Mutter entkommen

kann, die Hingabe an einen Mann, also die Sexualität ist, hasst Aloisia Sailer das Frausein ihrer Tochter.

Luise Rinser ist ebenso selbstfixiert wie die Mutter, nur anders – und vielleicht radikaler. Die Mutter – und in anderer Weise auch der Vater – stört sie schon als Kind, weil sie ihre Freiheit über alles liebt: »Ich durfte kein eigenes Leben haben, ich war an meine Eltern gekettet wie ein Galeerensklave mit Kette und Kugel an die Beine der Mitsträflinge.«

Gehen wir einen Schritt weiter. Ihrem Vater ist Luise Rinser an der Oberfläche ähnlich. Es sind Ähnlichkeiten im Charakter: Ehrgeiz, Nachdenklichkeit, Religiosität, künstlerische Begabung. Mit der Mutter verbindet sie – außer dem erzählerischen Talent – die eigene Seinsweise, die Art, das Frausein zu erfahren. Zum Weiblichen gehören Hingabe, Bewahren, Leben schenken. Wird das Bewahren überbetont, so verkehrt es sich ins Gegenteil, in den Anspruch rücksichtslosen Besitzenwollens.

Das eigentliche Problem liegt jedoch weder bei der Mutter oder beim Vater noch bei Luise Rinser selbst. Problematisch ist, dass ausgerechnet diese drei Personen zusammengekommen sind. Damit kokettierte sie übrigens gern. So drängt sich die Frage auf, ob der immer wieder zur Sprache gebrachte Morddrang nicht bloß eine literarische Figur ist.

»Der perfekte Elternmord ist mir nicht gelungen. Mein Leben lang bedrückte mich ihre Existenz. Nun sind sie beide tot, und ich denke in großem Mitleid an sie: auch ihnen gelang es nie, ihr unbequemes, ihr ehestörendes einziges Kind zu verstoßen.«

Warum vermag Luise Rinser das Verhältnis Eltern–Kind nur als Konkurrenzkampf aufzufassen, nicht auch als bereicherndes Liebesverhältnis? Die Eltern können zu Lebensbegleitern werden, die Mutter zur Freundin, der Vater zum Freund. Warum gelingt das in dieser Familie nicht?

Die Antwort auf diese Frage ist Luise Rinsers ganzes Leben, an dessen Anfang wir uns befinden.

Wessobrunn
»Ort meiner Kindheit«

Auf einer Anhöhe an der Straße, die Landsberg und Weilheim verbindet, zwischen Lech und Ammer inmitten des Pfaffenwinkels, liegt das Dorf Wessobrunn mit seinem Kloster. Der Ort ist von sagenhaften Geschichten umwoben.[19] Um das Jahr 700 war die Gegend noch wüst. Der düstere Urwald wechselte ab mit Sumpf und Moor. Wenige Menschen wagten da zu leben. Dafür hausten dort Bär und Wolf, Wildkatze, Luchs und Wildschwein. An einem Hang entsprangen drei Quellen. Man sah in ihnen die Nornen, die drei Göttinnen, die das Schicksal der Menschen weben:

Urd – die »Gewordene«, die alte Frau, die über ihre Schulter in die vergangene Zeit zurückblickt. Verdandi – die »Seiende«, die junge Dame mit ihrem stets nach vorne gerichteten Blick. Skuld – die »Werdende«, die geheimnisvolle Gestalt, die, mit einem geschlossenen Buch in jeder Hand, von Urd wegschaut.

In den drei Göttinnen war bewahrt, was war und was ist, und vorbestimmt, was sein wird. Die Menschen kamen zu den Quellen, tranken von dem Wasser und beteten, damit ihnen die Göttinnen gnädig seien. Gelegentlich jedoch vergnügten sich dort auch die Herrschenden bei ihren Kampf- und Liebesspielen.

So auch der Bayern-Herzog Tassilo III. Er hatte gejagt, dann üppig gegessen und schlief ein. Da sah er, so die Legende, im Traum die Quelle, wo die Wasser aus dem Schoß der Erde sprangen durch Vermählung von Göttinnen und Göttern. Aus dem Schlaf erwacht, rief Tassilo den Diener Wezzo und sprach: Ich möchte den Brunnen sehen, der mir im Traum erschienen ist. Und Wezzo wurde fündig. Er eilte zu seinem Herrn: Die Wasser springen!

Zum Andenken an das Ereignis ließ der Herzog im Jahre 753 die Mönche des heiligen Benedikt ein Kloster bauen, das nach dem Brunnen *Wezzo-Brunn* genannt wurde.

Lange Zeit herrschte Unheil in Dorf und Kloster. Zuerst kamen die Hunnen, danach zogen im Dreißigjährigen Krieg Schweden und später Franzosen durch, zerstörten die Bauten und drangsalierten das Volk. In der Säkularisation 1803 wurde das Kloster aufgehoben, 1810 das Gebäude als Materialreservoir zur Ausschlachtung freigegeben, bis der Münchner Professor Johann Nepomuk Sepp durch Kauf der Anlage die noch vorhandenen Gebäude rettete.

Es entstand die berühmte *Wessobrunner Schule*. Der Begriff, von Gustav von Bezold und Georg Hager 1888 geprägt, bezeichnet eine Gruppe von Stuckateuren, Künstlern, Baumeistern und Handwerkern, die sich ab Ende des 17. Jahrhunderts rund um das Kloster entwickelte und im 18. Jahrhundert die Stuckkunst in Süddeutschland maßgeblich beeinflusste. Von den über 600 Künstlern seien hier die Brüder Johann Baptist und Dominikus Zimmermann hervorgehoben, ferner die über mehrere Generationen tätigen Familien Schmuzer und Feichtmayer. Seit 1913 betreuen Missionsbenediktinerinnen aus Tutzing das Kloster.

Der Urgeist des Ortes stellt sich gleichsam zeitlos in einer der ältesten Dichtungen deutscher Sprache dar: im *Wessobrunner Gebet*.

Als die junge Familie – Josef, Aloisia und Luise Rinser – zum ersten Mal zu Besuch kommt, holt Dekan Franz Hörtensteiner sie selbst mit der Kutsche ab. In der scharfen Kurve, unmittelbar vor dem Kloster, erhebt sich die große Linde. Lautlos weist sie seit Jahrhunderten darauf hin, dass man nun heiligen Boden betritt. Manchen Gast überkommt das Gefühl, die Zeit schlage hier in Ewigkeit um.

Gefragt, wann sie zum ersten Mal in Wessobrunn war, pflegte Luise Rinser zu antworten, es sei ein Tag vor Weihnachten und sie bereits drei Jahre alt gewesen. Es könnte also der 23. Dezember 1914 gewesen sein.[20] Franz Hörtensteiner führt die Gäste vor den Lindenbaum, um ihnen die dort in Stein gemeißelte Inschrift vorzulesen.

Dat gafregin ih mit firahim firiuuizzo meista,
dat ero ni uuas noh ûfhimil,
noh paum ... noh pereg ni uuas, ni ... nohheinîig
noh sunna ni scein,
no mâno ni liuhta,
noh der mâreo sêo.
Dô dâr niuuiht ni uuas enteo ni uuenteo,
enti dô uuas der eino almahtîco cot, manno miltisto,
enti dâr uuârun auh manake mit inan cootlîhhe geistâ.
enti cot heilac ...
Cot almahtico,
du himil enti erda gaworachtos,
enti du mannun so manac coot
forgapi,
forgip mir in dino ganada
rehta galaupa
enti cotan willeon,
wistom enti spachida enti craft,
tiuflun za widarstantanne,
enti arc za piwisanne
enti dinan willeon za gauurchanne.

Aus dem nervösen und eher profan wirkenden Mann scheint plötzlich etwas auf, eine Ausstrahlung, die erklärt, warum er Priester geworden ist und warum er ein Vierteljahrhundert später das Modell für »Onkel Felix« in *Die gläsernen Ringe* sein wird.

Die Worte ihres Onkels klingen für die Kleine wie die Melodie einer magischen Welt. Auch die Eltern hören ehrfürchtig zu. Den Text kennen sie freilich schon lange, doch niemals haben sie Onkel Franz ihn in der Ursprache vortragen hören. Bevor das Kind fragen kann, was die Worte bedeuten, erklärt der Geistliche: Wir sprechen dieses Gebet oft in unserer Kirche, aber in der heutigen Sprache.

Das erfuhr ich unter den Menschen als der Wunder größtes,
dass Erde nicht war, noch oben der Himmel,
nicht Baum ..., noch Berg nicht war,

noch … irgend etwas,
noch die Sonne nicht schien,
noch der Mond nicht leuchtete,
noch das herrliche Meer.
Als da nichts war an Enden und Wenden,
da war der eine allmächtige Gott, der Wesen gnädigstes,
und da waren mit ihm auch viele herrliche Geister.
Und Gott der heilige …
Gott allmächtiger, der du Himmel und Erde wirktest
und der du den Menschen so mannigfach
Gutes gegeben,
gib mir in deiner Gnade
rechten Glauben
und guten Willen,
Weisheit und Klugheit und Kraft,
den Teufeln zu widerstehen,
und das Böse (Arge) zurückzuweisen
und deinen Willen zu tun (wirken).

Das Gebet klingt wie ein Urgedicht, das Geheimnisse der Vorzeit bewahrt. Sonne und Sterne, Erde und Meere, Pflanzen, Tiere und Menschen scheinen, durch die Urworte aufgerufen, aus dem Nichts hervorzugehen.

*

Dieses älteste überlieferte althochdeutsche Gedicht ist vermutlich schon um 790 entstanden. Die Fassung hier geht auf das Jahr 814 zurück. Man unterscheidet darin zwei Teile: *einen Lobpreis* auf die Schöpfung in neun stabreimenden Langzeilen und *ein Gebet* in freien Prosabildern. Beide zusammen – Lobpreis und Oration – bilden ein Gebet um Weisheit und Kraft und die Bitte um Versöhnung. Mit ähnlichen Zauberformeln haben die frühen Menschen dessen gedacht, was geschah, bevor das irdische Leben war.

Die Worte üben auf das Kind eine magische Wirkung aus. Später allerdings wird die Schriftstellerin beklagen, dass die Übersetzung eine Umdeutung darstellt, die dem Text seine ursprüngliche Kraft nimmt. Mit dieser Entstellung wird sie sich intensiv beschäftigen. Im Urtext heißt es zum Beispiel *manno miltisto*, der Menschen Mildester, und *cootlihhe geista*, göttliche Geister, in der Übersetzung (*des Wesens Gnädigste, herrliche* bzw. – vom Ursinn noch weiter entfernt – *gottähnliche Geister*) wird offensichtlich darauf geachtet, dass die christliche Dogmatik nicht in Frage gestellt wird.[21]

Die Berührung mit diesem Urtext und mit anderen Dokumenten in der frühen Kindheit bewirkt, dass sich Luise Rinser später mit aller Selbstverständlichkeit in der Welt mystisch-philosophischer Gedankengänge wird bewegen können. In Wessobrunn, sagte sie immer wieder, habe sie Ur-Schauder erfahren, Ur-Wissen gelernt.

Da andere Quellen fehlen, folgt die Beschreibung des Onkels Hörtensteiner Luise Rinsers Erinnerungen in *Die gläsernen Ringe* und *Den Wolf umarmen*. »Der Herr« lebt vornehm. Er bewohnt den Ostflügel des Klosters, das aus großen Sälen und einem langen Gang mit klickernden grüngrauen Pflastersteinen besteht. In der gewölbten Decke sind verblasste Fresken-Medaillons in Stuck-Kränze gefasst. Die Bilder sind beschriftet mit tiefsinnigen Sprüchen. Luise betrachtet sie fasziniert. Der Onkel liest sie ihr vor. »Der Schatten allein schon tödlich kann seyn«, steht bei einem Baum, unter dem sich Schlangen ringeln. Damals stand dort »seyn«, berichtet Luise Rinser, später habe man das »y« korrigiert und damit ein Stück Magie verschenkt. »Durch eigne Gestalt der Geist entfallt«, ist unter einem anderen Bild zu lesen. Da schaut ein Drache ins Wasser – oder in »ein« Wasser, wie es die Dichterin ausdrückt. Ein Feuersalamander steht in Flammen: »Kein Feuer und Glut mir Schaden tut.« Man denkt dabei an die mythischen Geschichten von Jünglingen, die unversehrt durchs Feuer gehen konnten. Eine Hand hält einen Zirkel und misst die Erde aus: »Aus allen keins, es gibt nur eins.« Man kann interpretieren: Öffne die Fenster deines Herzens, geh fort, betrachte, doch bleib nirgends hängen. Ein ursprünglicher Geist schwebt durch die Gänge des Klosters. Luise horcht auf seine Worte in zeitloser Stille und wächst heran in dieser Hochschule der Weisheit.

Franz Hörtensteiner entspricht nicht dem gängigen Bild des Gottesmannes. Er ist eine sinnliche Frohnatur. Doch genau aus diesem Grund wird er für die kleine Luise wichtig. Umgeben von strengen Erwachsenen, die mit ihrem engen Horizont das Kind zu erdrücken drohen, atmet es frische Luft beim geistlichen Onkel, der das Leben liebt und den katholischen Glauben locker und mit viel Humor nimmt.

Der Pfarrer zeigt seine Liebe zu seiner Nichte auf eine Weise, die manchem vielleicht derb erscheinen mag. In Wirklichkeit ist die scheinbare Grobheit ein Ausdruck seiner Güte. Und die wenigen leiblichen Genüsse – wie etwa ein gutes Essen –, die ihm in seinem Stand offiziell erlaubt sind, haben gerade an diesem magischen Ort, wo alles auf die höheren Wirklichkeiten hindeutet, eine ausgleichende Wirkung. »Mich liebte er«, schreibt Luise Rinser. »Wenn er auf dem Sofa lag, sagte er: Komm her, Mädi, Chinesenküsse! Wir rieben unsere Nasen aneinander. Mein Vater missbilligte das. Mir gefiel es. Die Tante schüttelte den Kopf. Meine Mutter sagte nichts.«[22]

Die frommen Erwachsenen ahnen nicht, was der Pfarrer und das Mädchen sonst noch spielerisch vollziehen: Onkel Franz, ich möchte meine Puppe taufen lassen. Aber selbstverständlich, Mädi, das hätte schon längst geschehen müssen. Er steckt die violette Stola in die Tasche, nimmt Weihwasser, Salz und ein Fläschchen Öl, schleicht mit dem Mädchen an der Hand in den Magdalenensaal und tauft dort, in einer Ecke, die Puppe auf den Namen Margarethe.

Und als »Nauti«, ein Salz- und Pfeffer-Schnauzer, der am Wessobrunner Berg den Radfahrern auflauert und die Hosen zerreißt, stirbt, wird er auf die Bitte Luises ohne weiteres – doch hinter dem Rücken von Klosterschwestern, Eltern und Tante – christlich begraben: *Lux aeterna luceat ei domine ...* betet der Onkel und sprengt Wasser auf die Hundeleiche.

Auch Tante Fanny spielt eine wichtige Rolle. Luise fühlt sich durch viele Eigenschaften von ihr angezogen. Doch eine hat es ihr, dem Stiermenschen, besonders angetan: ihr unvergleichlicher Geruch, der das Paradies von Gerüchen bereichert, die Luise in Wessobrunn entdeckt.

Findet man den Geruch eines Menschen angenehm, so ist der

Zugang zu dessen Innenwelt erleichtert. Volkstümlich heißt es: »die oder den kann ich nicht riechen«, wenn man eine Person nicht mag. Gefühle, aber auch der Verstand und sogar die Vernunft können sich täuschen. Die Nase aber führt sicher auf die Spur.

»Die Tante roch sehr gut. Sie roch nach etwas, das nichts anderem glich. Später hörte ich, es sei Moschus gewesen. Ihr Schrank roch stark danach. Diesen Schrank liebte ich. Ich drückte mein Gesicht in die Kleider der Tante und fühlte mich getröstet.«[23] Nichte und Tante freuen sich, wenn die Eltern verreisen und sie allein bleiben. Mutter Aloisia warnt ihre Schwester, das Kind sei böse, sie solle es gegebenenfalls schlagen. Doch die Tante überhört das. Sobald die Eltern verschwunden sind, beginnen für beide zauberhafte Tage. Fanny weckt Luise für die Frühmesse. Jeden Morgen knien sie in der ersten Bank der rechten Seite der Wessobrunner Kirche. Der Platz, noch heute mit einem Blechschild »Pfarrhof« bezeichnet, ist für die Pfarrhaushälterin vorgesehen.

Nach dem Frühgottesdienst gehen sie über den großen Platz (zu jener Zeit teilweise Gemüsegarten) zum Prälatentrakt. Da ist der Frühstückstisch schon gedeckt. Man kann annehmen, dass Onkel Franz, der in der Sakristei das Messgewand ablegen und aufräumen muss, etwas später dazukommt und mit seiner Heiterkeit den Tagesbeginn belebt.

Die Klosteranlagen sind heute noch imposant. Man geht am Römerturm vorbei bis zum Teich. Auf den Tafeln an der Mauer kann man die Entstehungsgeschichte des Klosters, die Namen der Äbte, der Stuckateure lesen.

Vor allem aus *Die gläsernen Ringe* und aus *Den Wolf umarmen*, aber auch aus mündlichen Erzählungen wissen wir, welche Bedeutung der Teich für das Mädchen hatte. Der Besucher kann ihre Gefühle gut nachvollziehen. Man bleibt spontan an dem Wasser stehen, horcht auf die Stille. Luise Rinser verbindet ihre Erinnerungen mit dem Frühling. Der Garten duftet wunderbar. Nach Leben, das erwacht. Das Kind beugt sich über das Wasser, wirft ein Steinchen hinein und sieht, wie sich sein Spiegelbild, umkreist von Wellenringen, leise bewegt.

Der Teich fesselt das Mädchen – und die reife Frau, wie ich zweimal, als ich mit ihr dort war, feststellen konnte. Sie hat der Nachwelt das Erleben des Kindes hinterlassen. Es nimmt nur Geräusche wahr, die die Stille nicht verletzen. Kein Geruch: »Auch dieses Wasser, diese Steine rochen nicht.« Wasser ohne Bewegung: »Es stand und bewegte sich nicht.« Schweigen, das beglückt.

Onkel Franz beobachtet, wie das Kind am Teich Zuflucht sucht, doch das viele Alleinsein hält er nicht für gut. So erlaubt er gelegentlich, dass Luise mit anderen Kindern in den Klosteranlagen spielt, bisweilen sogar gefährliche Spiele. Einmal kann sie sich einen Traum erfüllen. Mit Hilfe der Spielkameraden klettert sie bis zu einer vier Meter hohen Öffnung des Römerturmes und dann bis hinauf zum Glockenstuhl. Dorf, Kloster, Kirche, Wiese, Teich und die großen Bäume liegen nun zu ihren Füßen. Was für ein Gefühl! Oben, unter den Glocken, kommt sie sich vor wie in himmlischer Höhe geborgen – unerreichbar für die Grobheiten der Erwachsenenwelt.

»Meine Kindheit war schön, weil es die Tante Fanny gab«, bemerkt Luise Rinser. Doch auch Onkel Franz war wichtig. Und die Spielkinder. Und das Kloster, die Kirche, die Glocken, die Bibliothek mit den vielen ledergebundenen Büchern, die Spielecken, der Teich und die Bäume. Und ganz nah die Berge!

Wessobrunn ist die Wiege und Schule ihrer Dichtung. Hier lernt Luise Rinser die Stille vernehmen – die Reinheit des Wassers, die Botschaft der Lüfte, das Reich der Gerüche. Träume als Wirklichkeit, Wunder als Tatsachen. Das Göttliche und das Böse. Die Erhabenheit des Schönen. Die Gemeinheit der Menschen. Die Macht des Todes. Und die Kraft des Lebens.

Die Wirklichkeit der Märchen
1919–1923

Der Krieg näherte sich seinem Ende. Am 14. August 1918 stufte die Oberste Heeresleitung die Lage als aussichtslos ein. Die deutschen Truppen mussten sich zurückziehen. Damit man mit den Alliierten verhandeln konnte, wurde durch Erlass des Kaisers am 30. September ein parlamentarisches System in Deutschland eingeführt. Reichskanzler Prinz Maximilian von Baden, im Amt bestätigt, unterbreitete am 4. Oktober Woodrow Wilson ein Friedensangebot. Ungeachtet dieser Friedensbemühungen befahl die deutsche Admiralität für den 29. Oktober das Auslaufen der Flotte gegen die überlegene Royal Navy. In Wilhelmshaven kam es zu Meutereien. Man verlegte die Flotte zum Teil nach Kiel. Ein Matrosenaufstand brach aus. In vielen deutschen Städten wurden Arbeiter- und Soldatenräte gegründet. In München rief Kurt Eisner den Freistaat Bayern aus. Im Frühjahr 1919 folgte die Münchner Räterepublik.

Die Revolution erfasste am 9. November 1918 auch Berlin. Doch Wilhelm II., Deutscher Kaiser und König von Preußen, wollte nicht auf den Thron verzichten. So gab der Reichskanzler Prinz von Baden eigenmächtig die Abdankung des Kaisers bekannt und übertrug die Reichskanzlerschaft auf den Vorsitzenden der SPD, Friedrich Ebert. Am folgenden Tag dankte der Kaiser ab und floh ins niederländische Exil.

Inzwischen verhandelten Vertreter der Alliierten und des Deutschen Reiches in einem Salonwagen im Wald von Compiègne nordöstlich von Paris über den Frieden. Am 11. November um fünf Uhr früh wurde ein Waffenstillstandsvertrag unterzeichnet. Ab diesem Tag um 11 Uhr schwiegen in Europa die Waffen.

Die Folgen des vierjährigen »Großen Krieges« waren verheerend. Die ganze Welt wurde in Mitleidenschaft gezogen. Fast 15 Millionen Tote gab es, davon etwa zwei Millionen Deutsche. Über 20 Millionen Menschen wurden verwundet. Hinzu kamen zahlreiche Opfer von Seuchen. Die Kosten waren immens: insgesamt über eine Billion Goldmark. Für Deutschland mündete der Krieg in eine sich rapide beschleunigende Inflation.

Am 28. Juni 1919 wurde dem Deutschen Reich mit dem Vertrag von Versailles die alleinige Schuld am Krieg zugewiesen. Damit wurden die Reparationsforderungen der Alliierten in Höhe von 269 Milliarden Goldmark begründet. Außerdem musste es etliche Gebiete abtreten: Elsass-Lothringen, das Saarland, Westpreußen und Danzig. Die deutsche Wehrmacht wurde auf maximal 100 000 Mann begrenzt. Zahlreiche weitere Bestimmungen schränkten Deutschlands Souveränität ein. Die Härte dieser von vielen Deutschen als ungerecht empfundenen Bedingungen verhalf in den folgenden Jahren nationalistischen Kreisen im Reich zu starkem Zulauf.

Die Übernahme der Macht durch revolutionäre Räte vollzog sich in ganz Deutschland relativ friedlich. Der Parlamentarismus setzte sich durch. Am 10. November bildeten SPD und USPD* den Rat der Volksbeauftragten unter Vorsitz von Friedrich Ebert (SPD) und Hugo Haase (USPD). Diesem Rat, der die tatsächliche Staatsspitze darstellte, erklärte die Oberste Heeresleitung noch am selben Tag ihre Loyalität. Im Gegenzug garantierte Ebert die Autonomie der militärischen Führung.

Nach dem Spartakus-Aufstand wurden (am 15. Januar 1919) Rosa Luxemburg, die Mitbegründerin der KPD, und Karl Liebknecht ermordet. Trotz der Wirren kann sich die Weimarer Republik durchsetzen. Doch der Schmerz der Niederlage sitzt tief. Die Politiker empfinden den Friedensvertrag von Versailles als Schmach, die Bevölkerung leidet unter Armut und Elend.

*

* Unabhängige Sozialdemokratische Partei Deutschlands

Über diese Zeit im Leben Luise Rinsers haben wir keine anderen Informationen als diejenigen, die sie selbst in ihrer Autobiographie hinterlassen hat. Historisch ist diese nicht zuverlässig; so müssen wir uns hier auf eine Skizze beschränken, die aufgrund anderer Quellen, wie mündliche Erzählungen der Schriftstellerin und Familienunterlagen, als plausibel gelten kann.

Josef Rinser wird im Jahr 1918 als Oberlehrer nach Übersee versetzt, eine Gemeinde im Landkreis Traunstein im Tal der Ache. Durch das Dorf fließt ein Bach, der wie die Tiroler Ache in den Chiemsee mündet. Im April 1918 wird Luise sieben. Noch gut ein halbes Jahr wird der Krieg andauern. Die Niederlage zeichnet sich ab. Das Volk erlebt die Endphase, ohne viel zu verstehen. Der Hass auf die Feinde – Franzosen, Russen, Engländer – beherrscht die öffentliche Meinung.

Josef Rinser, meint die Schriftstellerin später, ist Bayer und zugleich ein deutscher Patriot. Ihm bedeutet das Vaterland einen absoluten Wert, dem der Einzelne verpflichtet sei auf Gedeih und Verderb. Im Versuch, die Gefühle ihres Vaters, aber auch die menschliche Borniertheit darzustellen, aus der die Kriege ihrer Meinung nach hervorgehen, lässt sie sich auf Gedankengänge ein, die das komplizierte Phänomen gewiss vereinfachen. Doch sie zeigen, wie wichtig ihr dieses Thema ist.[24]

Krieg ist ein entscheidendes Phänomen im Leben Luise Rinsers. Am Vorabend der Katastrophe geboren, ist sie zwischen den zwei größten Kriegen des 20. Jahrhunderts aufgewachsen, ihr Leben und ihr Werk sind davon durchdrungen – und »die deutsche Seele«, wie sie die heimatliche Mitte bald nennen wird, ist für lange Zeit verwundet.

Es ist Dezember 1918, der Krieg seit einem Monat zu Ende. Noch geht die Angst um im Lande. In den bayerischen Dörfern ist keine Friedensstimmung zu spüren, denn es herrscht nur Waffenstillstand. In ganz Deutschland ist die Atmosphäre gespannt. Viele Bayern wollen die allgemeine Unruhe dazu nutzen, endlich unabhängig zu werden. Eine bayerische Räterepublik? Einen neuen bayerischen König, nachdem Ludwig III. hat gehen müssen? Sie wissen es nicht so genau. Eines gilt allerdings den Bauern von

Übersee als sicher: Echte Bayern sind zuerst gegen die Preußen, welche die Bayern in den schrecklichen Krieg hineingezogen haben. Und so sind viele Bayern auch gegen jene Bayern, die für die Preußen sind. Wie viel historische Wahrheit solche rückblickenden Gedankenspiele der Schriftstellerin vermitteln, ist schwer auszumachen. Offensichtlich ist jedoch die Unsicherheit, in der das Kind aufwächst.

Auch in Bayern fasst die Revolution Fuß. Neue Namen werden genannt. Die kleine Luise kann sich alle gut merken:[25] Ernst Toller, Erich Mühsam, Ernst Niekisch, Gustav Landauer. Sie regieren kurz. Den kommunistischen bayerischen Ministerpräsidenten Kurt Eisner erschießt Graf Arco auf Valley. Und die Leute freuen sich darüber. Die SPD schlägt zusammen mit der »Reichswehr« die linke Revolution nieder. Ist Bayern also wieder gerettet?

All das lernt sie, behauptet Luise Rinser, nicht im Schulunterricht. Vater und Mutter sprechen zu Hause darüber. Manchmal erfährt sie Einzelheiten der Gegenwartspolitik von weißgrauen Wahlzetteln, die der Vater zum Aufschreiben für den Einkauf benutzt hat. Da steht auf der einen Seite handschriftlich: Streichleberwurst, Kaffee, Schweizerkäs, und auf der anderen gedruckt: USPD und darunter die Namen der Kandidaten. Solche übriggebliebenen Wahlzettel aus den Jahren 1918/19 hat Luise Rinser bis zu ihrem Lebensende behalten.

Das Kind schnappt auch einiges über die politischen Ereignisse auf. Der Kaiser sitze in Holland gefangen und ein Herr Ebert habe seine Stelle eingenommen, hört Luise. Oft reden die Männer über den Versailles-Vertrag. Manchmal sind sie traurig und wütend. Schuld am Unglück seien die Franzosen und die Engländer und die Russen und überhaupt all die Völker, die das deutsche Volk nicht leiden könnten, weil es so tüchtig sei.

Das große, reiche Deutschland ist klein gemacht und so arm geworden, dass es für das Volk kaum Arbeit und meistens nur schlechtes Essen gibt. Zur Armut kommt das Elend der Menschen hinzu, die aus ihren Heimatländern vertrieben worden sind. Die kleine Luise kann dies unmittelbar beobachten, weil im Schulhaus Fremde untergebracht werden. Auch Kinder aus anderen deutschen Ländern, aus der Rheinpfalz oder dem Saarland, kommen in das bayerische Dorf. In der Schule wird den Kindern erklärt: Der Krieg hat für das Vaterland böse Folgen gehabt. Das Rheinufer wird geräumt, die Kolonien werden uns genommen, unser Geld ist weg und so viele junge Männer sind gefallen. Ein Trümmerhaufen sind die deutsche Heimat und ganz Europa geworden nach diesem großen Krieg.

Dem Kind wird klar: Krieg bedeutet, dass Menschen vertrieben werden, dass sie ihre Angehörigen verlieren, keine Heimat mehr haben und von den Mitmenschen, die sie aus Mitleid oder notgedrungen aufnehmen, von oben herab behandelt werden. Der Krieg schadet allen – und hilft niemandem.

Von biographischer Bedeutung ist auch folgende Erfahrung:

Am 24. Dezember 1918 bringt die Lehrerin Maria Feigel dem Kind ein Geschenk: das berühmte Buch von Ludwig Ganghofer mit dem Titel »Das Märchen vom Karfunkelstein. Eine wunderliche Geschichte für kleine und große Kinder«. Der damals erfolgreiche Autor erzählt in seinen Büchern Schicksale und Erlebnisse aus der bayerischen Alpenwelt. Diesem Märchenbuch, erschienen 1905, hat er eine gedruckte Widmung vorangestellt: »Ich widme dieses Buch dem lieben Kleeblatt Doddy, Hedda und Hilde Kaulbach in München.« Darunter hat Fräulein Feigel geschrieben: »Und ich dem Lehrertöchterlein Luise Rinser, 1918.« Das liebe Kleeblatt sind die drei Töchter des Malers Kaulbach, dessen Frau zwei Jahrzehnte später im Leben der Schriftstellerin Luise Rinser eine besondere Rolle spielen wird.

Luise habe in dem Buch eifrig gelesen und ihrem Vater erzählt, »warum der Zwergenkönig Grawigrüweling so traurig wurde, und wie er den ewig leuchtenden Karfunkelstein gewinnen wollte«. Bis zum Ende der Weihnachtsferien habe sie das ganze Buch durchgelesen. Und es ist verständlich, dass das Kind vor Lust brennt, in der Schule daraus zu erzählen.

Nun, berichtet die Schriftstellerin, bekommt sie eine neue Klassenlehrerin, Fräulein Pöllmann. Sie lässt die Kinder Vorlesen üben. Jede Schülerin muss einige Sätze aus dem Lesebuch vorlesen. Als Erste kommt die Schweiger Resl dran, die in *Die gläsernen Ringe* Thereslein heißen wird. Sie liest, so gut sie kann, »mit dem Finger den Wörtern folgend«. Danach sei sie selbst, Luise Rinser, an der Reihe gewesen, sie habe fließend »ohne nachhelfende Finger« gelesen und dabei erkennen lassen, dass sie alles verstehe, was sie liest. Du da, soll das Fräulein Pöllmann dann zur kleinen Luise herab gesagt haben, du kannst ja auch schon recht ordentlich lesen wie die da neben dir. Wie enttäuscht und wütend ist sie über die neue Lehrerin. Dazu bemerkt sie später:

> »Das Fräulein Pöllmann und ihr Thereslein, die beiden tauchten in meinem Leben immer wieder auf. Sie hießen dann freilich anders: Sie hatten Namen von Literaturpäpsten und Kollegen. Und immer wieder wurde mir die gleiche Schicksalsaufgabe gestellt: schluck's runter.«[26]

Offensichtlich ist der Sinn solcher autobiographischer Berichte, zu zeigen, wie die kindliche Traumwelt langsam demontiert wird und wie dies das Erwachsenenleben prägt.

Dazu gehört die Episode beim Schloss Wildenwart. Eines Tages, so berichtet die Schriftstellerin, fahren die Rinsers dorthin, damit die Tochter »wahre Prinzessinnen« kennenlerne. Die kleine Luise hat vor Aufregung »eine schlaflose Nacht«. Nach einer kurzen Bahnfahrt und einer längeren Wanderung stehen sie vor dem Geflügelhof des Schlosses. »Schau, Mädi, da sind die Prinzessinnen!« sagt der Vater. »Wo?« fragt die Kleine. »Bist du blind? Da doch!« flüstert die Mutter. Was!? Diese hässlichen Frauen sollen Prinzessinnen sein?, denkt das Kind enttäuscht, echte Prinzessinnen sind doch schön und fein und ganz zart und füttern keine Hühner. Und es beginnt zu weinen und läuft weg. Die Prinzessinnen bemerken es, den Eltern ist es peinlich. Zu Hause bekommt die kleine Luise eine Ohrfeige vom Vater und dann, »als Echo und Bestätigung der absoluten ehelichen Einheit«, auch von der Mutter. Dazu die Belehrung über einen wichtigen Grundsatz der Familienmoral: »Worüber du dich zu freuen hast, das entscheiden *wir*.«[27]

Nachdem sie die Wittelsbacherinnen »Hühner und Gänse fütternd« gesehen hat, glaubt Luise nicht mehr an Prinzessinnen. Es gibt sie so wenig wie den Osterhasen, den heiligen Nikolaus und den »Klaubauf«, und auch das Christkind gibt es nicht. Ist also die höhere Welt des Kindes für immer entzaubert? Keineswegs. Zertrümmert ist die Schale. So lernt es frühzeitig, das Wahre vom Schein zu unterscheiden. In diesem eher pädagogischen als historischen Sinne ist auch die folgende Erzählung zu verstehen.

Frühjahr 1919. Bald wird Luise acht. Es ist Abend. Sie spielt im großen Wohnzimmer. Auf einem Sofa im dunklen Hintergrund liegen Vater und Mutter, beide 36 Jahre alt. Sie reden, man hört die Stimme des Vaters, die Mutter lacht, dann schweigen beide. »Ich dachte, sie schliefen. Sie schliefen nicht. Natürlich war das kein Beischlaf, aber immerhin eine Umarmung, bei der die Anwesenheit des Kindes vergessen wurde. Das Kind begriff: da geschah etwas, von dem es ausgeschlossen war. Das Elternpaar war etwas für sich, ein Ganzes, zu dem das Kind nicht gehörte.«[28] Dadurch öffnet sich ihm eine verborgene Welt, die, gerade weil sie ihm verschlossen ist, sich als geheimnisvoll anziehend ankündigt. Die neue Märchenwelt geht aus dem Inneren der Familie hervor und entfaltet sich unsichtbar und doch vor seinen Augen. Die wichtigsten Menschen im Leben des Mädchens, die Eltern, plaudern heimlich, sind zärtlich zueinander, küssen sich, schlafen zusammen in einem Bett. Was dort geschieht, wird sorgfältig verhüllt. Und das Kind mit seinem scharfen Beobachtungsvermögen ahnt allmählich, dass die Harmonie des Alltags vom Geschehen in jener Entrückung abhängt.

Die Entdeckung dieser neuen Realität löst einen Prozess aus, in dem sich zunächst gleichsam alles verdoppelt, in erster Linie das Kind und die Welt.

Das Kind war bislang eine Einheit. Nun nimmt es plötzlich den eigenen Körper wahr, der etwas anderes ist als … als was? Nennen wir es die Seele. Wird der Körper nicht deshalb immer wichtiger, weil der Mensch merkt, dass er nicht nur Leib ist? Jedenfalls möchte Luise auf einmal nicht mehr nackt gesehen werden, und sie fängt an, sich über ihre Erlebnisse Notizen zu machen, die sie sorgfältig versteckt.

Auch die Welt wird ganz anders. Sie entfernt sich langsam von den Kindermärchen, die von Engeln und Dämonen, Zwergenkönigen und Prinzessinnen bevölkert sind. Und das Kind fühlt sich von den Lebensmärchen angezogen, die aus Schönheit und Liebe bestehen, aus Verliebtheiten und Enttäuschungen, aus spannenden verbotenen Dingen, die einen magischen Reiz auf sie ausüben.

Josef Rinser und seine Frau sind Monarchisten. Genauso selbstverständlich, wie sie katholisch sind. Von Geburt und aus Überzeugung. So sind sie um das Schicksal des bayerischen Königshauses in gleicher Weise besorgt wie um die Zukunft des großen Vaterlandes. Luise Rinser erläutert diesen Wesenszug ihrer Eltern etwas ironisch mit folgender Begebenheit, die sich in Übersee ereignet:

Eines Tages, so ihre Erzählung, bittet Oberlehrer Josef Rinser seine Schulkinder, am folgenden Tag mit ihren Eltern zu kommen. Am Morgen darauf erklärt er, sie würden zum Bahnhof gehen. Dort stellen sie sich auf, vorne die Kinder, hinten die Erwachsenen. Der Lehrer ist ganz in Schwarz. Ein Sonderzug kommt. In ihm liegt der tote König Ludwig III., der letzte Wittelsbacher auf dem Bayernthron. Man bringt ihn zum Begräbnis in die Münchner Heimat. Aus dem Zug steigt ein Herr und reicht dem Lehrer die schwarzbehandschuhte Hand. Alle Anwesenden verharren schweigend, bis der Trauerzug nach München weiterfährt.[29]

Das ist ein besonderer Tag im Leben von Josef Rinser, kommentiert die Schriftstellerin. Zu Hause redet er tagelang vom toten König und von dessen Söhnen. Dabei sei er so aufgeregt gewesen, dass er sich immer wieder versprach: Frinz Pranz.

Viele Bayern trauern um den König. Was für eine Tragödie! Die große Familie ohne Vater. Doch kaum ist Ludwig III. beerdigt und die Trauerzeit vorüber, zeigt sich, dass das Volk eigentlich den zweiten Ludwig – den »Märchenkönig« – geliebt hat und weiterhin liebt. Dessen Bild wird gereinigt. Alles, was man ihm jahrelang angelastet hat – sein Wahnsinn, seine Launen und Depressionen, seine homosexuellen Ausschweifungen – all das wird als Verleumdungen zurückgewiesen. Das Kreuz am Starnberger See sitzt auch im bayerischen Bewusstsein als Hinweis auf die preußische Untat und als Grund für die Unversöhnlichkeit zwischen Bayern und Preußen. Volksmythologie! Der Ort, an dem die imaginierte Wirklichkeit thront und der Mensch Zuflucht findet vor der undankbaren Anstrengung des politischen Alltags.

Die Vorliebe der Mutter für den Adel hat in der Tochter Spuren hinterlassen. Später wird die Schriftstellerin – trotz allen Engagements für Arme und Unterdrückte – gern mit Aristokraten und hochrangigen Politikern verkehren. Zeitströmungen kann man wechseln. Die Ursprünge jedoch verlässt man nie.

Beim Übergang von der Kindheit zur Pubertät wird die kleine Luise von einem Dorfmädchen namens Vicki begleitet, von dem wir nur das wissen, was die Schriftstellerin in *Die gläsernen Ringe* und – über ein halbes Jahrhundert später – in ihrer Autobiographie erzählt.[30] Manche Einzelheiten mögen erdichtet sein. Doch der Sinn des Berichtes ist offensichtlich. Das Dorfmädchen wurde für Luise so wichtig, dass sie es in ihrem Erstlingswerk *Die gläsernen Ringe* mit ihrem wirklichen Namen erwähnt: Vicki. Viktoria. Die Siegreiche.

Vicki ist in Luises Augen schön, lebt ein Naturleben in einfachen, aber ungezwungenen Familienverhältnissen. Ihre Eltern, Zeller mit Namen, haben ein Geschäft, in dem es beinahe alles gibt. Das Zellerhaus ist Treffpunkt für die Dorffrauen und Einkaufsparadies für die Kinder. Luise läuft hin, sooft sie kann. Bei Vicki findet sie alles, was ihr zu Hause fehlt – vor allem Tiere: Kaninchen und Schweine, einen Langhaardackel. Sie selbst darf keine Tiere haben, da ihr Vater sie nicht im Haus haben möchte. Und während das Verhältnis zwischen Vicki und ihrem Vater unmittelbar burschikos, aber stets liebevoll ist, kennzeichnen die Beziehung zwischen Luise und ihrem Vater eher katholische Strenge und Gehorsam.

Durch Vicki lernt Luise eine Kinderwelt kennen, in der das Leben noch ungefiltert genossen wird. Das Dorfmädchen weiß schon viel über das Leben. Es erzählt zum Beispiel der kleinen Luise über die Periode, die sie einige Wochen vorher, mit zwölf Jahren, bekommen hat. Auch wie die Kinder gemacht werden, weiß sie. Sie habe es bei den Tieren beobachtet, sagt sie. Außerdem habe ihr eine ein Jahr ältere Cousine, die in München wohnt, vieles erzählt und einmal sogar Bilder gezeigt. Vicki kennt auch viele Wörter, die man nicht sagen darf. So scheint die Bemerkung der Schriftstellerin plausibel, dass Josef Rinser den Umgang seiner Tochter mit Vicki nicht billigt.

Vicki erweist sich als Überforderung für das jüngere Mädchen.

Sie öffnet der Lehrerstochter das Tor zur Welt der Sinnlichkeit. An Stelle von imaginierten Königen und Prinzessinnen tritt eine andere märchenhafte Realität: die der Sexualität und der Liebe. Der Weg in diese neue Welt gleicht dem Aufstieg auf einen Gipfel über einen schmalen, gefährlichen Grat. Stets droht der Absturz. Luise Rinser hat das Glück, diesen Pfad an der Hand eines fürsorglichen Begleiters zu gehen. Neben Vicki, die ihr gleichsam die Abgründe zeigt, steht ihr Vater, der sie zur Höhe geleitet – durch die Musik.

»Wenn mein Vater musizierte, liebte ich ihn heiß. Wie war er da verwandelt. An schulfreien Nachmittagen nahm er mich mit in die Kirche. Er brauchte mich: damals war die große neue Orgel noch nicht elektrisch betrieben, ich mußte den Blasebalg treten. Ich war notwendig, ich war wichtig, ich war beteiligt. [...] Als dann die Orgel elektrisch geblasen wurde, konnte ich meinen Vater nicht nur hören, sondern auch sehen: wie verändert war er! Auch wenn er mit Händen und Füßen werkte, blieb sein Gesicht unbewegt und still, aber es leuchtete.«[31]

Alle Rinsers waren grundmusikalisch, wird Luise später stolz immer wieder sagen. Die meisten hatten in der Tat schöne Singstimmen. Luise Rinser selbst sang auch gern und gut. Wenn sie während ihrer Münchner Studienzeit in den Ferien zu Hause in Übersee war, sang sie manchmal im Gottesdienst mit dem Vater zweistimmige Messen.

In Wessobrunn lernt Luise Rinser, die Sprache und das Schweigen der Natur zu hören. Durch ihren Vater wird die Musik zu dem Medium, in dem sie geistig heranwächst.

Als Kind, schrieb sie später, sei sie in der Adventszeit jeden Morgen durch die Dunkelheit mit ihrem Vater zum »Engelamt« gegangen. Sie sitzt aber auch gern lange in der einsamen Seitenkapelle der Dorfkirche. Der Stille zuhören zu können, die »Worte des Schweigens« zu vernehmen, ist gewiss eine Begabung, die sich auf einem langen Weg entfaltet. Dessen grundlegende Stationen kennen wir bereits: Etting, Wessobrunn, Übersee.

Ende des Jahres 1923 schreibt die Zwölfjährige einen Aufsatz: »Ein Winterabend bei uns daheim«. Der Vater spielt Schach mit ei-

nem Kollegen, die Mutter ist, wie oft abends, zu Besuch bei Nachbarinnen. Das Mädchen schreibt:
>So bin ich mir ganz selbst überlassen. Meistens sitze ich auf
einem Schemel und lese. Wenn die Sterne hell scheinen, geh ich
ans Gangfenster und betrachte sie. Hie und da spiele ich auch
Klavier. Ich schlage die Tasten ganz leise an, so daß ich geistesabwesend dasitze. Ich träume mich dann in die Schönheit eines
italienischen Herbstes, den der Maler Enrico Serra auf einem
Bild über unserm Klavier dargestellt hat.«[32]
Das Bild stellt eine romantische Parklandschaft im Stil Böcklins
dar. Herbsttraurigkeit, Sehnsucht nach fernen Gegenden. Drang
nach Liebe. Bittersüßer Geschmack nach Dichtung der Vergänglichkeit. Entwurf vom großen Leben in sonnigen Gefilden – erträumt in der engen Geborgenheit der bayerischen Heimat. Damals
ahnt sie nicht, dass sie vier Jahrzehnte später in Italien in einem
von ihr selbst entworfenen Haus leben wird.
Luise ist im April 1924 dreizehn geworden. Die Entscheidung,
nach München in eine Mädchenschule zu gehen, um Lehrerin zu
werden, steht fest. Es ist anzunehmen, dass sie in diesem Sommer
wieder nach Wessobrunn kommt, um sich von Onkel Franz, den
Schwestern und den Freunden zu verabschieden. Es ist ja doch ungewöhnlich, in diesem jungen Alter zum Lernen in die Landeshauptstadt zu ziehen. Ob es ihr schwerfiel, Elternhaus und Dorf zu
verlassen, wissen wir nicht. Vermutlich schwankte ihre Stimmung
zwischen der Schwermut des Abschieds und einer gespannten
Freude auf das Neue. In diesem Zusammenhang berichtet sie von
einem »Problem«, das für ihre Empfindungsweise bezeichnend ist:
Fritzi.
Fritzi ist ein schwarzer Zwergspitz, der von einem Wanderzirkus
zurückgelassen wurde. Als er Luise sieht, läuft er ihr dauernd nach.
Der Vater will den Hund nicht, die Mutter ebenso wenig. Doch
Luise besteht so hartnäckig darauf, dass er bleiben darf. Mit der
Zeit gewinnen auch die Eltern das Tier lieb. Auf einem Familienfoto aus jenen Tagen sitzt Fritzi, schon alt, auf Mutter Rinsers Schoß.
Was soll nun aus dem lieben Tier werden?
Fritzi selbst findet die Lösung. Er stirbt eines natürlichen Todes

am Tag vor der Abreise. Ganz feierlich wird er von Luise und anderen Schulkindern unter einem Apfelbaum begraben. Mit seinem Sterben zieht er einen Schlussstrich unter Luise Rinsers Kindheit. Ein neues Kapitel kann beginnen. Mitte September 1924 geht es ins Internat nach München.

Wissenschaft, Kunst und Liebe
1924–1929

Wenn sie die Aufnahmeprüfung besteht, wird Luise Rinser das Studium für das Lehramt an Volksschulen beginnen. Das ist zu dieser Zeit einer der wenigen Berufe mit Zukunft, die eine deutsche Frau anstreben kann. Andere Studiengänge, die eine Karriere ermöglichen, sind grundsätzlich Männern vorbehalten. Eigentlich wollte sie Ärztin werden. Josef Rinser wäre dem auch nicht abgeneigt gewesen. Doch viele Freunde rieten dringend ab. Als Ärztin hätte eine Frau keine Aufstiegschancen; sie bliebe ihr Leben lang eine schlecht bezahlte Assistenzärztin.

Das Studium für das Lehramt an deutschen Volksschulen hat – wohl seit Beginn des 20. Jahrhunderts bis nach dem Zweiten Weltkrieg – nach der Aufnahmeprüfung und dem Probejahr zwei Teile: zuerst ein zweijähriges Grundstudium als Präparandin in der Höheren Mädchenschule mit den Fächern Religion, Deutsch, Englisch, Mathematik, Chemie, Physik, Erdkunde, Geschichte, Musik (Geige, Klavier, Flöte), Stenographie. Die Abschlussprüfung entspricht der Mittleren Reife. Dem folgt eine zweijährige Ausbildung in der Lehrerinnenbildungsanstalt mit den Hauptfächern Pädagogik und Psychologie, die mit der Staatsprüfung abgeschlossen wird; diese kann dem Abitur gleichgesetzt werden. Die gesamte Ausbildung dauert also fünf Jahre. Danach folgt die Anstellung als Staatsbeamtin.[33]

Zur Aufnahmeprüfung im April 1924 haben sich 200 Mädchen angemeldet, 100 sind zugelassen worden, und nur 25 davon werden angenommen.

Das Studentinnenwohnheim »Maria Treu« befindet sich in der Zeppelinstraße 65 im Münchner Stadtteil Haidhausen am Isarufer,

dem Deutschen Museum gegenüber. Es ist ein katholisch ausge-
richtetes, von Laien geführtes Mädcheninternat unter dem Patro-
nat von Prinzessin Maria del Pilar von Bayern (1891–1987). Nähe-
re Informationen über das Mädchenheim waren nicht zu ermitteln.
Die Strenge des Hauses, den Namen und die angeblich eigenwillige
Art der Vorsteherin Hedwig Kölker sowie die Gestalt des Seelsor-
gers, Studienrat Kiefinger, den die Mädchen »Kief« genannt haben
sollen, kennen wir nur aus der teilweise recht ironischen Beschreibung Luise Rinsers im ersten Teil ihrer Autobiographie.[34]

Nun ist diese, wie sich immer deutlicher zeigen wird, eigentlich
nicht ein historischer Bericht, sondern eher eine literarische Erzählung. Versteht man *Biographie* nicht bloß als Beschreibung von
historischen Fakten, sondern darüber hinaus als Nachzeichnung
der seelischen und geistigen Entwicklung im epochalen Kontext, so
sind die geradezu mythologischen, literarisch glänzenden Einschü-
be in *Den Wolf umarmen* zweifellos relevant.

In diesem Sinne heben wir zwei Erzählungen hervor, welche für
den Umgang Luise Rinsers mit der Grundproblematik Frau–Mann
in ihrem Leben und in ihrem Werk von Bedeutung sind: ihre Verliebtheit in eine Lehrerin und ihre erste Liebe zu einem Mann.[35]

Eigenartig schön, pädagogisch begabt und pflichtbewusst, schreibt
Rinser, sei sie gewesen, die junge Lehrerin, die am ersten Schultag
das Klassenzimmer betrat. So wird sie ihre Klassenlehrerin der
Jahre 1924 bis 1929 zeitlebens in Erinnerung behalten. Elisabeth
Schweitzer aus Gunzenhausen in Franken, mit dreiunddreißig Jah-
ren die jüngste Lehrerin der Anstalt, die noch an ihrer psychologi-
schen Doktorarbeit schreibt, gehört zu den geachteten Lehrkräften.
Die Klasse verstummt, als sie am Morgen des ersten Schultags
erscheint. Wärme und Autorität soll sie ausgestrahlt haben. Doch
Luise Rinser fühlt mehr als nur Ehrfurcht.

> »[…] ich liebte sie vom ersten Tag, vom ersten Augenblick an,
> ich liebte sie glühend. Mir war, als habe ich meine ganze Kind-
> heit und eine Vor-Ewigkeit lang auf diese Erscheinung gewar-
> tet.«[36]

Die Lehrerin ist aber für ihre Sachlichkeit und ihren Arbeitswillen
bekannt. Nach dem Gebet sagt sie gleich: Jetzt fangen wir an zu

arbeiten. Lieben und Arbeiten! Diese magische Verbindung, die das schöpferische Leben Luise Rinsers leiten wird, verdankt sie der Klassenlehrerin aus Franken – verewigt in *Die gläsernen Ringe* unter dem Namen Erinna. Große Sorgfalt gilt der Sprache. Im sogenannten Backfischalter neigen die Mädchen zu blumigem Gerede mit wenig Inhalt. Schweitzer bringt ihnen Prägnanz bei. »Ganz sicher lernten wir ›schreiben‹. Ich verdanke Erinna meinen Stil, das heißt meinen Ernst im Umgang mit der Sprache.«

Die Schriftstellerin wendet ihre autobiographische Erzählung so, dass die Geschichte einer glühenden Liebe zu Elisabeth Schweitzer entsteht, an welcher zwei Mädchen, Luise und ihre damalige Schulfreundin, Elsa Drebinger, beteiligt sind. Eine entwicklungspsychologisch paradigmatische Situation, die die reife Schriftstellerin gekonnt konstruiert und glänzend beschreibt.

Im zweiten Schuljahr, so Rinser, führt die Lehrerin den »Dramenring« ein. An schulfreien Nachmittagen werden Stücke mit verteilten Rollen gelesen: *Hamlet* (Rinser liest die Ophelia), *Faust* (Rinser als Gretchen). Die männlichen Partner liest Luises Kontrahentin Elisabeth Herrmann. Auch *Torquato Tasso* wird gelesen. Die Stellen, die die Schülerin in ihrer Goethe-Ausgabe anstreicht, geben Auskunft über das, was in ihrer Seele vor sich geht: »Frei will ich sein im Denken und im Dichten. Im Handeln schränkt die Welt genug uns ein.« In dem Eingangsgespräch zwischen der Prinzessin und Leonore, das Luise und Elsa – die in *Die gläsernen Ringe* als Cornelia erscheint – vortragen, ist in ihrem Exemplar eine Stelle angestrichen und mit großen Ausrufezeichen versehen: »Wir scheinen den Mann zu lieben, und wir lieben nur mit ihm das Höchste, was wir lieben können.«

Elsa und Luise fühlen aber, während sie die Worte »den Mann« sprechen, *die Frau*. Sie sind beide unsterblich in Elisabeth Schweitzer verliebt.

Was lieben die beiden Mädchen so feurig an der jungen Lehrerin? Sie lieben das Höchste. Luise Rinser schreibt das Wort »Höchste« in Anführungszeichen. Dies freilich nicht bloß, weil es auf *Tasso* bezogen ist. Was bedeutet denn dieses »Höchste«? Etwa die Eigenschaften, die sie aufzählt: klassische Schönheit, Klarheit und Ehrlichkeit, Strenge in Arbeit und Lebensführung, Poesie – und den Mut, anders zu sein? Elisabeth Schweitzer ist für die Mädchen gewiss all das – und doch viel mehr. Für die vierzehnjährige Schülerin ist die dreiunddreißigjährige Lehrerin das Urbild der Frau, in dem ihre Jugendwünsche gespiegelt sind. Sie hat in Luises Leben einen geradezu sakralen Platz. Es ist die Entdeckung der Weiblichkeit durch das Mädchen. Aber das Vorbild kann nur idealisiert und mythologisch umgedeutet vorgestellt werden.

Doch nicht alles ist erdichtet. Idealisieren bedeutet nicht Lügen. Dargestellt wird die Substanz der Erfahrung. Briefe aus dieser Zeit an die Eltern (12. Oktober und 22. November 1924) und die Hymne der Siebzigjährigen an die erste Liebe zeigen, dass die Distanz zwischen Realität und Fiktion nicht allzu groß war.[37] Was sie in *Den Wolf umarmen* schreibe, sei nicht erfunden, versicherte die Schriftstellerin, die Verwirrung einer solchen Liebesglut bleibe für immer im Gedächtnis. Poetisch umgedeutet ist es wohl, worauf die dichterischen Namen – Erinna und Cornelia – hinweisen.

Biographisch wichtig bleibt die Frage: Was wäre passiert, wenn Elisabeth Schweitzer hätte erkennen lassen, dass sie Lesbierin war? Luise wäre mit Sicherheit »entsetzt geflohen«. Doch Elisabeth Schweitzer zeigt ihrer Schülerin Rinser nichts Persönliches. Sie bleibt stets Lehrerin, distanziert und doch ganz nah. Offensichtlich – und das gehört zum Sinn der Erzählung – hat die Lehrerin die schwierige Aufgabe meisterhaft bewältigt. Die homoerotische Erfahrung in der Pubertät gehört zur menschlichen Entwicklung überhaupt. Ein Knabe braucht Männer, ein Mädchen Frauen, die ihnen das Ideal ihrer selbst vorstellen. Ehrgeizige Mädchen wie Luise Rinser brauchen aber »hohe« Modelle als Anziehungspunkte und Identifikationsfiguren.

Wichtig ist dabei, dass der junge Mensch nicht im eigenen Gefühlsstrom erstickt. Nur dann hinterlässt die Liebeserfahrung einen positiven Inhalt für das weitere Leben. Wie dies in ihrem Fall geschehen sei, erzählt Luise Rinser in *Den Wolf umarmen*. Weniger als sonst deckt sich hier die poetische Schilderung mit historischen Tatsachen. Umso wichtiger ist die Aussage.[38]

An einem Sonntag im Winter, so Rinsers Erzählung, bedrängt

die Liebe die junge Luise derart, dass es sie wie im Traum nach Schwabing zieht. Sie muss zu Fuß gehen, denn für die Straßenbahn hat sie kein Geld mehr. Ihr letztes hat sie für eine langstielige Rose ausgegeben. Mit der teuren Blume in der Hand eilt die Schülerin von der Ludwigsbrücke bis zur Türkenstraße, wo Elisabeth Schweitzer im Eckhaus gegenüber der Kunstakademie wohnt. Sie stellt sich vor das Haus, schaut nach oben zu *ihrem* Fenster. Die Haustür steht offen. Aber sie kann nicht eintreten, ist wie gelähmt. Ein Strom von widersprüchlichen Gefühlen überfällt sie. Sie friert, obwohl sie glüht.

Das schlechte Gewissen meldet sich. Elisabeth, die Geliebte, und Elsa, die Freundin, gehören für sie untrennbar zusammen. Hölderlin-Sätze gehen ihr durch den Kopf. Einer davon wirkt entscheidend: »Was ist alles gegen *einen* Augenblick der Liebe?« »Nichts!« Das ist *ihr*, Luises, Augenblick. Sie drückt auf den Klingelknopf. Die Tür wird geöffnet. Es erscheint aber nicht Elisabeth Schweitzer, sondern deren Haushälterin: »Das Fräulein Studienrat ist krank, eine Erkältung.« Welche Enttäuschung! Luise gibt der Haushälterin die Rose, stürzt die Treppe hinunter und aus dem Haus.

Da es sich um die erste unerwiderte Verliebtheit eines jungen Menschen handelt, muss die Schriftstellerin die Geschichte dramatisch ausgehen lassen. Die Erzählung fährt fort: »Die Isar floß reißend unter den Brücken hinweg, das Leben war sinnlos geworden.«[39] Wie ein Tropfen Wasser im Teich verliert sich der Mensch im Trubel der Großstadt. Sie, Luise Rinser, ist für Elisabeth Schweitzer unbedeutend. Doch beide sind gleich klein angesichts des ungeheuren Geschehens in der weiten Welt. »Ich irrte in der Stadt umher und meinte, nicht weiterleben zu können.« Sie denkt nichts. Ihr Herz, ihr Kopf, ihr ganzes Wesen haben sich in ein Schlachtfeld verwandelt. Doch wer kämpft da, wofür und gegen wen? Jetzt geht es weder um Elisabeth noch um Luise selbst. Es sind die Giganten von eh und je: Dionysos und Apollo. Abgründige Lebenslüste, die alles wollen und, wenn sie es nicht bekommen, mit Vernichtung drohen – und die Vernunft, die den wilden Drang zu bremsen und das dionysische Chaos in der apollinischen Helle zu ordnen versucht.

Am nächsten Morgen, so berichtet sie weiter, weiß sie nicht mehr, wie sie am Abend zuvor ins Bett gelangt ist. Sie kann sich an nichts erinnern. Mit Gewissheit fühlt sie nur eines: Es hat sich Grundlegendes in ihr verändert.

Sie geht zur Schule. Der Unterricht verläuft wie gewohnt, die Lehrerin behandelt sie wie immer. Kaum ist Luise nach dem Unterricht auf der Straße und auf dem Nachhauseweg entlang der Isar, taucht wieder das Bild des geistigen Führers dieser Zeit auf: Hölderlin mit seinem *Hyperion*, dessen Dichtung sie über die kühle Sachlichkeit der Klassenlehrerin in himmlische Gefilde erhebt.

In kurzer Zeit hat Luise Rinser einen großen Schritt auf dem Weg zur Selbstfindung gemacht. Sie hat Einblick in die Tiefe des Fraueins gewonnen und stellt fest: »Von da an konnte ich lieben.«[40]

Am Sonntagmorgen ist Luise Rinser oft im Deutschen Museum. Zu dieser Zeit sind kaum Besucher da. Sie hat sich mit dem Aufseher der Abteilung Physik mit Unterabteilung Akustik angefreundet. Der liebenswürdige Herr Frank ist Jude, ein Fachmann für experimentelle Physik und Liebhaber exotischer Musikinstrumente, deren Geschichte er bis ins Detail kennt und von denen er viele gut spielen kann. Außer der Liebe zur Physik weckt er in Luise Rinser das Interesse für die Geschichte des Klaviers und der Harfe und vor allem für alte Musikinstrumente – ein Interesse, das sie später mit Carl Orff verbinden wird.

Über seine Sachkenntnis hinaus hat Herr Frank eine philosophische Begabung, die ihm ermöglicht, aus Musik und Physik praktische Grundsätze für das Leben abzuleiten. Besonders beeindruckt Luise Rinser das Phänomen der wellenförmigen Fortbewegung von Energie. Frank demonstriert es an Hand einer »simplen Vorrichtung«. Es ist »eine Art Galgen, an dessen Querbalken aufgehängt Kugeln; stößt man die erste an, bewegt sie die zweite, diese die dritte und so fort, und die Bewegung erweist sich als Wellenlinie.« Mehr als das physikalische Experiment als solches fasziniert sie die philosophische Schlussfolgerung, dass »jede noch so geringe Bewegung sich fortpflanzt«. Einmal in die Welt gesetzt, wirkt alles weiter, »prinzipiell unendlich weit«. Und das ist ein Grundgesetz, das sowohl Materie als auch Geist bestimmt.

»Dem Herrn Frank verdanke ich auch meine lebenslängliche Liebe zur Physik […]. Ich kann heute noch fühlen, was ich damals fühlte: einen tiefen Schrecken. Nichts kann man tun, ohne daß es weiter wirkt, immer weiter, in Wellen, in Kreisen.«[41] Unser Tun hat Folgen, die bis ins Unendliche reichen. Das junge Mädchen fühlt sich klein und zugleich groß, ein Teil des Universums, mitverantwortlich für das Ganze.

Auf der anderen Seite des Flusses allerdings, im Heim »Maria Treu«, denkt niemand an solche Zusammenhänge. Da herrscht die Kurzsichtigkeit der menschlichen Welt, die von den Konsequenzen ihrer Handlungen immer wieder überrascht wird.

Im Winter 1924/25 leidet Deutschland noch unter den Nachwirkungen des Krieges: Inflation, Armut, Elend. Doch nicht alle leiden in gleicher Weise. In Zeiten der Not kommt es vor, dass, während das Volk hungert, ausgerechnet diejenigen, die direkt oder indirekt für die Katastrophe verantwortlich sind, es sich gutgehen lassen können. Das sind vor allem Politiker, Militärs, Kleriker und Akademiker.

Luise Rinser berichtet, sie habe diese Ungerechtigkeit zum ersten Mal im Heim erfahren. Während die Mädchen ein mittelmäßiges Essen bekommen, findet der Heimseelsorger »Kief« jeden Morgen ein gutes Frühstück vor. Der Heimvorsteherin macht sie zum Vorwurf, sich in kurzer Zeit »die zweite Zimmereinrichtung« gekauft zu haben. Einmal soll Luise dies laut gesagt haben. Die Folge ist, dass sie das Heim verlassen muss. Am 9. März 1926 gibt Heimleiterin Kölker den Eltern Luises Entlassung aus dem Heim »Maria Treu« zum 15. März 1926 mit der Begründung bekannt,

»daß das Benehmen Ihrer Tochter auch in diesem Trimester sehr häufig Anlaß zur Klage bietet. Sie äußerte sich wiederholt unzufrieden über die Verköstigung, wozu wirklich kein Grund vorliegt, ist streitsüchtig mit ihren Mitschülerinnen und kommt mir bei jeder geringsten Rüge dermaßen keck und ungezogen entgegen, daß ich mich veranlaßt sehe, ihr am 15. März zu kündigen. Auch sehe ich mich den anderen Heimkindern gegenüber vepflichtet [im Originaldokument ist das fehlende ›r‹ von Josef

Rinser mit einem Bleistiftstrich moniert], derartige renitente Elemente zu entfernen, da solche Beispiele doch auf die Umgebung abfärben. Hedwig Kölker, Vorsteherin.«

Beim Wiederlesen dieses Schreibens »nach über einem halben Jahrhundert« stellt sich Luise Rinser selbstkritisch die Frage: »War ich denn streitsüchtig, war ich keck, war ich wirklich so schwierig?« Und die Antwort lautet: »Ich glaube, es stimmt. Ich ging immer auf die Barrikaden, wenn mir oder andern, gleichviel, Unrecht geschah.« Sucht sie dabei nicht auch den Mittelpunkt?

Das Problem, das die Entlassung aus »Maria Treu« mit sich bringt, findet gleich eine Lösung. Die Eltern machen ein von Nonnen geführtes Wohnheim ausfindig, das Luise Rinser aufnimmt.[42] Das Heim »Sanct Elisabeth« befindet sich in der Hans-Sachs-Straße im Münchner Glockenbachviertel. Darin wohnen nicht – wie im Heim »Maria Treu« – Schülerinnen, sondern jüngere und ältere Berufstätige. Die geistige Atmosphäre des Hauses ist offen und tolerant.

Dort zelebriert jeden Morgen ein für Rinsers Empfinden vornehmer junger Priester namens Dr. Berghofer die Messe. Als Ministrantin fungiert die hübsche Kunststudentin Lily Benz aus der Schweiz, die sich »mit der hochmütigen Anmut einer aristokratischen Äbtissin« um den Altar bewegt.

Es scheint, dass Luise Rinser durch sie nachträglich die Bedeutung des Bildes am linken Seitenaltar der Wessobrunner Kirche entdeckt hat: die anmutige Frau mit einem schweren Kranz aus Rosen und Lilienblüten auf dem leicht geneigten, königlich gekrönten Haupt. Das Bild, zu dem eine bayerische Prinzessin Modell gestanden haben soll, heißt »Mutter der schönen Liebe«. Darüber die Inschrift: *Tota pulchra es.* Du bist vollkommen schön, meine Freundin. Ein Satz aus dem Hohenlied, der ihr beim Anblick der schönen Lily am Altar mit Dr. Berghofer unwillkürlich in den Sinn kommt.[43]

Doch bevor die fünfzehnjährige Luise die Freundschaft der 21-jährigen Lily gewinnt, erweist Dr. Berghofer ihr einen wichtigen Gefallen. Unbeabsichtigt hilft er ihr, einen entscheidenden Schritt zu tun: weg von den Zwängen der institutionalisierten Kirche, hin zur Dimension der ungezwungenen Gotteserfahrung. Dies soll sich im März 1926, also kurz vor Vollendung von Luises fünfzehntem Lebensjahr am 30. April, so abgespielt haben:[44] Die Schülerinnen stehen vor einem Beichtstuhl in der Münchner Heiliggeistkirche Schlange. Luise Rinser strengt sich an, doch die rechte Beichtgesinnung stellt sich nicht ein. Das Ausmaß der Abneigung überrascht sie selbst, und auch die Entschlossenheit, mit der sie, als sie an der Reihe ist, aufsteht und in den Beichtstuhl tritt.

Hier sitzt Dr. Berghofer. Statt nach der Begrüßung mit dem üblichen »In Demut und Reue bekenne ich meine Sünden« fortzufahren, gesteht das junge Mädchen offen, »nur pflichtgemäß gekommen« zu sein, »aber nicht mehr beichten zu wollen und zu können«, weil es »keinen Sinn darin« sehe. Stille auf der anderen Seite des Gitters. Dann spricht der Geistliche: »Du bist alt genug, um zu wissen, was du willst, oberste Instanz ist dein Gewissen.« Er gibt ihr keine Absolution, wohl aber seinen Segen. »Ich fühlte mich befreit. Ein Tor stand offen. Ich begann, erwachsen zu werden.«

Auch der Schulgottesdienst ist ihr verleidet. Dazu tragen liturgische Neuerungen bei.[45] Doch vor allem die neugewonnene Freiheit führt dazu, dass sie nicht mehr hingeht. Stattdessen besucht sie Orte, an denen sie Inhalte für ihre Bildung finden kann: die Alte und die Neue Pinakothek, die Staatsgalerie, die Glyptothek, die Schackgalerie, das Völkerkundemuseum. Am häufigsten ist sie im Deutschen Museum bei Herrn Frank. Denn sie hat Anfang 1926 begonnen, einen Schulaufsatz mit dem Titel »Selbsterarbeitetes aus dem Deutschen Museum« zu schreiben. Herr Frank hilft ihr dabei.

In dieser Arbeit vertritt sie die These, das Klavier sei bei den Zigeunern entstanden und habe sich aus dem Monochord entwickelt. Was ein Monochord ist, wie Pythagoras damit das »pythagoreische Komma« ergründet und wie Euklid 200 Jahre später diese Zusammenhänge erläutert hat, habe ihr Herr Frank erklärt. Sie schreibt auch von der Harfe. Dieses Instrument wird für sie ihr Leben lang wichtig bleiben. Es erinnert sie an die Exilierten, Gefangenen, Unterdrückten und ruft in ihr das Bild des jüdischen Heimwehs hervor, jene Grundtraurigkeit, die sie in den Augen von Herrn Frank erblickt habe.

Die Tätigkeit, die Herr Frank im Deutschen Museum ausübt,

liegt unter seinen Fähigkeiten. Das entgeht Luise Rinser sicherlich nicht. Wie viele Genies müssen verkannt leben und Arbeiten verrichten, die ihnen nicht entsprechen? Am Ufer der Isar, im Jahr 1926, mag ihr diese Einsicht aufgegangen sein, die sie später dahin führt, sich für talentierte Menschen einzusetzen, die durch Umstände des Schicksals in der Entfaltung ihrer Begabung gehindert werden.

In jedem Menschen verbirgt sich die Sehnsucht nach einem Du, in dem das eigene Ich seine Mitte finden kann. Durch alles Interesse für Philosophie und Wissenschaft, Kunst und Musik hindurch ist Luise Rinser vom Drang nach dem Menschen getrieben, zu dem ihr Herz sagen könnte: Meine Mitte bist du!

Ihr Leben ist ungewöhnlich reich an Liebeserfahrungen. Und sie liebt stets in großem Stil. Sofort den Gipfel erklimmen zu wollen ist ihre Natur. Doch ihrer ersten großen Liebe zu einem Mann gehen idealisierte Erfahrungen des Erotischen voraus.

In der Nähe des Heims »Sanct Elisabeth« befindet sich das Hans-Sachs-Kino. Eines Tages nimmt Lily ihre junge Freundin in einen Film mit: *Das indische Grabmal* mit Conrad Veidt (1893–1943). Der Film ist »stumm noch und sehr flimmerig«, aber »ungeheuer aufregend und schön«. Doch weniger als die Handlung interessiert Luise Rinser die imposante Gestalt des Hauptdarstellers.[46] Er »trug ein paar Züge bei zu meinem Ideal des Mannes […] das Dämonische, das Unglückliche, das Erlösungsbedürftige«.

Die Faszination reicht so tief, dass Luise Rinser sich später weigert, eine neue Fassung des Films anzuschauen. Das »Indische Grabmal« in Agra – Taj Mahal – allerdings wird sie doch 1973 mit ihrem Sohn Christoph besuchen, wenngleich sie das Tempelhaus nicht betreten. (»Man sollte sich seine Träume nicht von der ›Wirklichkeit‹ korrigieren lassen.«) Welchem uralten Inbild entspricht der Berliner Schauspieler?

Eines Tages entdeckt sie in der Alten Pinakothek die Fotografie des Selbstporträts von Jacopo Palma il Vecchio (1479–1528) – und ist sofort verzaubert. Sie kauft das Foto, schaut es immer wieder an. Der Künstler muss sich im Spiegel betrachtet haben, um sich

selbst porträtieren zu können. Ganz spontan küsst sie das Manns-
bild auf den Mund.[47]

Luise Rinsers ersten Kuss bekommt das Bild eines Spiegelbildes!
Das habe sie sehr erregt. Vielleicht ist dies ihre erste richtige Erregung als Frau, bewirkt von einem Mann. Ihr Eros wird durch die
Vergeistigung des Mannes geweckt. Die Verklärung des Fleisch-
lichen, des Leidenschaftlichen, des Dämonischen, des Leidens. Beide
Männer verbindet Gegensätzliches. »Conrad Veidt war dämonisch,
der Venezianer war ein Erzengel.« Ihnen ist gemeinsam, was sich
gegenseitig ausschließt. Die *Übereinkunft der Gegensätze* in männlicher Gestalt.

All dies ist in die Erzählung *Anna* eingegangen, die mittlere der
drei Geschichten, die 1946 bei Kurt Desch unter dem Titel *Erste
Liebe* erscheinen. Der Dialog aber, den Anna mit ihrer Freundin
führt über den Mann, von dem Anna – auf sein Foto in ihrer Hand
schauend – behauptet: »Den liebe ich«, hat tatsächlich zwischen der
Autorin und ihrer engen Freundin jener Jahre, Gertraud, stattgefunden. Diese hatte ihr in Bezug auf das erwähnte Foto geschrieben:
»Das glaube ich dir [daß Du den liebst], aber weißt du, meine Liebe,
das paßt zu dir; wenn er leben würde, dieser schöne Mensch, dann
möchtest du ihn nicht.«

Gertraud Ehrengut nimmt von Luises fünfzehntem Lebensjahr
an Elsas Stelle ein. Sehr intensiv ist die Freundschaft bis zum Jahr
1930. Dann trennen sich die Wege wegen politischer Meinungsver-
schiedenheiten. Luise geht in den Schuldienst. Gertraud, zwei Jahre
älter, stirbt bereits 1932 an Herzversagen. Luise Rinser erhält ihre
Briefe an die Freundin von deren Eltern zurück.

Die Freundschaft ist dokumentiert durch diese Briefe, die Luise
Rinser auch in *Den Wolf umarmen* anführt. Die Gestalt des Mäd-
chens dagegen könnte zum Zwecke der Aussage konstruiert sein.
Demnach ist die Freundin »groß und kräftig« – »so schien es«,
merkt sie an mit Blick auf Gertrauds frühen Tod –, hat »helle blaue
Augen und rotes Haar mit einem Gold- und Kupferschimmer, […]
in einen dicken langen Zopf geflochten oder zur Krone aufgesteckt«.
Ein prächtiges deutsches Mädchen – dank ihres politisch gesunden
Elternhauses allerdings vom Nazifaschismus weit entfernt.[48]

Jahrzehnte später noch wurde die Autorin an ihre Freundin erinnert beim Anblick des Bamberger Reiters, der den jungen Mädchen damals als Symbol des echt Deutschen galt. Und so empfindet Luise ihre Freundin: als eine Frau, die das verkörpere, was man sich unter der »deutschen Seele« vorstellte. »Reinheit und Adel der Gesinnung.«

Die Freundschaft wird beschrieben als »mit Haut und Haar«: leidenschaftlich und scheu, poetisch und nüchtern, intim und distanziert. Kameradinnen nennen sie sich, Freundinnen klingt in ihren Ohren banal. Nie umarmen sie sich. Zur Begrüßung schütteln sie sich festen Blickes die Hand. Vier Jahre lang sehen sie sich täglich, erzählt die Schriftstellerin später.

Themen ihrer Gespräche seien die Eltern, die Heimleitung, ihre Schwierigkeiten mit der Amtskirche gewesen. Sie reden aber auch über Kunst und ihre religiösen Gefühle, über das Universum des Eros, über die Liebe. Diese Inhalte sind in den Briefen, meistens Ferienbriefen, festgehalten. Sie zeigen Gertrauds Reife und ihre Intelligenz. Im Sommer 1926 schreibt sie:

»Ich glaube, Lieben, das ist etwas Schweres. Man muss es lernen nach und nach. Mir kommt es so vor, als wäre es das Allerschwerste von allem, was man lernen muß.«

Die Gefahren des leidenschaftlichen und zugleich anspruchsvollen Wesens ihrer Freundin entgehen Gertraud nicht. Luise Rinser entflammt tatsächlich zu leicht und ist deshalb genauso schnell enttäuscht, weil sie – wie sie später in der *Anna*-Geschichte treffend interpretiert – »aristokratisch in der Liebe« ist. Die Kritik, welche Christina in der *Anna*-Geschichte ausspricht, ist einem Brief Gertrauds vom Frühjahr 1927 entnommen:

»Man könnte sich totärgern über dich. Du bezweifelst sozusagen dem lieben Gott, daß Leidenschaft und Liebe etwas Gutes sind. Sie sind da, einfach da, weder schlecht noch fein. Aber du magst nicht menschlich sein. Du genierst dich vor einem ästhetischen Schiedsrichter in dir. Einmal dich aufgeben, einmal eine Überschwemmung riskieren, ist das schlimm? Das ist doch das Rührende an jedem Menschen, daß er einmal geschlagen wird und am Ende seiner Kraft zu sein glaubt. Ach sei doch frei und freier!«[49]

Mit »Liebe« meinen die beiden Mädchen noch keine Sexualität. Katholisch erzogen, bleiben sie lange jungfräulich, worauf Luise Rinser noch im Alter stolz war. Unter Liebe verstehen sie die Fähigkeit, sich dem anderen zu öffnen, für ihn da zu sein. Erst daraus ergibt sich die leibliche Vereinigung als Ausdruck von seelischem Einklang.

Immer wieder taucht die Frage auf: Wer bin ich eigentlich? 1928 schreibt sie an Gertraud:

»Wohin führt der Weg [...]? Das weiß ich nicht. Wohin mein Herz führt? Weiß ich auch nicht. Zu Dir? Zu ›M.‹? Durch euch alle zu Gott. Durch Askese? Durch Genuß? Weiß ich nicht. Durch Reifen? Durch immerwährendes Chaos?«

Nur der Satz »Durch euch alle zu Gott« endet nicht mit einem Fragezeichen. Ferner kommt hier etwas vor, das ihr zu einer Lebensgewohnheit werden wird: den Namen der wichtigsten Person einer Zeitstrecke kürzt sie ab. Das gerade für sie Höchste muss entrückt bleiben. Zu jener Zeit ist es »M.«.

Diese Abkürzung der Sechzehnjährigen ist vielleicht die geheimnisvollste ihres Lebens. Im obigen Brief an die mitwissende Freundin schreibt sie einfach »M.«. Ausnahmsweise. Sonst malt sie ein Zeichen, das aus einem M und einem W, ineinander verschlungen, eine Art Gitter bildet.[50] Ihre Liebe zu WM sei irdisch und himmlisch zugleich, sagt sie zu Gertraud – und trifft mit dem Satz genau den Zwiespalt von Geist und Leib.

Wer verbirgt sich also hinter dem geheimnisvollen WM? Der Physikprofessor Dr. Wilhelm Müller. Rinsers Erläuterung:

»Müller, eher ein Tarnname, unter dem sich der für mich Außergewöhnliche verbarg. Sein wahrer Name stand am Sternhimmel: das Himmels-W, die Kassiopeia.«[51]

Luise Rinsers Prioritäten zeichnen sich schon in diesem Alter ab. Um von ihr geliebt zu werden, muss ein Mann schön sein. Geistige Stärke ist Voraussetzung, damit er von ihr überhaupt beachtet wird, körperliche Schönheit Bedingung für die Hingabe. Luise Rinser selbst ist hübsch, sie hat eine erotische Anziehungskraft, die intelligente und sensible Männer sofort spüren.[52]

Als dieser Herr im Schuljahr 1927 zum ersten Mal souverän den Klassenraum betrat, sei sie sofort verzaubert gewesen. Der verführerische Blick des Professors habe sie getroffen. Sie stellt ihn als außergewöhnlich erotisch vor, als geistig elitär. Man habe sich erzählt, dass er – aus Liebe zur Freiheit unverheiratet geblieben – bei seiner Mutter lebe. Er habe Musik studiert beim hochbegabten, aber unglücklichen Max Reger (1873–1916) und mit einer ausgefallenen Dissertation über arabische Notenschrift promoviert, glaubt Luise Rinser sich zu erinnern. Dann sei er Lehrer für Physik geworden, zuerst an einer Knabenschule in Freising, dann an der Lehrerinnenbildungsanstalt in München. Gymnasiallehrer wurden in Bayern mit »Professor« angeredet.

Dr. Müller ist vierzig Jahre alt, Luise Rinser sechzehn. In ihrer Erzählung muss sie begründen, warum der Professor besonders auf sie eingeht. Er kann nur mit Frauen kommunizieren, mit denen er sich in einer gemeinsamen Mitte treffen kann. Diese Mitte sind die Physik und die Musik. Für die Klasse ist dies ein Problem. Die Mädchen können seinem Unterricht kaum folgen. Luise aber, in Physik und Musik bewandert, ist von seinen Ausführungen gefesselt – und er von seiner Schülerin offensichtlich angetan. Während des Unterrichts spricht er, so meint sie, eigentlich nur für sie. Nach der Stunde bleiben der Professor und die Schülerin allein im Raum und reden über Gott und die Welt. Manchmal kommen sich die Gesichter so nah, dass jeder den Atem des anderen spürt. Dr. Müller ist aber ein Meister der Selbstkontrolle. Er ist ja ihr Lehrer. Es darf zu nichts kommen. Und es kommt zu nichts. Nicht einmal zu einem Kuss. Stattdessen, so Rinsers Schilderung weiter, lädt er sie gelegentlich zu Konzerten ein. Da sitzen sie nebeneinander, berühren sich »zufällig« und unmerklich. Sie flattert, die Musik wirkt auf sie wie Öl auf Feuer. Doch es geschieht nichts.

Die Erzählung muss nun zu einem Höhepunkt gelenkt werden, in dem die Entdeckung der Liebe eines jungen Mädchens zu einem Mann ihre ganze Dramatik offenbart. Im Sinne der Sage ist es entscheidend, dass – genauso wie in der homoerotischen Erfahrung – die Grenze stets im Blick bleibt, aber nie überschritten wird.

Die Schriftstellerin berichtet also weiter: In ihrem Regal steht

das Buch *Die Tiefen der Seele* von I. Klug.[53] Es handelt von Struk-
turtypen, angeborenen und erworbenen Hemmungen, Kampf ums
Selbstsein im Chaos der Triebe und Leidenschaften. Sie hat das
Buch ein Jahr vorher gelesen und ihre Überlegungen dazu auf dem
Verlagszettel notiert.

> »Fasse das Leben ernst auf, habe ein Ziel vor dir, noch stehst du
> am Fuß des Berges [...] Ich bitte dich, spiele nicht mit dem Feuer,
> das in dir brennt: die Leidenschaft, die Sinnlichkeit. Sei stark,
> denke, daß du ein geistiger und seelischer Aristokrat bist, wirf
> deine Würde, deine Krone nicht vor die Schweine, bleibe
> rein. [...] Liebe das Schweigen und die Einsamkeit. Schöpfe aus
> den Quellen der Natur und Kunst und auch aus den Menschen-
> leben, aber kehre wieder in dich zurück. [...]«[54]

Mit fünfzehn Jahren hat Luise sich edle Ziele vorgenommen. Da
bricht aber dieser Dr. Müller in ihr Leben ein wie ein Wüstenwolf
und bringt alles durcheinander. Der Professor füllt ihre Welt vollständig aus. Sie riecht seinen Duft, spürt seine Wärme. Ihre früheren
Lebensvorsätze interessieren sie nicht mehr. Gewicht hat nur ein
Wunsch: ihn zu sehen. Dann fühlt sie sich wunderschön schwach.
Und sie ertappt sich selbst bei einem ganz neuen, unerhörten Gedanken: ... von ihm *richtig* umarmt zu werden. »Du mußt etwas riskieren, hatte mir Gertraud geraten. Ich riskierte alles.«

Die Woche vom 14. bis zum 18. Mai 1928 beschreibt sie im
Rückblick als besonders bewegend. Denn das, was am Wochenende
geschieht, gleicht dem Ausbruch eines Vulkans.

Am Mittwoch, dem 16. Mai, besucht sie eine Vorstellung im
Theater. Danach notiert sie:

> »Wohin komme ich, wohin? Es wachen Regungen in mir auf, vor
> denen ich mich fürchte. Heute war ich in Kleists Penthesilea. Was
> diese Liebe zwischen Mann und Weib ist, was sie vermag [...]«[55]

Luise Rinser ist dabei, durch den Physikprofessor die wichtigste
Lektion ihres Lebens zu lernen: Lieben und geliebt werden, das ist
das A und O, Mitte und Kern menschlicher Wirklichkeit.

Eine Aufführung von Bruckners siebter Symphonie entflammt
sie zur absoluten Liebe. Nur Gott soll es geben in ihrem Leben.
Am nächsten Tag schreibt sie ins Tagebuch:

»19. Mai 1928. Symphonie von Bruckner. Ringen mit Gott (Ringen?) Gefühl der tiefsten Demut vor Gott, Gott! Alles auf Gott bezogen, Ewigkeit und Gott fühlt man, erlebt man.« Diese Zeilen verraten den Menschen nicht, der durch die Musik hindurch den Liebesrausch verursacht. Doch im weiteren Text findet sich ein seltsamer Satz: »[›WM‹] sucht ihn nicht.« Was meint sie damit? Selbst Jahrzehnte später hat sie Mühe, ihre eigenen Worte zu deuten. Er war doch fromm, Mitglied des Dritten Ordens der Franziskaner – vielleicht auch deshalb unverheiratet geblieben – was also meinte sie damals?

Durch Bruckners Musik ist sie liebeswahnsinnig geworden. Man hat das Gefühl, dass sie sich den wahren Grund nicht eingestehen will. Doch langsam tritt die Ursache ihrer Erregung zutage: der Professor. Das wird ihr am nächsten Tag, am Sonntag, dem 20. Mai 1928, deutlich.

Einige Zeit später heißt es im Tagebuch, auf diesen Tag zurückblickend:

»Ich habe viel erlebt innerlich, seit ich zum letzten Mal hier hereingeschrieben habe. Seither bin ich um Jahre älter geworden. […] Ich war damals in Bruckners 7. Symphonie gewesen und war zerrüttet.«

»Seither bin ich um Jahre älter geworden.« Das ist wörtlich zu nehmen. Es geht um den sexuellen Reifungsprozess einer jungen Frau. Was sie drei Jahre zuvor auch im Liebesrausch und ebenso an einem Sonntag in Bezug auf Elisabeth Schweitzer erfahren hat, wiederholt sich, im Inhalt und in der Ausführung, genau.[56]

Kurz entschlossen läuft sie an jenem Sonntag »in die magische Richtung«, also nach Schwabing. Dr. Müller wohnt in der Wilhelmstraße (unweit der Türkenstraße, wo immer noch die ehemals geliebte Lehrerin ihre Wohnung hat), im Erdgeschoss. Sie geht durch die Straßen wie im Traum, mit drei weißen Rosen in der Hand (für Elisabeth Schweitzer war es nur eine gewesen!), vorher wartet sie lange unter einem Holunderstrauch auf ein Zeichen, schließlich steht sie auf, betritt das Haus, klingelt. Eine Dame (Müllers Mutter, vermutet Rinser) öffnet die Wohnungstür. Der Professor sei nicht zu Hause. Verlegen gibt Luise die Blumen ab und verlässt das Haus.

Aufgewühlt läuft sie in den Englischen Garten. »Gott, bitte, mach, dass er bald heimkommt und ich ihn sehe.« Sie geht wieder ins Haus. Ihr Sohn sei immer noch nicht da, sagt die Mutter. Sie wartet noch eine Weile – wieder unter den Holunderstrauch gekauert. Vergeblich. Schließlich kehrt sie ins Heim zurück.

Dort spielt sie »wie eine Wahnsinnige Geige« und macht »Witze bei den andern«, bis sie es nicht mehr aushalten kann. Sie läuft wieder in die Wilhelmstraße, hockt sich unter den Holunderstrauch, schaut auf *sein* Fenster. Kein Licht. Dann, heißt es im Tagebuch, »wankte ich, als ob ich nicht mehr lebte, der Straßenbahn zu, und da, da kam *er*«.

Und was geschieht dann? Luise gesteht ihm, den ganzen Nachmittag auf ihn gewartet zu haben. Und was tut er? Er lächelt selbstzufrieden, freut sich, von einem hübschen jungen Mädchen dermaßen angebetet zu werden. Er nimmt sie mit in den Englischen Garten, und sie gehen eine ganze Stunde spazieren, von halb sieben bis halb acht, am Sonntag, dem 20. Mai 1928. Luise Rinser führt Tag und Uhrzeit genau an. Es handelt sich um die erste Liebesenttäuschung durch einen Mann, ein Ereignis von großer Bedeutung für die seelische Entwicklung des Mädchens. Auf einen Aspekt muss ausdrücklich hingewiesen werden. Luise Rinser entfaltet die Erzählung so, dass dabei ein ihrer Meinung nach typisch männlicher Mechanismus zum Ausdruck kommt: das Spiel mit der Frau.

Das lodernde Feuer des jungen Mädchens wird erstickt. Dr. Müller beherrscht die Kunst des Entwirrens. Auch »Auflichten« ist eines seiner Lieblingswörter. Mit Luise Rinser würde er sich nicht einlassen, sich nichts zuschulden kommen lassen. Aber die Schülerin ganz von sich fernhalten? Das vermag er auch nicht. Das Mädchen verzehrt sich. Der Herr bleibt kühl, obwohl er sie begehrt. »Er war nicht menschenliebend. […] Er war ein Halber […], auch mir gegenüber. Er spielte mit mir.« Mit diesen harten Worten urteilt Luise Rinser später über das Verhalten ihres Professors – und meint eigentlich den Mann überhaupt.

Das Urteil ist hier einseitig, also ungerecht. Denn der Fall hat zwei Seiten: die des jungen Mädchens und jene des älteren Mannes.

Luise Rinser berücksichtigt nur die Seite der leidenschaftlichen Schülerin, die der Anziehungskraft des Lehrers nicht widerstehen, ihn jedoch als Mann nicht bekommen kann. Und ihm fällt es sicher schwer, dem Verlangen seiner Schülerin nicht zu entsprechen. Doch er bleibt hart. Der frischen Begeisterung der Jugend setzt er das Gewicht des moralischen Pflichtbewusstseins entgegen.

Um diese Liebesenttäuschung zu verarbeiten, schreibt Luise in diesen Wochen eine Geschichte, in der die Welt »als eine Stätte der vergeblichen Bemühung« erscheint. Jeder bildet sich etwas ein. Aber nichts ist wahr. »Alles ist Betrug. Er gähnt mich an, der Abgrund unseres Nichts«, notiert die junge Frau in ihrem Tagebuch.[57] Sie schwänzt die Schule, läuft durch die Straßen, streift die hässlichsten Stadtviertel um Ostbahnhof, Südbahnhof, Schlachthof, die Orte der Hoffnungslosigkeit. Aus den Gesichtern der Menschen vermag sie nur noch die Lebenstrauer herauszulesen, die sie selbst in sich trägt. Schließlich steht sie auf einer Brücke über die Isar. Nicht auf der berühmten Selbstmörderbrücke in Großhesselohe, die viele wählen, weil sie wegen ihrer Höhe einen sicheren Tod verheißt. Sondern isarabwärts beim Föhringer Wehr, unbeobachtet, einsam, in der Blüte schon lebensmüde.

»Da stand ich und wollte nicht mehr weiter [...] und probte den Absprung.« Doch sie springt nicht. In letzter Sekunde retten sie ihr Verstand und ihr Humor. Sie ist eine gute Schwimmerin, die noch dazu an dieser Stelle oft geschwommen ist. Den schönen Physikprofessor begehrt sie leidenschaftlich. Aber noch tiefer liebt sie das Leben. Das heißt: Zuerst und zuletzt ist der Mensch sich selbst verpflichtet.

Nach dem Krieg, vermutlich Ende 1945 oder Anfang 1946, sucht Luise Rinser den Professor in der von den Bomben halb zerstörten alten Schule auf. Dort, in einem improvisierten Physiksaal im Keller, hantiert er wie gewohnt mit seinen Geräten. Und er sieht auch aus wie damals, vor zwanzig Jahren, sonnengebräunt, veilchenäugig, aber weißhaarig und graubärtig.

»Herr Professor, sagte ich, jetzt erwachsen und längst nicht mehr seine schüchtern leidenschaftliche Schülerin, Herr Professor, wenn Sie wüßten, wie sehr ich Sie geliebt habe! Und was sagte

er? Ich habe es gewußt, und ich habe Sie ja auch *sehr* gerne gehabt. Das haben Sie doch auch gewußt, oder? Sein Veilchenblick senkte sich in meine Augen – wie damals. Habe ich es gewußt, wie gerne er mich hatte?«[58]
Beide, Lehrer und Schülerin, werden über neunzig. Sie, die Feurige, verliebt sich immer wieder bis zuletzt. Er, der Unentschlossene, treibt Sport und schwimmt bis einige Tage vor seinem Tod.

Luise Rinsers Eltern haben von der Nähe der Unterkunft ihrer Tochter zur berüchtigten Müllerstraße erfahren. Nächtliche Schlägereien kommen häufig vor. Darüber hinaus wird im September 1928 Wand an Wand mit ihrem Dachzimmer ein Haus aufgestockt. Das bedeutet Lärm und Schmutz. Das Studieren tagsüber wird unmöglich. Und da die Prüfungszeit heranrückt, äußert Luise den Wunsch nach einem Zimmer in einem anderen Haus. Die Eltern willigen sofort ein. Sie zieht aus dem »Hurenviertel« um nach Ramersdorf, in ein von »Wiener Schwestern« geführtes »Heim für Berufstätige«. Dort bekommt sie ein Zimmer mit Blick auf Wiesen und Felder, auf die Ramersdorfer Kirche – und vor allem auf die Heimatberge.
Die Hausordnung basiert auf Freiheit und Respekt für die Bewohner. Diese können kommen und gehen, wann sie wollen. Es genügt, einen Zettel an der Pforte abzugeben, wann man voraussichtlich heimkommen wird, damit die Pfortenschwester wach bleibt. Sie habe diese Großzügigkeit nie missbraucht, schrieb Luise Rinser später. Hier kann sie unbekümmert Geige üben. Und sie liest viel: Nietzsche, Dostojewski, Kafka, Kierkegaard.

Nach vier Jahren außerhalb des Elternhauses, drei Umzügen, zwei intensiven Liebeserfahrungen und der Lektüre vieler Bücher kann die junge Frau schon auf eine Vergangenheit zurückblicken. Da tauchen, ineinander verwoben, Sehnsüchte nach der Kindheit und Zukunftsvorstellungen auf. Ihre Stimmungen in diesem Herbst 1928 verarbeitet sie in zwei Schriften: einer Prosaskizze, *Gedanken*, und einem Gedicht, *Der Ruf*.[59]

Gedanken:

> »Da sitze ich denn manchmal am Abend allein an meinem Fenster [...] Es rauscht in der Luft wie Musik von verwehten Blättern, von sehnsuchtgetriebenen Vogelschwingen, von seltsam süßer Lust am Abschiednehmen ...«

Abschiednehmen lernen: eine wichtige Lektion, die nur das Leben selbst erteilen kann – unter Rilkes dichterischer Maxime: »Sei allem Abschiede voran.«

> »[...] Nichts ist von Wert und nichts von Dauer, alles was hier auf Erden getan wird, verweht und ist nur armes, dürftiges Sichtäuschen ... Meine Seele ist so voll, daß sie nicht weiß, ists Lust, ists Elend ... Aber ich bin so glücklich, denn ich lebe tausend Leben in diesen tausend Schatten ...«

Die menschliche Sehnsucht nach unendlicher Fülle. Im Unterwegs dieser Hoffnung zeigt sich das Glück.

Der Ruf:

> »Warum kommst du nicht? / Ich weiß es doch: irgendwo / Bist du und wartest auf mich ... Wir sind schon verbunden / durch alle Zeit / Wir tragen schon heimliche Ringe ... / [...] Ineinander getan, ist alles an uns ganz rein / Wir irren, doch wir irren zum Ziel ...«

»Ineinander« wie das Zeichen »WM«. Über die Physik hinaus hat sie durch den Professor mit dem »himmlischen« Namen ein Grundgesetz gelernt: Der Mensch will das Unendliche in endlicher Gestalt. Nur diese Erfüllung könnte sein Herz zufriedenstellen.

Luise Rinsers depressive Veranlagung bricht ausgerechnet in den letzten Schulmonaten durch. Im neuen Heim ist Ruhe, sie könnte gut lernen, aber sie kann sich nicht konzentrieren. Sie hat Angst davor, nicht die Beste zu sein, und sie bangt um ihre berufliche Zukunft. Von ihren Sorgen wird sie durch die Not einer Mitschülerin abgelenkt, der sie Nachhilfestunden geben muss. Friedl ist eigentlich ein intelligentes Mädchen, aber, wie man sagt, »schuldumm«. Das Schulsystem lähmt sie, sie ist schon einmal durchgefallen. Luise hilft ihr bei den Schulaufgaben und bereitet dadurch sich selbst auf

die Prüfung vor. Friedl besteht die Prüfung, und Luise erhält einen
»Einser«. Diese Geschichte ist plausibel und für Luise Rinser von
Bedeutung.

Zur Abschlussfeier muss sie als Klassensprecherin die Rede halten. Deren Originaltext hat ihr Vater bis zu seinem Tod aufbe-
wahrt. Die Rede ist diplomatisch formuliert, doch Jahrzehnte später
kann die Autorin mit Einverständnis auf sie zurückschauen. Treffend bringt sie die Sorgen der damaligen deutschen Jugend zur
Sprache.

»Jugend hat es immer schwer, doppelt schwer in einer Zeit, in
der sich alle Formen auflösen, hundert Wege möglich und richtig
zu sein scheinen, hundert Weltanschauungen um die Jugend
werben ...«[60]

»Hundert« ist natürlich übertrieben. In Wirklichkeit sind es nach
Luise Rinser nur drei, aber jede für sich ist fähig, mit der tödlichen
Enge ihres Absolutheitsanspruchs Welt und Menschen in den Abgrund zu stürzen: der konservative Katholizismus, der Kommunismus und der Nationalsozialismus.

Die politische Bildung in Deutschland nach dem Ersten Weltkrieg ist unkritisch – und darum untauglich, die Augen für die
schon lauernde Gefahr zu öffnen. Doch viele junge Menschen spüren 1929, dass der Boden wankt. Weder politische noch religiöse
Traditionen sind imstande, den Totalitarismen einen freiheitlichen
Weltentwurf entgegenzusetzen. Im Namen dieser Jugend sagt Luise Rinser:

»Wir spüren unsere Kraft, die ans Werk will, die schaffen will,
frei und selbstverantwortlich. Wir besitzen unsere Jugend als eine allumfassende Kraft, als das Gefühl, den Quellen des Lebens
nahe zu sein. Wir glauben noch unerschütterlich an die Macht
des Guten in der Menschheit ... Wir glauben, dass es eine geistige Gemeinschaft aller noch starken, noch mit reinem Willen
zum Guten erfüllten Menschen gibt ... Unsere Jugend wollen
wir uns bewahren ...«[61]

Ist dieses betonte »noch« eine Vorahnung, gleichsam die Warnung
einer Jugend, die die heranrückende Bedrohung vorausfühlt?

Im Schlusszeugnis wird bescheinigt:

>»Eine geistig frische Schülerin, die durch gute Begabung und
> rege Strebsamkeit recht schöne Erfolge erzielte. Wenn sich ihr
> lebendiges und regsames Wesen mehr ausgeglichen hat, berech-
> tigt sie zu guten Hoffnungen.«

Die Schulleitung, Vertreterin der etablierten Gesellschaftsordnung,
verlangt Anpassung. Die Sehnsucht der Jugend nach menschlicher
Freiheit und vollem Leben steht dem Gebot der Unterwerfung gegenüber, die in ein totalitäres System münden wird. In dieser Situation endet für Luise Rinser im Juni 1929 die Schulzeit.

II.
Im Chaos der Nazizeit
1930–1945

Die giftige Substanz des Zeitgeistes
1929–1930

Seit 1919 war Deutschland innerlich verwundet. Für die Katastrophe des Ersten Weltkrieges, die letztlich auf die Gier aller Beteiligten zurückging, wurde es allein verantwortlich gemacht. Es musste für alles bezahlen, wurde militärisch entmachtet, politisch eingeengt, als herrschsüchtig abgestempelt. Durch die Niederlage hatte das Volk Selbstbewusstsein und Selbstachtung verloren. Genau die Schwäche dieser Situation nützte Hitler aus. Nach dem gescheiterten Putsch von 1923 war er entschlossen, die Macht mit legalen Mitteln zu erobern. Dafür setzte er gekonnt seine beste Waffe ein: das Wort. Nach Aufhebung der Redeverbote für Bayern und Preußen konnte er am 16. November 1928 im Berliner Sportpalast sprechen. Die neugegründete NSDAP hatte er schon übernommen, das Führerprinzip bereits eingeführt.

Angetrieben von den Verletzungen seines eigenen erbärmlichen Lebens, traf er mit seinem Wort die Seele des Volkes, das ebenso enttäuscht und anerkennungsbedürftig war wie er selbst. Spätestens seit 1928 bewegten seine Reden die Bürger aller Klassen: Arbeiter und Intellektuelle, Politiker und Kleriker, Künstler und Sportler, Männer wie Frauen – und ganz besonders junge Menschen, die von einem großen Deutschland träumten. Er verzauberte die Massen. Zahlreiche deutsche und auch ausländische Bürger, die 1928 und 1929 zu den Kundgebungen nach München kamen, um sich Hitler wie einen Schauspieler anzusehen, waren dann, für sie selbst überraschend, von ihm fasziniert.

Hitler wusste, dass seine Worte jene Schicht der Seele trafen, über die der Mensch nicht verfügen kann. Aus diesem Grund gab er später dem Propaganda-Ministerium so große Bedeutung. Und das Volk sollte nichts von Hitlers Vergangenheit erfahren. Den Menschen war nicht wichtig, wer Hitler gewesen noch wie er in Wirklichkeit war. Es interessierte der Mann, der durch die Aura der Unerreichbarkeit das Heil bedeutete. »Ein Volk, eine Partei, ein Führer!« Das sollte nicht erst das Heil bringen – das war schon das Heil.

*

Luise Rinsers Abiturrede vom Juni 1929 ist keine prophetische Voraussage. Sie stellt die Ansichten eines jungen Mädchens dar, dessen Ideale so groß sind, dass ihr nicht nur die Heimat, sondern die ganze Welt zu klein wird. Sie sehnt sich nach dem großen Unbekannten.

Diesem Drang zum Außergewöhnlichen gesellt sich nun 1930 die allgemeine Lage hinzu. Es ist tatsächlich zu eng geworden in Deutschland. Und die junge Luise Rinser spürt ein unwiderstehliches Bedürfnis, der sie erstickenden Umgebung zu entfliehen. Das wird in einer Erzählung thematisiert, in der sie die idealistische Pointe der Abiturrede entfaltet. Die Schrift wurde nicht gedruckt, das Manuskript ist bis heute unauffindbar. Die Dichterin behauptete, es verbrannt zu haben. Wir sind also auf ihre eigene Nacherzählung angewiesen.

Die Schrift trägt den Titel *Auf dem Dach der Welt*. Angeekelt von der korrupten europäischen Gesellschaft, flieht eine Gruppe junger Menschen nach Tibet, hinauf in den Himalaja, auf den höchsten Gipfel der Erde, der mit profanem Namen Mount Everest heißt und den man »Dach der Welt« zu nennen pflegt. Die Gruppe strebt keine politische Revolution an, da diese nach ihrer Überzeugung bald das Vorhergehende wiederholt. Die wahre Revolution ist die Wandlung des inneren Wesens. Für dieses Ziel verlässt die Gruppe ihre Umgebung. Weit weg vom Bekannten beginnt sie ein neues Leben. Sie gründet einen Ashram, eine halb klösterliche, halb weltliche Gemeinschaft.

Wie kommt Luise Rinser auf diese Idee, ohne noch Hermann Hesses *Morgenlandfahrt* gelesen zu haben?[1] Dafür ist kein literarischer Einfluss nötig. In diesem Alter nimmt man das Leben noch frisch genug wahr, um aus eigenem Antrieb nach Reinheit zu suchen. So meint »Himalaja« eigentlich keinen geographisch auffindbaren Ort. Der Name steht für die Innerlichkeit des Menschen. »Ich ließ meine jungen Menschen mit mir zusammen aufbrechen ins höchste Gebirge unsrer Erde. Ich habe dem Menschen immer die Fähigkeit zugesprochen, sehr hoch zu steigen, dorthin nämlich, wohin er gehört, weil er von dorther kommt. Schlimm, daß der Mensch nicht weiß, wer er ist. Von früher Kindheit an bläut man ihm ein, er sei ein Wurm, ein Nichts, im Kern böse, nur unter der Fuchtel brauchbar.«[2]

Hier vereinfacht die Dichterin das Problem. Für das Verständnis dessen, was in dieser Zeit geschieht, ist die angebotene Interpretation untauglich. Womöglich groß und erhaben wie der Himalaja, ist der Mensch aber auch fähig zu Hinterhalt, Mord und Niedertracht. Er ist weder nur böse noch nur gut. Sein Wesen besteht in der Möglichkeit zu beidem.

Mit ihren 19 Jahren lebt die junge Frau 1930 in der Welt ihrer Sehnsüchte. Die Brisanz der politischen Situation vermag sie nicht wahrzunehmen. Vielmehr wird sie von der Begeisterungsfähigkeit und der ekstatischen Selbsterfahrung getragen, welche diesem Alter eigen ist. So geht auch die folgende Überlegung am Phänomen vorbei:

»Was wußte ich damals von der konkreten Lage des Menschen, was wußte ich von der Lage meines eigenen Volkes? Heute schäme ich mich meines unpolitischen Lebens von damals. Ich *hätte* mehr wissen können, wenn ich Zeitungen gelesen hätte. Aber zeitunglesende Mädchen … […] Und doch muß ich einen politischen Instinkt gehabt haben, der mich warnte, jener Mitschülerin zu folgen, die mit dem Faschistengruß zur Schule kam und versuchte, mich für dieses Neue zu gewinnen.«

Hat Luise Rinser wirklich diesen politischen Instinkt? Diese Selbstinterpretation wurde 1981 geschrieben. Deutet sie nicht Vergangenes vom gegenwärtigen Standpunkt aus um?

1930 erwacht Luise Rinser aus dem Kindheitstraum, aber nicht, um ihn aufzugeben, sondern um ihn auszuleben. Unter der Oberfläche, unter dem Schmutz des politischen Alltags pulsiert doch der Geist. Junge Deutsche, die das Leben trotz allem von seiner erhabenen Seite kosten wollen, kommen in der Jugendbewegung zusammen. Dabei ist auch Luise Rinser.

Im Frühjahr 1930 meint sie zum ersten Mal »verliebt« zu sein. Ja, man muss es in Anführungszeichen setzen, wie sie es selbst tut. Denn was sonst waren die Gefühle für Erinna, für den Physikprofessor? Vielleicht will sie sagen, sie sei zum ersten Mal »normal« verliebt in einen jungen Mann, einen Kollegen, der allerdings zehn Jahre älter ist als sie. Mit einer schwarzen Lederjacke bekleidet, holt er sie mit seinem schweren Motorrad an der Haustür ab. Die Eltern sind entsetzt. Aber der Mann singt gut zur Gitarre. Und noch wichtiger: Er kommt aus der Jugendbewegung. Das imponiert ihr.[3]

So findet die Neunzehnjährige die für sie äußerst wichtige Verbindung von Musik und Leben, Natur und Dichtung. Ihr Freund nimmt sie mit zu den Singwochen auf der Wülzburg in Franken, die der österreichische Volksliedsammler und evangelische Pfarrer Helmut Pommer veranstaltet. Sie habe dort Gemeinschaft im Zeichen der Musik erlebt, äußert Luise Rinser ergriffen. Die Wülzburg bietet jungen Menschen Geborgenheit und Lebenssinn. Nicht nur Volkslieder werden gesungen, auch Bach und Hassler und Praetorius. Und es wird getanzt – neben Volkstänzen auch alte höfische Contretänze.

Gerade an diese Sehnsucht nach Reinheit und Ekstase wird der Nationalsozialismus anknüpfen, um die Jugend zu gewinnen.

»Es war nicht ›Blut- und Boden‹-Kultur, was wir da erlebten, aber es erweckte in vielen von uns die Sehnsucht nach einer Art zu leben, wie sie der Hitler-Faschismus der Jugend versprach. Und so glitten viele guten Glaubens ganz unvermerkt in den Nationalsozialismus hinein, in ihm nur Schönes, Reines, Neues sehend. So geschah es dem jungen Hans Baumann,[4] den ich kennenlernte, als er ein Schüler war, ein bezauberndes Menschenkind, ein Dichter. Und 1933 wurde er zum Dichter der Hitlerjugend. Ein Mißverständnis, eine pure Naivität, mit Ehrgeiz vermischt. Und später, als er zu erkennen begann, da war es eben zu spät.«[5]

»Die Rattenfänger waren klug«, fügt sie hinzu. Sie haben nämlich die Mechanismen der menschlichen Psyche wissenschaftlich erforschen lassen, um sie besser beeinflussen zu können.

Auch Luise Rinsers Freund schließt sich der SA an und wird »für seinen Führer« im Krieg fallen. Hans Baumann dagegen wird alt. Und sie selbst, Luise Rinser, wird sie imstande sein, dem Sprung von der Jugendmusikbewegung zur Hitlerjugend zu widerstehen?

Zu dieser Zeit pflegt Luise Rinser den Kontakt mit einem Pädagogen, dem sie ihre Probleme anvertraut. Er wird als Modell dienen für den Doktor Stein in *Mitte des Lebens*. Auch in ihren autobiographischen Schriften erwähnt sie ihn nur mit diesem Pseudonym.

Hinter dieser Gestalt verbirgt sich der knapp dreiundzwanzig Jahre ältere Lehrer, Reformpädagoge und Philosoph der »Süddeutschen Bewegung« Franz Seitz. Es war nicht möglich herauszufinden, wie Luise Rinser ihn kennengelernt hat. Aufgrund der erhaltenen Briefe, die über die Zusendung von Schriften an die junge Studentin berichten, erscheint es plausibel, dass sie etwas von ihm gelesen oder einen Vortrag gehört hat und davon stark berührt war.

Franz Seitz gegenüber öffnet das neunzehnjährige Mädchen seine Seele. Es entwickelt sich eine enge Freundschaft, die sich bald bei ihm, nicht aber bei ihr in Liebe verwandelt.[6]

Am 9. Oktober 1930 schreibt sie ihm:

»Ich bin noch nie ›verstanden‹ worden. […] ich habe oft an mir gezweifelt, wenn ich so gar keine Sicherheit von außen bekam. […] *Sie* spüren meine grenzenlose Sehnsucht (Sehnsucht und Erfüllung zugleich […]) nach dem ›Leben‹ […] Sind *Sie* musikalisch? Ich möchte es fast glauben. Die Musik, in der ich meine ›Leidenschaft‹ abreagieren kann, die mich erlöst, weil sie durch *ihre* ›Mystik‹ meine ›Mystik‹ befreit …«

Nein, musikalisch scheint »Doktor Stein« nicht zu sein. Trägt vielleicht dieser »Mangel« dazu bei, dass die Zuneigung, die sie dem edlen Mann gegenüber empfindet, nie Liebe werden kann? Franz Seitz gesteht später in einem Brief, Luise Rinser sei nicht nur eine späte erste Liebe, für die er sein Haus errichtet und den Garten angelegt hat, sie sei auch die einzige geblieben. Der Mann, der für

sie eine tiefe, leidenschaftliche Liebe empfindet, soll nur väterlicher
Freund bleiben. Weiß sie, dass sie Unmögliches verlangt? Später,
in der Erinnerung:

> »Ich will ihn weiterhin Doktor Stein nennen. Er war [...] ein
> berühmter Pädagoge, einer der ›Schulreformer‹. Er war, wie im
> Roman, Junggeselle, zwanzig Jahre älter als ich, ein Einsiedler, ein
> sonderbar holzgeschnitzter Mann, sehr unhandlich, unerbittlich
> gescheit, selbstquälerisch und mich quälend, damals war ich ihm
> in nichts gewachsen; er liebte mich und ich ihn nicht, das schuf
> grausame Spannungen. Zunächst freilich war es sehr schön für
> mich, diesen Mann zum Freund zu haben.«[7]

Aus dem Briefwechsel gewinnt man den Eindruck von einem ver-
grübelten, aber im Urteil ausgeglichenen, philosophisch und literarisch sehr belesenen Mann, der um eine Neufundierung der Pädagogik bemüht ist. Das ist der Punkt, der beide verbindet: der
Zustand des Schulwesens in der Republik. Er betrachtet ihn mit
den Augen des erfahrenen Lehrers und scharfsinnigen Reformers.
Sie, die Referendarin, erleidet die Situation als junge enttäuschte
Idealistin:

> »Jene von den Nazis so verpönte ›Systemzeit‹ (die Zeit des Wei-
> marer politischen demokratischen Systems) war eine Zeit voll
> großer neuer Ideen auf allen Gebieten, auch auf dem der Pädago-
> gik. Das ›Jahrhundert des Kindes‹ war proklamiert (nicht nur,
> wie 1979, bescheidener ein *Jahr* des Kindes), man erwartete viel
> vom Menschen, man erkannte die schöpferischen Möglichkeiten
> im Kind, [...] man führte als Gegengewicht zur Verstandesschu-
> lung die ›musische Erziehung‹ ein [...] Aber das Jahrhundert des
> Kindes dauerte nicht lange. 1933 war es, kaum proklamiert und
> versuchsweise praktiziert, schon wieder zu Ende. Dann begann
> das Jahrhundert der Dressur. Da lernten die Kinder die Biogra-
> phie Hitlers und das Horst-Wessel-Lied, da lernten sie ihre El-
> tern und Lehrer denunzieren bei der Gestapo, da lernten sie Pan-
> zerfäuste werfen, auf Menschen schießen und nannten sich
> Werwölfe [...]«

Da wird einiges vorweggenommen. Doch die schon 1930 spürbare
Erziehungsproblematik ist treffend geschildert. Und Luise Rinser

selbst erlebt die zunehmende Forderung nach blindem Gehorsam und sturem Pauken am eigenen Leib.

Hinzu kommt die Vorläufigkeit ihrer beruflichen Situation. Sie studiert noch in München. Neben Vorlesungen und Seminaren muss sie an Volksschulen hospitieren. Mit vielen Reformplänen im Kopf ist sie schnell enttäuscht, wenn sie mit der Realität konfrontiert wird. Die erste Enttäuschung erlebt sie in der Volksschule Giesing einige Wochen nach Schulbeginn bei der ersten Konferenz mit dem Schulleiter. Es handelt sich wohl nicht um eine offizielle Lehrerkonferenz, an der sie als Referendarin möglicherweise noch nicht teilnehmen darf, sondern um eine Sitzung der Referendare und Hospitanten mit dem Rektor.

Am 9. Oktober 1930 schreibt sie an Franz Seitz, dieses Treffen habe sie

»sehr nachdenklich und sehr traurig gemacht. Ich habe erst gemerkt, wie wenig der Gedanke der *neuen Schule* begriffen wird, sogar die Jungen sind müde und skeptisch. Es ist kein Schwung da (ich liebe dieses Wort!) und kein helles Sehen. Sie reden Phrasen vor dem Oberlehrer, und dann gehen sie ins Wirtshaus und schütteln dort den ›Schmarrn der Methodik‹ ab. […] Bin ich nicht das typische Beispiel eines jungen ›Idealisten‹? […] Aber ich spüre das Tiefere: […] Ich und ›es‹, wir sind ja eins. Sie wissen doch, was dies ›es‹ für mich ist? ›Das Schauen‹, sage ich, ›das Gefühl‹, sagen Sie. Meinen wir dasselbe? […] Ich fühle mich ja der Natur (!) so nahe …«[8]

Natur ist der Begriff für Zweideutigkeit schlechthin. Was rettet, kann auch vernichten. Wasser und Feuer beleben und machen stark, sie können aber auch alles Leben auslöschen. Den Menschen erheben Vernunft und Geist zwar über das Chaos und bringen Licht in seine dunklen Seiten. Sie können aber seine Triebe und Leidenschaften auch noch verstärken und ihn in ungeahnte Abgründe stürzen. Spürt die junge Luise Rinser vielleicht nach der Konferenz mit dem Rektor der Volksschule Giesing im Oktober 1930, dass sich Deutschland an einem solchen Wendepunkt befindet?

Schulerziehung im Wandel
1931–1933

Die für Deutschland politisch entscheidende Zeit von 1931 bis 1933 ist auch für Luise Rinser entscheidend. Ihr Leben verläuft zwischen Universität und Schule. Sie lernt noch, ist aber schon in ihrem Beruf tätig. An der Münchner Universität studiert sie Pädagogik und Psychologie. Letztere zieht sie besonders an. Doch die Art von Psychologie, welche die Universität – vertreten durch den Pädagogen und Psychologen Aloys Fischer – lehrt, findet sie uninteressant. Alles im Menschen durch mechanische Reaktionen erklären und diese auch noch mathematisch messen zu wollen, macht die Psychologie für junge Menschen nicht gerade attraktiv. Sie vermissen die Tiefe und den Geist.

Neben den Pflichtvorlesungen des Lehrstuhls werden allerdings Seminare zur Einführung in die Tiefenpsychologie angeboten. Sigmund Freud interessiert die junge Studentin, wenn sie auch dessen Trieblehre skeptisch gegenübersteht. Dagegen fühlt sie sich bei C. G. Jung wohl. Die transzendentale Dimension des Menschen, die Jung erforscht und in den großen Träumen und Symbolen der Menschheit wiederfindet, spricht sie an.

Bisher hat sie ihre Erlebnisse für sich in Tagebüchern niedergeschrieben. Jetzt, 1931, meldet sich bei ihr das Bedürfnis, sich öffentlich mitzuteilen. Sie schreibt Beiträge für die »Deutsche Junglehrerzeitung« über die Schule und den Kampf der Generationen, über die Frau in Leben und Beruf.

Das dritte Thema interessiert sie naturgemäß besonders. Man existiert nicht als Mensch überhaupt, sondern als Mann oder Frau. Und selbst dann, wenn es theoretisch um das Wesen des Menschen geht, wird die Frage doch in ihrer geschlechtlichen Konkretion gestellt und beantwortet.

Jahrtausendelang war man davon ausgegangen, dass das Männliche *den Menschen überhaupt* darstelle. Das Weibliche war gleichsam nur zu bestimmten Zwecken zugelassen: in erster Linie zur Fortpflanzung, dann auch um den Haushalt für Mann und Kinder zu führen. Diese Herabsetzung des Weiblichen – mitgetragen von den Frauen selbst! – durchzieht die Menschheitsgeschichte. Erst Ende des 19. Jahrhunderts tritt die Geschlechterproblematik ins Bewusstsein der Frauen. In der Zeit, in der wir uns gerade befinden, ist diese Sicht also eigentlich relativ neu. Die junge Luise Rinser sieht es so:

»Daß wir weibliche Jugend nicht mehr [...] unser Leben mehr oder minder befriedigt aus der Hand eines Mannes hinnehmen, ohne zu denken und irgendwie zu gestalten, dafür sorgten die letzten Jahrzehnte. Wir sind wach geworden und sind es noch, trotz der Erscheinung, daß der Hang zur Vermännlichung seit und wo er auf die Spitze getrieben worden ist, umschlägt in den liebenswürdigeren Drang, wieder das sein zu wollen, was wir sind: Mädchen und Frauen ... Ich bin trotzdem nicht, wie viele meiner jungen Kolleginnen, der Ansicht, daß die Frau nun einmal in die Ehe gehört. Nein, ich sage: es gibt neben (oder über) der leiblichen Mutterschaft eine geistige.«

Natürlich gibt es diese – und eine geistige Vaterschaft ebenso. Doch die Gefahr ist groß, Symbole für die Realität zu nehmen und sich einer schwerwiegenden Problematik mit schönen Worten zu entledigen. Zu Vater und Mutter werden Menschen, wenn sie ein Kind zeugen und gebären. Alles andere ist Metapher.

Seit dem 19. Jahrhundert kämpfen mutige Frauen für ihre Rechte. An diesem Kampf hat Luise Rinser sich ihr Leben lang unermüdlich beteiligt. Der Auftakt findet hier statt: in der »Deutschen Junglehrerzeitung« 1931. Der angeführte Text fährt so fort:

»Entweder macht die Frau Zugeständnisse an ihren Beruf, oder die Lehrerin. Bedenken Sie auch, daß die Frau ihrem Beruf unendlich mehr zu opfern hat als der Mann. Der Lehrer hat seinen Beruf und, wenn er will, Weib und Kind dazu. Die Lehrerin hat

ihren Beruf und sonst nichts (ja doch: sie hat mehr Geld …!).*
Und wenn sie auch den Mann schließlich entbehren kann (bitte
lachen Sie nicht; denken Sie an die Tatsache, daß geistig und
sittlich sehr hochstehende Frauen sich ein Kind wünschen, ohne
dadurch an einen Mann gebunden zu sein!), so ist es doch sehr
schwer, wenigstens zeitweise, daß keines der vielen Kinder, die
durch ihre Hände gehen, ihr eigenes ist und sein darf.«
Die junge Luise Rinser sucht ihren Weg. Sie sieht ziemlich bald
die Schwierigkeiten, die mit dem Lehrerberuf zusammenhängen.
Bei ihren Überlegungen spürt man jedoch Unsicherheit. Will sie
wirklich Lehrerin sein? Leidet sie unter der Härte *dieses* Berufes –
oder hat sie nicht vielmehr eine Abneigung gegen jede berufliche
Bindung überhaupt?
    Die Vorstellung einer beruflichen Bindung auf Lebenszeit ver-
setzt sie bisweilen geradezu in Panik. Sie hat so viel Energie in
sich, dass eine einzige Rolle zu wenig wäre, um sie zu verbrauchen.
Darum faszinieren sie von Kindheit an Schauspieler, Dirigenten.
Nur eine plurale Daseinserfahrung scheint sie zufriedenzustellen.
Am Karsamstagabend 1931 schreibt sie an Franz Seitz:
    »[…] mein geheimer Wunsch, Schauspielerin zu werden. Ich
    weiß jetzt schon, wo der Grundtrieb liegt: ich mag nicht ›ich‹
    sein, d.h. so ist es falsch gesagt. Es ist so: Ich spüre in mir soviele
    Seiten, und da meine ich, im Schauspiel könnte ich diese Lebens-
    formen alle ausdrücken, und das wäre mir geradezu Erlösung.
    Aber es kann auch so gehen, daß ich sie ›schriftstellerisch‹ (ich
    will aber ›dichterisch‹!!) ausdrücken, formen kann.«
Sie will eine Position finden, von der aus sie die Welt für sich neu
schaffen kann. Sie müsse sich doch mit der Welt auseinandersetzen, um nicht von ihr aufgesogen zu werden, denkt sie laut in
Gegenwart des älteren Freundes.[9]
    Franz Seitz bremst sie. Er befürchtet, dass er sie durch ihr Schrei-
ben verlieren könnte. Er ist eifersüchtig auf den literarischen Drang
des Mädchens. Auf der anderen Seite liebt er sie gerade wegen der

---

* Damals und bis nach dem Zweiten Weltkrieg durften deutsche Lehrerinnen nicht heiraten.

Frische dieses Schwungs. Die Naivität der angehenden Dichterin entzückt ihn. So ist er zerrissen. Er verunsichert sie, um sie vom Schreiben abzubringen. Doch gleichzeitig ermutigt er sie, indem er ihre Schriften lobt. Sie von ihrem Weg abzubringen, wäre ihm allerdings kaum gelungen. »Denn ich wußte, daß ich nicht anders leben kann als schreibend.«

Im Juli 1931 teilt sie Seitz mit:

»[...] ich sehe die Welt und alle Weltdinge vor mir, aber *so* bedeuten sie mir nichts. Ich will und kann stufenweise aus allen Dingen (und Begebenheiten) ihre wahre reine Wesensform herauslösen, gleichsam als eine Kristallform, ohne alle Schlacken, [...] aus allen diesen von allen Zufällen gereinigten, losgelösten ›Ideen‹ will ich die Welt ›nach *meinem* Bild und Gleichnis‹ schaffen [...] So soll diese meine Welt gleichsam als ein [...] durchsichtiges Gebäude, ein Kristallgebäude (gotisch!!) in mir aufwachsen, [...].«

Dies klingt nicht nur naiv. Es ist naiv. Ohne diese Naivität jedoch wäre ein kreativer Anfang nicht möglich.

Zwischen München und Garmisch, etwa 60 Kilometer südlich der bayerischen Landeshauptstadt, liegt das Dorf Huglfing, das eine Zeitlang dem Kloster Ettal unterstand und nun zur Gemeinde Weilheim gehört. Dorthin wird Josef Rinser 1932 versetzt. Der Umzug findet vermutlich im Sommer dieses Jahres statt. Ihm geht es gesundheitlich nicht gut, seine Depressionen werden häufiger. So wünscht er sich, dass seine Tochter zu ihm kommt. Widerwillig unterbricht sie ihr Studium in München und geht ins kleine Dorf, um ihrem Vater zu helfen und gleichzeitig ihr Praktikum zu absolvieren.

Es wird eine schwierige Zeit für beide. Mit neueren pädagogischen Methoden ausgebildet, jünger, weiblich und außerdem psychisch anders veranlagt als der Vater, kann sie ihm nicht so helfen, wie er es sich vorgestellt hat. Das hat natürlich Folgen für das Familienleben. Von der Schule bringt er seinen Zorn, sie ihre Enttäuschung nach Hause. Zu Hause wird der Unmut verstärkt und am nächsten Morgen wieder mit in die Schule genommen.

In einem Brief vom Oktober 1932 an Seitz beschreibt sie die Situation:

»Wir reden kaum miteinander. Tagelang sitzen wir so, die Mutter handarbeitend, der Vater hinter der Zeitung, ich über Heft und Buch. Radio darf ich kaum laufen lassen, weil es die Eltern aufregt. [...] es sind Tage, an denen mich die Mutter von früh bis spät ermahnt, bekrittelt, [...] um mich dann tröstend an sich ziehen zu wollen, wenn sie mich genügend zermürbt hat. Und ich habe nichts als ein grenzenloses Verlangen nach Ruhe, Freiheit, Geborgenheit bei jemand, der sagt: Du bist du, und du bist recht wie du bist.«

Bei Schülern und deren Eltern dagegen hat die junge Lehrerin großen Erfolg. Sie vertrauen ihr ihre Probleme an. In dieser Zeit beginnt sich ein Grundzug ihrer Persönlichkeit zu entfalten: die Fähigkeit zuzuhören, Vertrauen bei den Menschen zu wecken. Es wird ihr oft schwerfallen, die Last anderer zu tragen. »Traurige Huglfinger Zeit«, schreibt sie oft, wenn sie über diese Lebensstrecke berichtet. Doch nicht alles ist traurig. In jener »Huglfinger Tristesse« gibt es auch helle Stunden, die sie in ihrem Werk verewigt hat.

Die Eltern erlauben ihr, der Zweiundzwanzigjährigen, allein ins Gebirge zu fahren. Auch wenn sie dagegen rebelliert, dass sie noch die Eltern um Genehmigung bitten muss, genießt sie die Berge. Sie trifft andere Bergwanderer, lernt das Klettern mit all dem, was dazugehört: das Gehen zu mehreren am Seil, das Sichern, das Kaminklettern, das freie Abseilen. Sie läuft sich eine Blase am Fuß, macht trotzdem weiter, bis eine Blutvergiftung es nicht mehr zulässt. Sie geht dann zum Dorfarzt, der sie behandelt und nach Hause fährt. Diese Szene inspiriert den Anfang des Romans *Mitte des Lebens*. Hier allerdings fällt Nina in Ohnmacht, und der Arzt liebt sie.

Sie denkt viel nach in dieser Zeit. Durch die Einsamkeit nach innen konzentriert, macht sie eine neue religiöse Selbsterfahrung durch Entdeckung der christlichen Liturgie.

»In jene triste Huglfinger Zeit fiel, ungerufen, ein Licht: ich machte die unmittelbare Erfahrung des Urphänomens von Tod und Auferstehung.«

Das heißt: Am Boden zerstört sein und wider Erwarten doch erneut hochkommen. Immer wieder sterben, immer wieder auferstehen.

Untergang und Neugeburt, die zwei Hauptmomente des Lebensge-
schehens. Was in den christlichen Kirchen jedes Jahr in der Karwoche vorgeführt wird, ist das Tiefenphänomen schlechthin: die
Zusammengehörigkeit von Ur-Vernichtung und Ur-Sprung. Aus
dem Grab heraus. Aus dem Grab der Enttäuschungen, der Krank-
heiten, des Elends, der Langeweile. Sprung aus dem grauenhaften
Loch des ruhelosen Alltags. Nie wieder in ihrem Leben, so schrieb
Luise Rinser später, werde sie die Karwoche so intensiv erfahren
wie im Jahr 1932.[10]

Schwungvoll rekonstruiert sie das liturgische Geschehen an den
drei großen Tagen Gründonnerstag, Karfreitag und Karsamstag
und den Höhepunkt ihres Erlebens:

»Die große Epiphanie. Dramatisch poetisiert habe ich sie noch
einmal erlebt bei Orffs Osterspiel: wenn da der Teufel auf der
Grabplatte hockt und das Erdbeben und das aufblitzende Licht
ihn mit einem Schrei hochfahren lassen und die Wächter zu Boden stürzen und die Musik triumphierend einsetzt, das ist schon
großartig [...]. Daran zu denken macht mir Heimweh nach Oberbayern. Dann kann mich die schönste Osternacht im Russicum
in Rom nicht trösten und auch nicht das Aufstrahlen der Gold-
mosaiken in Maria Maggiore beim Gloria. Auferstehung, Osternacht, das gehört zum Dorf [...] das ist das Erd-Christus-Myste-
rium, das weit über den Raum einer Kirche hinausreicht.«[11]

Doch draußen, in der Welt der blinden Wirklichkeit, waltet ein
anderes grauenhaftes Phänomen, das nichts gebiert und nichts belebt, vielmehr Natur und Menschen unfassbar sinnlos zermalmt.

Die Nazi-Faszination
1933–1934

Aus seinem gescheiterten Putsch vom 8. November 1923 hatte Hitler gelernt, dass er die Macht mit Gewalt nicht erreichen würde. Die legale Machtergreifung konnte ihm gelingen, indem er die Schwächen der politischen Parteien und die Sehnsüchte des Volkes klug kombinierte. Zusammen mit seiner Wortgewalt war Hitlers Waffe die List eines hemmungslosen Opportunismus. Wie eine Schlange lauerte er seiner Beute auf und biss zu, wenn er ihrer sicher war. Und diese bot sich ihm mit einer Naivität an, die heute im Rückblick rührt und gleichzeitig entsetzt.

Der Boden, aus dem sich der Nazi-Opportunismus nährte, bestand aus mehreren Schichten.[12] Eine der wichtigsten war die Grundüberzeugung, die Deutschen seien das stärkste europäische Volk, die republikanischen Regierungen hätten jedoch diese Stärke nicht auszunutzen verstanden. Aus diesem Grund seien die Regierungen bislang unfähig gewesen, großdeutsche Träume zu verwirklichen. Hinzu kam der Judenhass des Kleinbürgers, der durch Propaganda aufgepeitschte Hass gegen den »internationalen Kapitalismus« und den Marxismus, deren mächtigste Vertreter – so wurde es dargestellt – eben Juden waren. All das ging in Hitlers Konzept ein. Dennoch konnte er sich die Gunst deutscher Industrieller sichern und riesige Geldsummen von ihnen erhalten.

Mit lyrischem Schwung, doch historisch zutreffend hat Golo Mann die Gefräßigkeit der Nazibewegung beschrieben:

»Sie nahm das Elend der Armen auf und den Reichtum der Reichen, die brave Sehnsucht der Jungen und die hartherzige Kalkulation der Alten, den hirnlosen Leichtsinn, der nun einmal ›etwas anderes‹ wollte, die Leichtgläubigkeit, die Hysterie. Und sie nahm den Haß in sich auf. Haß gegen die ›Novemberverbrecher‹, Haß gegen die Welt, Haß gegen ›das System‹, die ›Bonzen‹, die sozialdemokratischen Amtswalter […] Wie stark dieser Haß war und die Freude am Haß! Wer es in jungen Jahren erlebt hat, der vergißt es nicht. Wer […] es nicht erlebt hat, der kann sich gar nicht vorstellen, zu welcher Tiefe das öffentliche Leben damals herabsank.«

Deutschland wurde sich auch seiner geringen territorialen Ausdehnung bewusst. Doch nicht einmal das, was Deutschland an Land und Möglichkeiten besaß, wurde bearbeitet – und nicht verbraucht, was es hervorbrachte. Die Leute hatten kein Geld. Es herrschte Unruhe. Die Unruhe vor einer historischen Zeitenwende. Eine Neuschöpfung Deutschlands, »ein Umbau der Welt« schien notwendig geworden.

Doch gerade dazu waren Regierung und Parteien unfähig. Der alte Soldat Hindenburg wehrte sich instinktiv dagegen, Hitler zum deutschen Kanzler zu ernennen. Aber die Ereignisse überstürzten sich. Und dann blieb ihm nichts anderes übrig. Verhängnisvolle Illusionen waren im Spiel:

»Mit Papen als Vizekanzler und Kommissar für Preußen, mit der Reichswehr nach wie vor unter Hindenburgs eigenem Befehl, mit Außenpolitik, Wirtschaft, Landwirtschaft, Finanzen in sicheren konservativen Händen, wäre der wilde Mann ›eingerahmt‹, auch wenn er nun den Reichskanzlertitel erhielte; das Wünschenswerte, die Benutzung der ›aufbauwilligen Kräfte‹ des Nationalsozialismus bei Vermeidung seiner Alleinherrschaft, wäre damit endlich erreicht.«

Dabei übersah man, dass Hitler alles ausnützte, um ein Ziel zu erreichen, das immer unausgesprochen blieb. Er war bereit, mit jedem zu koalieren, weil ihn niemand wirklich interessierte. Er wollte die Macht. Doch klug und listig vermochte er dieses sein einziges Ziel mit dem Mantel einer neuen Epoche der deutschen Geschichte zu tarnen, die einzuleiten nur er imstande sei.

»So ließ der aufgeregte Zeitgeist sich vernehmen, und auch so nüchterne, oberflächliche Politiker wie General Kurt von Schleicher verschmähten es nicht, ihn anzuhören. Hitler selber hatte zeitweise an überquere revolutionäre Wirtschaftstheorien geglaubt, sie aber rasch fallenlassen, als er merkte, daß dergleichen ihm bei geldmächtigen Industriellen schadete. Den Opportunisten interessierte die Wirtschaft im Grunde nicht. Sie war Nebensache und mußte von Könnern besorgt werden – solchen, die sonst nichts konnten. Hauptsache war die Politik – von der alles übrige abhing. Hauptsache war die Macht.«

Nachdem Hitler die Stellung eines deutschen Kanzlers legal erobert hatte, gab es keinen Grund mehr, sich hinter einer Fassade zu verbergen. Alle, die ihm im Wege stehen konnten, wurden nach und nach eliminiert. Das ging rasch. Zunächst wurde die absolute Macht legitimiert, dann ihre Ziele. Für Hitlers Ehrgeiz erwies sich Deutschland bald als zu klein. Er wollte ganz Europa für sich. Insgeheim strebte er an, Herrscher zu werden über die ganze Welt.

Überraschend offenbarte sich etwas, womit vermutlich nur er gerechnet hatte. Viele Menschen – in Deutschland wie im Ausland – faszinierte sein grenzenloser Eifer, die Autorität, die sein Selbstbewusstsein übersprudeln ließ. Sie identifizierten sich mit ihm, erhoben ihn zum Idol: Er drückte aus, was eine große Mehrheit insgeheim empfand, aber niemand auszusprechen wagte. Hitler war das, was damals viele gerne gewesen wären. So wurde er als »Führer« angebetet. Und in dem Gruß »Heil Hitler!« hallte landesweit die Begeisterung über seine rettende Gegenwart wider.

Die ungeheure Kraft, die daraus hervorzubrechen begann, hatte die deutsche Öffentlichkeit bis zuletzt verkannt. Noch in den Tagen nach dem 30. Januar 1933, da Hitler zum Kanzler ernannt wurde, hatten ihm Presse und Politiker keine lange Regierungszeit vorausgesagt. Erst als bei den Reichstagswahlen am 5. März die NSDAP mit 43,9 % die Mehrheit erlangte, fingen einige an zu ahnen, was sich in den vorangegangenen Jahren vor ihren Augen unmerklich vorbereitet hatte.

*

Hitlers politischer Durchbruch bestimmt das Umfeld, in dem Luise Rinser ihre Tätigkeit als Lehrerin auszuüben hat und ihre schriftstellerischen Träume zu verwirklichen beginnt.

Im Herbst 1932 erhält sie einen Brief der bayerischen Regierung mit dem Auftrag, im Dorf Großkarolinenfeld bei Rosenheim die Aushilfe für eine erkrankte Lehrerin zu übernehmen. Mitte November tritt sie ihren Dienst an. Jetzt steht die junge Lehrerin zum ersten Mal ganz allein verantwortlich vor einer Schulklasse.

»Der erste Morgen: der Lärm von siebzig Kindern, den drei unteren Jahrgängen, zusammen in einem Schulzimmer. Ich gehe ans Pult. Die Kinder nehmen keine Notiz von mir. Die Mädchen schwätzen, und die Buben prügeln sich. Eine merkwürdige erbitterte Prügelei. Kein Kinderspiel. Ich höre wütende Schreie: Du Sozi! Du Roter! Du verdammter Nazi!«[13]

Die Szene ist glaubwürdig in ihrer tragischen Logik. Die Kinder prügeln sich, weil die Eltern es auch tun. Es ist der Winter vor Hitlers Machtergreifung. Im Dorf ist das politische Durcheinander dieser Zeit augenfällig. Zum Teil sind die Leute Kommunisten, zum Teil Sozialdemokraten, die Angestellten und Geschäftsleute gehören der Bayerischen Volkspartei an, und andere sind schon erklärte Nationalsozialisten. »Das ganze gesamt-deutsche Inferno«, so Rinser, habe sie in der Gestalt von Kindern vor sich gehabt. Man kann sich die schwierige Aufgabe einer Lehrerin gut vorstellen. Luise Rinser behauptet, die Situation mit einer eigenen Methode – um nicht zu sagen mit einem Trick – gemeistert zu haben: anstatt den Stock, das Symbol der Züchtigung, zu verwenden, lässt sie ihn durch einen Schüler zerbrechen. Wenn es so gewesen ist, kann man ihr auch abnehmen, dass in ihr Klassenzimmer ein neuer Geist einzog.

Luise Rinser teilt Franz Seitz ihren pädagogischen Erfolg mit. Das vertieft die Beziehung der beiden. Kurz vor Weihnachten 1932 besucht er sie in Großkarolinenfeld. Sie sitzen – so beschrieb sie es selbst – in ihrem armseligen, feuchten ebenerdigen Zimmer, ganz nah am Eisenöfchen, und sprechen wie immer über Pädagogik. Meist redet sie, er hört zu. Dann erzählt er ihr, dass er ein Haus gebaut habe mit einem schönen Garten, für sie, um mit ihr sein Leben zu verbringen.

Weihnachten feiert Luise Rinser bei ihren Eltern. Doch das Zusammensein mit dem Freund wirkt nach. Die Erinnerung an die
hingebungsvolle Liebe des reifen Mannes stimmt sie um, zumindest vorläufig. Sie schreibt ihm einen Brief, in dem sie sich bereit
erklärt, seine Frau zu werden.[14]

Einen Tag vor Weihnachten ist er bei ihr gewesen. Am 24. Dezember 1932 schreibt er:

»Liebe Luise,

eben bin ich fertig geworden, den Christbaum zu richten. Er ist
schön geworden.

Ich bin den ganzen Tag bei Dir. Froh u. freudig u. still. Gestern
war ich innerlich irr u. sprunghaft zerstoßen. Nicht wegen des
Abschieds von Dir, ich war es schon vorher. Verwirrung u. Trü-
bung u. Schmerz kamen aus jener Frage, die ich am Morgen an
Dich gerichtet hatte: Liebst Du mich oder durch mich hindurch
das Leben? Ich weiß, daß Deine Antwort heißen mußte: durch
Dich hindurch das Leben. Das mußte mich gestern treffen, heute
aber sage ich: es ist gut. Auch ich liebe in Dir das Leben, aber es
ist doch anders als bei Dir: ich liebe *in Dir* das Leben, Du liebst
es durch mich hindurch …«

Daraufhin erläutert ihm Luise Rinser, wie sie sich ihre Beziehung
vorstellt. Sie will ihm helfen, sich durch sie voll zu entfalten. Er
ist ja auch ein freier Mann, der sich nur an das Leben binden will,
zugleich jedoch ein Liebesbedürftiger, dem die Zeit davonläuft. Als
die junge Frau aber konkret wird, wird der Mann unsicher. Am
30. Dezember 1932 antwortet er auf ihren Brief vom 25.:

»Liebste, […]. Ich schrieb Dir […] von der Verschiedenheit unserer Liebe. […] Du weißt, daß ich keinen tiefern Wunsch habe,
als das Leben, das ganze Leben, mit Dir zu teilen. Aber werden
wir es können? […] ich werde Dich nie daran erinnern, um von
meiner Seite her Deine Freiheit zu beschränken, wenn Du sie
brauchst. Verstehst Du mich?«

Luise Rinser begreift ihn von ihrer Welt her, die zu dieser Zeit
vorwiegend aus Politik, Schule und literarischen Träumen besteht.
Der erfahrene Pädagoge spürt, dass die junge Frau für echte Liebe
zu einem Mann noch nicht reif ist. Vermutlich aus diesem Grund

respektiert er sie in einer Weise, die dem neugierigen Mädchen nicht immer recht ist. Daran erinnert sich die Siebzigjährige noch sehr genau:

»Es war schön mit ihm zu reden, aber plötzlich genügte mir das nicht, es machte mich zornig, daß er nie greifbar war, immer gingen seine vorstehenden Augen in eine Ferne, die ihn mir entrückte, und nie wagte er, mich zu küssen, nie legte er seine Hand auf mich, was für ein seltsamer Mann, ich war doch kein Kind, ich war eine Frau oder jedenfalls ein Mädchen, ein weibliches Wesen, leidenschaftlich von Natur und entflammbar. [...] vielleicht wollte er meine Jungfräulichkeit, die er ahnte und spürte, nicht berühren, vielleicht wollte er mich nicht an sich binden durch die Umarmung.«[15]

Ein eindeutiger Versuch, ihn zu verführen, scheitert. Nach einem aufregenden Gespräch lässt sie ihn einmal ihr Verlangen spüren. Er bittet sie, mit ihm nach Hause zu gehen. Doch dort wird – über Pädagogik geredet.

*

Am 30. Januar 1933 ist die Nation von der Machtergreifung Adolf Hitlers tief bewegt. Luise Rinser scheint davon kaum berührt zu werden. Am 7. Februar 1933 schreibt sie an Franz Seitz:

»Mir geht's sehr gut. In meiner Schule wächst nun mit Macht das Neue, das Leben. Am Samstag in der letzten Stunde war Fritz Zimmermann[16] da, er war ganz selig, daß er so eine gelöste, freie, kindliche Gemeinschaft finden durfte [...] Heut kam ich in der Früh in die Schule, da saß eine Gruppe [...] still u. versunken beisammen und sang leise den Kinderjodler [...]. Dann kamen immer mehr Kinder und sangen mit [...]. Die Gemeinschaft war geboren! Und dann: die Arbeit. Die Gruppen arbeiten tatsächlich schon ganz ohne mich [...]«

Schon ein paar Wochen später muss sie eine neue Aushilfsstelle in Seeshaupt am Starnberger See antreten. Von dort schreibt sie am 4. März 1933 an Franz Seitz einen unruhigen Brief. Davon konnten wir mehrere voneinander abweichende Fassungen finden. Die in

Den Wolf umarmen auf Seite 283 mit unvollständigem Faksimile abgedruckte Version, in der sie sich besorgt zeigt über die nazitreue Gesinnung an der Schule und vermutet, der Reichstagsbrand am 27. Februar sei »eine Mache der NSDAP« gewesen, ist zweifelhaft. Das gilt auch für den Brief auf Seite 285, in dem sie sich kritisch über Hitler äußert. Dieser entspricht weder sprachlich noch inhaltlich Rinsers Stimmung zu dieser Zeit und ist mit großer Wahrscheinlichkeit unecht. Man spürt die Bemühung der Schriftstellerin, im Nachhinein die damalige Lage zurechtzubiegen. Die tatsächlichen Verhältnisse sind jedoch klar. Sie wird bald als BDM-Ausbilderin eine wichtige Rolle im Nazi-Staat spielen. Auch Franz Seitz ist NSDAP-Mitglied geworden – gegen seine innere Überzeugung, nur um beruflich bestehen zu können? Die Situation ist dramatisch.

*

Nach Hitlers Ernennung zum Kanzler am 30. Januar 1933 überstürzten sich die Ereignisse. Besonders in Bayern machte sich das verhängnisvolle Geschehen bemerkbar. Fast jede Woche wurde ein gewaltiger Schritt in Richtung des politischen Totalitarismus vollzogen. Am 28. Februar wurde mit der »Reichstagsbrandverordnung« des Reichspräsidenten die Rechtsgrundlage für die sofortige Verhaftung von Kommunisten und sozialdemokratischen Funktionären sowie für die Konzentrationslager geschaffen. Am 20. März kündigte der neue Münchner Polizeipräsident Heinrich Himmler die Eröffnung des ersten Lagers in Dachau für den 22. März an. Die ersten Häftlinge, um die 150, aus Münchner Gefängnissen und aus der Strafanstalt Landsberg am Lech trafen in Dachau ein. Am 11. April übernahm die SS die Überwachung des Lagers. Die ersten Morde an Häftlingen wurden verübt. Der KPD-Abgeordnete Hans Beimler floh; daraufhin wurde eine Kollektivstrafe für alle Häftlinge verhängt. Am 30. Mai fand die offizielle Übergabe der Wachdienstführung und des Wach- und Sicherheitsdienstes von der Polizei an die SS statt. Im Juni wurde das KZ Dachau zum rechtsfreien Raum, der Terror zum Alltag. Die meisten Bürger meinten, es geschehe alles in ihrem Sinne, eine Wende zum Guten finde statt, wobei sich einige harte Sanierungsmaßnahmen nicht vermeiden ließen.

*

Die Nazi-Ideologie dringt nicht über den Verstand, sondern über das Gefühl in die Massen ein. Die Umformung der Menschen zur Masse ist einer der Grundpfeiler des Nationalsozialismus. Zu dieser Masse gehören alle gesellschaftlichen Schichten.

Unmerklich nistet sich der Zeitgeist in Luise Rinsers Seele ein. Die Politik wird wichtig in ihrem Leben, von ihr her versteht sie nun ihren Beruf. Als Lehrerin muss sie den Kindern die Liebe zum Vaterland beibringen. Und dieses Vaterland ist das Hitler-Deutschland, in dem die Liebe zum Volk und die Liebe zum Führer eine untrennbare Einheit bilden. Diesem Bund ist alles andere untergeordnet: »Ein Volk, eine Partei, ein Führer« steht überall im Land mit großen Lettern angeschlagen. Die Menschen werden unfähig zum selbständigen Denken, untauglich für persönliche Beziehungen. Nur die Liebe zum Vaterland zählt, die identisch ist mit der Liebe zum Führer.

Was wird nun aus der reinen Seele und aus dem feurigen Herzen, das einst im Gespräch mit der Freundin Gertraud für das Deutschland Hölderlins und Meister Eckharts schlug? Die Erlebnisse scheinen Luise Rinser »umgeworfen« zu haben.[17] Nun muss sie ihre Verwandlung gleichsam philosophisch begründen, um sie akzeptieren zu können. Vor ihr kann nur das bestehen, was Rang und Größe hat oder zu haben verspricht. So rechtfertigt sie ihre Veränderung durch den Hitlerfaschismus dadurch, dass sie sich einbildet, er lasse sie *geistig* höher steigen. Die jahrtausendealte Stufenlehre des geistigen Reifungsprozesses wird auf die historische Situation angewandt. Auf der höchsten Stufe werden Hindernisse überwunden, die auf den unteren Stufen Erkennen und Handeln lahmlegen. Die nationalsozialistische Weltsicht stellte also die dritte, die höchste Stufe der Erkenntnis dar.

Am 9. März 1933 schreibt sie an Franz Seitz:

»Nein, so schnell wirst Du mit mir und meiner Stimmung nicht fertig. In Deinem Denken steckt ein kleiner Fehler, der mir, in seinen Konsequenzen für tatsächliche Lebensgestaltung, sehr wichtig erscheint. Du sagst: Jedes äußere Tun setzt eine glückliche ›Borniertheit‹ oder Entmenschtheit voraus. Das ist nicht wahr: Du darfst nicht sagen: ›jedes‹. [...] Es gibt äußeres Tun, das setzt voraus das Größte, dessen wir fähig sind: die Beschränkung, die [...] geboren wurde aus dem großen ›Pessimismus‹ [...] auf jener 2. Stufe, die das handelnde Eingreifen in eine ›politische‹ Angelegenheit unmöglich macht – aber darüber gibt es eine 3. Stufe, die ›wissend‹ läßt, die die Erkenntnis der 1. Stufe überwindet [...].«

Die Beziehung von Franz Seitz zur NSDAP ist nicht unser Thema. Wir haben nur darzulegen, wie er – zweifellos der wichtigste Zeuge in diesem Zeitraum – Luise Rinsers Entwicklung sah. Und aus den zur Verfügung stehenden Briefen geht hervor, dass er Angst um die junge Freundin hatte. Nur wegen ihrer politischen Entwicklung? Nein, er befürchtet, sie könnte ihm entgleiten. Eifersucht gehört zur Liebe wie das Wasser zum Fisch. Früher war Franz Seitz eifersüchtig auf die Literatur, jetzt ist er es auf die Politik. Die Sorge des reiferen Mannes ist begründet. Die junge Lehrerin wird bald Feuer und Flamme sein für das neue Deutschland, das mit Hitler und der Naziherrschaft anbricht.

Luise Rinser kann ab Sommer 1933 als engagierte Nazi-Pädagogin gelten.[18] Dies geht aus bisher unveröffentlichten, hier zum ersten Mal zitierten Briefen und aus unbeachtet gebliebenen frühen Schriften sowie aus dem Bericht der letzten überlebenden Freundin aus jener Zeit, Luise Müller, eindeutig hervor.[19]

Entscheidend für Luise Rinsers Entwicklung ist der Aufenthalt im Lager des Freiwilligen Arbeitsdienstes. Im März 1933 wird sie von der bayerischen Regierung dorthin beordert. »Ich sagte zu. Immer war ich auf Neues erpicht, auch wenn es mein Studium wiederum störte.«[20]

Im Rückblick die Tatsachen umdeutend, schreibt die Siebzigjährige in ihrer Autobiographie, Franz Seitz sei besorgt gewesen, weil er meinte, dass dies ein Nazi-Lager zur Umerziehung junger Lehrer sei. Luise Rinser behauptet, dies sei nicht der Fall gewesen.

Vielmehr habe es sich um ein Projekt von jungen Studenten ge-
handelt, in der Zeit der großen Arbeitslosigkeit »im Bayerischen
Wald, diesem damaligen Grenz-Elendsgebiet, ein Schullandheim
zu bauen«.

Die Erläuterung ist auffallend unbeholfen. Zum einen schreibt
sie so, als hätte 1981 niemand von der Mitgliedschaft Franz Seitz'
in der NSDAP gewusst. Zum anderen: Wer könnte glauben, dass
ein von der bayerischen Regierung verordnetes Lager für junge
Lehrer zwei Monate nach der Machtergreifung und in der Münchner Begeisterung für den Führer nicht eine »Nazi-Angelegenheit«
wäre? Sie war es wohl, und zwar eine sehr wichtige. Und Luise
Rinser wird deshalb zur Leiterin ernannt, weil sie sich mit dem ihr
eigenen raschen Gespür für die Gunst des Augenblicks bereits als
Hitlerverehrerin einen Namen gemacht hat.

Zu dieser Zeit genießt Luise Rinser in der Tat einen guten Ruf
bei der bayerischen Regierung. Das beweist die Tatsache, dass sie
mit der Leitung des Projektes beauftragt und dann ausdrücklich
gefragt wird, wen sie noch – als Assistentin, versteht sich – vor-
schlagen möchte. Sie schlägt das Mädchen vor, das sie später anzei-
gen wird. »Meine nachmalige Denunziantin«, genannt H., schreibt
sie. Wenn H. (in Wirklichkeit hieß sie Lisl) sie aber später anzeigt,
liegt nahe, dass sie Luise Rinser zu dem Zeitpunkt als Verräterin
betrachtet.

An die fünfzig Leute – neben Luise Rinser und Assistentin H. –
nehmen am Projekt teil: Studenten, Junglehrer, Arbeiter, dazu fünf
Mädchen für die Küche. Die Gruppe wohnt in einem Gasthof in
Klinglbach. In Maibrunn wird ein Schullandheim gebaut. Das Lager wird am 1. Mai, dem Tag der Arbeit, zum Reichsarbeitsdienst-
lager erklärt.

Es trifft nicht zu, dass sich die junge Leiterin vom Lager abmel-
det, wie Luise Rinser in *Den Wolf umarmen* behauptet hat. Die
Distanzierung vom Nazi-Staat geschieht viel später, erst kurz vor
Ende des Krieges. Vom Geist des Lagers ist sie vielmehr sehr angetan, ja begeistert. Diese Begeisterung dauert lange an und prägt sie
entscheidend für mehrere Jahre.

»Die Zeit in jenem Lager war einfach schön. Wir hatten ein hartes

Leben: früh auf, Hunderte von Broten gestrichen zum Mitnehmen für die Arbeitenden, Frühstück bereitet, danach gespült (ohne Spülmaschine natürlich), danach die Zimmer geputzt, das
späte Mittagessen vorbereitet, Einkäufe gemacht, Essen gekocht,
aufgetragen, abgespült, Abrechnungen gemacht … Der Tag war
voll. Aber es gab auch freie Stunden, in denen wir sangen, Theater spielten, redeten. Es gab natürlich auch heftige Diskussionen
politischer Art. Die Geister schieden sich immer klarer. Pamphle-
te wurden verfaßt, Proteste geschrieben, gestritten wurde näch-
telang.«[21]
Mit »blitzblank geputzter Schaufel über der Schulter und mit dem
Horst-Wessel-Lied auf den Lippen« marschiert die Gruppe am
1. Mai nach Straubing, nach Deggendorf, stolz auf das neue
Deutschland, das dank dem Führer-Charisma nun durchbricht.

Von dem Lager kommt sie als ein anderer Mensch zurück. Das
geschieht nicht ohne Kampf. Sie bemerkt bei sich eine so tiefe Veränderung, dass sie über sich selbst entsetzt ist. In ihrer Autobiographie legt sie sich die Lager-Geschichte zurecht. Doch kann man
mühelos zwischen den Zeilen lesen und mitempfinden, was in ihrer
Seele vorging.

»Ich traf mich, direkt aus dem Lager geflüchtet,«[22] mit dem Doktor Stein in München. Ich war nicht ich selbst. Aus dem direkten
Zusammenprall der Weltanschauungen kam ich zwar nicht verwirrt, aber zerlitten zu meinem alten Freund. Da fand ich meine
Welt wieder, da war mein unruhiger Geist ein wenig daheim, da
hatte ich Lust, mich zu verkriechen. Und außerdem hatte mich
das Zusammenleben mit den vielen jungen Männern im Bayerischen Wald ein wenig aufgeweckt, wenngleich in noch undeutli-
cher Weise. So sagte ich also ganz simpel ja, als der Doktor Stein
mich fragte, ob ich die Nacht mit ihm verbringen würde. Ich war
müde und wie im Traum, und so ging ich mit ihm in ein Münchner Hotel, er nahm, als sei er ein Geübter, mit undurchdringli-
chem Gesicht ein Doppelzimmer, gab einen falschen Namen an
und einen falschen Beruf, Kaufmann, das machte mich lachen,
und dann ging ich mit ihm in das Hotelzimmer, zog mich aus
und legte mich ins Bett.[23]

Die Echtheit dieses Berichts ist im Wesentlichen durch die Briefe belegt. Luise Rinser und Franz Seitz liegen zusammen in einem Hotelzimmer. Aber es geschieht nichts. Sie verschläft die Nacht im Bett neben einem Mann, der seine Niederlage beweint und sich lange Zeit danach noch schämt. Der Wahrheitskern der Episode kann aus dem Brief von Ende Mai 1933 herausgelesen werden. Luise Rinser tröstet ihn:

»Wegen der Münchner Nacht: es ist nichts daran, was Flecken wäre. Ich kenne diese Art von ›Ästhetik‹ nicht mehr. Das Menschliche nehme ich an, wenn es auch schmutzig erscheinen möchte. Ich kenne keine Wertungen mehr. Es ist ein Strom von Leben (mit Köstlichkeiten u. mit Dreck) durch mich gegangen in den letzten Monaten. Alles ist gut, wenn es Leben ist.«

Dafür, dass ein Mann im Bett mit einem dreiundzwanzig Jahre jüngeren Mädchen versagt oder sich vielleicht aus Respekt nicht traut (auch das könnte hier der Fall gewesen sein), sind Worte wie Flecken, Dreck oder Schmutz unpassend. So fällt es schwer, eine direkte Verbindung zwischen der Hotelgeschichte und dem tröstenden Brief herzustellen. Ist vielleicht mehr oder etwas ganz anderes in jener Nacht passiert? Wir wissen es nicht.

Erstaunlich bleibt allerdings die Art des Berichtes über das nächtliche Beisammensein mit dem Reformpädagogen, der sie nicht nur abgöttisch geliebt, sondern zutiefst geachtet hat. Wollte sie ihn nachträglich – als Luise Rinser ihre Autobiographie schrieb, war Franz Seitz schon tot – dafür bestrafen, sie nicht erobert zu haben? Vermutlich, doch sicher nicht bewusst. Später, in ihrer Beziehung zu Ernst Jünger, zeigt sie ein ähnliches Verhaltensmuster.

Der erfahrene Franz Seitz spürt immer deutlicher die Wandlung des Mädchens. Luise Rinser entwickelt sich dem Zeitgeist gemäß in die opportunistische Grundhaltung hinein, die »keine Wertungen«, keine Selbstachtung kennt und als Lebensziel ausschließlich den beruflichen Erfolg vor Augen hat. »Alles ist gut, wenn es Leben ist.« Was »Leben« jeweils bedeutet, ist natürlich auch eine Frage der Perspektive.

Aus seiner eigenen Sicht antwortet der Pädagoge schlicht und deutlich:

»Dein Grundstreben ist das nach Intensivierung des gelebten
Augenblicks. (Das meine, glaube ich, ist das nach Beruhigung
des Augenblicks.) [...] Bei Hölderlin steht das Wort von der ›reinen Tiefe des Lebens‹ [...] Du bist so reiches, lebendiges Leben, [...] aber Du stehst vor dem Leben wahllos, hingerissen,
bloß weil es ›Leben‹ ist. Du schreibst mir, Du hättest dem Leben
gegenüber keine ›Ästhetik‹ mehr, Du nähmest alles an, was Leben sei. Das ist falsch: *alles* Leben ist nicht *menschliches* Leben.«
Wie weit zurück liegt für Luise Rinser die Zeit der Hölderlin-Träu-
merei zusammen mit ihrer bereits verstorbenen Freundin Gertraud! Die Studentin wollte eine dichterische Existenz im Dienste
des Guten und des Schönen führen! Jetzt, mit zweiundzwanzig
Jahren, will sie prosaisch mitschwimmen im wilden Ozean des an-
gebrochenen Wahnsinns.

In jener Gegend, in der Luise Rinser einst die schönsten Zeiten
ihrer Kindheit verbracht hat, ist alles anders geworden. Forst, das
kleine Dorf, in dem sie im Mai 1933 eine neue Aushilfsstelle zugewiesen bekommt, liegt bei Wessobrunn. Dort wohnen aber Groß-
onkel Franz Hörtensteiner und die Eltern nicht mehr, sie sind nach
Rosenheim gezogen, einige Klosterschwestern schon verstorben,
ehemalige Freundinnen haben weggeheiratet. Vor allem hat sie
selbst sich im Wesen verändert. So erscheint ihr nun die in der
Kindheit so geliebte Gegend fremd.
     Dennoch äußert sie sich in einem Brief an Franz Seitz erfreut
über den Ort:
»800 m hoch, auf dem Berg [...], 2 ½ Stunden von der Bahn
(Weilheim), herrliches Land [...] aber einsam. Nur ein paar Häuser um die Kirche, die übrigen weit ringsum in den Wäldern
verstreut. Die Kinder sind Holzbauernkinder, brav u. still. Dis-
ziplinfrage von selbst gelöst. [...] Der Schulrat sagt, ich muß die
Klasse hochbringen, sie ist nichts. Will sehen. Die Wohnung ist
ganz hübsch [...]«
Die Wohnung ist gar nicht hübsch. Sie ist klein und kalt, zwei
Zimmerchen nach Norden mit Blick auf den Friedhof. Doch Luise
Rinser genießt ihre neue Freiheit. Sie verdient Geld, ist selbständig,

weg von zu Hause, vom Zorn des Vaters und von der vernichtenden Kritisiererei der Mutter. »Für ein Jahr oder länger« schreibt
sie. Doch schon bald erdrücken sie die Ruhe und die Einsamkeit.
Am schwersten erträgt sie die kulturelle Isolation. Keine Konzer-
te, keine Vorlesungen. München ist schwer erreichbar. Auch sonn-
tags hat sie nicht frei. Denn da findet der »Fortbildungsunterricht«
statt. Sie verschwende ihre Kraft an diese Holzfüchse, schreibt sie
an Franz Seitz. Insgeheim hat sie aber vor allem Angst, den richti-
gen Augenblick zu verpassen, dem man in so einer ausgesprochen
politischen Zeit nur in der Hauptstadt, in München oder Berlin,
begegnen kann. So trägt sie sich mit dem Plan, ihren Beruf hinzu-
werfen, ihre Sachen zu packen und nach Berlin zu fahren zu jener
Gruppe, mit der sie zusammen im Bayerischen Wald war.

Doch aus dem Treffen in Berlin wird nichts. Vorerst. Aus der
Verzweiflung der Einsamkeit versucht sie sich vielmehr durch das
Schreiben zu retten. Im Laufe des Sommers schreibt sie eine Erzäh-
lung, die sie dann verbrennt. An deren Inhalt konnte sie sich später
nicht mehr erinnern. Aber die poetische Stimmung, die sie beim
Dichten in Forst erlebt, hat sie nie vergessen.

Dann ereignet sich etwas, das ihr Gewissen zeitlebens quälen wird:
die traurige Geschichte des Herrn Karl Würzburger. Davon kenne
ich zwei Versionen: diejenige, die Luise Rinser in ihrer Autobiographie für die Nachwelt hinterlassen hat, und eine andere, die aus
Bemerkungen in der Atmosphäre von Privatgesprächen stammt.
Die Differenz zeigt zumindest, dass sich die Angelegenheit nicht
so zugetragen hat, wie in *Den Wolf umarmen* versichert wird.

> »Wäre ich doch damals nach Berlin gegangen! Wieviel früher
> hätte ich wichtige menschliche und politische Erfahrung gesam-
> melt. Ich blieb, und lud dabei eine Schuld auf mich, die niemand
> mir als Schuld abnimmt und die ja auch keine war und die aller
> Vernunft zum Trotz mich dennoch bis heute belastet.«[24]

Es geht um den Schulleiter der Volksschule zu Forst, einen gescheiten, literarisch gebildeten Mann, zugleich jedoch eine schwermüti-
ge Natur. Er ist auch Vorsitzender der Bezirks-Sektion des Bayerischen Lehrerverbandes. Doch Karl Würzburger ist Jude. So ist es

keineswegs selbstverständlich, dass er 1933 Lehrer bleiben und seine Ämter weiterhin bekleiden darf. Möglicherweise ist diese Sonderbehandlung darauf zurückzuführen, dass er eine arische Ehefrau hat und katholisch getauft ist. Nun ist zwar das Gesetz zur »Wiederherstellung des Berufsbeamtentums« noch nicht erlassen worden, das wird 1934 geschehen. Doch liegt schon in der Luft, was 1935 »Blutschande-Gesetz« heißen wird.

Herr Würzburger hat Angst. Nach Hitlers Machtübernahme ist seine Amtsführung nicht mehr vorbildlich. Er beginnt zu trinken, kommt oft zu spät oder gar nicht in die Schule, die praktisch führungslos regelrecht verkommt. Seine Schüler lümmeln um das Schulhaus herum.

Nun fällt Luise Rinser keine bessere Hilfe ein, als über dieses Verhalten des Schulleiters bei dem zuständigen Schulrat zu klagen. Zwar präzisiert sie 48 Jahre später, dass der Schulrat kein Nazi gewesen und ihre Klage darum ohne Folgen geblieben sei. Diese Bemerkung ist peinlich. Denn unmittelbar darauf wird hinzugefügt, Karl Würzburger sei eines »natürlichen Todes« gestorben, das heißt nicht vergast, »nur« entlassen worden – wodurch ihm das Herz gebrochen sei.

Die Schuld, welche die junge Lehrerin auf sich lädt, sieht nach der Uminterpretation der siebzigjährigen Schriftstellerin so aus:

»Ich hätte ihn nicht vor dem Berufsverbot retten können, das ist sicher, aber beistehen hätte ich ihm müssen. Wieder einmal eine ›Unterlassung guter Werke‹, die Schuld der Herzensträgheit.«

Selbst wenn die gut klingende Selbstanklage wegen »Unterlassung guter Werke« in der damaligen Situation als schwerwiegende Schuld angesehen werden kann, sieht sich der Biograph gezwungen, aus den oben angedeuteten Gründen die Sache anders auszulegen.

Von der allgemeinen Begeisterung nach der Machtübernahme mitgerissen und vom Drang getrieben, bei den Münchner Amtsträgern an Geltung zu gewinnen, denunziert die junge Lehrerin Luise Rinser ihren eigenen Schulleiter, den Juden Karl Würzburger. Diese Nazi-Loyalität verschafft ihr in der Tat berufliche Vorteile, zunächst die sofortige Ernennung zur Leiterin des Lagers.

Diese Interpretation wird durch eine weitere Begebenheit bestätigt, die sich zur gleichen Zeit abspielt. Als ihren Feind im Dorf nennt sie den Ortspfarrer Veit, »wiewohl«, erläutert sie, »oder weil er ein Freund meines Großonkels Hörtensteiner war«. Pfarrer Veit hat eine Abneigung gegen Luise Rinsers Vater entwickelt, der, um den alten Hörtensteiner zu ärgern, sich in Veits Anwesenheit als linker ausgab, als er in Wirklichkeit war. Luise Rinser meint, Pfarrer Veit habe aus diesen Gründen und auch wegen ihrer rebellischen Natur etwas gegen sie. Jedenfalls bietet sich Herrn Veit eine Gelegenheit, seine Aversion in Taten umzusetzen. Zu dieser Zeit erscheinen neue Anweisungen für den Unterricht in den Berufsfortbildungsschulen.[25] Ein Biologie-Unterricht soll erteilt werden, zu dessen Hauptzielen ausdrücklich die »Aufklärungsarbeit« in Sachen Sexualität gehört. Die Lehrkraft muss über die biologischen Vorgänge bei der Entstehung menschlichen Lebens reden. Luise Rinser tut dies unumwunden, wenn auch, so behauptet sie zumindest, »taktvoll«.

Doch wie über solche Dinge sprechen, ohne für Aufruhr im Hinterwäldlerdorf zu sorgen? Zwar, bemerkt Luise Rinser, entstünden dort gelegentlich uneheliche und außereheliche Kinder. Mit einer routinierten Selbstverständlichkeit treibe es der Bauer mit der Magd, die Bäuerin mit dem Knecht. Weh dem jedoch, der dies zur Sprache bringt! So ist dem Pfarrer die Gewissheit, dass nun in der Dorfschule über Sexualität gesprochen wird, genug. Den Rest hat er vermutlich selber erdichtet, so etwa, dass die Lehrerin vor jungen Mädchen in anstößiger Weise über sexuelle Fragen gesprochen habe, so dass sie sich in ihrem Schamgefühl verletzt fühlten. Der Geistliche zeigt die junge Lehrerin beim Schulrat an; als Zeugin hat er eine Schülerin gewonnen, die seine Vorwürfe bestätigt. Der Schulrat glaubt zwar kein Wort, doch eigentlich müsste er die Lehrerin entlassen.

Die Beanstandung des Ortspfarrers bringt ihr Vorteile. Die Anzeige wird von der Münchner Schulbehörde als Ausdruck der Engstirnigkeit und auch des Ungehorsams des katholischen Klerus angesehen. Denn die sexuelle Aufklärung im Rahmen des Biologie-Unterrichts war von der Regierung verordnet worden.

Was Luise Rinser also in der Autobiographie uminterpretierend

als »Schuld der Herzensträgheit« einerseits und klerikale Gemeinheit andererseits darstellt, ist in Wirklichkeit ein politisch kluges
Ausnützen von Zufällen, intelligente Züge, die im riskanten Schach-
spiel der Zeit fast unmittelbar positive Folgen für ihre Karriere zeiti-
gen.

Es muss Mitte März 1934 gewesen sein, als Luise Rinser von der
Regierung in München zu einer Unterredung geladen wird. Die
Nationalsozialistische Partei hat gerade – am 5. März – die Wahlen
gewonnen. In einer entsprechend euphorischen Stimmung wird die
Lehrerin in der für das Schulwesen zuständigen Behörde empfangen. Sie hat Angst. Doch statt der von ihr befürchteten Rüge für
den Streit mit dem Ortspfarrer bekommt sie die Empfehlung, in
Zukunft diplomatischer zu sein. Begabte junge Leute, die für Bestand und Zukunft des Dritten Reichs wesentlich seien, sollten sich
nicht mit Lappalien wie Wortgefechten mit katholischen Klerikern
abgeben, weil sie sich dadurch beim einfachen Volk unbeliebt mach-
ten. Die junge Lehrerin werde sicher bald an politischer Klugheit
dazulernen. Mit einem solchen Rat ermuntert, wird sie ins Rathaus
geschickt.[26]

Hier wird sie vom Oberstadtschulrat begrüßt, einem überzeugten Nazi, der das goldene Partei-Abzeichen trägt. Er zeigt sich
freundlich, betont aber zugleich, dass es sich bei dem zu erteilenden
Auftrag um eine Angelegenheit von politischem Rang handele. Die
junge Lehrerin fühlt sich wichtig. Sie befindet sich in der Vorhalle
jener Räume, die zu betreten unerlässliche Bedingung ist, um Karriere im Reich zu machen.

Der Oberstadtschulrat eröffnet ihr sein Anliegen. Sie solle die
Rolle der Vermittlerin (»Nahtstelle«) zwischen Schule und Hitlerjugend – den Organisationen HJ und BDM (Bund Deutscher Mädel) – übernehmen. Die Hitlerjugend brauche eine wesentliche
Stärkung.

Luise Rinser ist tief bewegt, doch auch klug genug, sich eine
Bedenkzeit zu erbitten. Am Wochenende fährt sie nach Hause und
bespricht die Angelegenheit mit ihrem Vater. Diesmal weiß Josef
Rinser aber keinen Rat und empfiehlt der Tochter, mit Schulrat
Sailer zu sprechen, der ebenfalls in der Münchener Regierung sitzt.

Dieser Herr Sailer ist nicht mit Luise Rinsers Mutter verwandt, sondern ein guter Freund ihres Vaters. In ihrer Autobiographie behauptet Luise Rinser, Sailer sei nicht Nazi gewesen und habe ihr gesagt: »Übernehmen Sie die Stelle und retten Sie, was zu retten ist! Versuchen Sie, einen Gegeneinfluss geltend zu machen.«[27]

Weder die Parteizugehörigkeit noch die Worte des Herrn Sailer konnte ich überprüfen. Rinsers Darstellung ist allerdings sehr unwahrscheinlich. Der Gesamtzusammenhang spricht dagegen. Es scheint kaum möglich, dass sich ein hoher Ministerialbeamter so verräterisch geäußert hätte. Genauso unwahrscheinlich ist ihre Selbstdarstellung als überzeugte Feindin des Nazi-Staates. Es ist ausgeschlossen, dass – hätte sie eine Nazi-kritische Grundeinstellung gehabt – die Regierung sie nach München geladen hätte, um ihr eine Aufgabe anzuvertrauen, die für die Festigung des Reiches von zentraler Bedeutung war. Dagegen wird die Reihenfolge der Ereignisse verständlich, wenn man das Naheliegende annimmt. Schulrat Sailer empfiehlt der jungen Lehrerin zuzugreifen.

Luise Rinser sagt also zu und packt die Sache ihrem Ehrgeiz gemäß an. »Ich organisierte eifrig, aber ohne feste Vorstellung«, erinnert sie sich später etwas ungenau. Beim Niederschreiben von *Den Wolf umarmen* muss Luise Rinser vergessen oder verdrängt haben, dass sie über diese Angelegenheit in der Nazi-Zeitschrift *Herdfeuer* einen Bericht veröffentlicht hat. Damit erweist sich fast alles, was sie später darüber geschrieben hat, als historisch korrekturbedürftig.

Ihr Eifer ist tatsächlich enorm, doch sie hat auch ganz konkrete Vorstellungen. Sie will es sehr gut machen, besser als alle anderen Gruppenleiterinnen. So organisiert sie für junge Lehrerinnen einen Skikurs, der offiziell als Schulungslager für BDM-Führerinnen angeboten wird, und lädt als Sportlehrerin niemand Geringeren ein als die berühmte Leichtathletin Gisela Mauermayer, dazu eine Keramikerin, eine Musikerin, eine Werklehrerin. Das Leben in der Gemeinschaft ist hinreißend, und die Lehrerinnen fühlen sich beflügelt. Es wirkt heute geradezu rührend, wie die Schriftstellerin die eigene Leistung 1981 mit Blick auf den erwünschten glorreichen Platz in der deutschen Geschichte zurechtbog:

»Ich sorgte dafür, daß die jungen Lehrerinnen und künftigen HJ-Führerinnen alles lernten, was sie brauchten für Heimabende. Alles lernten sie, nur eines nicht: nationalsozialistische Weltanschauung.«[28]

Die Umdeutung ist verständlich. Luise Rinser hat Generationen von deutschen und nichtdeutschen Frauen als weibliches Ideal gegolten. Der Gedanke, dass eines Tages die Wahrheit ans Licht treten könnte, versetzte sie in Panik. Sie war nämlich nicht nur Nazi-Sympathisantin, sondern Nazi-Ausbilderin für junge Lehrerinnen. Eine zentrale Funktion im Dritten Reich.

In einem Lager, das für die Ausbildung von künftigen BDM-Führerinnen konzipiert und für deren Leitung nach gründlicher Prüfung Luise Rinser ausgewählt worden ist, soll keine Nazi-Weltanschauung gelehrt worden sein? Wer könnte das glauben? Tatsächlich wurde sie mit ungewöhnlichem Eifer gelehrt und von den Teilnehmerinnen geradezu aufgesogen. Ebendieser Eifer könnte eine Spannung zwischen Luise Rinser und der Obergauführerin verursacht haben.

Den Abschied vom Lager stellte sie fast fünfzig Jahre später so dar:

»Eines Tages, nach knapp zwei Wochen, kam die Obergauführerin Hilde Königsbauer, goldbeschnürt und schneidig. Sie sah sich meinen Betrieb an und jagte mich fort, auf der Stelle. Das sollte ein NS-Schulungslager sein? Das war Sabotage.«

Nein, so war es nicht. Wie es wirklich war, werden wir im nächsten Kapitel zeigen anhand des erwähnten Berichts in *Herdfeuer* aus dem Jahr 1934. Hier versuchen wir, die innere Entwicklung nachzuzeichnen, die ihren Erfolg bei der Hitlerjugend erklärt.

Luise Rinser wird keineswegs fortgejagt. Sie geht auch nicht frühzeitig. Sie bleibt im Lager bis zur Schlussfeier, die sie selbst organisiert und mitleitet. Und Frau Königsbauer ist nicht unfreundlich, wohl aber diplomatisch distanziert zu ihr. Aus gelegentlichen Nebenbemerkungen Rinsers Jahrzehnte später, die auf Eifersucht und Machtsucht der Obergauführerin hinweisen, ergibt sich ein Bild, das eher der Wirklichkeit entspricht.

Luise Rinser macht ihre Arbeit ausgezeichnet. Sie kann mit jungen Menschen umgehen, ist bei den Leuten in der Umgebung beliebt. Das Lager ragt unter allen hervor. Luise Rinsers Ruf erreicht die höheren Etagen der Regierung. Der Oberstadtschulrat ist stolz auf seinen Schützling, Schulrat Sailer ebenso. Die Obergauführerin weiß es, bangt um ihre Stellung, muss handeln – doch diplomatisch, ohne sich den Neid anmerken zu lassen. So stellt sie fest, »sichtlich besorgt um die Gesundheit der talentierten jungen Lehrerin«, dass sich Gruppenführerin Luise Rinser übernommen habe und erschöpft sei; so erscheine es, gerade mit Blick auf ihre Karriere im Dienst des Reiches, ratsam, sie zu schonen. Luise Rinser muss zugeben, dass sie gesundheitlich angegriffen ist. Doch die Bemerkungen der Obergauführerin haben sie gekränkt. Über ihren Weggang vom Lager schreibt sie später:

»Ich ging also, halb erleichtert, halb beschämt und wütend. Gott sei Dank, daß die Sache so lief. Wer weiß, ob mich, wäre dieser Versuch gelungen, nicht doch der Machtteufel dazu gebracht hätte, eine gefährliche und böse Karriere zu machen, jetzt aber war ich dagegen immun für immer.«

Keineswegs immun ist sie, sondern von der herrschenden Reichsbegeisterung angesteckt. Es stimmt allerdings, dass sie durch die Anstrengung krank wird. Sie ist auch zerrissen. Ihr ist dieses Ende einer Arbeit mit jungen Kolleginnen nicht recht. Sie befürchtet, die Chance verpasst zu haben. Gibt es andere Gründe für die innere Zerrissenheit? In den hinterlassenen Briefen aus dieser Zeit fehlen Sätze und ganze Passagen (verlorengegangen oder absichtlich beseitigt?), die darüber Auskunft geben könnten. Eines ist jedoch nachweisbar: Im Winter 1933/34 ist sie erschöpft und erkrankt an einer Nierenbeckenentzündung. Doch nach der Genesung nimmt sie sich selbst als einen anderen Menschen wahr.

Wie immer in kritischen Situationen vertraut sie sich Franz Seitz an. Im Februar 1934 schreibt sie ihm:

»Ich hätte mich gestern am liebsten bei Dir ausgeweint, aber ich tu es nicht mehr, es geht auch nicht, ich bin zu erstarrt und zu kalt geworden. Ich kann Dir sagen, daß diese Zeit nun entscheidend ist für mich. [...] Es kann sein, daß ich ganz ›privat‹ werde u. keinen Anteil am Leben mehr nehme. Es kann sein, daß ich –

aus Resignation – mich in Bücher, Musik, Natur u. Einsamkeit
einspinne. [...] Nein, das nützt nichts, das Wollen. Das Schicksal
ist doch nicht nur und in 1. Linie Wille.«
Durch die Arbeit im Lager ist sie mit einem Schlag ins politische
Geschehen vorgedrungen. Macht zieht an, durchwühlt das Innerste
des Menschen, wirft die Maßstäbe um. Mit dem Rennen nach der
Macht ist der Konkurrenzkampf verbunden, wie sie ihn mit der
Obergauführerin erfahren hat. Dem ist sie, da überempfindlich,
physisch und psychisch nicht gewachsen. Sich von allem zurückziehen zu wollen, ist die normale Reaktion.

Den Winter verbringt sie krank zu Hause. Sie wird von ihren
Eltern umsorgt, Mutter Aloisia pflegt sie. Nicht immer ist Krieg
zwischen Mutter und Tochter, es gibt auch gute Tage. Der Vater
versucht sie in der Absicht zu bestärken, die Beamtenlaufbahn zu
verfolgen. Dafür muss sie zuerst eine gute Lehrerin werden, dann
einen Posten im Ministerium anstreben. Unbedingte Voraussetzung dafür ist die Staatsprüfung. Sie nimmt sich vor, diese abzulegen. Sobald sie wieder bei Kräften ist, fährt sie also zu Vorlesungen
nach München.

Ausbilderin beim BDM
Staatsexamen
1934

Die Gemeinschaftserfahrung im BDM-Lager hat die zweiundzwan-
zigjährige Lehrerin beflügelt. Nun ist Luise Rinser stolz, Frau zu
sein und im Deutschen Reich zu leben unter dem großen Führer.
Voller Begeisterung möchte sie ihre Stimmung der Öffentlichkeit
mitteilen. Die Erkrankung hindert sie nicht daran, das Erlebnis in
einem Bericht zu verarbeiten.
Der Artikel erscheint im ersten Heft 1934 der Zeitschrift *Herdfeuer* unter dem Titel: »Aus einem oberbayerischen B.d.M.-Führer-
lager«.[29] Er ist volksnah, dialogisch mitreißend, die Autorin spricht
den Leser an, lässt schon ihre Begabung spüren, mit Menschen zu
kommunizieren. Folgende Auszüge belegen Rinsers damalige politische Weltsicht:
»›Wenn das Volk keine
Führer hat, so über-
nimmt die Gemeinheit
die Führung‹
        (Paul Ernst)
[…] Führerschulung tut sehr not.
Dieser brennenden Erkenntnis entstammte der Plan zu unserem
Führerlager.
Das Lager:
Die Sache zu inszenieren, war nicht ganz einfach. Der Plan kam
nämlich nicht von der Leitung, sondern aus dem ›Volk‹. Ich legte
eines Tages der Obergauleitung einen bis ins Kleinste ausgebauten
Plan vor: Tageseinteilung, Schulungsgebiete, Art und Ort der Un-
terbringung, Finanzierungsmöglichkeiten, Küchenzettel usw. […]

27. Dezember 1933: Lagerbeginn

Nun kommen Sie mit! Sie haben 28 oberbayerische Dirndel zur Gesellschaft. [...] Bergdorf Törwang: Das schöne Versuchsschulhaus und sein Nachbarhaus gehören uns für die Zeit vom 27. Dezember bis zum 10. Januar. Als Lager- und Unterrichtsraum gehört uns das große schöne Schulzimmer, das gar nicht so richtig wie ein Schulzimmer aussieht [...]

Und das Nachtlager: Sind Sie verwöhnt? Dann, bitte, gehören Sie nicht zu uns. Es gibt da nämlich nur Strohschütten mit Decken. Haben Sie einen Deckbettbezug mitgebracht? Dann kommen Sie mit in Nachbars Heustadel und füllen Sie Ihr Bett mit Heu. [...]

Und nun erleben Sie einmal einen ganzen gewöhnlichen Arbeitstag mit uns:

7.00: Wecken (O du unselige Blockflöte mit deinem sanften, aber so unerbittlichen Ruf!)

7.15: Antreten zur Morgengymnastik [...]

Anschließend: Waschen, Aufräumen und Heizen der Arbeitszimmer.

8.25: Morgenfeier. Wir stehen im tief verwehten Garten um den Flaggenmast. Nach einigen Tagen haben wir schon gelernt, mit fröhlichen Gesichtern im Schneegestöber zu stehen und dem steifen Nordost eines unserer kräftigen H.J.-Lieder entgegenzuwerfen, während die rotweiße Flagge steigt. Dann sagt jemand einen Spruch vom Führer, von Fichte, Königin Luise, und ein Gedicht von Schirach,[30] Anmacker oder Eckart. – Ja, das muß ein deutsches Mädel auch können: Kälte, Nässe, Schnee und Wind vergessen in Zucht und Begeisterung, und ohne sich gleich Schnupfen und Halsweh zu holen!

9–11: Nach dem Frühstück ist Werkarbeit [...]

11–12: Freie Gruppenarbeit: Küchendienst, Blockflöten-Anfänger-Gruppe, Instrumentalgruppe [...] Arbeitsgruppe zur Vorbereitung der Heimabende usw.

12.00: Glockenruf: Essenszeit. In der Schulküche stehen vier lange weißgedeckte Tische. [...]

Und nun glauben Sie wohl, Sie dürften Ihren Bärenhunger austoben? Sie irren! Wir stehen erst um die Tische und singen ein Tischlied; dann sagt jemand einen Tischspruch; darauf folgt der große Sprechchor.

Einzelsprecher: ›Jeder esse was er kann.‹ Chor (fortissimo): ›Ran!!‹

Und nun: Drauf! – Gefräßige Stille. – [...]

13.30: Start zum Schilauf. [...]

17.45–18.15: Nach dem Tee: Singen und Volkstanz. [...] Wir singen aus: Walter Henkel, Jöde, H. Pommer [...] und aus den Lobeda-Singblättern [...] Wir tanzen Reigen, vor allem aber die bodenständigen Tänze aus unserer Gebirgsheimat. (Siehe: Dr. H. July, Wülzburgtanzheft, Bärenreiterverlag, Kassel.) [...]

18.30: Einüben von Sprechchören oder politische Schulung. Wir lesen, sitzend vor einem großen Bild des Führers, aus D. Dietrich ›Mit Hitler in die Macht‹, und sprechen anschließend daran über politische Begriffe.

19.00: Abendbrot, Freizeit, Heizen der Schlafstuben.

20.30: Heimabend. Wir wollen dabei lernen, wie man Feste und Feierstunden stilvoll und aus einem Guß gestaltet. ...

22.00: Flaggenabzug mit Lied und Spruch. Lagerruhe.«

Unter dem Blick des Führers auf dem großen Bild im Unterrichtsraum und mit den Sprüchen aus den gut gesiebten deutschen literarischen, philosophischen und mystischen Traditionen geht die Ideologie des Nationalsozialismus in die Auszubildenden ein. »Gehorsam« ist ein zentraler Begriff. Es geht um die Formung des arischen Menschen, dessen rassische Überlegenheit anhand von politischer Schulung, Leibesübungen und Arbeitsfleiß gefestigt werden soll. Diese »Züchtung« beginnt im Familienschoß und im Kindergarten. In den Hitler-Jugend-Lagern wird sie zur Reife gebracht. Luise Rinser hebt dies besonders hervor:

»Unser Lagerleben hatte – von der Innenarbeit aus gesehen – drei Schwerpunkte:

1. Die Betonung der ›Zucht‹. Das war vielen neu, dies äußere und innere Stramm-Stehen, dies: nichts anderes sein als Ausführende eines Befehls. [...]

2. Das Erlebnis der Gemeinschaft, der Kameradschaft. [...]

3. Die Ausrichtung unserer Bundesarbeit auf ein gemeinsames Ziel: den ›Typ der deutschen Frau‹.«
Bei der Frage »Wie ist der Typ der neuen deutschen Frau?« scheint kurz Rinsers Eigenständigkeit durch. Sie weist auf die schwierige Problematik hin. »Denn eine Frau ist immer Frau, und, je mehr sie es ist, desto schwerer läßt sie sich von einer typenbildenden Macht formen.« Doch gleich zieht sich das Denken zurück, und die Autorin gibt mit Entschiedenheit die herrschende Lehre wieder: Die Frau soll sein »immer aber vor allem: Frau. Mütterliche Frau. Nicht vor allem: ›Kämpferin in der Öffentlichkeit‹.«

Die Nazi-Ideologie ist auf Macht, Überbetonung des Eigenen und Unterwerfung des Fremden ausgerichtet. Das Weibliche wird als notwendiger Gegenpol und zugleich Symbol für die Geborgenheit des Häuslichen gesehen, das sich dem in der Gestalt des Führers personifizierten Staat unterzuordnen hat. Gerade diese Härte zieht viele Frauen an.

Diesem Aspekt gilt der zweite Teil von Rinsers Bericht. Nachdem der Leser am Verlauf eines Arbeitstages im Lager teilgenommen hat, wird er eingeladen, ein Fest mitzuerleben. Der beschriebene Festtag ist Silvester/Neujahr, der Übergang von 1933 auf 1934. Nach einer heiteren Nacht mit Liedern, Witzen, erlogenen Geschichten, Tanz und Spielen »und – Punsch (Aufhebung des Alkoholverbots)« werden die Kerzen gelöscht, die Fenster geöffnet in die helle Bergnacht. Jemand sagt Mörikes Neujahrsgedicht: »Wie heimlicherweise ein Engelein leise mit rosigen Füßen die Erde betritt, so nahte der Morgen ...«
Und fügt hinzu:
»›In ihm sei's begonnen ...‹
Schweigen.
Und dann ein Ruf von der südlichsten Grenze des Reiches über das deutsche Land hinweg in den Norden:
›Führer, Dir diesen ersten Gruß im neuen Jahr, Dir unseren heißesten Wunsch – Heil Dir!‹«
Der Junglehrerin ist es augenscheinlich wichtig, ihre Eintracht mit dem Führer zu bekunden – und ihr Lager von anderen abzuheben. Ihre Loyalität muss stilvoller sein als die gängige.

»Daher unser oberster Programmpunkt:
Züchtung gesunder Menschen.
Damit arbeiten wir im Einklang mit der R.J.F. [Reichsjugendfüh-
rung], die als Ziel der H.J.-Arbeit dieses Jahres aufstellt die Er-
ziehung zu Kraft und Freude.
[…] Wir sind zu einfach geworden um pathetisch zu sein. Wir
sind ernst und wissen um unsere belastende Aufgabe im Dritten
Reich.«
Psychologisch geschult, hat Luise Rinser von Anfang an Hitlers
Eigenart durchschaut. Er braucht die unbedingte Ergebenheit des
Volkes. Doch er verachtet insgeheim (und im näheren Mitarbeiter-
kreis auch offen) die Verehrung der Masse, weil ihm diese als igno-
rant und vulgär gilt. Wer also beim Führer ankommen will, muss
seine Loyalität auf einem höheren Niveau beweisen. Im Sinne die-
ses elitären Bekenntnisses schließt Rinsers Bericht ab:
»Nachdem Sie nun miterlebt haben den Alltag und die Feier im
Lager […], sollen Sie auch mit bei unserer Schlußfeier sein. […]
Wir stehen zum letzten Mal um die Flagge. Sie weht heute in
Winterwind und herrlichster Sonne. Unsere Obergauführerin
spricht zu uns über unsre Arbeit, kurz und knapp. Wir geloben
ihr unter dem verpflichtenden Zeichen des Hakenkreuzes durch
Handschlag – durch sie hindurch dem Führer! – Treue, Gefolg-
schaftstreue. Mag kommen, was kommen will: Tausend Angriffe
von guten Bürgern, die heute schon Erfolge sehen wollen; von
Leuten, die uns fürchten, weil wir Jugend-Bewegung sind und
weil sie sich vor dieser Jugend-Bewegung fürchten, eben weil sie
sich bewegt und etwa allzu bequeme Polsterstühle ins Schwan-
ken bringen könnte –; hundert Fehlgriffe unsrerseits, zehntausend Enttäuschungen …
Idealismus ist nicht gleich Optimismus. Wir haben im Lager das
Wort geprägt: ›Idealismus ist: Den Dreck sehen und spüren –
und trotzdem arbeiten.‹
Die Flagge geht zum letzten Male rauschend nieder. Wir singen:
    Wenn alle untreu werden,
    so bleiben wir doch treu.
                                        Junglehrerin Luise Rinser«

Die Obergauführerin Königsbauer verabschiedet also die Junglehrerin samt ihrer Gruppe feierlich mit allen Ehren. Wie schon bemerkt, hat Luise Rinser aber in ihrer Autobiographie behauptet, sie sei wegen ihrer antinationalsozialistischen Gesinnung von der Obergauführerin aus dem Lager fortgejagt worden.

Ende Januar 1934 muss es gewesen sein, als Luise Rinser, wieder gesund, nach München fährt, um sich auf die Staatsprüfung vorzubereiten. Sie besucht Vorlesungen in Germanistik, Geschichte, Pädagogik, Psychologie. Die letzten beiden vor allem sind für Lehramtskandidaten wichtig.

Wie damals 1929 bei der Schulabschlussprüfung, findet sich auch jetzt eine Mitschülerin, Gretl S., die Hilfe braucht. Indem Luise ihr den Stoff erklärt, lernt sie selbst mühelos. Und sie kann ihr auch über ihre Erfahrung im Lager erzählen, über das, was die Jugend derzeit bewegt. Die deutsche Jugend war lahm geworden. Nun ist neuer Schwung da.

Entsprechend sind auch die Themen, die man dem Rinser'schen Bericht zufolge den Kandidaten für die Staatsprüfung 1934 stellt. In Pädagogik sollen Pestalozzi, Fichte und Hitler als die drei großen Erzieher des deutschen Volkes dargestellt werden. Die historische Richtigkeit dieser Prüfungsthemen konnte ich leider nicht nachprüfen. Sollten sie stimmen, so wäre die Absicht klar. Nur junge Lehrer dürfen ausgewählt werden, die sich die vom Nazistaat geforderte Auffassung von Erziehung und Deutschtum eingeprägt haben.

In die gleiche Richtung geht das Thema im Prüfungsfach Psychologie, die Luise Rinser im Rückblick so formuliert: »Die Volksmärchen der Brüder Grimm mit besonderer Berücksichtigung des Märchens vom Wolf und den sieben Geißlein in völkischer Hinsicht.«

Mit dem Ausdruck »in völkischer Hinsicht« wird dem Prüfling der rassistische Rahmen der Interpretation vorgegeben, den die Schriftstellerin in ihrer Autobiographie ausführlich darstellt. Der Kern der geforderten Interpretation liegt auf der Hand: Die Geißlein sind das deutsche Volk, das vom bösen Wolf, dem jüdischen Volk, getäuscht und gefressen wird. Sie werden jedoch aus dem Bauch befreit und erlangen schließlich den Sieg.[31]

Die Geschichte ist derart primitiv, dass man ihr kaum Glauben schenken kann. Doch die Schriftstellerin behauptet: »Ich scheine die blödsinnige Frage beantwortet zu haben, ich wollte ja eine gute Note bekommen.«

Wie steht es aber mit der anderen Prüfungsaufgabe, Hitler als großen Erzieher des deutschen Volkes darzustellen? Darüber hat Luise Rinser folgende Erzählung hinterlassen:

»Wie aber wars mit der Aufgabe in Geschichte der Pädagogik? Ich habe lange gedacht, daß ich auch sie brav und mit ingrimmigem Humor beantwortet habe. Nach dem Krieg begegnete mir in einer Gesellschaft ein Herr Ministerialrat Strehle, der, als ich ihm vorgestellt wurde, stutzte, mich scharf ansah und dann sagte: ›Rinser? Sie haben 1934 die Staatsprüfung an der Universität München gemacht? Ihretwegen habe ich viel Sorge gehabt. Ich war einer der Aufsichtsführenden. Sie gaben die Arbeit nach der Halbzeit ab und gingen. Ich war neugierig und schaute die Arbeit an. Sie hatten über Fichte und Pestalozzi geschrieben, aber nicht über Hitler. Der Fall war mir klar. Ich war voller Respekt, aber was würde dem Mädchen geschehen? Ich legte die Arbeit ganz zuletzt zuoberst auf den Stoß: das Mädchen ist nicht fertig geworden.‹

Das wußte ich nicht mehr. Ich umarmte den alten Herrn.«

Der erwähnte Herr Strehle – vorausgesetzt, es habe ihn gegeben – lebte natürlich nicht mehr, als Luise Rinser 1981 diesen Bericht schrieb. Es fällt schwer, daran zu glauben. Die Geschichte sieht allzu deutlich konstruiert aus. Ein so billiger Trick bei einer Staatsprüfung (und in der Nazizeit!) ist kaum möglich. Außerdem hätte Luise Rinser keine gute Note bekommen, wenn sie ausgerechnet den Adolf Hitler betreffenden dritten Teil des Themas nicht behandelt hätte – abgesehen davon, dass sie sich zu dieser Zeit mitten in ihrer Hitler-Begeisterung befand. Es ist also anzunehmen, dass Luise Rinser die gestellten Prüfungsaufgaben im vom Nazi-Regime erwarteten Sinne ausgezeichnet erörtert hat. So kann sie auch von hundertdrei Kandidaten den Platz Nummer vier erreichen. Das bedeutet eine Eins.

Der Aufbau des totalitären Staates beginnt gleich nach der Macht-

übernahme im Januar 1933. Die theoretische Begründung folgt im
Laufe des Jahres 1934. Dabei sind vier Grundsätze bestimmend:
Führerprinzip, Ausschaltung, Gleichschaltung, Propaganda. Zusammen bewirken sie die Stringenz des nationalsozialistischen Systems.

Diese Prinzipien des Nazi-Staates stiften eine politische Atmosphäre, die durch Feindbilder, Aggressivität, rassistischen Größenwahn und Kriegsbereitschaft gekennzeichnet ist. Auf der anderen
Seite wird versucht, durch »geistige Mobilmachung« (Goebbels),
das heißt durch stets sorgfältige Choreographie bei Massenveran-
staltungen sowie mit Uniformen, Fahnen, Hakenkreuz und anderen Symbolen die verführerische Faszination von nationaler Einheit besonders auf junge Menschen wirken zu lassen. In der Mitte
die Gestalt Hitlers, dessen rhetorische Begabung als unerschöpf-
liche Quelle von Begeisterung und Kraft die Hysterie aufputscht.
So bildet sich ein geradezu gigantisches Wir-Gefühl um den Führer: die neue deutsche »Volksgemeinschaft«, die sich mit dem überall im Reich widerhallenden »Heil Hitler!« unaufhörlich belebt.

In dieser Atmosphäre des politischen Schwungs bewegt sich Luise Rinser in der ersten Hälfte des Jahres 1934. Die Beflügelung der
Lagererfahrung wirkt weiterhin. Sie, eine Junglehrerin von 22 Jahren, als ausgezeichnete Ausbilderin von BDM-Gruppenführerin-
nen! Und nun ist der Erfolg in der Staatsprüfung hinzugekommen.
Der Drang zum Schreiben verstärkt sich entsprechend. »Wes das
Herz voll ist, des quillt der Mund über.« So nimmt sie nun die
Möglichkeit wahr, die ihr *Herdfeuer* bietet, um das Bewusstsein
ihrer Verantwortung für das Reich und ihre Treue dem Führer
gegenüber vor der Öffentlichkeit darzutun. Und sie tut es dichterisch.

Junge Generation

Von den Grenzen des Lands hören wir nächtens
Fieberndes Wühlen dumpf und böse in der Erde,
In den Fabriken schlagen Hämmer, schmieden
Eisen hart und kalt zu nackter Todeswaffe.

> Gefährlich riecht es um Mitternacht aus Feindland,
> Geheim brauen giftig schwelende gelbe Mordgase,
> Um die Ecken der Städte schleicht grinsend der Tod,
> Unter uns schüttert der Boden vom Bohren schlafloser Wühler.
>
> In den weichen Dunstnestern des Tals aber liegen,
> Eng sich wärmend und satt, die guten Bürger,
> Und träumen schnarchend vom ewigen Frieden,
> den ihnen ihr sanfter verbindlicher Bürgergott schenkt.
>
> Wir aber, angerufen von ewig eisernem Wort,
> Wir, des großen Führers gezeichnet Verschworene,
> Ungeborgen in scharfen Morgenstürmen,
> Halten auf Türmen und Gipfeln klirrende Wacht.
>
> Kühl, hart und wissend ist dies wache Geschlecht,
> Nüchtern, und heiliger Trunkenheit voll.
> Tod oder Leben, ein Rausch, gilt uns gleich –
> Wir sind Deutschlands brennendes Blut!
>
> Todtreu verschworene Wächter heiliger Erde,
> des großen Führers verschwiegene Gesandte,
> Mit seinem flammenden Zeichen auf unserer Stirn,
> Wir jungen Deutschen, wir wachen, siegen oder sterben.
> Denn wir sind treu!

Luise Rinser 1934[32]

Trotz guter Noten in der Staatsprüfung, ihres Erfolgs als Ausbilderin und dieses im reinsten Blut-und-Boden-Stil verfassten Gedichts bekommt sie wegen einer Überzahl an Bewerbern und Bewerberinnen noch keine feste Anstellung. Sie muss sich wieder begnügen mit einer Aushilfsstelle in Oberau bei Garmisch-Partenkirchen, die ihr allerdings Freude und Erfolgsgefühl bereitet. Sie hat mit aufgeweckten Kindern zu tun, die sie mögen. Obwohl diese Aushilfe nur kurz (vermutlich von September 1934 bis Januar 1935) dauert,

bleibt sie ihr unvergesslich. Das Abschiedsbrieflein einer siebenjährigen Schülerin hat Luise Rinser bis zum Ende ihres Lebens ver-
wahrt.

»Oberau, den 30. Januar 1935.

Mein liebes Fräulein Rinser!

[…] Sie wissen gewiß, daß ein Abschied schwer ist und daß jede
lezte Stunde beim Abschied sehr schweigsam ist, denn jedes Herz
bedrängt ein Schlag alles ist traurig denn sie sind ja so brav und
haben den Tazenstecken weggeworfen. Also ich muß ihnen sagen,
Abschiednehmen ist schwer. Das Weinen kann ich nicht verbergen […] nun aber Schluß denn ich muß noch denken was wir
fürs neue Fräulein auf die Tafel schreiben […] Viel Trost zum
Abschied! sendet ihnen ihre fleißige Schülerin Hedwig Hirschauer.«[33]

Hedwig Hirschauer vergisst ihre Lehrerin nicht; sie wird später zu
einer fleißigen Leserin ihrer Bücher und besucht gelegentlich ihre
Lesungen.

Feine Gesellschaft, katholische Enge
und Totalitarismus
1935–1936

Nach einigen Monaten Ruhepause bei den Eltern in Huglfing wird Luise Rinser im Frühling 1935 Lehrerin in Ohlstadt bei Garmisch-Partenkirchen. Es ist immer noch keine feste Anstellung, aber eine angenehme Arbeit mit wenigen Unterrichtsstunden bei lernfreudigen, theaterbegeisterten Kindern der zwei untersten Klassen und einem musikalischen Schulleiter, Alfons Köbele, mit dem sie zeitlebens befreundet bleiben wird. Von ihm vielleicht angeregt, nimmt Luise Rinser den Geigenunterricht bei ihrem Lehrer in München wieder auf. Und sie schreibt. Auf einige Schriften aus dieser Zeit wird noch eingegangen.

Folgenreich sind die Freundschaften, die sie in dieser Zeit schließt, vor allem jene mit Hermann Hesse. Ausführlich berichtet Luise Rinser in ihrer Autobiographie über ihre Bekanntschaft mit Frau von Kaulbach. Die Witwe des berühmten Porträtisten königlicher Häupter Europas, des Malerfürsten Friedrich August von Kaulbach (1850–1920), führt Luise Rinser und den Musikstudenten und Klavierlehrer Horst Günther Schnell zusammen und erkennt – wie Franz Seitz – das dichterische Talent der jungen Frau. Sie macht Schnell auch mit dem Komponisten Richard Strauss bekannt; das wird für sein berufliches Weiterkommen entscheidend sein.

In München steht das Kaulbach-Palais, einst ein Ort kultureller Begegnungen, leer. Frau von Kaulbach wohnt seit dem Tod ihres Mannes in ihrem Landhaus in Ohlstadt, mitten in einem Zaubergarten mit Rosenlauben und Jugendstil-Skulpturen, Obstspalieren, Blumenrabatten und einem kleinen Teich. Ein Traumhaus, das Luise Rinser in ihrem Roman *Mitte des Lebens* verewigen wird. Im unverändert gebliebenen Atelier des längst verstorbenen Malers hängen Portraits seiner Frau und der drei Töchter, jenes »lieben Kleeblatts Doddy, Hedda und Hilde«, dem Ludwig Ganghofer seinen Jugendroman *Karfunkelstein* gewidmet hatte, die erste große Lektüre der siebenjährigen Luise im Jahre 1918.

Frau von Kaulbach mag Horst Günther und Luise von Anfang an. Sie werden immer wieder eingeladen. Bald bietet sie ihnen sogar das Du an. Die jungen Leute können sich bei ihr satt essen. Und sie lernen in ihrem Haus politisch einflussreiche Persönlichkeiten kennen. Wie Frau von Kaulbach zum Führer steht, ist nicht klar. Allerdings gehört sie zu den wenigen Menschen, die Authentisches über Hitlers Vergangenheit kennen. Und das ist weder selbstverständlich noch ungefährlich. Nur im kleinen Freundeskreis erzählt sie gelegentlich einiges davon.

Der gesellschaftliche Verkehr mit der Prominenz in Ohlstadt ist interessant. Doch Horst Günther Schnell und Luise Rinser leben in armseligen Verhältnissen, er noch mehr als sie, die als Aushilfslehrerin ein wenig verdient. »Ich lebte damals von Pfefferminztee, Bratkartoffeln und einem billigen unvergeßlichen grauen Preßsack.«[34] Dennoch nimmt sie bei dem jungen Musiker Klavierunterricht für fünf Mark die Stunde. Nach wenigen Wochen erklärt er ihr jedoch, mit dem Klavierspiel habe es wenig Sinn, sie solle sich auf die Geige konzentrieren. Auf die Zusammenkünfte wollen beide aber nicht verzichten. So erteilt er der Junglehrerin musiktheoretischen Unterricht. Und sie bezahlt ihm weiterhin die fünf Mark, ohne ihm zu verraten, dass auch sie knapp bei Kasse ist.

Horst Günther Schnell kann sich nur dank der Unterstützung einiger Bielefelder Mäzene über Wasser halten. Es sind reiche Mediziner, die gern für bedürftige Künstler spenden: der Medizinalrat Schrader, der Internist Hartog und der Chef einer Privatklinik, Bleek. Sie gehören zu den ersten Käufern von Werken moderner Maler wie Nolde, Klee, Kandinsky, Schmidt-Rottluff, Rohlfs. Luise Müller sagte mir im erwähnten Gespräch vom März 2007, Medizinalrat Schrader sei Mitinhaber der bekannten Kaffee- und Tee-Firma in Bremen gewesen, ein sehr reicher Mann, und zu Horst Günther Schnell am großzügigsten.

Als Student war Horst Günther Schnell zu Heinrich Kaminski gegangen, während dieser in Bielefeld Leiter der Musikvereinskonzerte war. Er wurde Kaminskis Meisterschüler und Assistent, der den Meister von manchen Vorarbeiten entlastete. Luise Rinser tat Kaminski wohl Unrecht, als sie – wahrscheinlich von Frau von Kaulbach beeinflusst – behauptete, Kaminskis Musik sei epigonenhaft, er verstehe nichts von Dirigieren und Chorführung.[35] Kaminski war zweifellos ein begnadeter Musiker. Aber er scheute sich vor der undankbaren Arbeit des Einstudierens und überließ es Schnell. Das sprach sich in Bielefeld herum. Schnell wurde zum heimlichen Publikumsliebling. Und die erwähnten Gönner entschieden, dem jungen Talent das Studium zu ermöglichen. Schnell selbst verehrte Kaminski und war dem Meister gefolgt, als dieser, in den Ruhestand versetzt, nach Oberbayern zog.

Jetzt lebt der junge Musiker in einem billigen Zimmer am Rand von Ohlstadt. Luise Rinser verliebt sich ziemlich bald in ihn, es ist ihr ernst damit. Er dagegen, in seine Musik versunken, scheint die Tiefe dieser Liebe nicht gleich bemerkt zu haben.

Im Sommer 1935 stellt er seine Freundin dem Meister vor. Kaminski wohnt in Ried bei Benediktbeuern.[36] Mehr als auf ihn ist Luise Rinser indes auf seine jüngste Tochter Benita gespannt. Sie ist vierzehn Jahre alt, ein schönes, anmutiges Mädchen, vom Vater auserkoren, eines Tages Horst Günthers Ehefrau zu werden. Doch dieser will das Mädchen nicht heiraten, da er nicht warten könne, bis Benita heiratsfähig würde. Außerdem wollte er sich doch langsam aus der Abhängigkeit von seinem Meister lösen.

Bei Kaminski angekommen, ist Luise Rinser von der Atmosphäre des Hauses fasziniert und zugleich bedrückt. Der Künstler gibt einen Reichtum vor, der nur Schein ist. Die Familie lebt in Wirklichkeit vom Geld des reichen Mäzens Werner Reinhart in Winterthur.

Eines Tages, so erzählt Luise Rinser, bittet sie den Meister, ihr etwas aus seiner neuen Arbeit vorzuspielen. Er nimmt sie mit in seine »Hütte«, sein Heiligtum, und spielt ihr kurz vor. Dann sagt er unvermittelt, Horst Günther sei ein Genie; sie sei nicht die rechte Frau für ihn. Luise Rinser ist konsterniert. Kaminski erläutert:

»Hör mal, Luise, es gibt Menschen, die laufen ihr Leben lang
um den Berg herum, der Eros heißt, und sie kommen nie frei.
Man muss durchgehen, verstehst du, dann hat mans ein für alle
Mal hinter sich. Aber merk dir: ein Genie heiratet man nicht.«[37]
Die Botschaft ist klar. Das junge Genie Horst Günther Schnell darf
nur des Meisters Tochter Benita heiraten. Luise Rinser glaubt einzusehen, es sei besser, wenn Horst Günther auf Benita wartet, und
erklärt sich bereit, das Opfer zu bringen. Diese Bereitschaft entzündet bei dem jungen Musiker die Leidenschaft. Er wolle nicht
Benita, sondern Luise – allerdings mit einer lebensprogrammati-
schen Anmerkung:

»Jedoch lehrte er mich damals sagen: Wir gehören zusammen,
aber wir gehören uns nicht.«

Der Satz reicht tiefer, als Luise Rinser und vermutlich auch Horst
Günther Schnell in diesem Augenblick begreifen. Er wird gesagt,
zugleich aber auch überhört. Luise Rinser fügt kommentarlos hinzu: »Nun waren wir uns einig: wir würden heiraten. Wann, das
lag im Dunkeln.«

Trotz der schwierigen Umstände stellt die Bekanntschaft mit Kaminski eine große Bereicherung für Luise Rinser dar. Der Komponist
hat ein Gespür für Ursprüngliches, was sich nicht zuletzt in seiner
Vorliebe für Alte Musik zeigt. Durch Kaminski lernt sie Josquin des
Prés, Machault, Ockeghem, Monteverdi, Purcell kennen, von wo aus
sie dann zu Hindemith, Bartók, Strawinsky und der damaligen Mo-
derne findet. So ist die Kaminski-Zeit grundlegend für ihre musikalische Bildung. Von Bedeutung ist auch Kaminskis Interesse für das
»Östliche«. Damit öffnet er Luise Rinser eine Welt, die sie sofort
fasziniert: Indien. Mit der Entdeckung Indiens hängt die Bekanntschaft mit dem Dichter zusammen, der für ihre geistige und literarische Entwicklung von unschätzbarem Wert sein wird.

»Kaminski verdanke ich auch die Begegnung mit Hermann Hesse«, bemerkt Luise Rinser lapidar.[38] Sie kennt zwar schon Werke
von ihm, hat ihn aber noch nicht entdeckt. Dies geschieht auch
nicht mit einem Schlag. Kaminski regt sie an, zunächst die Upani-
shaden, die Bhagavadgita und die von Karl Eugen Neumann über-
setzten Reden Buddhas zu lesen. Als sie sich dadurch dem »Öst-

lichen« genähert hat, ist sie imstande, den morgenländischen Geist bei Hesse wahrzunehmen.

Sie schreibt Hesse-Texte ab, die sie zu einem Heft bindet. Die »vom Meister (Kaminski) kanonisierte Heilige Schrift« nennt sie es. Diese improvisierte Anthologie beginnt mit dem Gedicht *Besinnung*, in dem es bekanntlich heißt: »Göttlich ist und ewig der Geist ... Aber sterblich und irden sind wir geschaffen ...« Es schließt so:

> Darum ist uns irrenden Brüdern
> Liebe möglich in aller Entzweiung,
> Und nicht Richten und Haß,
> Sondern geduldige Liebe,
> Liebendes Dulden führt
> Uns dem heiligen Ziele näher.

Der für mein Empfinden dichterisch nicht gelungene Text scheint damals eine beachtliche politische Wirkung gehabt zu haben.

Von Anfang an ist Luise Rinser von Hesse angetan, sie spürt, dass das »Morgenländische« bei ihm echt ist. Zusammen mit Horst Günther Schnell liest sie alles, was der Dichter schreibt. Es bildet sich tatsächlich innerhalb der brutalen Nazi-Welt eine Art geheimer geistiger Gemeinschaft, die Hesse später in *Das Glasperlenspiel* (1943) philosophisch-literarisch bearbeitet hat. Und so schreibt Luise Rinser 1935 einen Brief an Hesse, den dieser mit dem Sonderdruck eines Gedichts beantwortet. Sie schreibt gleich wieder, und der Dichter antwortet mit einem Foto. Das ist der Beginn eines Briefwechsels, der – über Höhen und Tiefen – bis 1950 dauern wird.

Doch zu diesem Zeitpunkt hat Luise Rinser trotz ihrer Begeisterung weder die Substanz der Hesse'schen Dichtung verstanden noch die Gefahr der Nazi-Ideologie erkannt. Den Beweis dafür liefert die Tatsache, dass sie mit Hermann Hesse korrespondiert und zugleich das Hitlerjugend-Gedicht *Junge Generation* in *Herdfeuer* veröffentlicht. In den folgenden Jahren kommen dort, wie wir bereits angeführt haben, noch andere nationalsozialistisch geprägte Gedichte und Texte heraus.

Das Jahr 1935 wird von Luise Rinser gleichsam verträumt. Sie erlebt und erreicht zu viel in kurzer Zeit. Ihr Ehrgeiz wächst zusehends. Sie hat schon ihren Beruf und damit finanzielle Selbständigkeit. Andererseits hat sie sich vom Elternhaus noch nicht gelöst. Zwar meint sie, sich vom Christentum verabschiedet zu haben. Doch es wird sie noch weiter verfolgen in der engen Auffassung ihrer Eltern. Diese zeigt sich besonders in deren Verständnis von Moral und Familie. Um gegen die Eltern Rinser nicht ungerecht zu werden, müssen wir uns vor Augen halten, dass sie die bei guten katholischen Familien Oberbayerns damals geltende Sicht vertreten. Doch selbst vor diesem Hintergrund bleibt das, was der bislang unbekannte Briefwechsel zwischen Luise Rinser und ihren Eltern[39] in den Jahren 1935/1936 offenbart, geradezu grauenhaft.

Es geht darin hauptsächlich um die Ehe. Zunächst sind die Eltern überhaupt dagegen, dass Luise heiratet. Sie begründen das mit einer angeblichen erblichen Belastung und damit, dass sie weder seelisch noch körperlich der Ehe gewachsen sei. Wenn sie aber dennoch heiraten wolle, dürfe es nur ein katholischer Mann sein.

Die elterliche Auffassung macht der Vater in einem langen Brief vom 28. März 1935 deutlich, der so schließt:

»Zusammenfassend: Wir Eltern wünschen Du sollst unabhängig und allein bleiben oder *wenigstens* einen kath[olischen] ord[entlichen] Mann in sich[erer] Stellung heiraten, *aber* keinesfalls einen Andersgläubigen erwählen.

Mit traurigem Herzen grüßen Dich Deine Eltern.«

Sechs Wochen später, am 16. Mai 1935, antwortet die Tochter von Ohlstadt aus. Zwar gebe es in der Familie Fälle von Wahnsinn, auch Taubstumme und Selbstmörder, aber all dies werde nicht vererbt, ebenso wenig die Rückgratkrümmung des Vaters, wie ihr in der Psychiatrie und von einem Erbbiologen versichert worden sei. Vor allem wirft das junge Mädchen den Eltern vor, dass sie ihr schon zweimal eine Beziehung zerstört hätten:

»Liebe Mutter, ich danke zwar für die Sachen bestens, aber nicht für den Brief. Ich habe schon oft versucht, unser Verhältnis zu ändern, aber das nützt ja alles nichts mehr. Man kann ja nicht reden mit Dir, Du denkst immer nur an Euch, wenn Du auch hundertmal sagst, Du denkst und sorgst nur um mich. Du bist erzürnt, oder traurig, daß ich Euch Vorwürfe mache. Ja, verstehst Du denn nicht, daß es Eure Pflicht gewesen wäre, Euch schon damals (als ich Otto Kopp kannte) zu erkundigen und zwar genau, ob es sich um Vererbung handelt oder nicht. So habt Ihr damals mein erstes junges Glück, diese schöne, ganz reine u. zarte Liebe zerstört. [...] Und nun, bei dem 2. Menschen, den ich auf ähnliche Weise gern habe, habt Ihr es wieder so gemacht. Bitte, bedenke einmal das: Vater – mein eigener Vater – schreibt an Ernst, ich tauge nichts, sei für alle Männer entflammt, könne nicht treu sein, sei egoistisch (o, es war ein wunderschöner Brief!!!) usw. Kann ein wirklicher Vater *so*[40] über sein Kind reden? Er sollte sich schämen, dies zu tun.«

Doch inzwischen hat sich die Beziehung zu Horst Günther Schnell zur echten Liebe entwickelt. Die Ernennung Luise Rinsers zur Staatsbeamtin steht bevor und damit eine Versetzung von Ohlstadt an einen anderen Ort. Horst Günther Schnell möchte beruflich weiterkommen. Dazu muss er weg von dem kleinen Dorf. Das nahe München bietet sich an, allerdings nur als Sprungbrett. Sein Lehrer Kaminski ist in Norddeutschland bekannt und geschätzt. Dorthin wirft der junge Musiker seinen Blick.

Luise Rinsers Eltern spüren, wie die Beziehung zwischen den beiden sich vertieft und auf eine Heirat zusteuert. Um ihren heftigen Widerstand nachvollziehen zu können, soll hier daran erinnert werden, dass im Dritten Reich eine Lehrerin nicht heiraten durfte. Da Horst Günther Schnell noch nicht fest im Beruf steht und außerdem in der Familie nur einer verdienen darf, befürchten die Eltern nicht ohne Grund, dass die Tochter ihre Karriere gefährde und einer Katastrophe entgegenlaufe. Die Art allerdings, wie vor allem der Vater diese Befürchtungen mit Prinzipien einer engstirnigen katholischen Moral untermauert, stellt ein bedrückendes Zeugnis des Zeitgeistes dar.

Doch zunächst schreibt die Mutter am 14. Mai 1936 an einen Bekannten namens Grünfelder, den Luise Rinser wegen seiner Frömmigkeit »Halbmönch« nennt; sie bittet ihn, ihre Tochter zu beeinflussen:

»Wenn Sie mal mit Luise zusammenkommen reden Sie ihr doch
ins Gewissen, daß sie doch kath. bleiben soll u. einen kath. Mann
heiraten soll. Wir reden mit Luise über diese Dinge nicht mehr;
wir geben die Hoffnung auf daß sie nochmal auf uns hört.«
Streit mit den Eltern und anstrengende Schularbeit vermögen Luise Rinser nicht von ihrem Weg abzubringen. Sie fährt oft nach
München zu verschiedenen Veranstaltungen. Sie macht bei politischer Aufklärungsarbeit in den Dörfern mit, wie Luise Müller, die
oft dabei war, bestätigt hat. Und sie schreibt. Im Juni 1936 erscheint
in *Herdfeuer* ihr zweites Gedicht:

Spätes Jahr

In starken Stürmen hat dies Land empfangen,
Was es, in Sonnenräuschen glühend ausgetragen,
Endlich gebärend, reif in unsere Hand gedrängt,
Nun liegt es still, vieler Geburten müde,
Doch diese mittägliche Stunde versammelt
Noch einmal alle Wunder dieses Jahres um uns,
Eh sich das große Rad ganz in das Dunkel neigt
Die festliche Musik des hohen Sommers schweigt
Nun spricht das Wesen aller Dinge still zu uns,
Und dieses späten Lebens Stimme ist von Dank erfüllt.
In leeren Gärten fallen ungepflückte spät gereifte Früchte,
Verhaltnen Jubellauts wiederempfangen von der Erde.
Und dieser Laut ist wie der Punkt nach einem langen Satze.
Letzte Umschreibung und das Ende unerbittlich kündend.
Aus hohen Kronen tropfen still die frostgefrornen Blätter
Und legen, Schicht auf Schicht, goldene Flut, sich über unsern Weg.
Und wie sie solches tun, ist die ergebene Gebärde
Des Wissens um ein ewig zu erfüllendes Gesetz.
Und siehe, zwischen letztem milden Laube
Drängen schon, glänzend und klein, die jungen Knospen,
In denen neues Erdenjahr sich kraftvoll vorverkündet.

Luise Rinser[41]

Einige Wochen später, am 1. Juli 1936, tritt Josef Rinser in den Ruhestand. Sein Herzleiden hat sich verschlimmert. Und genau an diesem Tag schreibt seine Frau Aloisia wieder an den Herrn Grünfelder, der ihren Brief vom Mai nicht beantwortet hat.

Inzwischen scheint jedoch Horst Günther Schnell der Rinser-Familie nähergekommen zu sein. Er wird nicht mehr »der Klavierlehrer«, sondern »der Herr Schnell« genannt. Allein: Dem früheren Ablehnungsgrund, er sei ja evangelisch, fügt sich jetzt ein zweiter hinzu: Er habe »einen freien Beruf«.

Fast gleichzeitig mit der Pensionierung Josef Rinsers wird Luise in den Beamtenstand erhoben. So befürchtet die Mutter, dass die Freundschaft mit Horst Günther Schnell über das Religiöse hinaus für die Tochter auch beruflich gefährlich werden könnte.

»Meine liebe Luise!

Mein Gedanke ist immer, mein Kind kommt wieder zu mir zurück. […] Luise ich meine ich werde wahnsinnig. Vater ist ganz verzweifelt. […] Luise, sei vorsichtig in Ohlstadt […] man sagte von Dir daß Du keine Religion mehr hast u. daß Du mit dem Sch. [gehst?] Luise denke Du bist Beamtin stehst vor der Anstellung. Luise mein Kind kehre um wir schließen Dich in unsere Arme u. alles ist vergessen. Gruß u. Kuß Deine Mutter«

In der Tat bekommt die Lehrerin Luise Rinser im Sommer 1936 die Anstellungsurkunde als Staatsbeamtin. Darin ist vermerkt, wo sie ihre Tätigkeit anzutreten hat: in Nicklheim, Bezirksamt Rosenheim. Den Namen hat sie bislang nie gehört, vergeblich sucht sie ihn auf der Landkarte. Sie fragt ihren Vater. Er ist entsetzt. Vielleicht handele es sich um einen Irrtum, meint er. Das sei eher ein Strafposten. Ein Torfstechernest mit lauter Kommunisten. Mit ihren Noten stehe ihr ein besserer Ort, eigentlich München, zu. Sie solle doch zu Schulrat Sailer ins Ministerium gehen. Der erläutert ihr die Entscheidung. Ja, es sei tatsächlich ein unguter Ort, aber gerade deshalb wolle das Ministerium sie dort haben.

Die Sache ist klar. Die Nazi-Regierung will in dieser schwierigen Gegend eine überdurchschnittlich intelligente Lehrerin postieren, die dem Führer gegenüber loyal ist und zugleich fähig, Ordnung in ein für das Reich gefährliches Chaos zu bringen.

Die Erfahrung in Nicklheim hat sie zu ihrem Roman *Daniela* inspiriert. Darauf kommen wir zurück. Jetzt die nackten Fakten. Wie sie in Nicklheim ankommt, beschreibt sie in ihrer Autobiographie so:

»Als ich zum erstenmal von der Bahnstation Raubling auf der Strecke Rosenheim nach Kufstein mich auf den Weg nach Nicklheim machte, den Koffer auf dem Fahrrad festgebunden, einen Rucksack umgehängt, den Geigenkasten an der Lenkstange befestigt, da war mir, als ginge ich in die Verbannung. Wo war Nicklheim? Ich fuhr und fuhr, und es kam und kam kein Dorf. Die Straße führte zwischen einem Entwässerungsgraben und einem schmalspurigen Güterbahngeleise entlang, auf dem Loren mit Torfstücken fuhren. Endlich tauchte hinter einem Birken- und Kieferngehölz ein Kirchturm auf, daneben ein paar Häuser, das Schulhaus und ein neues Haus, das der Wirt sich gebaut hatte, um es zu vermieten an den Förster, an den Verwalter des Torfwerks und an die neue Lehrerin. […] Durch das einzige Fenster der Blick am Bahngeleis entlang ins Moor, weithin, mit einigen Baracken hinterm Schilf und hinter den nassen Wiesen, auf denen der braunschwarze Torf zu Türmchen aufgeschichtet trocknete. Und dazu das ewige Sausen des Windes in den Föhren hinterm Haus.«[42]

Die Torfstecher sind Nachfahren von Einwanderern aus dem Balkan, meistens Analphabeten wie ihre um 1900 nach Deutschland gekommenen Vorfahren. Leben im Elend. Harte Arbeit, wenn das Wetter es zulässt, für wenig Lohn, der versoffen wird. Keine Moral, keine Kultur. Unmenschliches Wohnen: »zwei Räume für sechs bis zwölf Leute«. Alkoholismus und Ehebruch. Im Winter, wenn nicht gearbeitet werden kann, wird der Beischlaf zur Hauptbeschäftigung. Viele Kinder werden geboren. Insgesamt also ein großes Problem für das Reich.

Man hatte sich damit schon näher befasst. Einmal war ein Politiker gekommen und hatte eine Versammlung bei Freibier im Wirtshaus gehalten. Er sprach über die Güte des Führers, der jedem Torfstecher ein Stück Land überlassen und auch ein Darlehen geben wolle, damit sie sich eine Kuh und Schafe und Ziegen kauften. Doch die Torfstecher waren stumm geblieben, hatten ihr Bier getrunken und dann zu Hause über das Angebot gelacht. Sie, die Kommunisten und Antifaschisten, »antideutsch auch«, sollten deutsch werden?

»In der Partei sprach man dann von den Nicklheimer Untermenschen, und wie recht der Führer wieder einmal hatte: die Leute waren keine Deutschblütigen, sie kamen aus dem Balkan, da hausten die Untermenschen, wie in Polen und Rußland. Das sagte klipp und klar auch der Führer. Polen und Russen sind Untermenschen, die man ausrotten müsse wie die Juden und die Zigeuner.«[43]

Im Hinblick auf Nicklheim wird nicht an Ausrottung gedacht. Denn die »Untermenschen« werden als Arbeitskräfte gebraucht. Die Abschaffung der Armut in solchen Dörfern gehört zum Erneuerungsprogramm des Führers. Dabei sei die Beseitigung der äußeren Not die Voraussetzung für die Überwindung der inneren Misere, welche sich in Analphabetentum und Kulturlosigkeit darstelle. Eine minimale kulturelle Basis sei unentbehrlich, um aus diesen Untermenschen deutsch denkende Menschen zu machen, die mit ihrer Arbeit zum Fortschritt des Reiches beitragen könnten.

Das Elend von Nicklheim ist imstande, den Willen starker Menschen zu brechen. Sogar der Schulleiter ist durch die widrigen Umstände zu einem seelischen Krüppel geworden. Seine Frau ist gestorben. Das Paar hatte keine Kinder bekommen, und so ist er allein zurückgeblieben. Er trinkt, ist schwermütig. Als Schulleiter und Lehrer wird er untragbar. Dem Wunsch des Führers folgend wollte er die Balkanmenschen eindeutschen. Aber das Elend war stärker als sein Wille.

Luise Rinser macht ihre Arbeit gewissenhaft. Sie erzählt, wie sie gleich am ersten Tag nach Schulschluss mit dem Rad nach Raubling, dem Nachbarort, gefahren sei und Läusepulver, Seife, Waschlappen und Handtücher gekauft habe. Als Erstes wäscht sie die Kinder. Mutter Aloisia Rinser soll zum Nikolaustag ein großes Paket mit vierzig Lebkuchenmännern, einen für jedes Kind in der Klasse, geschickt haben.

Inneren Frieden findet die junge Frau aber nicht. Der Kampf mit den Eltern geht weiter. Denn sie haben nun erfahren, dass die

Tochter zwar in Nicklheim ihre Wohnung hat, an den Wochenenden jedoch bei ihrem Freund in Ohlstadt weilt. Dies fassen sie als Vertrauensbruch auf. So schalten sie nun auf Autorität und Härte. Der Vater schreibt:

»[…] Zwischen unseren Wegen ist ein tiefer, dunkler Abgrund, über den keine Brücke führt. Eine solche müßte erst gebaut werden. Willst Du sie bauen? Wenn ja, dann errichte zuerst zwei unumstößliche Pfeiler, ohne welche Du keine Brücke zu den Eltern mehr fertig bringst.
1. – *Schwörst Du mir, daß Du dem alten Gott durch die gleiche Religion wie Deine Eltern mit Gebet, Sonntagsgottesdienst und Beichtdienst treu bleibst?*
2. – *Schwörst Du mir, daß Du Deinen Eltern keinen anders- oder ungläubigen Schwiegersohn zumuten wirst, sondern Dich nur um einen ehrenwerten, katholischen jungen Mann umsiehst, wenn es wirklich einer sein muß?*«

Luise antwortet am 1. September 1936:

»Ich kann *solche* Dinge nicht ›beschwören‹. Es ist Euch nicht erlaubt, *solche* Macht über das *ganze* Leben eines Menschen ausüben zu wollen. Das ist nicht ›Religion‹, das ist Fanatismus. Es gibt *nun* keine Brücke mehr. Ich werde nun meinen Weg in Freiheit gehen. Mit *allen* Konsequenzen. […]«

Mit dieser entschiedenen Antwort hat sich Luise Rinser offensichtlich ihren Zorn nicht vollständig von der Seele geschrieben. Noch am selben Tag verfasst sie einen Nachtrag:

»›Wortschwall‹ nennst Du es – es war der letzte Versuch, Euch zu sagen, daß ich Euch liebe. Ihr habt es nicht angenommen. Nun verlangt Ihr Schwüre. Ich sage Euch: auch diese Schwüre ändern nichts mehr. Ich schwöre nicht, denn es genügt, daß ich 25 Jahre meines Lebens in Eurer Macht gestanden bin. Niemand gibt Euch das Recht, mich für mein ganzes Leben zu beherrschen. […]«

Am Wochenende nach diesem Brief kommt Luise Rinser ins Elternhaus zurück. Der Besuch ist aber so kurz, dass die Eltern es kaum wahrnehmen, vor allem merken sie nicht, dass die Tochter all ihre Sachen mitgenommen hat. Am darauffolgenden Tag, dem 8. September 1936, schreibt ihr Vater:

»Als Du gestern so überraschend Dich verabschiedetest, war es mir wohl unangenehm, doch ich schickte mich darein. Erst später merkte ich, daß Du Deine sämtlichen Sachen zusammengepackt und mitgenommen hattest. Du warst also ›heimlich von Hause geflohen‹. Da dachte ich mir: Das ist die Antwort auf meinen Brief. Da fuhr der Schrecken in mich. Das arme Herz pochte zum Zerspringen, der Kopf glühte, Verzweiflung schüttelte mich. Ich schrie immer nur: Arme Mutter! Arme Mutter! […] Zum Punkt: *Schwur:* Wenn Du *meinen Charakter* hättest, dann genügte ein *gewöhnlicher* Satz: Vater, ich heirate nur einen katholischen Mann. Aber *Du* bist nicht wie *ich.* […] Was soll ich heute abend der armen Mutter von Dir sagen?

Dein Vater.«

Darauf antwortet Luise Rinser postwendend (am 9. September 1936), um ihren Vater an eine Wahrheit des Lebens zu erinnern:

»Lieber Vater, Schwur und Versprechen sind dasselbe; auch die einfache Aussage ›ich will so oder so handeln‹ ist schon ›Versprechen‹. Ich *kann* die beiden Punkte nicht ›versprechen‹, denn niemand kann sein Leben vorauswissen, nicht 50 u. mehr Jahre vorausbestimmen. *Freiheit* ist nötig. – *Das* allerdings kann ich Euch sagen: Ungläubig werde ich *nie* sein. Alles andere muß meine ganz persönl. Angelegenheit sein, denn ich allein bin für mein Leben verantwortlich. […]«

Die Differenzen verschärfen sich:

»Arme Luise!

Dein Brief hat uns niedergeschmettert. Nach dem Eglfinger Irrsinn nahmst Du Deine beiden Eltern an den Händen u. versprachst uns, keinen Andersgläubigen zu heiraten. Du hieltest Dein Versprechen nicht u. versuchst zum wiederholten Male dem Versprechen entgegen zu handeln. Du wirst damit aber kein Glück haben, mit H. G. Schnell so wenig wie mit Friedrich oder Großer oder anderen. Dein Brief zeigt, daß Du durch krankhaft andauerndes Lesen aller möglichen Bücher das logische Denken verwirrt hast. *Du redest von Freiheit, die Du brauchst,* verschlingst und verstrickst Dich aber durch Deine Romangedanken immer noch mehr. So unfrei wie Du wird nicht leicht eine Altersgenossin

sein. Die Tonnenlast Deiner Schuld lässt Dich nicht mehr fröhlich sein. […] Hole Dir den so notwendigen Elternsegen für Deinen falschen Weg! Deine armen elenden Eltern.«

Welcher »Irrsinn« sich im Nachbarort Eglfing zugetragen hatte, war
nicht herauszufinden.

Josef Rinser wird in der Gemeinde Huglfing als beliebter Oberlehrer und Schulleiter feierlich verabschiedet. Einige Mitbürger ahnen aber doch die Spannung in der Familie und sprechen die Eltern
darauf an, so dass deren Unruhe weiter wächst. Noch von Huglfing
aus schreibt Josef Rinser an seine Tochter:

»Arme Verirrte!

Es ist unmenschlich, welchen Schmerz Du Deinen Eltern antust.
Diese Schuld wird Dich noch erdrücken. […] Bei der Abschieds-
feier überreichte mir die Gemeinde eine herrliche Standuhr u.
drückte mir aus, *wie gern uns alle* Leute hatten. Und unser einziges Kind *verachtet* uns. […] An dem Tag, an welchem Du mir
meine verlangten zwei Punkte beschwörst: Ich bleibe meiner
kath. Religion treu, ich heirate nur einen kath. Mann – werden
wir Dir unsere bis dahin aufgespeicherte Liebe offenbaren. […]
Wenn wir unsere Tochter verloren haben, verzichten wir auf das
Haus in Rosenheim, damit sich nicht ein preuß. prot. Bube in
dieses Nest setzen könnte.

Du schon, *er* nicht.«

Die Liebesbeziehung zwischen Luise Rinser und Horst Günther
Schnell hat sich so vertieft, dass von baldiger Verlobung gesprochen wird. Diese Absicht der Tochter bringt die Eltern aus der Fassung, wie der Brief vom 6. November 1936 bezeugt:

»Liebe Luise!

Wohl habe ich mit zitternden Händen Deinen Brief geöffnet,
aber für uns gibt es ja keine Überraschung mehr. Wir sind abge-
stumpft gegen alles, was Du tust und schreibst, auch gegen das
Lob Deines Zukünftigen. Vor Jahren lobtest Du auch jemand so
sehr, nach einer Zeit war er Dir zu dumm. –

Jetzt, nachdem Du Studium und Wartezeit überstanden hast und
sich die Aussichten erhellen, jetzt willst Du Dir das viel schwere-
re Kreuz der Ehe aufladen. Wie man sich bettet, so schläft man. –

Andere junge Leute sagen vor der Hochzeit: Wie wird es mir gehen? Hoffentlich werde ich glücklich. Du aber, Du dummes Mädchen, schreibst: Es wird eine glückliche Ehe. Nur abwarten. Du bist im Reden und Schreiben immer zu voreilig. […] Das beiliegende Schriftstück sollst Du unterschreiben u. zurückschicken an uns, ferner wortwörtlich abschreiben für Dich u. ihn und täglich lesen.«

Das von der Tochter zu unterschreibende und »täglich« zu lesende Schriftstück ist ein »Vertrag«, welcher die erwähnten Punkte – Treue gegenüber der Religion der Eltern, nur einen katholischen Mann heiraten, dem Zukünftigen die Krankheitsgeschichte der Familie offenlegen – als Versprechungen formuliert. Der »Vertrag« trägt als Datum den Tag, an dem die Tochter ihn unterschreiben sollte: 8. November 1936. Doch Luise Rinser verweigert die Unterschrift und begründet dies in einem langen Schreiben, das so beginnt:

»Ohlstadt, 7. November 1936
Liebe Eltern, ich werde diesen ›Vertrag‹ nicht unterschreiben. Ich kann nicht mit meinen Eltern verhandeln wie mit einem Notar. […]«

In vielem irrt sie gewiss – wie viele Frauen in diesem Alter. Und wie viele Eltern bedenken auch Luises Eltern nicht, dass sie einst als junge Menschen sich ähnlich verhalten haben. Eines allerdings wird Luise Rinser innerhalb dieser Verwirrung zunehmend klar: Sie möchte nicht ihr Leben lang Lehrerin (und damit unverheiratet) bleiben. Sie will durch das Schreiben unabhängig werden und aus ihrer Freiheit wirken.

Die Reaktion der Eltern am 12. Dezember 1936 fällt entsprechend aus:

»Liebe Luise!
Die Wirkung Deines Briefes will ich nicht beschreiben. Denk darüber nach! […] Deine körperliche Verfassung ist das sichtbare Zeichen Deiner inneren Verfassung. Leider sind wir Eltern seit 1930 ebenso zermürbt worden wie Du. Die Familie ist zerrüttet und tief unglücklich. Uns beiden ist besonders angst auf das Weihnachtsfest, das Fest der Liebe – Du darfst uns *kein* Ge-

schenk schicken, denn wir kennen Deine andauernde Geldnot, bis Du Dir das Notwendigste kaufst, dazu die teure Fahrt ins Preußenland. [...] Wir laden Dich eigens nochmal ein: Komm heim zu Deinen tiefunglücklichen Eltern!
Als Vater bin ich gesetzlich verpflichtet bei beabsichtigter Familiengründung reinen Wein einzuschenken. Ich verlange von Dir *Wahrhaftigkeit! Sage alles.* 2 Mörder, 2 Taubstumme, Krüppel, Unnormale sind in unserer Familie! Dein Onkel Georg verblödet zusehends. Wie Du bist, weißt Du! Arm und krank!«
Luise Rinser kommt zu Weihnachten nicht heim. Der eigentliche Grund scheint weder der Streit mit ihren Eltern noch die in der Tat deprimierende Lage dort zu sein. Da wohnen nun die Eltern mit dem schwierigen Hörtensteiner und der nicht einfacheren Tante Fanny und jetzt auch noch mit dem langsam wahnsinnig werdenden Onkel Georg. Gewichtiger scheint etwas anderes: Luise Rinser hat sich im November mit Horst Günther Schnell verlobt und will die Familie ihres zukünftigen Ehemannes kennenlernen.

Heirat
Umzug nach Braunschweig
1936–1939

Familie Schnell wohnt in Wuppertal-Barmen. Dort treffen am
23. Dezember 1936 die frisch Verlobten ein. Den Empfang schildert
Luise Rinser so:
>»Meine künftige Schwiegermutter empfing mich in der Küche,
>sie war mitten in den Vorbereitungen fürs Weihnachts- und Ver-
>lobungsessen. Sie schloss mich in ihre Arme, die weich und
>warm waren und nach Braten und Kuchen rochen. Das war eine
>Mutter! Sie schob mich ein wenig von sich weg, schaute mich
>liebevoll an und sagte: Du bist aber ein lecker Dötzke. Barmer-
>deutsch. Übersetzt hieß es: Du bist ein appetitliches Persönchen.
>Horst Günther fand dieses Urteil unpassend, ich war auch etwas
>bestürzt, aber es klang lieb. Meine eigene Mutter hat nie so et-
>was zu mir gesagt und mich nie so umarmt.«[44]

Dann kommen, so Rinsers Bericht, der Reihe nach die Geschwister
zur Begrüßung. Die jüngste, Isolde, »das rabenschwarzhaarige
Rauhbein«, spricht: »So, du willst also in unsere Familie hereinhei-
raten. Na prost die Mahlzeit, du wirst deine Wunder erleben, lass
es lieber bleiben.« Robert Wolfgang, der Bruder, schaut das Mädchen männlich prüfend von oben bis unten an, murmelt etwas Un-
flätiges und schickt sich an, die Einzelheiten zu erläutern, als die
Mutter herbeieilt und ihn aus der Küche fortjagt. Marianne, die
Älteste, eine schöne, feine Frau, die sich ihrer Familie geniert,
wohnt nicht mehr im Elternhaus. Das Familienoberhaupt fehlt.
Man findet den Vater bald irgendwo, betrunken. Dennoch mag Luise Rinser den Alten auf den ersten Blick, empfindet ihn als einen
Lord, der nicht Bankangestellter, sondern Kunstsammler hätte wer-

den sollen. Tatsächlich sammelt er Kunst: allerdings nur als Reproduktionen auf Postkarten.

Dieser erste Besuch bei den Schnells in Barmen ermöglicht es Luise Rinser, die zwei Seiten ihres Verlobten gleichzeitig zu betrachten. Er ist musikalisch hoch begabt, als Mensch jedoch nicht zur vollen Entfaltung gekommen und doch anziehend, rührend unreif, wunderbar naiv geblieben. Ohne richtige Vaterfigur aufgewachsen und von der Mutter vielleicht übermäßig umsorgt, entwickelt er eine zaghafte Natur.

»Horst Günther war und blieb knabenhaft, das war sein Zauber. Er war mir Ariel, der Luftgeist, der die Erde nur mit den Zehenspitzen streift. Ein Lebensflüchtiger. Auf den Fotos fallen seine Augen auf: die Augen eines Opfertieres, das sich immer schon ergeben hat. Ich glaube trotz allen Versicherungen seiner Lehrer, auch Hindemiths, nicht, daß er als Kapellmeister große Karriere gemacht hätte: er besaß keine Ellbogen.«

Dem genau entgegengesetzt sind die Familienumstände bei Luise Rinser. In ihrem Vater hat sie stets ein Ideal vor Augen gehabt. Musikalisch und pädagogisch talentiert, ist er auch fleißig, in seinen moralischen und religiösen Grundüberzeugungen verankert, um seine Tochter besorgt. Die Mutter verkörpert Stärke, Berechnung, Kälte. Auf sie geht mit Sicherheit zurück, dass der Mangel an Liebe und Anerkennung – statt sie zugrunde zu richten – Luise Rinser neuen Mut gibt im Kampf um ihre Ziele. Sie gehört zweifellos zu den Menschen, deren Talent erst unter ungünstigen Umständen zu gedeihen vermag.

»Horst Günther verbrachte Weihnachten ebenso ungern bei den Seinen wie ich bei den Meinen«, schreibt sie trocken. Doch auch in Barmen ist sie nicht glücklich, vermisst gerade in der Weihnachtszeit ihre Eltern, ihre bayerische Heimat.

Das Heimweh sucht sie durch eine literarische Auseinandersetzung zu überwinden. Die Erzählung *Anna Margareta Buxtehude*, geschrieben »zu Weihnachten 1936«, trägt in einer Abschrift für die Eltern folgende Widmung:

»Diese Geschichte ist meinen lieben Eltern gewidmet, als ein

kleiner Trost am einsamen Weihnachtsabend und als ein kleines
Zeichen der Dankbarkeit für vieles Liebe, das sie mir getan haben, vom Bösen Kind.«
Es ist Frau von Kaulbach, die Luise Rinser auf das Thema aufmerksam gemacht hat und ihr empfiehlt, den Text an *Westermanns Mo-
natshefte* zu schicken.

Der Handlung liegt eine historische Begebenheit zugrunde. In
Lübeck gab es einst die Tradition, wonach der Kantor der Marien-
kirche jeweils seinem Nachfolger seine Tochter zur Ehefrau geben
musste. Diese Bestimmung hatte schreckliche Schicksale zur Folge.
Einer der Meister war Buxtehude. Seine einzige Tochter liebte
einen Kaufmann, doch sie musste, jenem Junktim zufolge, Vaters
Nachfolger heiraten. Der historische Fall endete mit dem frühen
Tod der Anna Margareta. Demnach lässt Luise Rinser ihre Erzählung so ausklingen:

>»Nach wenigen Jahren der Ehe starb sie, ohne ein Kind geboren
>zu haben. Eine Chronik berichtet, daß sie kurz vor ihrem Tod
>ihrem alten Freunde Wedderkopp gesagt habe, indem sie lächel-
>te: Ich liebe nichts so sehr wie meines Vaters Kunst, doch ist es
>mir ein Trost, daß ich keine Tochter habe.«[45]

Die Erzählung ist im Zusammenhang mit der »Liliengeschichte«
zu sehen, die sie in ihrem Erstlingswerk *Die gläsernen Ringe* entfaltet. Wir werden uns mit ihr zu befassen haben. Doch der Ur-
sprung liegt hier – Luise Rinser ist sich dessen bewusst:

>»Aber warum drängt sich mir der Name ›Josephslilie‹ so hartnä-
>ckig auf? Mein Vater Josef liebte mich. Er versuchte meine Hei-
>rat mit bösen Mitteln zu hintertreiben, davon später ein trübes
>Kapitel. War es der Vater, der auf meiner Jungfräulichkeit be-
>stand […]? Handelte die Mutter in seinem stillschweigenden
>strengen Auftrag? War meine Lilienzerstörung vielleicht kein
>Muttermord, sondern der Vatermord? Der Elternmord etwa?
>Und geschah dieser Mord nicht ganz kurze Zeit vor meiner Hei-
>rat?«[46]

Es ist nicht eine gewöhnliche Vater-Tochter-Eifersucht. Es geht um
den Kampf der Liebe gegen das Leben selbst. Die Liebe des Vaters
zur Tochter ist derart absolut, dass er sie über alles stellt: Eher soll

das Leben zugrunde gehen, als dass er seine Tochter an einen Mann verliert. Die Tochter aber entscheidet sich fürs Leben und nimmt die Zerstörung ihrer Jungfräulichkeit in Kauf, indem sie symbolisch die Blütenblätter der Lilie nacheinander abtrennt. Diese Erfahrung gehört zu den Ursprüngen von Luise Rinsers Dichtung. Doch deren erste literarische Gestaltung hat sie in der Buxtehude-Geschichte niedergeschrieben, wie sie sich später erinnert:

»Das hatte ich vergessen, und ich zerstöre mir jetzt einen Mythos: nicht die Liliengeschichte war meine erste Publikation, sondern die Buxtehude-Erzählung.«[47]

Im Herbst oder Winter dieses Jahres 1936 muss sie auch das folgende Gedicht *An eine Totenmaske* verfasst haben, das im Januar 1937 in *Herdfeuer* erscheint und so beginnt:

> Warum tust Du Deine Augen nicht auf?
> Warum siehst Du mich nicht an?[48]

Das wichtigste Ereignis in diesem Jahr 1937 ist die beruflich bedingte Trennung von Horst Günther Schnell. Die Bielefelder Gönner haben entschieden, dass der junge Musiker weiterstudieren soll, und zwar in Berlin bei Paul Hindemith. Luise Rinser ist darüber natürlich nicht erfreut. Sie wollen ja heiraten. Aber wie soll ein armer Komponist ohne Einkommen eine Familie gründen können? Horst Günther muss also weiterstudieren, um Kapellmeister zu werden. Vier Jahre dauert das Studium. Sein Umzug nach Berlin findet vermutlich nach dem Sommer statt. Denn im August ist Horst Günther noch in Bayern. Beide besuchen die Münchner Ausstellung »Entartete Kunst«. Dort ist die Elite der deutschen Maler, Graphiker, Bildhauer an den Pranger gestellt zur Belustigung der Nazi-Kleinbürger. Beckmann, Kokoschka, Marc, Marcks, Heckel, Feininger, Rohlfs, Schmidt-Rottluff, Klee, Kandinsky, Nolde, Hofer, Schlemmer, Lovis Corinth, George Grosz, Dix, Edgar Ende. Rote Handzettel werden verteilt: »Gequälte Leinwand – Seelische Verwesung – Krankhafte Phantasten – Geisteskranke Nichtskönner von Judencliquen preisgekrönt, von Literaten gepriesen, waren Produkte

und Produzenten einer ›Kunst‹, für die staatliche und städtische In-
stitute gewissenlos Millionenbeträge deutschen Volksvermögens
verschleuderten, während deutsche Künstler zur gleichen Zeit ver-
hungerten. So, wie jener ›Staat‹ war seine ›Kunst‹. Seht Euch das
an! Urteilt selbst! Besuchet die Ausstellung ›Entartete Kunst‹, Hof-
garten-Arkaden, Galeriestraße 4. Eintritt frei. Für Jugendliche verboten.«

Luise Rinser ist derart erschüttert, dass sie am 22. August 1937
spontan an Nolde schreibt. Hier seien nur einige Sätze angeführt,
die ihre Stimmung zum Zeitpunkt des Geschehens dokumentieren:
»Wir betrachten es bei allem Leid doch als ein großes Glück,
soviele Ihrer Bilder beisammen zu sehen – vielleicht zum letztenmal für eine lange Zeit! […] Wir müssen so hilflos mitanse-
hen, was man Ihnen antut. […] Aber *eines* wissen wir, das allein
wir tun können: wir können alle unsre guten Kräfte sammeln,
daß sie Widerstand leisten, schweigend, geheim, aber kräftig. Es
gibt eine Gemeinschaft derer, die das Gefährdete retten wollen.
Wir glauben, daß unsre Gedanken eine Wirklichkeit und eine
Macht sind, die wir dem Dunklen, Wirren, Unverständigen ent-
gegenstellen können. […] Dies *mußte* ich Ihnen schreiben, und
ich fürchte mich vor niemand.«[49]
Horst Günther Schnell ist unpolitischer als seine Verlobte. Sein
Hauptinteresse gilt der Musik. Deshalb schließt er sich einflussreichen Menschen an, die ihm für sein berufliches Weiterkommen
wichtig scheinen, gleichgültig welche politische Richtung sie vertreten. Er lebt, abgeschirmt von Ideologien, auf der Insel seiner Kunst.

Bei Luise Rinser ist es wesentlich anders. Sie hat in Hitler den
Erlöser aus dem nationalen Elend gesehen, durch ihn den Anbruch
einer großen Zeit zu erkennen geglaubt. So ist es möglich, dass die
stolz zur Schau gestellte Nazi-Primitivität sie zutiefst beunruhigt.
Im Rückblick wahrscheinlich übertreibend, schrieb sie dazu:
»Damals, in der Münchner Ausstellung, brach ich in Tränen der
Wut aus. Ich begann schluchzend zu schimpfen, laut genug, um
Aufseher und Publikum zu alarmieren. Die Aufseher waren na-
türlich SA- oder SS-Leute, die hier Spitzeldienste taten. Hier
konnte man die ›Volksfeinde‹ in flagranti ertappen. Horst Gün-

ther, selbst blaß vor Zorn, aber vernünftiger als ich, zog mich
rasch hinaus. Ich wundere mich, daß ich nicht vom Fleck weg
verhaftet wurde.«[50]
Zu diesem Text sagte Luise Müller im erwähnten Interview, sie könne dies nicht bestätigen, weil sie nicht dabei gewesen sei. Bei aller
Neigung der Schriftstellerin zur pathetischen Übertreibung könne
jedoch etwas Wahres daran sein. Luise Rinser habe schon als junge
Frau leicht jähzornig und direkt reagiert, für kulturelle Barbarei äußerst empfindlich, während ihr Verlobter ruhiger gewesen sei.

Trotz allem macht Luise Rinser ihre Arbeit in Nicklheim weiter zur
allgemeinen Zufriedenheit. Nach einem Jahr kommt der Bezirksschulrat zur Visitation in ihre Klasse und bescheinigt ihr mit einem
amtlichen Gutachten Anerkennung. Das Schreiben ist erhalten,
weil ihr Vater es handschriftlich kopierte. Dieses Dokument be-
wahrte Luise Rinser ihr Leben lang auf.
»21. 9. 1937
Stand des Unterrichts und der Erziehung im allgemeinen.
Die Lehrerin ist den Schülern, welche aus den ärmsten Familien
des Bezirks kommen, eine gütige Erzieherin. Die Kinder, welche
im elterlichen Hause wenig Freude genießen, finden in der Schule
eine Stätte liebevollen Verstehens. Sie begegnen ihrer Lehrerin
mit vollstem Vertrauen und gehen auf deren Anweisungen willig
ein. Der Lehrerpersönlichkeit und ihrer Erzieherarbeit sind hervorragende Erfolge zuzusprechen. Der Unterricht wird mit ruhiger Selbstverständlichkeit erteilt. Er ist im Ziel, im Aufbau und
in der Durchführung klar. Die Schüler können den mit lobens-
wertem Geschick geleiteten Darbietungen ohne weiteres folgen
und sich geistig betätigen. Gemessen an den gegebenen Voraussetzungen können die Unterrichtserfolge als des Lobes wert beurteilt werden. Da die Lehrerin über ihren Pflichtenkreis hinaus
wirkt, ist ihr Fleiß zu beloben.
Bezirksschulrat Krog von Rosenheim über Luise Rinser in
Nicklheim.«
Nicht nur jähzornig und undiplomatisch sei Luise Rinser als junge
Lehrerin gewesen, fügte Luise Müller hinzu, als im Gespräch mit

ihr dieses Schreiben erwähnt wurde. Sie habe auch in hohem Maße die Fähigkeit gehabt, Menschen anzuziehen, auf sie geradezu faszinierend zu wirken. Doch Halbheiten und Banalitäten ekelten sie an. Das bleibt so ihr Leben lang.

Wahrscheinlich im Sommer 1938 besucht Luise Rinser Horst Günther Schnell in Berlin, wo er ein billiges Zimmer bei der verarmten Baronin Griesheim gefunden hat.[51] Er lernt viel bei Hindemith. Der Meister bezeichnet ihn als seinen bisher besten Schüler und lässt ihn die Klavierauszüge einiger seiner Werke anfertigen. Und der Schüler empfindet es als ein Zeichen besonderer Anerkennung, wenn unter dem Namen seines Lehrers sein eigener als Mitautor steht.

Bei diesem Besuch lernt Luise Rinser Emil Nolde kennen. Der Künstler besitzt ein Haus an der dänischen Grenze und ein Atelier in der Bayernallee in Berlin. Zusammen mit Horst Günther Schnell sucht sie ihn im Atelier auf. Was ist der Grund für diese Aufmerksamkeit? Schnells Bielefelder Gönner unterstützen auch die Arbeit von Nolde. Es liegt nahe, dass sie dem jungen Musiker empfehlen, bei Gelegenheit Nolde zu besuchen.

Nolde war gewiss kein politisch unproblematischer Mensch. Schon kurz nach der Gründung der NSDAP im Jahre 1920 trat er ihr bei. In Goebbels' Tagebuch findet sich eine Noldes Kunst lobende Notiz vom 29. August 1924. Nolde begrüßte 1933 euphorisch Hitlers Machtübernahme als eine Erhebung gegen die Juden, die in sämtlichen Künsten die Herrschaft an sich gerissen hätten, und erwartete für sich, nun als deutschester aller Künstler gefeiert zu werden. Albert Speer berichtet in seinen Erinnerungen, sich von dem Direktor der Berliner Kunstgalerie einige Aquarelle von Nolde ausgeliehen zu haben, um Goebbels' Wohnung in Berlin zu schmücken.[52] Darüber sei das Ehepaar Goebbels sehr erfreut gewesen, bis Hitler bei einem Besuch sich die Bilder anschaute und aufs schärfste missbilligte. Trotz dieser offenkundigen Abneigung Hitlers blieb Nolde (nur opportunistisch?) dem Führer treu. Er unterzeichnete am 19. August 1934 den *Aufruf der Kulturschaffenden* zur Volksbefragung zwecks Bestätigung Adolf Hitlers als deutsches Staatsoberhaupt (Reichskanzler *und* Reichspräsident) nach dem Tode des

Reichspräsidenten Paul von Hindenburg. Doch von den Nazis wurde Nolde nicht als echter deutscher Maler angenommen. Im *Handbuch der Judenfrage*, erschienen 1937, bezeichnete ihn Theodor Fritsch als Künstler »aus dem nichtjüdischen Lager«, der es verdiene »als Mittäter an dieser Kulturschande mit den Juden zusammen genannt zu werden«. Mit insgesamt 1052 beschlagnahmten Werken gehörte er zu den Hauptopfern der nationalsozialistischen Kulturdiktatur.

Für Luise Rinser ist die Bekanntschaft mit Nolde aus mehreren Gründen wichtig. Es ist eine Gelegenheit, die Eigenart des Nazi-Regimes von innen kennenzulernen. Und sie erlebt bei einem älteren Mann[53] eine geistige Situation, die auf ihre eigene vorausweist. Nolde behauptete von sich, als wolle er sich entschuldigen, er sei kein Antifaschist, aber auch kein Faschist, »nur Maler«. Luise Rinser empfindet Nolde als den typischen Fall eines politisch ungeschickten Künstlers.

*

Im März 1938 verkündete Adolf Hitler, dass die Expansion zu seinem politischen Programm gehöre. Schon 1924/25 hatte er in *Mein Kampf* gefordert: »Deutschösterreich muß wieder zurück zum großen deutschen Mutterlande.« Die österreichische Regierung versuchte, sich durch Wahlen legal gegen Hitlers Annexionspläne zu schützen. Vergebens. Gravierende Mängel in der Wahlvorbereitung gaben Hitler einen Vorwand, Bundeskanzler Kurt Schuschnigg zur Rücknahme der Abstimmung zu zwingen. Schuschnigg appellierte an die europäischen Mächte. Ohne Erfolg. Hitlers Ultimatum, das mit dem Einmarsch deutscher Truppen in Österreich drohte und die Übergabe der Regierungsgewalt an den Nationalsozialisten Arthur Seyß-Inquart forderte, zwang Schuschnigg am 11. März 1938 zum Rücktritt. Als der österreichische Bundespräsident Wilhelm Miklas sich am selben Tag weigerte, Seyß-Inquart zum Nachfolger Schuschniggs zu ernennen, gab Hitler den Befehl zum Einmarsch, der am 12. März 1938 erfolgte.

Die deutschen Truppen stießen auf keinen Widerstand. Hatte Hitler zunächst nur vor, Österreich mit Deutschland in einer Union zu

verbinden, so veranlasste ihn der Jubel der österreichischen Bevölkerung, sich für den völligen »Anschluss« Österreichs zu entscheiden – als ersten Schritt zur ihm vorschwebenden Verwirklichung
der »Großdeutschen Lösung«. Entsprechende Gesetze wurden am
13. März 1938 erlassen. Zwei Tage später bejubelten über 100 000
Menschen den gebürtigen Österreicher in Wien. In einer Volksabstimmung am 10. April 1938 votierten offiziell 99,73 Prozent der
Österreicher und 99,01 Prozent der Deutschen für den »Anschluss«.

Reichsstatthalter der Ostmark, wie Österreich nun hieß, wurde
Seyß-Inquart. Innerhalb kürzester Zeit wurden die 1933 bis 1938
in Deutschland verordneten Maßnahmen zur Kontrolle von Staat
und Gesellschaft auf Österreich übertragen. Der Terror der Nationalsozialisten übertraf anfangs noch die im Deutschen Reich herrschende Schärfe. Allein zwischen dem 12. und dem 22. März gab
es in der Ostmark offiziell 1742 Festnahmen, in Wien 96 Suizide.
Sozialdemokraten, Kommunisten und Juden, wie etwa Sigmund
Freud, blieb zur Rettung oft nur die Flucht.

Ermuntert durch die Unterstützung eines großen Teils der österreichischen Bevölkerung, setzte Hitler seinen Expansionskurs fort.
Noch im März 1938 beschloss er die Zerschlagung der Tschechoslowakei und löste damit die Sudetenkrise aus.

In der Nacht vom 9. zum 10. November 1938 brannten Synagogen
in ganz Deutschland. Angehörige der Sturmabteilung (SA) und der
Schutzstaffel (SS) zertrümmerten die Schaufenster jüdischer Geschäfte, demolierten die Wohnungen jüdischer Bürger und misshan-
delten ihre Bewohner. 91 Tote, 267 zerstörte Gottes- und Gemeinde-
häuser, 7500 verwüstete Geschäfte – das ist die »offizielle« Bilanz
des Terrors. Tatsächlich starben während und unmittelbar in Folge
der Ausschreitungen weit mehr als 1300 Menschen, mit mindestens
1400 wurden über die Hälfte aller Synagogen oder Gebetshäuser in
Deutschland und Österreich stark beschädigt oder ganz zerstört. Die
Weisung zu dem Pogrom war von München ausgegangen, wo sich
die Führung der NSDAP zum Gedenken an den 15. Jahrestag des
Hitler-Putsches versammelt hatte. Am 10. November wurden mehr
als 30 000 männliche Juden in Konzentrationslager verschleppt. Als
Vorwand für den Terror nutzten die Nationalsozialisten die Ermor-

dung des Legationssekretärs an der deutschen Botschaft in Paris, Ernst vom Rath, durch den erst siebzehnjährigen Herschel Grynspan. Dieser wollte damit auf die Abschiebung von 17 000 polnischen Juden, zu denen auch seine Eltern zählten, nach Polen aufmerksam machen. Die aufgrund der zerstörten Schaufensterscheiben als »Reichskristallnacht« bekanntgewordenen Ausschreitungen stellten den bisherigen Höhepunkt eines staatlichen Antisemitismus dar, der mit der Machtübernahme 1933 begonnen hatte.

*

Inzwischen ist Luise Rinser von Nicklheim abberufen und nach Lochhausen, einem Vorort von München, versetzt worden. Die Arbeit ist leichter mit lernwilligen Kindern, das Gehalt ist höher. Schuldirektor ist ihr Freund Karl Pflanz.

Auch bei Horst Günther Schnell ereignet sich Wichtiges. Das Studium, welches auf vier Jahre geplant war, absolviert er in einem Jahr. Anfang 1939 kehrt er als Kapellmeister zu seiner Braut zurück, die bereits ihren neuen Arbeitsplatz angetreten hat. Nun bietet sich auch ihm, noch bevor er beginnt, nach einer Anstellung zu suchen, eine glückliche Chance.

Eines Tages, es muss Anfang Januar 1939 gewesen sein, sind beide bei Frau von Kaulbach zu Besuch. Zum Tee hat sie Richard Strauss eingeladen. Sie möchte, dass er den jungen Musiker kennenlernt.

Musikalisch ist Richard Strauss vielleicht seiner Zeit voraus, aber auch widersprüchlich, gelegentlich überstürzt, hinter sich selber zurückfallend. Und politisch? Luise Rinsers Behauptung, Richard Strauss sei »weder Nazi noch Nicht-Nazi« gewesen, er wollte nur in Ruhe gelassen werden und viel Geld verdienen,[54] kann nicht ohne weiteres zugestimmt werden. Zwar ist es richtig, dass er sich wie viele andere auch seiner Kunst zuliebe angepasst hat. Im Gegensatz zu anderen Künstlern wäre jedoch seine Anpassung – oder besser: seine »Gleichschaltung« – ohne einen inneren Bezug kaum möglich gewesen. Von 1933 bis 1935 Präsident der Reichskulturkammer, war er, wie Nolde, Unterzeichner des *Aufrufs der Kultur-*

schaffenden. Als Künstler stand er in Goebbels' »Gottbegnadeten-Liste«.

Richard Strauss kommt also zum Tee, erzählt Luise Rinser. Er unterhält sich mit Frau von Kaulbach. Im Lauf des Gespräches ist die Rede von Strauss' Oper *Die schweigsame Frau*. Der Komponist beschwert sich, dass die Kapellmeister nicht imstande seien, die Partitur vom Blatt zu spielen.

Unauffällig, so Rinsers Erzählung weiter, steht Horst Günther Schnell auf, holt die Partitur aus dem Schrank, setzt sich an den Flügel und beginnt leise zu spielen.

»Strauss stand schwerfällig auf, ein rotgesichtiger Bär, trabte zum Flügel, hörte eine Weile zu, schlug dann dem jungen Mann auf die Schulter und sagte: Ja Sie, wer sind denn Sie, daß Sie das können? Horst Günther stand auf und machte eine Knaben-Verbeugung und sagte, er sei Kapellmeister, freilich eben erst von der Akademie kommend. Strauss sagte: Und Sie ham das nie vorher g'spielt? Nie. Also des werd i' dem Clemens sag'n.«[55]
Gemeint ist Clemens Krauss, Dirigent und Intendant der Münchner Staatsoper. Horst Günther Schnell wird zum Vorspielen eingeladen und als Korrepetitor engagiert.

Luise Rinser fühlt sich wohl in ihrer neuen Schule. Ihr Verlobter wohnt in München, kommt aber oft zu ihr nach Lochhausen. Solche Bedingungen beflügeln. So schreibt sie auch wieder gern. Sogar Wissenschaftliches. Einen Aufsatz für die pädagogische Zeitschrift *Die Scholle* über die Behandlung Schwererziehbarer in einer normalen Klasse hat sie gerade abgeschlossen. Das Wichtigste für ihre literarische Zukunft ist jedoch dies: Unter dem Einfluss Ernst Jüngers versucht sie zu lernen, wie man eine Grunderfahrung verarbeitet und literarisch umsetzt. Zu diesem Zweck liest sie Jüngers Essaysammlung *Das abenteuerliche Herz*, worin die Beschreibung einer Tigerlilie vorkommt. Sie kauft in einem Blumengeschäft eine weiße Lilie. Auf dem Boden sieht sie noch eine, geknickt. Sie hebt sie auf, die Verkäuferin schenkt sie ihr. Sie fährt also mit zwei Lilien nach Hause, setzt sich an den Schreibtisch und fängt an, im Stil Jüngers die Blume zu beschreiben. Im Laufe der Beschreibung wird ihre Kindheit gegenwärtig. Die Zeit in Wessobrunn, wo sie auf Befehl der Mutter zur Fronleichnamsprozession – anders als die anderen Kinder, die nichts trugen – einen Blumenstrauß tragen musste. Plötzlich entsteht beim Schreiben das unwiderstehliche Bedürfnis, die Mutter zu töten, indem sie die Blätter der Lilie eines nach dem anderen abreißt. So empfindet sie, achtundzwanzigjährig, die Situation nach. Den Vater hat sie als Kind geliebt, ihn liebt sie noch immer. Doch die Mutter hasst sie. Die Zerstörung der Lilie – dieser Akt Jünger'scher Nekrophilie – stellt, so interpretiert sie es viel später selbst, den dichterisch vollzogenen, darum perfekten Muttermord dar.

Der Verlobte kommt zu ihr nach Lochhausen. Die Geschichte liegt auf dem Schreibtisch. Er liest sie in einem Zug. »Das hast du geschrieben? Aber das ist ja Dichtung. Ich wußte nicht ... Das muß gedruckt werden, das schickst du an die ›Neue Rundschau‹ und an den S. Fischer Verlag!«[56]

Luise tippt sie ab. Gemeinsam schreiben sie einen Brief an Peter Suhrkamp. Eine Woche später kommen zwei Briefe aus Berlin: einer von Karl Korn, dem Redakteur der *Neuen Rundschau*, der mitteilt, die »schöne Geschichte« in einem der nächsten Hefte drucken zu wollen; der andere ist von Peter Suhrkamp selber, der sie bittet, ihm alles zu schicken, was sie geschrieben habe. So wird *Die Lilie* Ausgangspunkt für ihr erstes Buch, *Die gläsernen Ringe*.

Dann ereignet sich eine Wende. Schulrat Rottner, der schon im November 1938 zur Visitation in ihre Klasse gekommen war, kommt frühzeitig wieder. Er tut seine Zufriedenheit mit ihrer Arbeit kund, legt ihr aber gleichzeitig nahe, in die Partei einzutreten, was sie ablehnt.

Luise Rinser berichtet über die Angelegenheit zweimal, am Anfang und gegen Ende ihrer Autobiographie, und lässt dort die Unterredung mit einem Eklat ausklingen.

»Mein Freund Karl Pflanz, damals mein Schulleiter, war auch nicht in der Partei, aber er galt als Sonderling, ihm gab man Narrenfreiheit. Mir nicht. Ich war schon auf einer schwarzen Liste. Die Drohungen des Schulrats waren deutlich. Ich kam der Entlassung zuvor, indem ich im Frühling 1939 freiwillig aus dem Lehrdienst schied.«[57]

Dass ihr die Entlassung drohte, ist sehr unwahrscheinlich. Man vergegenwärtige sich die Situation: Horst Günther Schnell hat eine Stelle als Solorepetitor in der Münchner Staatsoper. Sie selbst ist in der Schule trotz ihrer rebellischen Ausfälle geschätzt, weil diese der bestehenden Ordnung zuliebe geschehen. Und auch wichtig: Schulrat Rottner hat sie offiziell gelobt. Da empfiehlt es sich kaum, gegen den Mann frech zu werden und dadurch mit den Machthabern in Konflikt zu geraten.

Es ist auch nicht notwendig, dass sich das Gespräch so abgespielt hat, wie Luise Rinser es schildert. Etwa folgende Erläuterung hätte genügt: »Herr Schulrat, mein Verlobter und ich wollen heiraten und nach Braunschweig ziehen. Ich scheide also aus dem Schuldienst aus.« Als Lehrerin durfte sie ja nicht heiraten.[58] Ferner durfte wegen der hohen Arbeitslosigkeit nur einer in der Familie verdienen. Luise Rinser scheidet also ordnungsgemäß aus dem Schuldienst aus – und mit einer guten Abfindung, die man ihr nicht gewährt hätte, wenn sie den Schuldienst aus Protest verlassen hätte.

So lässt sich die weitere Entwicklung nahtlos nachvollziehen. Im Falle einer Entlassung aus dem Staatsdienst gegen ihren Willen wäre sie kaum so verlaufen. Es liegen weder Beweise noch Indizien vor für die von der Schriftstellerin behauptete politische Überwachung, geschweige denn Verfolgung. Sie steht zu dieser Zeit keineswegs »auf einer schwarzen Liste«.

Vielmehr nehmen die Dinge ungehindert ihren günstigen Lauf. Horst Günther Schnell bekommt die Stelle des Dritten Kapellmeisters am Staatstheater Braunschweig. Luise Rinser erhält von der Regierung die Abfindung, verkauft Möbel, Bücher und – zum tiefsten Bedauern ihres Vaters – auch das Klavier, das ihr die Eltern geschenkt haben. Trotzdem wird sie diesmal nicht gerügt, sondern erhält sogar Geld von ihnen. Ebenso bekommt Horst Günther Schnell von seinem Arbeitgeber eine finanzielle Unterstützung für den Umzug. So bringen sie für den Anfang ihres neuen Lebens eine beachtliche Geldsumme zusammen.

Inzwischen haben sich Luise Rinsers Eltern mit dem künftigen Schwiegersohn angefreundet. Er ist ja kein armer Musikstudent mehr, sondern Kapellmeister an einem Staatstheater mit einer viel-

versprechenden beruflichen Zukunft. Gewiss bleibt er Preuße und
Protestant. Doch diese Umstände wirken nicht mehr so gravierend,
nachdem er sich mit katholischer Trauung und katholischer Erziehung der Kinder einverstanden erklärt hat.

So kann die standesamtliche Trauung in Lochhausen am 22. Mai
1939 stattfinden – und am nächsten Tag die kirchliche in der goti-
schen »Gasteigkapelle« an der Isar in München. Viele Mitglieder
der Familien Rinser, Sailer und Schnell sowie zahlreiche Freunde
nehmen an der liturgischen Feier teil. Als katholischer geistlicher
Trauzeuge fungiert Dr. Schielle, Luise Rinsers früherer Religionslehrer.

Luise Rinser verlässt im Sommer 1939 mit ihrem Ehemann Bayern. Doch nur äußerlich nimmt sie Abstand von der Heimat, wo
sie neben Geborgenheit und Erfolgen auch so viel Leiden und Verwirrung erfahren hat.

Seit 1935 hat Luise Rinser – auf Anregung Kaminskis – zusammen
mit Horst Günther alles von Hesse gelesen, was bis zu diesem Zeitpunkt erschienen ist: *Roßhalde* und *Gertrud, Peter Camenzind* und
Unterm Rad, Steppenwolf und *Siddharta, Morgenlandfahrt* – und
auch *Narziß und Goldmund*, diese künstlerische Darstellung einer
Schizophrenie, die Schnell und Rinser übereinstimmend für einen
missglückten Versuch Hesses halten, seine Lebenserfahrung mit
Hilfe der Psychoanalyse aufzuarbeiten. Wie die Mehrheit der deutschen Jugend lesen sie Hesse mit Begeisterung, doch kritisch. Der
Dichter ist nicht mehr jung, aber er besitzt Jugend, spricht seine
Zeit wie ein junger alter Weiser an. Auch dort, wo sein Geschriebe-
nes als Kitsch erscheinen mag, wirkt ein magischer Zauber.

In der Form ist Hesses Dichtung in ihrer Zeit verhaftet. Ihr Kern
jedoch überschreitet die Grenzen von Völkern und Epochen. Denn
er bedeutet Befreiung aus der Enge, Durchbruch in ein neues Land,
in dem Menschen nach dem Menschlichen suchen.

Luise Rinser hat immer wieder bemerkt, Hermann Hesse erahne
vieles, sei aber wenig glücklich in der Darstellung. Seine Schriften
enthielten eine Botschaft, die nicht einmal er selbst zu entziffern
vermöge. Dieses Urteil gilt auch für sie selbst. Die junge Dichterin

ist leidenschaftlich und ungeduldig. Sie will sofort das Ganze haben. Daher die ihr eigene, typische Unruhe.

Jetzt lebt sie im Norden mit ihrem Ehemann. Sie wittert einen langen, schwierigen Kampf. Den Weggang aus Bayern empfindet sie wie die Fahrt in einen Tunnel, in dem sie nicht weiß, was danach kommt. In dieser Dunkelheit schreibt sie, kaum in Braunschweig angekommen, am 19. August 1939 folgenden Brief:

»Lieber, sehr verehrter Herr Hesse, nach vielen Irrwegen erreichte mich Ihr Gruß hier in Braunschweig. Hier bin ich nämlich seit einigen Wochen. Ich bin nicht mehr in dem von mir so geliebten Oberbayern, ich bin nicht mehr Lehrerin und alles ist anders geworden: ich habe im Mai geheiratet und zwar meinen Freund, den Sie auch kennen (der auch schon einige Gedichtgrüße von Ihnen bekam) und der nun Kapellmeister am Staatstheater hier geworden ist. Neulich war ich gerade dabei, die Treppe unsrer Mietskaserne zu kehren (Sie hören meinen Groll gegen Städte heraus!) als der Postbote Ihre ›Drucksache‹ mir gab. Ich wollte sie ad acta legen, da sah ich Ihre Schrift und ein freudiger Schreck überfiel mich, und dann begann ich, auf der Treppe sitzend, zu lesen. Ich kenne alle bis auf ›Nachtgedanken‹ und ›Tagebuchblatt‹. – Ahnen Sie, welche Freude Sie mir gemacht haben? Ich glaube nicht. Wie schön sind diese Gedichte! Und wie nah Sie (das ›Sie‹ wollte ich eigentlich klein schreiben, ich meinte ›sie‹ – die Gedichte, aber nun stimmt es auch so) mir sind. Was mich am stärksten an Sie bindet, das ist Ihre ›Heimatlosigkeit‹ auf Erden, Ihre Trauer, Ihr Kämpfen um einen Sinn.

Ich spreche nicht über Literatur, sondern über das Leben. Sehen Sie, ich erlebe das in diesen Tagen mit großer Eindringlichkeit: Jahre hindurch haben wir, mein Mann und ich, aufeinander gewartet und Sehnsucht ausgestanden. In diesen Jahren, in denen mir nicht nur die menschliche Entwicklung, sondern auch die – wenn ich so sagen darf – künstlerische Entwicklung sehr viel zu schaffen machte, dachte ich oft: all diese Wirrnisse werden ein Ende haben, wenn ich Frau bin, wenn ich ein Kind erwarte. Ich sehnte mich danach, ich erhoffte *alles* davon. Nun bin ich Frau,

nun erwarte ich ein Kind – und ich bin heimatlos wie früher. In all der Liebe, die mich umfängt. Und auch mein Mann ist einsam. Obwohl wir uns wirklich lieben. Aber wir versuchen uns nicht zu täuschen über unsere eigentliche Heimatlosigkeit. Nie und nirgends habe ich das Gefühl, hierhin zu gehören, daheim zu sein; ich habe auch kein Gefühl für Besitz, ja kaum eines für ›Pflichten‹. Ich gehe durchs Leben und wundere mich und schicke mich darein, durch verschiedene Epochen zu gehen – auch durch die Epoche der Hausfrau, der Mutter, der Ehefrau – und sehne mich danach, in einem Kloster zu sein und zu denken. Und zu schreiben. Dieser unglückselige Trieb – ach, dieser Trieb, der einem immer wieder einen Sinn gibt! – Aber ich kann jetzt nicht schreiben, das neue Dasein als Hausfrau füllt den Tag aus.«
Das Leben so wollen, wie es ist. Eine Reise, bei der die Stationen vorläufige Aufenthalte sind. Diese Form des Existierens nennt Luise Rinser *Heimatlosigkeit*. Das ist in der Tat eine Grunderfahrung ihres Lebens. Als sie den Brief schreibt, meint die Achtundzwanzigjährige zu wissen, was das ist. Allenfalls wird sie nun, zum ersten Mal in der Fremde, lernen, dass von Exil und Heimatlosigkeit theoretisch zu wissen und literarisch zu handeln ein Ding ist – und ein anderes, sie zu erfahren.

Das erste Kind, das erste Buch
1939–1941

Die gläsernen Ringe

Seit drei Monaten lebt das junge Paar in einer Neubauwohnung im zweiten Stock am Sackring 54 im Norden Braunschweigs. Eine ruhige Zeit, allein getrübt durch die Beschwerden einer sich als schwierig andeutenden Schwangerschaft. Luise Rinser ist im dritten Monat. Horst Günther Schnell verbringt die meiste Zeit im Staatstheater. Sie ist viel allein, doch immer beschäftigt. Kochen, die Wohnung sauber halten, waschen, bügeln.

So wichtig ist für Luise Rinser diese Zeit, dass sie damit ihre Autobiographie beginnt: »1. September 1979. Auf den Tag genau vor vierzig Jahren [...]«,[59] und sie beschreibt exakt ihren Tagesablauf und die Umgebung: Vom Dachboden, auf dem sie die Wäsche aufhängt, sieht sie den Harz, den Brocken, den Hexentanzplatz. Eine nordische Landschaft, die ihre Sehnsucht nach ihrer Heimat wachruft. »Nordisch finstere Welt«, notiert sie, »fremd, fremd.«

Im Radio hört sie die Nachricht:

»Der Führer hat in einem Aufruf an die deutsche Wehrmacht, der am Freitag, 6 Uhr früh, bekanntgegeben wurde, angesichts der polnischen Grenzübergriffe verkündet, dass nunmehr Gewalt gegen Gewalt gesetzt wird, und dass jeder Soldat seine Pflicht bis zum Letzten zu erfüllen hat. Kurz nach dieser Verkündung des Führers wurde durch Gauleiter Forster die Eingliederung Danzigs ins Reich vollzogen. Vor dem heute morgen um 10 Uhr zusammengetretenen Reichstag gab der Führer in historischen Erklärungen die Parole für den deutschen Schicksalskampf. Inzwischen ist die deutsche Wehrmacht zum Gegenangriff über die ganze deutsch-polnische Grenze übergegangen.«

Oft haben Luise Rinser, ihr Mann, Freunde wie Peter Suhrkamp, der schon zu Besuch bei ihnen war, über einen möglichen Krieg gesprochen. Doch richtig daran geglaubt haben sie nicht. Nun aber ist er da. Einige Tage nach der Unterwerfung Polens erklären England und Frankreich Deutschland den Krieg.

Erst an diesem Tag scheinen in Luise Rinser Zweifel aufgestiegen zu sein über den Führer und alles, was im Reich seit 1933 geschehen ist. Von der ständig wiederholten Kriegsnachricht ist sie wie betäubt. Sie trägt ein Kind in sich, das leben will und das unbedingte Recht dazu hat. Wie soll sie sich verhalten in dieser Situation? Sie findet eine Möglichkeit, um zumindest sich und ihre Familie zu retten:

»Am 1. September 39 begann ich zu schreiben. Ich schrieb, um mich zu retten, nicht um Schriftstellerin zu werden. Ich erwartete unser erstes Kind. Ich mußte mich um den Haushalt kümmern und um Lebensmittel Schlange stehen. Aber ich schrieb weiter. Ich schickte das Geschriebene an Peter Suhrkamp. Er lobte es sehr, aber fand, das gebe noch kein Buch, ich müsse noch einige Kapitel dazu schreiben. Ich schrieb sie, auf Bestellung. Dann war das Buch fertig.«[60]

So schnell kommt das Buch doch nicht zustande. Sie muss noch lange daran arbeiten und noch einiges durchmachen, bis es erscheint.[61] Wir können auch nicht überprüfen, ob sie tatsächlich an diesem verhängnisvollen Tag zu schreiben begann. Angesichts der Umstände und des epischen Charakters von *Den Wolf umarmen* ist das Datum eher symbolisch zu nehmen. Dadurch wird die Aussage umso gewichtiger. Schreibend rettet sie sich in der Not. Schreiben bedeutet in sich selbst Rettung, nicht nur wegen des Ergebnisses. Die Arbeit macht sie zum Menschen, wie die Schwangerschaft sie zur Frau macht. Dadurch erst wird sie zur Schriftstellerin, die aus Gelebtem und Erlebtem schöpfen kann.

Es ist sehr kalt in diesem Winter. Der Arzt ist besorgt. Die werdende Mutter ist zart, und das Kind wächst und wächst und ist unruhig. Zwei Stunden täglich soll sie spazieren gehen. Und sie stapft mehrere Stunden täglich durch den Schnee. Das Kind kommt gesund zur

Welt. Klaus Christoph wird es heißen. Es ist der 27. Februar 1940, Punkt acht Uhr. Zwei Tage und zwei Nächte hat die schwere Geburt gedauert. Ihr Mann bringt ihr nicht nur einen Strauß gelber und lila Tulpen, sondern auch ein Notenheft. In den neun Monaten hat der Protestant für Mutter und Sohn eine katholische Messe komponiert »In honorem beatissimae virginis Mariae«.

Horst Günther Schnell ist ein sehr guter Pianist und ein ausgezeichneter Dirigent mit sicherer Anstellung. Höchst belesen, kritisch, nachdenklich, aufmerksam. Er und seine Frau lieben sich, sie haben ein Kind. Die Voraussetzungen stimmen. Aber die Ehe geht nur kurze Zeit gut. Wir haben schon gesehen: Wenige Wochen nach dem Kennenlernen hat Luise Rinser gemerkt, dass Horst Günther Schnell in einer ihr unzugänglichen Welt lebte. Was er noch vor der Verlobung angedeutet hat, wird jetzt Realität. Er liebt vor allem anderen seine Kunst und seine Karriere, Frau und Kind folgen danach.

Nach der Geburt des Kindes werden diese Prioritäten deutlicher. Er wird in Braunschweig als Künstler geschätzt. Seine Erfolge sind so groß, dass er im folgenden Jahr 1941 die Stelle des Ersten Kapellmeisters in Rostock bekommen wird. Das verdankt er in erster Linie wohl seinem Können. Auch seine politische Klugheit spielt dabei eine Rolle. Er nimmt jede Unterstützung dankbar an, widmet sich seiner Musik und hält sich sonst zurück.[62]

Luise Rinser fühlt sich alleingelassen. Das enge Leben zwischen den vier Wänden in Braunschweig, meist allein, mit Haushalt und Kind wird ihr unerträglich. In hellen Augenblicken beginnt sie einzusehen, dass die Ehe mit Horst Günther Schnell nicht halten wird. Vor einer Trennung hat sie aber Angst, der Erhalt der Familie ist ihr wichtig. Auf der anderen Seite wird ihr Wunsch, Schriftstellerin zu werden, immer stärker. Folglich braucht auch sie ihre Freiheit; die Abhängigkeit von einem Mann engt sie ein.

Gleichzeitig wächst ihr Lebenshunger. Neunundzwanzig Jahre ist sie schon alt und hat zunehmend das Gefühl, dass ihr die Zeit unerfüllt entschwindet. Sie möchte viel und tief erleben, Geistiges kosten, stets in Verbindung mit einem bedeutenden Mann.

Ein solcher ist Horst Günther Schnell in ihren Augen nicht mehr. Für diese Entfremdung gibt es – außer den angedeuteten – weitere Gründe. Man erzählt sich, dass er in München, noch vor der Heirat, fremdgegangen sei. Möglicherweise sogar in der Hochzeitsnacht? Das Gerücht gibt es schon lange. Gewissheit über die Untreue ihres Mannes hat sie jedoch erst in diesem Sommer 1940, weil er es ihr gesteht. Darüber wird sie sich 1942 Ernst Jünger gegenüber in einem langen Brief aussprechen, der rückblickend die Familienzerrüttung erhellt. Doch die Gestalt Ernst Jüngers beginnt schon jetzt wichtig zu werden.

Mit dem 1. September 1939 will Luise Rinser also die unwiderrufliche Entscheidung getroffen haben, ihr Leben dem Schreiben zu widmen. Da sie sich nie mit halben Sachen zufriedengibt, sucht sie ein Vorbild, das zugleich ein großer Mann ist. Wer könnte zu dieser Zeit in Deutschland diese seltene Symbiose eines männlichen Mannes, der gleichzeitig ein Sprachkünstler ist, besser verkörpern als Ernst Jünger? Der schreibende Soldat und an der Front subtil gegen die Machthaber dichtende Ästhet wird für Luise Rinser mehr als ein literarisches Ideal. Am 23. August 1940 eröffnet sie ihm ihre Bewunderung für seine Literatur und gesteht ebenso offen, wie er als Mann – den sie ja bisher nur durch seine Schriften kennt – auf sie wirkt:[63]

»Sehr verehrter Herr Jünger,
[…] Vor einiger Zeit […] gab man mir Ihre ›Marmorklippen‹. Ich habe beim Lesen dieses außerordentlichen Buches eine große Erschütterung erfahren, ich muß gestehen, nicht durch den Inhalt in erster Linie, sondern durch die Macht und Schönheit Ihrer Sprache. […] Nun lese ich ›Das abenteuerliche Herz‹ (ein irreführender Buchtitel!!). Es gibt darin Kapitel, denen ich nicht gewachsen bin; es sind sowohl jene, in denen mich die männliche Schärfe des Zergliederns und Durchschauens erschreckt, als auch jene, in denen Sie von Ihren wüsten, gespenstischen Phantasiespielen berichten – allerdings packen mich gerade diese Kapitel. […] Allein ich bin ein Mensch, der noch nicht die Möglichkeit bekam, seine Spannungen auszumessen und zu vergeben,

darum suche ich – auch aus der Witterung der Frau für die Nähe einer männlichen Gefahr – die ›Mitte‹ Ihres Buches. […] Sie und Ihre Werke sind umstritten. […] Ich halte Sie für einen Menschen, der alle schreibenden Zeitgenossen weit überragt und der, als einziger, aufbauen kann – und zwar durch Ihre Ideen wie auch durch die schreckliche Einkleidung dieser Ideen. […] Nun – ich habe Sie zu meinem Lehrmeister erwählt und will Ihnen dieses hiermit sagen. Ich will schreiben lernen, ich will von Herzen die Kunst des *Sehens* vor allem lernen.«

Ernst Jünger bleibt von dieser gekonnten Mischung aus weiblichen, direkt auf den Mann zielenden Komplimenten und literarischer Bewunderung nicht ungerührt. Doch er versteht die Annäherung galant im Zaum zu halten. Am 10. September 1940 antwortet er:

»Sehr geehrte Frau Rinser-Schnell!

[…] daß Sie sich den Exerzitien der Sprache widmen wollen, ist recht; denn es gilt noch immer das Wort ›Wie der Stil, so der Mensch.‹ […] Was mich betrifft, so mache ich den Krieg zumeist am Westwall und darum meistens als Vormarsch durch Frankreich mit. Morgen fahre ich an meinen neuen Wohnsitz, Kirchhorst bei Hannover, mit Urlaub auf unbestimmte Zeit zurück. Eine größere Arbeit werde [ich] indessen kaum beginnen können, da zu jeder Stunde eine neue Einberufung möglich ist.«

Die knappe und distanzierte Antwort reizt die junge Frau. Sie lässt nicht locker. Bedenkt man, dass die Briefe – vor allem Feldpost – in dieser Zeit manchmal mehrere Tage unterwegs sind, so erfolgt Rinsers Antwort fast postwendend (am 18. September) – unter gewagter Deutung einer von Jünger vermutlich unbekümmert mitgeteilten Information:

»[…] ich danke Ihnen dafür, daß Sie mir geantwortet haben. – Sie haben mir, obwohl ich nicht danach gefragt habe, Ihren Wohnsitz genannt. Dieser Umstand gibt mir Mut zu einer Frage. Ich komme ab und zu nach Hannover. Kirchhorst ist nahe bei selbigem. Gerne würde ich Sie einmal sehen und sprechen. Es würde mir eine große Freude sein. […] Ich komme natürlich nicht nur um zu lernen, sondern auch um Sie zu sehen.«

Der Kavalier versteht es meisterhaft, die weibliche Flamme wach-
zuhalten. Da auch seine Antwort ebenso schnell (am 1. Oktober)
erfolgt, liegen wir sicher nicht ganz falsch in der Annahme, dass
sich der Schriftsteller in seiner männlichen »Mitte« angesprochen
fühlt. Und er lädt sie ein:
»Ich lebe in der nächsten Zeit ein wenig auf Reisen [...]. Abgesehen von diesen zeitlichen Umständen bin ich für Besucher natürlich immer zuhause. Doch empfiehlt es sich, sich einige Tage vorher anzumelden, da ich mich so weit von der Welt abgesetzt habe,
daß mich doch immerhin eine längere Fahrt von ihr trennt. Für
die Beurteilung von Manuscripten bin ich übrigens wenig kom-
petent; es geht mir da wie mit den Menschen, von denen mir die
meisten prima Vista gefallen, während sich doch mit den wenigs-
ten ein Verkehr unterhalten lässt.«
Luise Rinser spürt natürlich, dass sich Ernst Jünger hinter seiner
Kühle versteckt. Er ist verheiratet und lebt tatsächlich, wenn er
nicht an der Front weilt, zurückgezogen für seine Arbeit. Doch
Luise Rinser will unbedingt zu ihm, selbst wenn das Treffen für
beide nicht einfach ist:
»Sehr verehrter Herr Jünger,
ich danke Ihnen für Ihren Brief und für Ihre grundsätzliche Zustimmung zu einem Besuch bei Ihnen. Am liebsten käme ich
sehr bald, denn ich brenne darauf, einen neuen Antrieb zur Arbeit zu bekommen. [...] Ich muß einiges erzählen: ich bin verheiratet, mein Mann ist Kapellmeister am hiesigen Staatstheater,
ich habe einen 7 Monate alten Sohn und ich habe, da ich kaum
Hilfe habe, sehr viel Arbeit mit Haushalt, Kind, Garten usw. [...]
Ich habe mein erstes Buch geschrieben; es geht eben in
Druck [...]; mir liegt daran, die Sprache so zu begreifen und
zu handhaben wie Sie es tun. [...] Ich möchte am liebsten am
kommenden Mittwoch schon zu Ihnen fahren. [...]«
Da auf diesen Brief keine Antwort erfolgt und darum der von ihr
vorgeschlagene Termin fehlschlägt, schreibt sie (am 16. Oktober)
wieder:
»Ich warte; ich warte mit Spannung, aber mit Gelassenheit. Ich
habe fast immer noch in meinem Leben mein Vermögen der Vor-

Ahnung bestätigt gefunden, so wird es mich auch diesmal nicht täuschen, wenn es mir sagt, daß mich bei Ihnen etwas Wichtiges erwartet, vielleicht eine tief einschneidende Beeinflussung. [...] Wenn ich daran denke, daß ich eines Tages bei Ihnen sein werde, klopft mir das Herz; ich schäme mich nicht, Ihnen das zu sagen, denn ich schäme mich keiner Erregung, alles Leben-Bewegende wird von mir mit Leidenschaft aufgenommen. [...]. Es könnte sein, daß Sie spüren in diesen Wochen, wie ich an Sie denke. Ich muß Ihnen auch noch sagen, daß ich nur zweimal bisher an einen Dichter schrieb, das erstemal vor Jahren an Hermann Hesse, und nun an Sie.«

Kaum einem Mann dürfte es leichtfallen, solch rührender Offenheit zu widerstehen. Ist es nur weibliche List oder auch jugendliche Naivität? Im erkennbaren Versuch jedenfalls, das literarische Feuer der jungen Frau zu dämpfen, ohne sie dabei zu enttäuschen, verschiebt Ernst Jünger das Treffen. Allerdings macht er eines klar: Zu Hause will er sie nicht empfangen, auch wenn er sie im Brief vom 1. Oktober ausdrücklich dorthin eingeladen hat.

»Leider kann ich jetzt in Kirchhorst niemand sehen. Da ich mich indessen im Gegensatz zu manchen meiner Leser nicht für so aufschlußreich halte, versäumen Sie gewiß wenig, wenn sich die Begegnung [?] auf eine geeignete Gelegenheit verschiebt. So kam ich erst kürzlich durch Braunschweig und weile auch fast an jedem Donnerstag in Hannover, wohin Sie sicher gelegentlich auch einmal kommen. [...]«

Luise Rinser greift sofort zu. Gewiss hätte sie ihn gerne in seinem Haus aufgesucht, das Arbeitszimmer betreten, wo ein Sprachkünstler mit Worten jongliert. Da es aber nicht geht, erklärt sie sich (am 4. November) mit einem kurzen Treffen in Hannover zufrieden.

»[...] wenn es Ihnen paßt, dann möchte ich am Donnerstag in acht Tagen (14.11.) Sie in Hannover sehen. Bitte, schreiben Sie mir einen Treffpunkt; [...]«

Es passt ihm, doch er bleibt provozierend lässig:

»Falls Sie also nach Hannover kommen, können Sie mich um 12.00, Mittags, vor der Buchhandlung von Schnorre u. v. Seefeld, Adolf-Hitler-Straße 14, antreffen.«

Über Jüngers eher schwaches Interesse hinwegsehend, schreibt Luise Rinser postwendend glücklich zurück:
»wenn nichts Wichtiges, Unvorhergesehenes dazwischenkommt, werde ich am Donnerstag dort sein. […]«
Wie sich das Treffen in den Einzelheiten abspielte, wissen wir nicht, wohl aber, dass es für beide zufriedenstellend verlief. Luise Rinser selbst ist glücklich, den Mann kennengelernt zu haben. Als nächstes Zeichen der freundschaftlichen Beziehung haben wir einen kurzen Brief von Jünger, in dem er sich für eine Sendung bedankt, die unter anderem eine Packung zur Zeit kaum zu beschaffender Butter enthielt, die Luise Rinser sehr wahrscheinlich von ihren Eltern, vom Land also, bekommen hatte. Das Paket muss sie gleich nach dem Treffen abgeschickt haben.

Der Eindruck, den der Literat auf die junge Frau gemacht hat, geht aus der folgenden Antwort (vom 26. November) hervor:
»Ich möchte Ihnen bald eine Erzählung von mir schicken […]. Es ist sehr schade, daß Hölderlin die schönste Widmung schon gebrauchte: ›Wem sonst als Ihnen‹, denn ohne die Begegnung mit Ihren Büchern, also mit Ihnen (stimmt dieses ›also‹ überhaupt?) hätte ich sie nicht schreiben können.
Gerne möchte ich Sie wiedersehen. Wollen Sie? Ich könnte z.B. am 12.12. nach Hannover fahren. Oder sehen wir uns sehr bald hier? Hier ist nur der eine Umstand etwas hinderlich, daß ich dann nicht unbeschwert von Haushalt und Kind bin. Zunächst möchte ich Sie lieber noch ›in Freiheit‹ sehen. Am schönsten fände ich es, einmal mit Ihnen eine schöne alte Stadt wie etwa Goslar zu durchstreifen. Ich habe, da mein Mann täglich Dienst am Theater hat, niemanden, der mit mir geht. Eine Freundin habe ich (beinahe hätte ich gesagt: selbstverständlich) nicht. Wenn Sie mit mir gehen wollen, so fänden Sie an mir eine sehr fröhliche Begleiterin. Jedenfalls: wenn wir uns wiedersehen können, so möchte ich mir einen Spätnachmittag und Abend erbitten. Denn am Mittag bin ich müde und langweilig, während der Abend mich sehr lebendig macht. […]«
Die erwähnte Erzählung wurde nicht veröffentlicht. Jüngers Antwort auf diesen Brief ist nicht erhalten. Aus dem nächsten Schrei-

ben (29. November) geht aber hervor, dass Jünger ihr ein Buch geschickt hat. Möglicherweise haben sich die Sendungen gekreuzt. Erstaunlich bleibt jedenfalls, wie zügig die Antworten aufeinander folgen und persönlicher werden. Eine gewisse »Reinheit« bei Luise Rinsers Wunschäußerungen sowie zunehmende weibliche Gewagtheit in ihren Komplimenten sind dabei kaum zu übersehen.

»Ich danke Ihnen für Buch, Bild und Gruß. Ich freue mich, daß Sie den Fliederzweig schön finden. Für heute nur die kleine Nachricht, daß ich auch am Donnerstag nächster Woche (5.12.) nach Hannover kommen könnte, aber wie gesagt – nachmittags und abends, nicht wahr. Wenn Sie wollen, komme ich also. […] Ihre Luise Schnell-Rinser«

Ein Wiedersehen findet nicht statt. Jünger bleibt galanter Kavalier, indem er ihre Erzählung liest, ihr Korrekturvorschläge macht und so zwar Interesse zeigt, die Beziehung jedoch von der Gefühlsebene sachlich auf das Feld der Sprache lenkt.

»Stilistisch fielen mir nur Kleinigkeiten auf, die Sie ohne Zweifel im Laufe der Zeit erkennen werden, da sie nur Übung voraussetzen. […] Sie wollen den Autor wiedersehen, obwohl Sie wissen, daß der Mensch viel aufschlußreicher durch seine Werke als in persona ist. Vorläufig raste ich hier in meiner Dachkammer, die den Namen ›Herbstklarwetter-Klause‹ trägt, und gedenke erst im Januar, Februar wieder auszuschwirren, und zwar nach Berlin – vorausgesetzt, daß ich nicht zu einem neuen Feldzug gebraucht werde. Bei dieser Gelegenheit werde ich mich auch in Wolfenbüttel, also in Ihrer Nähe aufhalten.«

Jüngers Strategie ist offensichtlich: die junge Frau auf Abstand zu halten, sie jedoch nicht zu verlieren.

Näher kommen sie sich nicht. Es entsteht jedoch eine Freundschaft, an der auch Luises Ehemann locker teilnimmt. Die Jüngers bekommen Geschenke und werden gelegentlich über familiäre Begebenheiten informiert. Als Jüngers Sohn krank wird, bietet das Ehepaar Schnell an, sich des Kleinen anzunehmen. Das Angebot macht das Familienoberhaupt persönlich am 6. Dezember 1940.

Während der Zeit dieses Briefwechsels hat Luise Rinser intensiv an ihrem ersten Buch gearbeitet. Der Kontakt mit dem verehrten

Mann hat sie angespornt. Dadurch erhält die Beziehung zu Jünger ihre eigenartige Prägung. Seine Art zu schreiben empfindet sie als ästhetisch und männlich glänzend, in diesem Sinne direkt auf das Weibliche wirkend. Das Erotische ist auch dabei, bewusst und zugegeben, durch Jüngers Strategie jedoch außer Kraft gesetzt.

Die Ehe Schnell-Rinser geht nicht mehr. Das Zerwürfnis äußert sich in verletzenden Ausbrüchen. Die Eheleute sprechen zeitweise nicht miteinander. Überdies ist Luise Rinser durch Jüngers Art des Erregens und Kaltstellens gereizt und auf den Schriftsteller fixiert. Mitten in diesem Gefühlswirrwarr findet sie aber noch die Kraft, ihre künstlerische Zukunft auf einem anderen Gebiet anzubahnen. Sie will, ohne auf das Romanschreiben zu verzichten, es auch in der Filmbranche probieren; sie hat ein sehr verlockendes Angebot von der UFA angenommen – trotz der Bedenken ihres sie außerordentlich fördernden Verlegers Peter Suhrkamp.[64] An Jünger schreibt sie am 2. Januar 1941:

»[…] Sie gehen wieder zu den Soldaten? So werden wir wohl kaum die Freude haben, Sie vorher zu sehen, wie Sie es mir versprachen. (*Ich bin in der Woche zwischen dem 6. und 14. in Berlin.*) […] Ich muß jetzt oft nach Berlin, weil ich mich entschlossen habe, einer dringenden Aufforderung der Ufa zu folgen. Ich habe einen Film-Entwurf geschrieben und bin dabei, ein Drehbuch, das schlecht ist, umzuschreiben […].«

Der von mir kursiv wiedergegebene Satz ist wichtig. Sehr wahrscheinlich wird ihr zweiter Sohn, Stephan, in diesen Tagen in Berlin gezeugt. Man versuche nachzuempfinden, in welchem Erregungszustand sich die junge Frau durch die Anziehungs-Ablehnungs-Strategie Ernst Jüngers befunden haben muss. Wie sie einige Sätze weiter unumwunden schreibt, wäre sie sogar bereit, ihn an der Front aufzusuchen.

In Berlin erlebt sie – wie sie später Jünger und auch Hesse vertraulich mitteilt – tolle Tage und Nächte. Bei ihrer Rückkehr nach Braunschweig erwarten sie Einsamkeit und Jüngers Kühle. Zwei Monate später schreibt Luise Rinser an Ernst Jünger einen Brief, der eine seltsame Stimmung verrät. In der Tat ist etwas Schwerwiegendes geschehen, das sie zwar nicht erwähnt, das aber mitklingt. Sie wirkt gereizt, liebesbedürftig. In Berlin hat sie viele neue Bekanntschaften gemacht, vor allem mit Schauspielern. Sie ist schwanger geworden. Als sie von Schlesien aus, wohin sie ihr Mann (nur wegen der Bombardierung Braunschweigs?) geschickt hat, folgenden Brief schreibt (am 15. März), ist sie bereits im dritten Monat.

»Ich hätte Sie so gerne besucht damals im Januar, als Sie mir Ihre Adresse schrieben, aber es kam gerade in den beiden letzten Monaten soviel über mich (Arbeit, Sorge, innere Verwirrung, eine Krankheit dazu, wie sie die ersten Monate einer neuen Schwangerschaft mit sich bringt, eine völlige Erschöpfung dann) und so *dachte* ich nur an Sie, statt Sie zu besuchen. Als dann noch zwei schlimme Nächte mit Bomben auf unsere nächsten Nachbarhäuser kamen, schickte mich mein Mann hierher nach Schlesien, mit dem Kind; da sind wir nun seit 4 Wochen in einer Pension, in der es widerliche, komische, rührende Typen gibt.«

Am 29. März 1941 wird Ernst Jünger fünfundvierzig Jahre alt. Luise Rinser wird am 30. April dreißig. Wahrscheinlich ist der Weggang nach Schlesien nicht nur auf die Kriegssituation zurückzuführen. Dass Horst Günther Schnell in Braunschweig bleibt, ist durch seine Arbeit am Staatstheater gerechtfertigt.

Zwei Monate später (am 13. Mai 1941) lässt Luise Rinser – wieder in Braunschweig – durch ihren Mann einen Brief an Ernst Jünger schreiben und ihm ihr erstes Buch schicken. Dass sie ihm nicht selbst schreibt, kann man als Zeichen der Kränkung wegen seiner Distanziertheit in ihrer schwierigen Situation deuten. Wir dürfen nicht vergessen, dass Luise Rinser – wie sich deutlich zeigen wird – für ihre Seitensprünge und die außereheliche Schwangerschaft Ernst Jünger geradezu mitverantwortlich macht.

Horst Günther Schnell scheint nicht zu wissen, dass Jünger über die Schwangerschaft und den daraus folgenden kränklichen Zustand Luise Rinsers informiert ist. Dem Dichter ist bei der ganzen Sache nicht geheuer. Die Zusendung des Erstlingsbuches durch den Ehemann mit Begleitbrief aus seiner Feder missfällt ihm offensichtlich. Er lässt den Brief unbeantwortet. Luise Rinser ihrerseits wird mit dem Fortschreiten der Schwangerschaft für anderes unempfindlich. So herrscht mehrere Monate lang Stille zwischen Jünger und Rinser.

Im September 1941 zieht die junge Familie nach Rostock. Am 10. Oktober wird Stephan dort geboren. Wer sein Vater ist, wird vermutlich für immer verborgen bleiben. Als Luise Rinser mir an einem Nachmittag im Frühling des Jahres 1997 Stephans außereheliche Geburt eröffnete (die sie dann nie wieder erwähnte), haben mich die Sache und die Art der Mitteilung derart gefesselt, dass ich offenbar auf die Einzelheiten kaum geachtet habe. Dennoch glaube ich mich zu erinnern, der Vater sei ein Chirurg gewesen, der in Braunschweig im selben Haus wohnte und zu dem sie sich, da sie so viel allein war und einsam, kurze Zeit leidenschaftlich hingezogen fühlte. Nachdem aber die hier schon mehrmals zitierte Luise Müller auf meine Frage ohne Zögern antwortete, der Mann sei ein Berliner Schauspieler (oder Regisseur) gewesen, kann ich meinem Gedächtnis nicht mehr ohne Einschränkung vertrauen.

Für Luise Müllers These spricht, dass Luise Rinser, wie gerade berichtet, im Januar eine gute Woche in Berlin verbrachte. Allerdings war sie die erste und die zwei letzten Januarwochen in Braunschweig – brüskiert sowohl durch Jüngers Gleichgültigkeit als auch die ständige Abwesenheit ihres Mannes. Die damalige Mitteilung an die Freundin kann durchaus ein Ablenkungsmanöver gewesen sein, um den vielleicht bekannten Braunschweiger Chirurgen zu schützen. Jedenfalls hat Luise Rinser, wenn sie diese flüchtige leidenschaftliche Begegnung erwähnte, niemals die Identität des Mannes preisgegeben.

In dieser angespannten Situation erscheint ihr Erstlingswerk *Die gläsernen Ringe*, das sie gleichsam über Nacht berühmt macht. Wie das Erscheinen des Buches im Hause Rinser-Schnell wirkte, wissen wir nicht. Mit Sicherheit war die Stimmung alles andere als fröhlich. Die Ehefrau, die ihrem Mann so oft Vorwürfe wegen seiner Untreue gemacht hat, ist jetzt schwanger aus einer außerehelichen Beziehung. Diese Erfahrung hat Luise Rinser – wir werden es immer wieder sehen – nie richtig verarbeitet.[65] Aufschlussreich ist die Art und Weise, wie sie über das Erscheinen des Buches

berichtet. Sie erzählt von der Geburt ihres Sohnes Christoph in der Braunschweiger Klinik und schließt so ab:
»Wenige Wochen nach meiner Heimkehr aus der Klinik kam mein Mann nach Hause. Er rief: Du, dein Buch ist ausgestellt in der Buchhandlung am Steinweg.«[66]
Christoph wurde am 27. Februar 1940 geboren. Das Buch erschien im Mai 1941, über ein ganzes Jahr später also. Offensichtlich war Rinsers Bedürfnis noch vierzig Jahre später, das Erscheinen ihres Erstlingswerkes geschichtlich mit Christoph in Verbindung zu setzen – und nicht mit Stephan, mit dem sie zu jener Zeit im vierten Monat schwanger ist.

Im Sommer 1940 ist das Manuskript abgeschlossen. Nun muss aber die Druckgenehmigung bei der Reichsschrifttumskammer in Berlin beantragt werden. Zu den unerlässlichen Unterlagen des Antrags gehören der die »arische« Abstammung nachweisende »Ahnenpaß«[67] und der Lebenslauf. Für Luise Rinser heißt das: Sie muss ihren Studiengang mit Noten, Staatsexamen, Einsatz in verschiedenen Schulen, Heirat mit einem ebenfalls arischen Mann angeben. Bei ihren glänzenden Voraussetzungen passiert die Schriftstellerin problemlos die Zensur. Zu dieser Zeit ist Hanns Johst Präsident der Reichsschrifttumskammer. Unter seiner scharfen Aufsicht werden die Manuskripte genauestens geprüft. Wie hätte Rinsers Manuskript die Kontrolle passieren können, wenn es so offensichtlich gegen die Nazi-Ideologie gerichtet gewesen wäre, wie immer wieder behauptet wurde?

Mit Recht bemerkt Horst Günther Schnell im angeführten Brief vom 13. Mai 1941 an Ernst Jünger, dass das Buch »in der Aufmachung noch so gar nicht an ›Krieg‹ erinnert«. Nun wird zwar Krieg darin an mehreren Stellen erwähnt, aber nirgends thematisiert. Das Buch ist weder historisch noch politisch. Es ist in Form und Inhalt dichterisch. Es kann von Dichtern und demokratischen Bürgern mit Begeisterung gelesen werden, und es konnte von den Nazi-Kulturbehörden akzeptiert werden. Die zwei Passagen, die man gewöhnlich als Beweis für die angebliche Anti-Nazi-Haltung zitiert, enthalten nichts, was ein überzeugter Nazi nicht auch begrüßt hätte, nämlich auf der ersten Seite:

»… und die Mutter sagte: sieh unsere Soldaten, wie tapfer sie marschieren. … Das Kind, das allein in seinem Zimmer lag und schlafen sollte, spürte das Fieber und das Ungewisse in der Luft. Es ängstigte sich vor dem, was es nicht kannte und was die Erwachsenen den *Krieg* nannten.«

Auch das Hitler-Regime sieht den Krieg als beängstigend an, und wenn gegenwärtig doch Krieg herrscht, so sind die anderen schuld daran.

Und auf der letzten Seite:

»Da erkannte ich zum ersten Male, daß nicht das wirre dunkle Leiden der Kreatur, sondern das scharfe klare Gesetz des Geistes mein Leben leiten würde.«

Auch das Nazi-Regime bekennt sich zum Geist und zu dessen Gesetzen. Allein: was unter Geist und Kultur zu verstehen ist, bestimmt Hitler und sonst niemand.

Als Blut-und-Boden-Literatur kann Rinsers erstes Buch aber durchaus gelesen werden. Es stellt den Reichtum des Naturlebens als Wiege ursprünglicher Geisteserfahrung dar. Und es besingt die Liebe zur Heimat derart rein, dass die Hymne die kundigen Leser entzückt – und der Text sich durch die Zensur hindurchschleicht. Geschrieben überdies von einer jungen Autorin, die ihre Hitler-Loyalität unter Beweis gestellt hat, erhält das Manuskript noch 1940 die Druckerlaubnis.

Das Buch erscheint also im Mai 1941 und wird ein Erfolg. Zu denjenigen, die sich am meisten freuen, gehört Luise Rinsers Vater. Er vergisst plötzlich den Kummer, den ihm die eigenwillige Tochter bereitet hat, und sammelt fleißig Rezensionen. Die Zeitungsausschnitte findet Luise Rinser nach seinem Tod im Nachlass.

Im Laufe ihres Lebens wird sie noch größere Erfolge haben. Doch eine so einhellig positive Reaktion der in- und ausländischen Öffentlichkeit wird sie nie wieder erleben. Das Buch ist ein literarisches und zugleich ein politisches Ereignis. Ein politisches deshalb, weil in einer Zeit, in der nur rassistische Kriegsbücher und dilettantische Bauernromane in vulgärem Blut-und-Boden-Stil zugelassen werden, sich das Buch einer mutigen jungen Frau, das echte Literatur darstellt, durchsetzt.

Noch im selben Jahr erscheint die zweite Auflage; insgesamt zehntausend Exemplare werden gedruckt. Großartig für ein literarisches Erstlingswerk! Das bringt Geld, vorläufig eine gewisse finanzielle Beruhigung. Es eröffnet berufliche Möglichkeiten. Luise Rinsers Ansehen bei politisch einflussreichen Persönlichkeiten steigt erheblich. *Die gläsernen Ringe* bringen ihr nur Gutes. Diesem Buch verdankt sie, dass sie weiter veröffentlichen kann. Und wenn sie danach gewisse Schwierigkeiten (eher Verzögerungen) bei weiteren Veröffentlichungen erfährt, so hat das nichts mit ihren Werken zu tun. Das Problem betrifft alle Schriftsteller und geht hauptsächlich auf die zwischen 1942 und 1945 herrschende Papierknappheit zurück. Ebenso scheint es von Luise Rinser erfunden, dass sie seitdem von der Gestapo überwacht worden sei. Selbstverständlich wird, wie bei allen Persönlichkeiten des öffentlichen Kulturlebens, ihre Entwicklung beobachtet. Doch Luise Rinser ist nach wie vor eine im Dritten Reich angesehene Intellektuelle.

Als Erster hätte Ernst Jünger die dichterische Qualität des Buches anerkennen müssen. Doch er schweigt. Man kann dafür verschiedene Gründe vermuten. Das Buch wurde bewusst in seiner Nachfolge geschrieben. Selbst wenn Luise Rinser ihre literarische Selbständigkeit beweist, ist es unverkennbar ihm nahe. Außerdem kann Jünger darin eine gewisse politische Sprengkraft gewittert haben. Die Methode, politische Anliegen literarisch zu tarnen, ist in der Tat Jüngers ureigene. Eine solche Absicht hat Luise Rinser aber nicht. Ihr geht es nicht um Politik. Sie ist mit ihrem persönlichen Leben, mit der Beziehung zu ihren Verwandten, mit ihrer Liebe zur Heimat, mit dem Sinn des Lebens beschäftigt. Andere, persönliche Gründe für Jüngers Schweigen haben wir bereits angemerkt. Dass eine gewisse Eifersucht des Schriftstellers eine Rolle gespielt haben könnte, wollen wir nicht ausschließen.

Ganz anders Hermann Hesse. Der Dichter lebt in seiner spirituellen Welt. Dort nimmt er den literarischen Wert des Werkes wahr. Für ihn ist der Einfluss von Dichtung auf die gesellschaftlichen Umstände umso wirkungsvoller, je weniger sie direkt ins Politische eingreift.

Auf Luise Rinsers Zusendung des Buches antwortet er aus Montagnola Mitte Mai 1941:
»Liebe Frau Schnell
[…] Ich habe denn auch, so schwer es den kranken Händen fällt ein Buch zu halten, Ihre wunderbare Kindheitsgeschichte mit dankbarer Hingabe gelesen, und mich auch sehr über den Ausklang des Buches und sein Bekenntnis zum Geistigen gefreut. […] Ich bin durch Ihre Geschichte wie durch einen Garten gegangen, jedem Bilde dankbar, mit jedem einverstanden, und es wird nicht lange dauern, bis ich es zum zweiten mal lese.«
In wenigen Sätzen ist hier die Substanz des Werkes in Worte gefasst. Die dichterisch erhellte Kindheit strahlt ein solches Licht aus und verströmt einen solchen Duft, dass sie die Welt in einen wunderbaren Garten verwandelt, in dem der Leser frei herumspazieren kann.[68] Was könnte den Menschen Besseres eröffnet werden in einer Zeit, in welcher Städte zerstört, Familien zerrissen, Soldaten getötet und bald Menschen vergast werden?

*

Seitdem sind siebzig Jahre, ein dreiviertel Jahrhundert, vergangen. Man liest das Buch heute anders. Treffend entdeckt ein Autor darin den Keim späterer Rinser'scher Themen wieder:
»In dieser ersten Erzählung ist die Grundmelodie fast aller ihrer späteren Bücher vorweggenommen: Schwermut und Trauer. Schwermut aus der rätselhaften Lust und Qual und Dunkelheit des Lebens, das Trieb ist; und Angst vor dem Alleinsein; wilde Sehnsucht, nicht allein zu bleiben; heftiges Aufbegehren, Zorn, daß man allein ist, Schrei, der jeden, der sich nähern möchte, zurückscheucht. Die Menschen sind sich und anderen fremd.«[69]

Scheidung
Mit zwei Kindern allein durch Kriegsdeutschland
1941–1942

Die Entwicklung der Ehekrise ist zu dieser Zeit Luise Rinsers größtes Problem. In den als autobiographisch geltenden Schriften wird das Thema nie erwähnt. Aber aus den Briefwechseln mit Ernst Jünger und Hermann Hesse lässt sich die Chronologie dieser Zeitspanne rekonstruieren. Auch über die inneren Kämpfe der jungen Frau geben die Briefe Auskunft.

Im Sommer 1941 wird die familiäre Situation untragbar. Die Spannung zwischen den Ehepartnern nimmt zu. Horst Günther Schnell leugnet nicht mehr, dass er eine Geliebte hat. Dennoch erklärt er sich bereit, dem Kind seiner Frau seinen Namen zu geben. Sie einigen sich, wieder zusammenzuleben. Luise Rinser will wegen der Kinder keine Scheidung. Sie fühlt sich oft am Rande der Verzweiflung. Dringend bräuchte sie den Rat Hermann Hesses. Doch sie möchte dem kranken Dichter keinen Kummer bereiten. So kommt sie, als sie sich (am 23. Juni 1941) zu antworten entschließt, über eine Andeutung nicht hinaus:

»Lieber Herr Hesse, was werden Sie von mir denken, da ich Ihnen solang nicht antwortete auf Ihre beiden Briefe! Der Grund meines Schweigens ist derselbe, der auch Ihnen das Schreiben schwer macht: auch ich bin nicht ganz gesund. Allerdings ists nicht die Gicht, die mich quält, sondern die Erwartung meines zweiten Kindes. Einen Brief schrieb ich Ihnen schon, aber da ich jetzt meist sehr müde bin, würde er nicht so, wie er sein sollte. [...]«

Die Rostocker Zeit ist die Hölle, wobei Luise Rinser in ihrer Autobiographie nur einige Aspekte der qualvollen Zeit hinterlassen hat, mit denen man sich als berühmte Schriftstellerin zeigen kann.

»Der Rostocker Herbst und Winter: mein zweiter Sohn wurde geboren. Die Bomben fielen auf die Heinkel-Flugzeugwerke. Unsere Wohnung in der Kölner Straße, ebenerdig, mit dem Blick auf einen Hof mit Aschentonnen und Teppichstangen, war kahl und kalt, Stephan weinte viel, das Mädchen, das mir das Arbeitsamt zuwies, bestahl uns, und mir war nach dem Erfolg der ›Gläsernen Ringe‹ jede Publikation verboten.«

Dieser Text findet sich auf Seite 364 von *Den Wolf umarmen*. Die letzte Behauptung trifft nicht zu. Erstaunlich ist, dass Luise Rinser selbst gleichsam unbekümmert auf Seite 25 den Beweis für die Unwahrheit liefert. Sie hat nach Erscheinen ihres ersten Buches keineswegs Publikationsverbot erhalten. Das Buch erscheint, wie berichtet, einige Monate später in zweiter Auflage. Das bringt ihr neben Geld auch die Möglichkeit, relativ leicht zu veröffentlichen in einer Zeit, in der es für jeden Autor schwer ist. Sie schreibt auf der zuletzt genannten Seite:

»Das Buch ging sehr gut, schon wenige Monate nach dem Erscheinen wurde die zweite Auflage vorbereitet. *Sie erschien.* Zehntausend Exemplare in kurzer Zeit, und das für einen Erstling. Ich verdiente Geld, das war gut für unseren Haushalt. Wir mußten sehr sparen.«

Weil es so wichtig ist, müssen wir noch einmal betonen, was in den vergangenen Kapiteln ausführlich erörtert wurde. Es gehört zur Größe des Werkes unter anderem, die Nazi-Zensur glänzend passiert zu haben, obwohl es in die entgegengesetzte Richtung weist.

Nun müssen wir eine weitere, bislang ebenfalls unbekannte Tatsache offenlegen. Das Schlimmste im Rostocker Herbst und Winter 1941/42 ist die Streitsituation mit Horst Günther Schnell. Nachdem Luise Rinser mit Männern wie Hesse und vor allem Jünger brieflich verkehrt und dann viele andere, vornehmlich Schauspieler, seit Sommer 1940 in Berlin kennengelernt hat, sieht sie auf ihren musikalisch hochbegabten, aber im Auftreten schwachen Ehemann herab. Dass nun ausgerechnet dieser Mann sie, Luise Rinser, wegen einer anderen Frau verlässt, findet sie unerhört. Nun wollen er und seine Geliebte ihr auch noch das Kind Christoph wegnehmen. Dies treibt sie regelrecht in die Nähe des Selbstmordes. Das Geld, das sie für *Die gläsernen Ringe* bekommen hat, ist aufgebraucht, und sie gerät langsam in finanzielle Not, weil ihr Horst Günther Schnell nichts gibt.

Nach Stephans Geburt im Oktober verschlimmert sich die Ehekrise. Und viele Hässlichkeiten, die bei solchen Zerrüttungen vorkommen, überfallen das junge Paar. Am 8. Dezember 1941, da ihr alles zu viel geworden ist, nimmt sie ihre ganze Kraft zusammen und schreibt ganz offen an Hermann Hesse: »Ich habe besonders in den letzten Monaten Sie gebraucht. Sie kennen das, was man ›Lebenskrisen‹ nennt. Das weiß ich deutlich. Ich habe eine solche Lebenskrise durchgemacht. Es war ein tolles Jahr. Es begann herrlich mit einem Erlebnis, das ich nicht hätte haben ›dürfen‹ um bald darauf in großen Schmerz zu geraten. Dann folgten die 9 Monate, in denen ich das zweite Kind erwartete, mit viel Beschwerden, Krankheit, Tränen. Inzwischen wurde mein Mann mir untreu; er liebt eine andere (völlig unpassende) Frau und will sich von mir scheiden lassen. Wir sind umgezogen in diese graue Stadt [...] Da sitze ich nun, vom Mann verlassen, mit den zwei kleinen Kindern, mit einem Dienstmädel, das mich bestiehlt, und mit vielen Geldsorgen, und empfange Morgen für Morgen die Briefe, die die Geliebte meines Mannes an ihn schreibt, und zerquäle mir Tag und Nacht den Kopf, ob ich mich scheiden lassen soll oder nicht, und, falls ichs tu, wie ich mein Leben fristen soll. Da bräuchte ich Ihren Rat, denn Sie wissen wohl auch in solchen Fragen Rat. Mein Mann (der ein Musiker ist durch und durch, ein ›Jungfrau-Mensch‹, sensibel, labil und jung) [...] glaubt, er dürfe nicht verheiratet sein, er ertrüge das nicht, er müsse frei sein, ich sei nicht die rechte Frau, die ›andere‹ wolle er auch nicht heiraten (nur lieben) [...]. Ich selbst liebe ihn wahrscheinlich noch, obwohl er mir weiß Gott das Leben unerträglich machte und macht; ich möchte gerne allein sein [...]. Aber es wird schon gut sein so. Ich habe Gott sei Dank noch die Begabung zu schreiben. Darin liegt mein Leben. Und man *muß* hart erzogen werden, nicht wahr? [...]«

Dieser Brief ist erstaunlich. Er handelt von zwei Menschen, die sich deshalb gegenseitig quälen, weil sie einander so ähnlich sind. Horst Günther Schnell kann Bindungen nicht ertragen. Das hatte er Luise Rinser von Anfang an klargemacht mit dem Satz: »Wir gehören zusammen, aber wir gehören uns nicht.« Er ist nicht Herr über seine Freiheit, sondern der Freiheitsdrang beherrscht ihn. Es scheint außerdem, dass er die anfängliche Ablehnung durch Luise Rinsers Eltern nicht verarbeitet hat. Dass diese ihn, den Protestanten und Freiberufler, erst dann akzeptiert haben, als er Kapellmeister wurde, hat ihn den Rinsers gegenüber hart gemacht.

Luise Rinser ihrerseits ist genauso selbstbezogen, vom Drang nach Freiheit und literarischem Ruhm nahezu besessen. Jede Besessenheit macht blind. Nur so kann man nachvollziehen, dass sie ausgerechnet in dem Brief, in dem sie vom »herrlichen« Erlebnis erzählt, dem neun Monate Schwangerschaft folgten, über die Untreue ihres Mannes mit einer »völlig unpassenden« Frau und über seine Absicht, sich scheiden zu lassen, klagt.

Der Brief braucht vier Wochen, bis er Hesse erreicht, der wie folgt antwortet:

»[…] ich lese eine Handschrift, deren Zug und Formen mich Zeile um Zeile erfreuen […] und wer sie liest, könnte meinen, Sie müssen unbedingt ein leichtes, eher heiteres Leben führen. […] Auf andre und vielleicht doch ähnliche Art wie Sie verstand ich von meinem Leben schön und reizvoll zu erzählen, […] während doch dies Leben selbst mir eine Menge Mühe und Verdruss machte. […] Oft möchte man diese Zustände und Wirkungen verfluchen, oft ist einzig um ihrer willen das Leben schön.

Rat kann ich Ihnen keinen geben; meiner Art nach würde ich mehr zum Loslassen als zum Festhalten raten, aber ich weiß ja nicht, was Loslassen oder Festhalten bei Ihnen bedeutet. […] Es tut mir weh, Sie in Bedrängnissen zu wissen, und doch finde ich diese Nöte begreiflich und beinah natürlich, so wie ich Sie aus Ihrem Buch mir vorstelle.«

Selten, so möchte man meinen, ist Luise Rinsers Wesensart so genau getroffen wie in diesem Brief. Der Dichter braucht nur in sich selbst zu schauen, um die Dichterin in ihrer Zwiespältigkeit zu verstehen. Aus der dichterischen Interpretation eines Geschehens entsteht nicht selten ein Idealbild oder gar idealisiertes Bild. Die Fakten jedoch stellen sich ganz anders dar.

Seit dem Brief vom Dezember 1941 – innerhalb von nur vier Wochen also – hat sich die Lage zugespitzt. Dabei scheint Luise Rinser die Führung in der Krisensituation übernommen zu haben. Sie wirft ihren Mann aus der ehelichen Wohnung hinaus. Doch wir verlieren die belastenden Begleitumstände nicht aus dem Auge: Das Paar hat zwei Söhne, den fast zweijährigen Christoph und den nur drei Monate alten Stephan, die alles miterleben; ferner wirken in der Zerrüttung drei weitere Menschen mit, die die Situation noch mehr belasten: die Geliebte des Mannes, ein Freund der Frau und das Dienstmädchen, das schadenfroh das Paar bestiehlt.

So gründlich Luise Rinser all dies ihr Leben lang verdrängt und der Nachwelt vorenthalten hat, so genau berichtet sie darüber Jünger und Hesse im Augenblick des Erlebens.

Den Dichtern fallen dabei unterschiedliche Rollen zu. Hermann Hesse bleibt der ratgebende Weise, Ernst Jünger der mitschuldige Verführer. An ihn schreibt sie am 21. Januar 1942:

»Sehr verehrter Herr Jünger,
ich habe Ihren letzten Brief vor fast dreiviertel Jahren bekommen und nicht beantwortet. Sie aber haben mein Buch bekommen […] und mir auch nicht geantwortet; das ist ein Ausgleich! […] Warum ich Ihnen heute plötzlich schreibe, hat seinen Grund darin: ich muß eine Besprechung des Buches von Sofie D. Podewils[70] schreiben, und ich las es sehr genau, und dabei merkte ich, daß in der Gestalt des Naturforschers Mantius Sie gezeichnet sind […]. Jedenfalls habe ich daraufhin Ihre Marmorklippen geholt und darin gelesen, und dabei habe ich mich Ihrer sehr erinnert; ich habe um meiner Arbeit und um meines Lebens willen mich Ihrem Einfluß längst entziehen müssen. […] Sie sind der Anlaß zu einer Wende meines Lebens. Sie waren eine große Gefahr für mich. (Für wieviele sind Sie das! Für Männer und Frauen.) Sie haben mir vor etwa eineinhalb Jahren ein Tor zu einer neuen Welt aufgestoßen. Ich habe mich, führerlos, darin verirrt. Ich suchte mich zu retten vor Ihrem Geist dadurch,

daß ich statt des Geistes den Mann suchte, wohl wissend, wie verkehrt und nutzlos das war. Ich mußte ihn büßen, diesen Schritt in ein Land voll dämonischen Glaubens. Es ist sovieles geschehen in meinem Leben seither. Es wird Sie nicht interessieren, ich brauche es auch nicht zu erzählen.

Heute bin ich allein mit meinen zwei kleinen Söhnen; mein Mann hat mich verlassen um einer anderen Frau willen, und ich muß ›ein neues Leben‹ beginnen. […]«

An Hermann Hesse schreibt sie eine Woche später in einem anderen, weniger persönlichen Ton, in der Sache jedoch übereinstimmend.

»Lieber, verehrter Herr Hesse, ich bin mitten in der Arbeit an einer neuen Erzählung und habe gerade heute einen so guten Arbeits-Abend, und statt zu arbeiten will ich nun Ihnen schreiben in jener wundervollen Stimmung, die Sie kennen: man ist erregt bis in die Fingerspitzen bis zu einer Art von herrlichem Wahnsinn, man durchdringt das sonst Undurchdringliche und man hat eine unsagbare Kraft, zu lieben. […] Ich bin nun einsam. Mein Mann hat mich verlassen; ich habe ihn gebeten, meine Wohnung (es ist wirklich *meine* Wohnung) zu verlassen, und wir werden uns, falls wir in einem halben Jahr noch nicht andrer Meinung geworden sind, uns scheiden lassen. Der scharfe Schnitt ist nun von mir ausgegangen. Es war ein fürchterlich schwerer Entschluss. Doch als er getan war, da plötzlich tat sich ein Tor zum Leben auf. Ich bin frei, und obwohl ich *im Grunde* meines Wesens treu bin, habe ich meinen Mann schon ›überwunden‹. Ich begegne ihm hin und wieder, er kann sein Kind besuchen […] und wir unterhalten uns freundlich. […] Ich liebe ihn nicht mehr. Das ist ein schreckliches Wort. Grausam ist das Leben. […]

Übrigens ist das Leben auch insofern freundlich, als es mich finanziell entlastet: Suhrkamp, der sich in ganz nobler Weise um mich annimmt, stellt mir soviel Geld zur Verfügung als ich brauche, um, wie er sagt, ›nicht nur zu leben, sondern gut zu leben‹, und auch der Atlantis-Verlag, für den ich Kinderbücher schreibe, tut das Seine dazu; Suhrkamp sagte mir, ich solle mir irgendwo in Deutschland ein Häuschen mieten. Ich bin nun auf der Suche

nach diesem zauberhaften Häuschen mit vier Zimmern und einem Garten. Wissen Sie oder weiß jemand von Ihren vielen deutschen Freunden so etwas für mich? […]«
Hesse ist der geistige Vater, der ihr Sicherheit gibt. Ihm darf sie diese und andere persönliche Dinge anvertrauen: den Hinauswurf des Ehemannes, der »sein Kind«, also Christoph (damit ist klar, dass Stephan nicht »sein Kind« ist) besuchen kann, »die Werbung eines Mannes« – der sie liebe, sie ihn aber nicht –, die Entwicklung ihrer finanziellen Situation, die übrigens noch besser werden wird, oder die ekstatische Freude, die ihr das Schreiben bereitet.

In der Tiefe ihres weiblichen Wesens ist sie aber mit Ernst Jünger beschäftigt. Jünger hat auf den vorhergehenden harten Brief nicht geantwortet. Sie hat verstanden: Der Schriftsteller möchte nicht mit Eheproblemen behelligt werden. Luise Rinser versucht es also (am 14. Februar 1942) auf einer neutralen Ebene. Nach philosophisch-literarischen Überlegungen nutzt sie seine Position im Stab des deutschen Militärbefehlshabers in Paris zu Tauschvorschlägen.

»Wenn ich Sie lese, schwankt der Zeiger leidenschaftlich; das Herz klopft unregelmäßig, ich fühle mich fast zerrissen. Ich gerate in wilden Aufruhr für und wider Sie. […] Ich suche in Ihrem Buch nach Sätzen, die spontan sind. Warum gibt es keine unbeherrschten Ausbrüche, kein bißchen Sentimentalität, kein kleines Zugeständnis ans Herz? […] Ein Mann wie Sie muß zugleich die Feindschaft der Frau und die Liebe aufrufen. […] die Frauen lieben Sie, weil Liebe das einzige Mittel ist, um sich vor einem so gefährlichen Geist zu schützen. Man liebt Sie, weil man mit der Liebe eine Isolierschicht um Sie legt, durch die Ihre zerstörenden Kräfte nicht dringen. […] Ich bin so zornig über Sie. […] Eine Frage: Könnten wir nicht einen Tausch machen: ich würde an Ihre Frau Butter schicken (aus Oberbayern) und Sie würden mir ein wenn auch noch so winziges Fläschchen Parfüm besorgen? Geht das? Oh bitte. Ich entbehre es so sehr. Wir sind ja so arm und proletarisch geworden hier! Ein Parfüm, das zu mir paßt. Existiert Guerlain noch? Lebt Cortot noch in Paris-Neuilly? (Cortot, der Pianist.)«

Und dann fügt sie Abschnitte aus einem Tagebuch an, in dem sie ihre Träume aufschreibt. Ernst Jünger kommt darin oft vor, manchmal auch Horst Günther Schnell, so in folgender Notiz:

»18./19. Aug 41: Mein Mann (mir damals schon untreu) und ich im Traum. Er streut mir weißen Puder in Häufchen auf den Haaransatz über der Stirn. Ich muß auf seinen Befehl meinen Kopf beugen, der Puder rieselt über mein Gesicht und zieht scharfe weiße Furchen, wie mit Ölfarbe. Quer über das Gesicht. Sternförmig. Ich sehe mich im Spiegel. Schrecklich verzerrt. Maske eines Harlekins, oder auch des Todes. Wir lachen fürchterlich darüber.«

Wie lange leidet Luise Rinser schon unter dem Gefühl, ihr Mann entstelle ihre Weiblichkeit und bringe dadurch ihr Leben in Gefahr? Und warum teilt sie diesen Traum Ernst Jünger mit?

Zwei Monate später kehrt sich die Lage wieder um. Der Hinauswurf des Mannes war nicht so endgültig, wie es im Brief an Hesse klang. Er war nur für einige Tage zu seiner Geliebten gezogen, hatte mit ihr Pläne geschmiedet, wie er seiner Frau die Kinder wegnehmen könnte. Luise Rinser erträgt die Spannung nicht mehr. Freunde, darunter Frau Suhrkamp, stehen ihr bei. Sie meinen, das Beste in einer so unwürdig gewordenen Situation sei wegzugehen. Und Luise Rinser geht, zunächst mit den Kindern, ohne Möbel, ohne alles. Es ist wahrhaftig eine verzweifelte Flucht.

Die Entwicklung lässt sich anhand von zwei Briefen – zunächst an Jünger und dann an Hesse – nachzeichnen. Sie unterrichten auch über die geradezu therapeutische Bedeutung von Dichtung im Leben Luise Rinsers.

Zunächst der Brief an Jünger vom 21. März 1942:

»Sehr beschäftigt mich immer wieder Ihr Satz vom flüchtigen Eros, der ›kein geringerer, sondern ein anderer‹ ist. Das ist ein Satz, der wichtig ist für das Leben. […] Ich befinde mich augenblicklich in einer äußerst seltsamen Situation: ich wußte nicht, was mit mir nun weiter geschehen sollte, als ich Rostock verließ, um einer Einladung von Freunden nach Schlesien zu folgen. Dort erhielt ich eine Einladung zum Tee von einem Dichter. Aus

dieser kleinen Einladung wurde Schicksal. [...] Der Mann, sehr
begabt, halber Russe, sehr gut, sehr schwierig für normale Leute
(ich komme mir oft wie in Dostojewski-Romanen vor), steht an
einem Wendepunkt in Leben und Arbeit. Er braucht, wie er sagt,
mich als ›guten Geist‹. Nun werde ich also mit meinen Kindern
hierher ziehen, auch mit den Möbeln. [...] Meine Hände riechen
sehr gut nach Ihrem schönen Parfum, obwohl ich das Fläschchen
nur angefaßt habe.

Verbringen Sie Ihren Geburtstag sehr gut, ohne Angriffe aus der
Luft, mit schönem Rotwein – trinken Sie dabei ein Glas auf alle
Frauen, die zu lieben wissen und die ›bar bezahlen‹ für das, was
sie tun und fühlen – und trinken Sie ein Glas auf Ihre Arbeit und
Ihre Entwicklung. Hätte ich Rotwein hier, ich tränke an Ihrem
Geburtstag eines auf Ihren Geist und Ihr schwieriges Herz.«

Im Brief an Hesse zehn Tage später beschreibt sie nicht nur den
Zerrüttungsvorgang ihrer Ehe ganz genau. Zunächst geht sie aber
auf Hesses Bedeutung für ihre literarische Entwicklung ein:

»Ich bin sehr traurig darüber, daß es Ihnen so schlecht geht. Aber
warum schreiben Sie von ›kranken alten Leuten‹? Krank vielleicht, ja. Aber alt? Sie sind nicht alt, auch nicht jung. Sie haben
für mich etwas ganz Zeitloses. [...] Ich bin nun in dreifacher
Schuld bei Ihnen: ich bekam die Geburtsanzeige, das Buch[71] und
heute die Karte. [...] Es begleitet mich wie ein liebes stilles Licht
auf meinen oft krummen Wegen, daß Sie da sind, lieber Freund.
Darf ich Sie so nennen? So unsäglich verwandt sind Sie mir. Auch
in der Sprache. Nicht als ob ich Sie bewußt nachgeahmt hätte.
Gelernt habe ich natürlich auch von Ihnen. Viel, sehr viel.«

Daraufhin spricht sie erstmals ein Thema an, das bei ihr nun Gestalt anzunehmen beginnt: den zweideutigen Einfluss Ernst Jüngers. Es ist nicht leicht auszumachen, wer wichtiger ist für sie in
dieser Phase ihres Lebens: Jünger oder Hesse. Doch eines ist sicher:
Während Hesse der Meister war und bleibt, der sie auf die höheren
Ebenen des Geistes hinweist, vermag Jünger eher die Tiefen ihrer
weiblichen Sehnsüchte zu berühren. Die folgende Überlegung im
Brief an Hesse ist Vorbereitung für eine gewichtige, vorwurfsvolle
Beichte, die sie bald bei Jünger selbst ablegen wird.

»Mir wird das sehr deutlich gerade beim Lesen der Bücher von Ernst Jünger. Sie kennen ihn doch sicher. Er schreibt einen blendenden, bezaubernden Stil, scharf, klar, geschliffen und in kleinen Wendungen oft verführerisch. Aber er läßt kalt – oder er macht heiß – aber er erwärmt nicht. E. J. liebt nicht. Das ist der Schlüssel zu dem Geheimnis.«

Das bestätigt Hesse am 20. April 1942: »Mit Jünger geht es mir wie Ihnen. Er gehört zu den Dichtern, die zwar die Liebe zum Geist haben, nicht aber die Liebe zur Natur und die Bruderschaft mit ihr, er teilt das mit Großen, z. B. mit Schiller, aber auch sie sind mir im Grunde unvertraut und verdächtig.«

Doch kehren wir zu Luise Rinsers Brief zurück:

»Ich werde die Welt und die Menschen immer wieder lieben, und immer wieder werde ich es wagen, Freundschaft und Liebe zu erleben. Immer wieder. Trotz aller Fehlschläge.«

Dieser Vorsatz ist gewiss lobenswert. Doch die Liebe wie das Leben folgen Gesetzen, die sich nicht immer mit den theoretischen Grundsätzen des Menschen decken. Der Mensch will das eine, aber die Ereignisse treiben ihn zum anderen.

Sich bei jedem Schicksalsschlag zurechtzufinden, ist Zeichen für Willensstärke, Intelligenz und Lebenstauglichkeit. Anstatt sich geschlagen zu geben, weil nicht Horst Günther Schnell, sondern sie die eheliche Wohnung in Rostock hat verlassen müssen, findet sie in der ausweglosen Situation den Grund für eine neue Möglichkeit.

»Bei mir begibt sich zur Zeit etwas Neues. Ich bin seit Februar auf Einladung einer Freundin mit meinem großen Jungen nach Schlesien gefahren. Frau Suhrkamp hat mir aufgetragen, von dort aus zu dem Dichter Walter Stanietz[72] zu fahren. Ich tat es. Aus einer Teestunde wurde ein Schicksal. Nicht Liebe, aber eine enge Verkettung der Geschicke. Ich werde nun, da ich seit der Trennung von meinem Mann nicht mehr in Rostock wohnen will, hierher ziehen ins Riesengebirge. Stanietz hat ein Haus, dessen erste Etage er mir vermietet samt der Hälfte des Gartens. […] Ich habe nun 3 Jahre in Großstädten gelebt, ich Landkind. Es ist für mich wie eine Heimkehr, daß ich nun endlich wieder mitten in der Landschaft, zwischen Äckern und Wiesen und Wäldern leben werde. [...] Nach Ostern fahre ich nach Rostock zurück und packe meine Möbel, und dann siedle ich nach hier über. Ich denke mit leiser Furcht an den Neid der Götter. –«

Stephan ist nicht bei ihr. Sie verlässt Rostock im Februar 1942 allein »mit meinem großen Jungen«, also mit Christoph. Ist Stephan bei Horst Günther Schnell geblieben, der ihm seinen Namen gegeben und ihn also als eigenes Kind in die Familie integriert hat? Bei seinem leiblichen Vater ist das Kind mit Sicherheit nicht. Zu diesem Mann hat Luise Rinser sehr wahrscheinlich keinen Kontakt mehr gehabt. Ob er von der Schwangerschaft je erfahren hat?

Sie übergeht das Problem jedoch hier wie sonst und erzählt eindrucksvoll, wie sie solche Situationen durch das Schreiben meistert. Literatur ist für Luise Rinser gleichsam wie Religion, mystische Therapie, nie versiegender Quell ihres Lebens. Dass gerade hierin eine der Schwierigkeiten ihrer Ehe mit Horst Günther Schnell lag, versteht sich von selbst.

»Die Erzählung, die ich geschrieben habe, hat Suhrkamp sehr gut gefallen.[73] Er meint, ich müßte einiges Unwesentliche ändern, dann wäre sie ein ›kleines Meisterwerk‹. Das freut mich. Der Stoff, meint S., sei außerordentlich stark und ich sei seiner Gestaltung bereits in erstaunlichem Maße gewachsen. Ja, vielleicht werde ich doch einmal eine richtige Dichterin. Ich möchte schon! Wenn's auch einfacher für mich wäre, nur Frau zu sein. Es ist schwer, zugleich Frau und ein schaffender Mensch zu sein. Die Spannungen, die für die Arbeit nötig sind, stören das schöne Gleichgewicht, das der Mann von der Frau erwartet. Wer eben an einer Erzählung brennend arbeitet, kann nicht sanft und anschmiegsam sein. Ach, die Männer sind oft so sonderbar: sie leiden es nicht gern (sofern sie *echte* Männer sind), daß eine Frau ihnen irgendwie den Rang abläuft, auch wenn die Frau gar nicht daran denkt, dies zu tun. Sie arbeitet (=schreibt) mit eben der Selbstverständlichkeit, mit der sie liebt, Kinder zur Welt bringt, und kocht und den Garten bestellt. [...] Die Männer mögen mir meinen Fanatismus verzeihen. Ich kann nicht anders. –«

Fanatismus ist es sicher nicht, aber die Verallgemeinerung (»die« Männer) stellt wohl eine Vereinfachung des Problems dar. In der

Hauptsache ist Luise Rinser natürlich zuzustimmen. Solange Männer das Leben grundsätzlich männlich verstehen, wird ein Zusammenleben mit kreativen Frauen die Ausnahme bleiben. Dabei darf allerdings nicht übersehen werden, dass Frauen, die sich – mit Recht – über die Männer beklagen, sich oft noch männlicher als die Männer benehmen. Das trifft auch auf Luise Rinser zu, die sensible, aber auch überempfindliche Dichterin, die herrschsüchtig und unerbittlich in ihrem Drang zum Mittelpunkt sein kann. Ohne diese Charaktereigenschaften jedoch hätte sie ein so schwieriges Leben kaum meistern können.

Der Brief an Hesse fährt so fort:
»Ich lege drei Fotos bei, die Sie hoffentlich erreichen. Auf zweien sehen Sie mich. Haben Sie je ein Bild von mir gesehen? Hoffentlich sind Sie nicht enttäuscht. Ich photographiere mich schlecht. Aber – der Wahrheit die Ehre zu geben – sehr hübsch bin ich nicht. Dafür ist mein Christoph umso netter. Auf dem Bild mit Telephon habe ich ihn eben angerufen, das machte ihm einen Riesenspaß. Er kann mit seinen zwei Jahren schon mit derlei technischen Dingen richtig umgehen. Als ich ihn anrief, sagte ich: ›Mami schickt dir ein Küßchen. Horch mal!‹ Da beugte er sich auf die Sprechmuschel und gab mir durchs Telephon einen lauten Kuß. Er ist aber irrsinnig eigenwillig. Woher er das haben mag??«
Und Stephan? Er wird mit keinem Wort erwähnt.

Trotz der familiären Schwierigkeiten, ohne feste Wohnung, mit einem zweijährigen Kind und einem sechs Monate alten Baby, kämpft Luise Rinser beruflich weiter. Sie bleibt in Verbindung mit Verlagen, verfasst Kinderbücher für den Atlantis-Verlag, schreibt Beiträge für das Feuilleton der Kölnischen Zeitung. Vor allem nimmt sie die Chance zur Mitarbeit in der Filmindustrie wahr, wofür sie in Berlin Seminare und Fortbildungskurse besucht hat. Tatsächlich erhält sie, wie bereits angemerkt, einen Auftrag von der UFA, das Drehbuch für einen Propagandafilm über das Bild der deutschen Frau zu schreiben. In Den Wolf umarmen »berichtet« Luise Rinser merkwürdig darüber.[74] Es beginnt damit, dass sie den Hinweis darauf ausgerechnet Peter Suhrkamp zuschreibt.

»Die Deutschen waren dieses Krieges müde. Sie gaben auf, auch wenn sie noch weiterkämpften. In dieses Warten hinein kam mir eine Nachricht aus Berlin zu: Peter Suhrkamp schrieb mir, es gebe eine Filmarbeit dort, ich solle sofort kommen, Reise wird bezahlt. Was für eine Arbeit? Und wieso mir, der ›Verbotenen‹? Peter sagte: Das Ding kommt nicht zustande, und du verdienst Geld, du kannst deine Kinder nicht verhungern lassen. Ja, und was für einen Film …? Ein Auslands-Propaganda-Film über den deutschen weiblichen Arbeitsdienst. Peter!! Harmloser Kitsch: eine Arbeitsdienstführerin bekommt die Nachricht, daß ihr Verlobter gefallen ist. Nun, und? Das gibt keinen Film. Es ist der Aufhänger. Du sollst zeigen, wie schön es ist in einem Arbeitslager, wie gesund die deutschen Mädchen sind, wie sittenstreng … Peter! Ich … Geh mal zu Felix Lützkendorf, Hausautor der Ufa, red mit ihm. Los, geh jetzt. Zweitausend Mark Vorschuß, die hast du dann auf jeden Fall. Ich bin nicht käuflich, mein Lieber. So geh schon.«

Dieses offensichtlich konstruierte Gespräch ist auch deshalb unglaubwürdig, weil Peter Suhrkamp mit der Entwicklung (und Verwicklung) der jungen Dichterin zur Filmautorin nicht einverstanden ist.[75] Das teilt sie auch Hesse in einem Brief vom 12. Dezember 1942 mit. Sogar dass sie Aufträge für Kinderbücher annimmt, missbilligt Suhrkamp. Er will, dass sie bei der Literatur bleibt, und bietet ihr sogar finanzielle Hilfe an, damit sie unbesorgt schreiben kann. Luise Rinser ist gewillt, seinem Wunsch zu folgen, und arbeitet tatsächlich an einem zweiten Roman, doch sie braucht Geld und unmittelbare Anerkennung. So kann sie dem Drang kaum widerstehen, immer wieder vom Schreibtisch wegzukommen auf der Suche nach Tätigkeiten, die ihr beides so schnell wie möglich verschaffen. Durchsichtig ist auch der Versuch, den nationalsozialistischen Rang der Männer zu vertuschen, die sie im Namen des Reichsministeriums für Volksaufklärung und Propaganda nach Berlin rufen und ihr den Auftrag erteilen. Es sind Felix Lützkendorf und Karl Ritter. Beide hat sie bei ihrer Teilnahme an Filmseminaren in Berlin kennengelernt. Über diese Herren schrieb sie in ihrer Autobiographie:

»Wer war Lützkendorf? Was wußte er von mir? Damals war es
ein aufregendes Spiel, herauszufinden, mit wem man es zu tun
hatte: war der andre ein echter, überzeugter, aber menschlich
anständiger Nazi, oder ein fanatischer, gefährlicher, oder ein Nazi, der nicht bis in die Knochen überzeugt war, aber mitlief aus
Karrieregründen oder weil er sich nicht als erklärter Gegner verstehen konnte [...]«

In der Tat halten sich totalitäre Systeme an der Macht mit Hilfe
des Prinzips der Undurchsichtigkeit. In der Autobiographie heißt
es weiter:

»Jener Felix Lützkendorf, zu dem mich Peter Suhrkamp geschickt hatte, war kein Nazi, das merkte ich bald, ohne daß er
sich erklärte. Er gab mir filmische Ratschläge und reichte mich
freundlich weiter nach oben, das heißt zur Ufa nach Babelsberg
und dort zu dem Regisseur Karl Ritter. Der trug das goldene
Partei-Abzeichen, er war Offizier, er machte Kriegsfilme. Er war
sympathisch. War er ein Nazi?«

Ja, Ritter ist ein Nazi, und zwar ein hochrangiger, genauso wie
Lützkendorf. Und die UFA ist ein wichtiges Instrument für die von
Goebbels konzipierte »Aufklärung«, das heißt Manipulation des
Volkes durch Propaganda. Auf die drei Elemente (UFA, Lützken-
dorf, Ritter) sei kurz eingegangen:

*

UFA: die Universum Film AG, 1917, während des Ersten Weltkrieges, als erste deutsche Filmproduktionsgesellschaft mit dem Ziel gegründet, die Moral der deutschen Soldaten an der Front durch Filme
aus der Heimat zu stärken. Nach der Machtübernahme 1933 erfolgte
die Gleichschaltung der Filmindustrie, die dem Ministerium für
Volksaufklärung und Propaganda, also Joseph Goebbels, unterstand.
Von nun an bildeten neben Komödien und Operettenfilmen vor allem Propagandafilme den Schwerpunkt, von denen besonders jene
unter der Regie Leni Riefenstahls Berühmtheit erlangten. 1942 wurden alle deutschen Filmproduktionsgesellschaften zu einem einzigen
staatlichen Konzern, der UFA-Film GmbH (UFI), verschmolzen. In

diesen Zusammenhang gehört der Film über den weiblichen Arbeitsdienst, für den Luise Rinser unter Leitung von Felix Lützkendorf und Karl Ritter das Drehbuch schreibt.

Felix Lützkendorf, geboren 1906 in Leipzig als Sohn eines Dirigenten, war Schriftsteller und SS-Obersturmführer, ständiger Mitarbeiter Karl Ritters. 1933 schrieb er das antipolnische Stück »Grenze«, später Drehbücher zu NS-Filmen, Kriegsberichte. Er gehörte zur »Leibstandarte-SS Adolf Hitler«. Am 1. 9. 1942 von Hitler mit dem Kriegsverdienstkreuz II. Klasse ausgezeichnet. Begründung: »Wesentliche Mitarbeit am neuen, politisch ausgerichteten Film.«

Karl Ritter, 1888 in Würzburg geboren als Sohn einer Opernsängerin und eines Musikers, Professor am Konservatorium. Berufsoffizier in der bayerischen Armee während des Ersten Weltkrieges, Major der Luftwaffe. Nach Kriegsende Architekturstudium in München, danach Malerei und Grafik. Schon Mitte der zwanziger Jahre trat er der NSDAP bei. 1925 erster Kontakt mit dem Film als Werbegrafiker für die Südfilm AG in Berlin. Produktionsleiter verschiedener Filme, Autor von Drehbüchern. 1932 Produktionschef der »Reichsliga«. 1933 engagierte ihn die UFA als Produzenten; sein erster Film war »Hitlerjunge Quex«, einer der wenigen Nazi-Filme, die offen die NSDAP feiern. Als Regisseur wählte er Hans Steinhoff, der neben Ritter und Veit Harlan zu einem der engagiertesten Regisseure des Dritten Reiches wurde. Aufgrund einer Anweisung Goebbels', Schauspieler und Regisseure in die Direktion der Filmproduktionsfirmen aufzunehmen, um die Qualität der deutschen Filme zu verbessern, wurde Ritter im nächsten Jahr gemeinsam mit den Schauspielern Eugen Klöpfer, Paul Hartmann und Matthias Wieman und dem Regisseur Carl Froelich in den Aufsichtsrat der UFA berufen. Gegen Ende des Krieges wurde Ritter zur Luftwaffe eingezogen und geriet in russische Gefangenschaft, aus der er nach Bayern fliehen konnte. Bei der Entnazifizierung wurde er als »Mitläufer« eingestuft.

*

Als Luise Rinser den Auftrag für das Drehbuch erhält, weiß sie ganz genau, wer Lützkendorf und Ritter sind. Rinsers autobiogra-

phische Uminterpretation wird auch durch ihre eigenen Briefe aus
jener Zeit eklatant widerlegt.

Im Mai 1942 schreibt sie an Ernst Jünger:

»[…] auf unendlichen Umwegen erreichte mich Ihr ›Sur les fa-
laises de marbre‹. Ich danke Ihnen sehr. Es ist mir eine Freude,
daß Sie immer wieder sich meiner erinnern, so wie auch ich
immer wieder das ›Problem Ernst Jünger‹ angehe, leider ohne
Erfolg, denn ich durchdringe es keineswegs […] Was mich betrifft, so habe ich in dieser Woche nun meine Scheidung veranlaßt, und nach langen trüben Monaten (fast ein und ein halbes
Jahr war es) beginne ich plötzlich mich jung und frei zu fühlen.
Augenblicklich arbeite ich an einem Auslandspropaganda-Film
der Ufa, einem Spielfilm über den weiblichen Arbeitsdienst, und
man hat mich zu diesem Zweck in ein schönes Lager in Tirol
geschickt.«

Zurück in Steinseiffen in Schlesien, berichtet sie (am 21. Juni 1942)
Hermann Hesse über die Freude, die ihr die Arbeit im Lager bereitet hat. Sie vertraut ihm aber auch an, wie schwierig ihre Lage
wieder geworden ist.

»Von mir soviel: ich war 4 Wochen in Österreich, um Studien zu
einem Ufa-Film-Drehbuch zu machen, ich habe da einen Auftrag
bekommen. Dabei ist meine Sehnsucht nach Oberbayern so groß
geworden, daß ich beschloß, um jeden Preis dorthin zu ziehen.
Es war nun, als ob das Schicksal mich mit Gewalt dorthin haben
wollte: Hier wurde mir die vor kurzem bezogene Wohnung gekündigt (warum, darüber einmal später […]), und nun werde ich
mit den Kindern nach Salzburg ziehen, vorläufig zu einer Tante.
Meine Anschrift ist nun: Kirchanschöring bei Salzburg (das genügt; es ist ein Dörfchen.) Ich nehme nicht einmal meine Hausgehilfin mit; auch ihr kündigte ich. Nichts mehr, was mich an
mein früheres Leben erinnert, nehme ich mit, nur die Kinder. In
diesen Tagen wird endlich auch die Scheidung von meinem
Mann rechtskräftig, nachdem er sich noch unsäglich niedrig be-
nommen hat.«

Aus den Briefen geht auch hervor, dass die politische Ideologie sie
eigentlich nicht interessiert. Sie lebt von der Literatur und für sie.

Um schreiben zu können, nimmt sie alles in Kauf. So wird ihr Verhalten von einer Logik geleitet, die der Beobachter kaum nachvollziehen kann. Wie kann eine sensible Dichterin mit Hermann Hesse
einfühlsam korrespondieren und zugleich mit Lützkendorf und Ritter zusammenarbeiten?

Als Luise Rinser Mitte Juni 1942 vom Arbeitsdienst-Lager nach
Steinseiffen zurückkommt, erlebt sie – wie im gerade zitierten Brief
angedeutet – eine böse Überraschung. Ihr ist gekündigt worden. Zu
ihrem Mann nach Rostock will und kann sie nicht mehr. So bleibt
ihr keine andere Lösung, als zu ihren Eltern nach Rosenheim zu
ziehen.

Die Fahrt von Schlesien nach München mit den zwei Kindern
im verdunkelten Zug, in der Holzklasse, mit vielen Aufenthalten
auf freier Strecke ist ein Abenteuer. Sirenen heulen, Bomben fallen, Nürnberg brennt lichterloh. Schließlich erreicht der Zug doch
den Münchner Hauptbahnhof, wo die Mutter sie abholt. Sie kümmert sich sofort um die Kinder. Und in Rosenheim warten der
pensionierte Vater und der alte Onkel Hörtensteiner.[76]

Das Rosenheimer Haus ist voll belegt. Es ist zwangsvermietet
worden an Bombengeschädigte. Nur ein kleines Dachstübchen ist
frei. Und da werden Luise Rinser und die Kinder vorläufig untergebracht.

Von Rosenheim aus schreibt sie (am 28. Juni 1942) an Ernst Jünger. Dabei versäumt sie nicht, zu wiederholen, dass er der eigentliche Grund für ihre Scheidung ist.

»[…] mein Leben ist wieder einmal in einen Wirbel der Veränderungen gerissen worden […]. Erst kam der Film-Auftrag der Ufa,
die Reise nach Österreich, dann plötzlich wurde mir die eben
bezogene Wohnung gekündigt, weil sie widerrechtlich vermietet
worden war ohne Genehmigung des Hausbesitzers, dann (da man
mich nach den neuen Mietgesetzen nicht vor die Tür setzen
konnte) hat man mich derart gequält, daß ich freiwillig aus-
zog. […] Nun bin ich bei meinen Eltern für einige Wochen und
suche von hier aus nach einer Wohnung, einem Haus, zu mieten
oder zu kaufen. […] Am 23. Juni war Scheidungstermin. […] Ha-

be ich Ihnen eigentlich jemals gesagt, daß Sie der eigentliche Anlaß dazu sind, daß meine Ehe nicht mehr gut ging? Als ich Ihre
Bücher las und Sie dann kennenlernte, wurde ich plötzlich meines Wesens mir bewußt, meiner Kraft und Härte, und da wurde
ich unzufrieden mit meinem weichen und schwachen Mann. Da
begann unsere ›Ehekrise‹, genau in den Monaten, in denen ich
Ihnen und Ihrem Werk begegnete.«

Im Rosenheimer Haus ist es zu eng. Luise Rinser fährt Tag für Tag
im Chiemgau herum auf der Suche nach einer Wohnmöglichkeit.
Doch jedes Zimmer, jedes noch so baufällige Häuschen, jede Hütte,
alles ist besetzt. Schließlich findet Tante Marie[77] – die vormals ver-
höhnte Kommunistenbraut und inzwischen stolze Eigentümerin
einer Limonadenfabrik – in dem kleinen Dorf Kirchanschöring in
der Nähe von Salzburg ein verlassenes Haus. Ohne elektrisches
Licht, ohne fließendes Wasser, mit von Mäusen angenagten Türen
und mit dem Klo außerhalb. Aber es hat einen Garten und liegt
am Waldrand.

Tante Marie mochte Luise in den früheren Jahren nicht so gut
leiden. Jetzt aber bringt sie ihr Butter und Eier, die sie reichlich von
den Bauern bekommt für ihr »Kracherl«, die billige und beliebte
kohlensäureperlende Limonade. Aus den armseligen Anfängen ist
ein gutgehendes Unternehmen geworden. Und die konsequente
Kommunistin vergisst in schlechten Kriegszeiten das Teilen nicht.

Doch Luise Rinser braucht dringend einen Gesprächspartner.
Mit wem könnte sie sich in einer solchen Situation besser aussprechen als mit Ernst Jünger? Aus der dörflichen Abgeschiedenheit
schreibt sie ihm am 13. September 1942 einen Brief, in dem sie das
in den zwei vergangenen Jahren Erlebte zusammenfasst. In seiner
Ungeordnetheit und seiner unverblümten Direktheit gerade Jünger
gegenüber ergibt der lange Brief ein exaktes Bild von Rinsers Verwirrung zu dieser Zeit. Da wir den Zusammenhang und die Details
schon kennen, seien nur einige Sätze angeführt, die das bereits
Dargestellte vervollständigen.

»Im Herbst 40, als ich durch Ihre Bücher und die Begegnung
mit Ihnen so völlig verwandelt wurde, erwachte ich erst, und ich
erwachte sehr heftig. […] ich fuhr nach Berlin. Ich muß in jener

Zeit wohl besonders vital und angreifend gewesen sein. Denn in
Berlin wurde ich sehr lebhaft von Gesellschaft zu Gesellschaft
geführt, und ich genoß das alles nach meiner trockenen Ehe [...].
Nun lernte ich einen Mann kennen, der mir alles bot, was ich
entbehrte, und wir faßten augenblicklich heftige Zuneigung zueinander. Um mich an sich zu ketten, wollte der Mann, daß ich
ein Kind von ihm hätte. Ich bekam das Kind, meinen 2. Jungen.
Ich sagte, noch ehe ich es sicher wußte, es meinem Mann und
bat ihn um die Scheidung. Er sagte nein, er wolle das Kind als
sein eigenes betrachten, und ich sollte bleiben. Ich tat es, denn
ich war ihm sehr verbunden. Inzwischen betrog er mich weiter,
vor meinen Augen, und er leugnete es. Ich nahm es hin, da auch
ich untreu geworden war. Doch ich litt so sehr, daß ich diese Zeit
kaum überstehen konnte. [...] Das Kind wurde geboren und auf
den Namen ›Schnell‹ eingetragen. Allmählich wurde die Lage
unerträglich und ich war nahezu wahnsinnig. Da bat ich meinen
Mann, das Haus zu verlassen. Ich fuhr bald darauf weg, nach
Schlesien. [...] Die Scheidung erzwang mein Mann, indem er
mir sagte: ›Ich habe soviel für dich getan, ich gab diesem Kind
meinen Namen. Nun ermögliche mir die Scheidung. Ich will immer für Euch sorgen und die Vaterschaft am 2. Kind nie anfech-
ten. Nur laß mich frei.‹ Ich tat es und formulierte die Klage so,
daß ihm die Heirat mit der Frau ermöglicht wurde.
Ich war also in Oberbayern, bei meinen Eltern. Da kamen die
tollsten Briefanschuldigungen aller Art. Die Frau, die Lesbierin
ist, hatte dem Rechtsanwalt gesagt, *ich* sei es wohl usw. – damit
sie das 1. Kind für sich bekommen hätten. Wir kämpften mit
den häßlichsten Mitteln. Und als äußerstes kam ein Brief von
meinem Mann, der schon vor Wochen wieder geheiratet hat,[78]
daß er nun Klage auf die Außerehelichkeit des Kindes gestellt
habe. Damit machte er mir die Erziehung hier auf dem Dorf und
unter den Verwandten, die streng katholisch und moralisch sind,
unmöglich. [...] Ich will wieder frei werden. Ich will arbeiten.
Ich habe noch ein *Leben* vor mir. Doch ich muß erst abschütteln,
was an mir hängt. Helfen Sie mir. Ich will nicht eine verbitterte
Frau werden.«

Inzwischen, am 8. September 1942, hat Horst Günther Schnell also
wieder geheiratet. Ende September oder Anfang Oktober wird er als
Soldat einberufen und nach Russland abkommandiert. Vorher ist
bei einem Bombenangriff in Rostock die frühere eheliche Wohnung
zerstört worden, kostbare Dokumente sind dabei verlorengegangen.
Darüber berichtet sie Hesse am 10. Oktober 1942:

»[…] Ich habe endlich ein Haus für mich allein, ein bescheidenes
Häuschen, ohne Komfort, nicht einmal elektrisches Licht ist dort,
doch ich entbehre nichts. Es ist reizend gebaut, im Gebirgsstil,
mit einem Garten, den ich schon herbstlich bestellt habe. […]
Mein Mann ist wieder verheiratet und seit mehreren Wochen an
der russischen Front. Das geht mir nah […] Es ist schon merkwürdig mit der Ehe: man zerreißt das Band nicht nach der Scheidung, und ist schon die Liebe tot, so bleibt der Haß, und ist endlich
der Haß überwunden, so bleibt, man sieht es mit Erstaunen, ein
immerwährendes Gedenken, bald schön, bald bitter, bald reuevoll,
bald böse. […] Es ist sehr merkwürdig, daß mein Mann durch
diesen Brand alles verloren hat, was er von mir hatte (er rettete
nichts als die Kleider, die er auf dem Leibe trug!) und daß er somit
geradezu ein neues Leben auch in diesem Sinne beginnen mußte.
Manchmal arbeitet das Schicksal so sauber, so gesetzmäßig, daß
man zugleich Schrecken und tiefe Befriedigung dabei empfindet.«

Zu korrigieren ist das etablierte, von Luise Rinser selbst verbreitete
Bild einer wegen ihrer Antinazi-Gesinnung stets unter armseligen
Verhältnissen leidenden Schriftstellerin. Trotz aller Umzüge und
Verwirrungen verliert sie keineswegs die Verbindung zur UFA. Sie
ist vielmehr tiefer denn je in die Arbeitsprozesse der staatlichen
Propaganda integriert. Aus folgendem Brief an Hesse vom 12. De-
zember 1942 erfahren wir unter anderem, wie gut ihre finanzielle
Lage durch die UFA-Filmprojekte geworden ist, aber auch, dass Pe-
ter Suhrkamp – anders als in *Den Wolf umarmen* dargestellt – die
Abirrungen seiner Autorin mit großer Sorge beobachtet:

»Mir geht es gut. Wie lange konnte ich das nicht mehr sagen. Es
scheint, daß die Tränen nun für einige Zeit ausgeweint sind. Das
Leben […] nahm mir alles, was ich liebte – den Mann, das Heim,
die Ruhe – und ließ mich in lauter Kummer fallen. Und nun

gibt es mir alles wieder, doch anders als ichs begehrte und hoffte. Es gibt mir sogar Geld, viel Geld, durch zwei Staatsaufträge (ein Filmdrehbuch und eine andere, noch geheime Arbeit), sodaß ich, sobald man bauen kann, mir ein eigenes Haus bauen kann. Ist das nicht schön? [...] Dann werde ich für den Atlantis-Verlag ein Deutschlandbuch schreiben, für Kinder. [...] Ich war 3 Wochen in Berlin zu einem Filmautorenkurs. Wir sahen viele wundervolle meist ausländische Filme u. man lehrte uns zu denken, daß Film auch Kunst ist, und wie man gute Filme schreibt. Ich muß gestehen, ich bin recht angetan davon. Herr Suhrkamp, der immer Besorgte (er schüttelt dauernd nur den Kopf über mich) siehts mit Kummer; er sieht mich schon für die wahre Dichtung verloren. Doch ich weiß es besser. [...] – Ich habe meinen Jüngsten gestern in ein kleines privates Kinderheim in Salzburg gegeben, weil ich, da ich keine Hausgehilfin bekommen kann, die Arbeit nicht mehr schaffen kann.[79] Nun hause ich mit Christoph, der im Februar 3 Jahre alt wird und sehr klug ist, allein in meiner Einöde, die ›Voglaich‹ heißt. Und es ist herrlich still. Ich brauche einmal wieder Stille und Muße. [...]«

»Sorgenkind« Stephan hat sie »gestern«, also am 11. Dezember 1942, in ein Kinderheim gegeben, wo er Weihnachten verbringen wird. So hat sie das Problem gelöst. Christoph bleibt bei ihr. Der zitierte Brief ist auch deshalb so wichtig, weil er den Jahresausklang 1942, wie Luise Rinser ihn in *Den Wolf umarmen* beschrieben hat, als unwahr erscheinen lässt:

»Ich war arm, meine Eltern schickten den Kindern Wäsche und Wolljacken, mit Geld konnten sie mir kaum helfen, es gab ja auch nichts zu kaufen, aber der gute Peter Suhrkamp schickte mir monatlich hundert Mark, bis er ins KZ Sachsenhausen kam. Ich baute Kartoffeln und Bohnen im Garten an, ich sammelte Wildkräuter, ich ging hamstern, um wenigstens ein paar Löffel Mehl und ein Ei heimzubringen.

Arm, arbeitslos, hungrig, einsam, schutzlos, von der Gestapo überwacht, und dennoch nicht unglücklich, denn ich hatte mich selber wiedergefunden. Ich lernte begreifen, daß man mitten im Feuerofen auf seltsame Weise unversehrt bleiben kann.«[80]

Das genaue Gegenteil trifft zu: Ihr geht es in jeder Hinsicht so gut wie noch nie, sie hat so viel Geld verdient, dass sie in diesem schwierigen Jahr der Kriegszeit daran denken kann, ein Haus zu kaufen oder zu bauen.

Drei Monate ist ihr Ex-Ehemann schon in Russland. Zu Weihnachten dieses Jahres will sie eine Postkarte erhalten haben, auf der steht:»Mir geht es gut, leider kann ich mit niemandem deutsch sprechen.« Luise Rinser interpretiert später im Zuge des für beide – Horst Günther Schnell und sie selbst – erdichteten Antifaschismus so, dass er zusammen mit Ausländern,»also mit Leuten aus dem Balkan«, die als»Kanonenfutter« missbraucht wurden, an die vorderste Front geschickt wurde.[81] Diesen durchaus möglichen, aber ebenso fraglichen Umstand konnte ich nicht überprüfen.

Eine andere, für Luise Rinser aufregende Begebenheit steht dagegen fest. Sie berichtet Hesse darüber in einem Brief vom 3. Juni 1943, den wir im nächsten Kapitel anführen. Die folgenden Sätze jedoch gehören hierher, da das Ereignis im Dezember 1942 stattfindet:

>»Im übrigen gab es vorher noch eine ziemliche Erschütterung: im Dezember, ein paar Monate nach der Scheidung, hat Hedwig Rohde (auch bisweilen S. Fischer-Autorin),[82] die 2. Frau meines Mannes, ihm einen Sohn ›Wolfgang Amadeus‹ geboren.«

Damit sind die Verhältnisse im Leben Luise Rinsers so klar geworden, dass sie sich völlig dem widmen kann, was ihrem Leben Sinn verleiht: dem Schreiben.

Zweite Ehe und Gefängnis
1943–1945

Während Deutschland sich im Kriegsinferno verirrt, stabilisiert sich Luise Rinsers Leben zunehmend. Die Scheidung hat ihr Erleichterung verschafft. Mit ihrem Waldhaus ist sie zufrieden. Sie hat Geld aus dem Verkauf des ersten Buches, doch vor allem durch ihre Tätigkeit für die UFA. Hinzu kommen als festes Einkommen monatlich 100 Reichsmark von Suhrkamp und 250 vom Reich – vermutlich als Kindergeld nach der Scheidung.

Gelöst hat sie auch das »Problem« der Kinder: Der etwas über einjährige Stephan ist in einem Kinderheim untergebracht, der dreijährige Christoph bei ihr, wenn sie zu Hause ist, und bei Bekannten, wenn sie verreist. So kann sie jetzt Freundschaften pflegen. Im März 1943 weilt sie zu Besuch im Schloss der Prinzessin Schaumburg-Lippe, der Schwester von Gräfin Podewils, beide wie Luise Rinser selbst Verehrerinnen Ernst Jüngers. Dem schreibt sie einen Klagebrief, weil er ihr langes Schreiben vom 13. September 1942 nicht beantwortet hat:

»[…] ich hätte zwar allen Grund Ihnen so recht von Herzen böse zu sein, gekränkt, im tiefsten Vertrauen verwundet, verzweifelt – aber ich bins nicht. Sie wissen nicht warum? Ich will Sie erinnern: ich schrieb im Herbst einen langen Herzenserguß mit all meinen Nöten und meiner inneren Unordnung, und ich erbat, erflehte, erzwang mir einen Rat von Ihnen. Es kam eine Postkarte mit der Mitteilung, daß Sie in den Kaukasus gehen. Das war alles. Und da soll ein Mensch nicht böse sein? […] Mein geschiedener Mann ist im Februar in Rußland gefallen, am Ilmensee, und ich betrauere ihn trotz allem sehr. Ists nicht seltsam: Innerhalb von ein paar Monaten erlebte er die Scheidung und die Zerstörung *all* seiner von mir meist ihm geschenkten Sachen (beim Luftangriff auf Rostock), dann die Einberufung – nun kam der Tod. So säuberlich räumte das Schicksal mit ihm auf. Darf ich Ihnen auch noch etwas ganz Intimes gestehen? […] Das Trostfläschchen ist leer. (Sie erinnern sich?) Das ist traurig.« In den Briefen an Jünger verwandelt sie sich in ein junges Mädchen, das dem älteren Freund in einer kindlichen Mischung aus Frivolität und Ernsthaftigkeit alles anvertraut: Klatsch mit den Freundinnen, philosophische Probleme bei Ortega und Jüngers *Arbeiter*, den Kriegstod ihres geschiedenen Mannes. Und dann die Bemerkung über das »Trostfläschchen«, das französische Parfüm. Wer weiß, wie wichtig Düfte für Luise Rinser sind, vermag zu ahnen, dass sich hinter der beiläufigen Bemerkung ein tieferer Sinn verbirgt.

Jünger geht diesmal – wenn auch mit »Sehr geehrte Frau Rinser« – auf den Vorwurf ein (13. April 1943):

»Für Ihre Geburtstagswünsche herzlichen Dank. Ich feierte den Tag verhältnismäßig ungezwungen. Ich erinnere mich an Ihren Brief vom vorigen Jahre, den ich nicht etwa mangelhaft beantwortete. Es besteht eine Art von Wetteifer, mich in allerlei vertrauliche Geheimnisse zu ziehen, und dabei verliere ich fast den Maßstab für ihren Charakter, wie Gulliver in Broldignac. Zum mindesten hat sich bei mir die Einschätzung gebildet, daß ich durch die Lektüre meiner Pflicht Genüge tat. Außerdem war ich Ihnen damals noch böse; ich hatte den Eindruck, daß Sie mit Freunden über mein Pariser Tun und Lassen sich abenteuerliche Dinge erzählen lassen. Inzwischen aber vergaß ich auch das. Zudem war mir gewiß, daß Sie sich aus Ihren Schwierigkeiten ziehen würden; das war nur eine Frage der Zeit. An Ihr Fläschlein denke ich williger. Auch ich führte zu meiner Erbauung ein Flacon ›Quelques Fleurs‹ in Rußland mit und opferte in den armseligen Quartieren zuweilen ein Tröpfchen auf dem Altar der Erinnerung.«

Zurück in Kirchanschöring, antwortet Luise Rinser ebenbürtig – aber mit »Lieber Herr Jünger«:

»Ihre Antwort auf meinen so ernsthaften Brief war die charmanteste, die ich je bekam. Herzlichen Dank. Unserer Verabredung entsprechend habe ich an Ihre Frau heute einen Teil meiner Fleischkarten geschickt, die Ihnen in Ihrem nächsten Urlaub zugute kommen sollen. Da Sie in Rußland kein französisches Parfüm finden, nehme ich an, daß Sie wieder in Paris sind. Ich hoffe es.«

An Hermann Hesse schreibt sie am 3. Juni 1943 in einem anderen Ton.

»Seitdem ich Ihnen zum letztenmal schrieb (im Herbst war es, nicht wahr?) hat sich bei mir alles zum Guten gewendet. Ich habe mein Häuschen in der Einöde […] Nirgendwo und nie in meinem Leben hatte ich so das Gefühl von Heimat wie hier. Ich bin […] glücklich. Ich habe einen Mann gefunden, der mich heiratet (*er* heiratet *mich*, das ist angenehm. Das erstemal heiratete *ich*, das war schlecht!) Er ist älter als ich, fast ein Jahrzehnt, ein Dramatiker, dessen Stücke früher ziemlich viel in Berlin aufgeführt worden waren, nun aber aus Gründen, die nicht künstlerischer Art sind, sich zurückzog. Ich werde es also noch einmal versuchen, diesmal mit mehr Geschick und weniger blinder toller Verliebtheit. Herr Suhrkamp, unser Freund, will zwar nichts davon wissen, daß ich wieder heirate (er weiß es gar nicht, wie akut die Sache ist!) […] Ich schreib einen Roman, die Hälfte ist fertig, und komme dabei immer mehr zu der Einsicht, daß ich nicht mehr ›schön‹ schreiben soll, sondern ganz schlicht […] Ich lese viel, u.a. Gide, Green und neuerlich die dramat[ischen]. Werke von Hauptmann.[83] Und dazwischen arbeite ich im Garten. – Die Kinder gedeihen. Der Große, 3 ¼, ist ein frecher, gescheiter Lausejunge. Wir haben keine Filme mehr, sonst würde ich ein Bild beilegen.«[84]

In eklatantem Widerspruch zu dieser positiven und hoffnungsvollen Mitteilung von 1943 an Hermann Hesse schrieb Luise Rinser 1981 in *Den Wolf umarmen*:

»Aber so bliebs nicht lange. Ein neues Unheil tauchte auf, das sich zunächst als solches nicht erkennen ließ. Klaus tauchte auf. Wer war dieser Klaus? Er war ganz unwichtig für mein Leben, aber er liefert Stoff für ein kleines Kapitel Zeitgeschichte. Er ist tot, seine Familie ist tot. Alle Freunde sind tot. So kann ich über ihn reden.«

Eben weil er niemanden mehr hat, braucht Klaus Herrmann einen Anwalt, der ihn verteidigt, den Biographen, der die moralische und wissenschaftliche Pflicht hat, die Ehre derer zu retten, denen unrecht getan wurde. Der Text fährt nämlich so fort:
»Er war Schriftsteller, ziemlich unbekannt, er lebte in Berlin, war Kommunist, ›Edelkommunist‹ […] Päderast […] Pazifist, und dies so nachdrücklich, daß er, um nicht Soldat werden zu müssen, sich selbst verstümmelte […] Diesen Klaus hatte ich in Schlesien kennengelernt. Wir trafen uns in unserem Antifaschismus. Im Sommer 1943 flüchtete er sich zu mir: die Gestapo suchte ihn in Berlin. […] Er bat mich rundheraus, ihn zu heiraten, denn einmal verheiratet, gehörte er nach Oberbayern und war vorerst aus der Schußlinie. Zudem: das Odium des Homosexuellen war von ihm genommen, wenn er verheiratet war.«[85]
Unter diesem schiefen Bild ist Luise Rinsers zweiter Ehemann in die Geschichte eingegangen. So findet man ihn in Geschichtsbüchern und Lexika porträtiert. Wer aber war Klaus Herrmann in Wirklichkeit, und wie verlief die von ihm erwünschte und von ihr willkommen geheißene Verbindung?

Klaus Herrmann wurde am 4. August 1904 in Guben in Brandenburg als Sohn des Spritfabrikanten Bruno Herrmann geboren. Er studierte Geschichte und Germanistik in Berlin und Jena. Daraufhin war er im Verlagswesen tätig, wurde Verlagsdirektor und Chefredakteur der Monatszeitschrift *Die Neue Bücherschau*. Als er Luise Rinser – 1942 in Schlesien bei Stanietz – kennenlernte, lebte er als freier Schriftsteller in Berlin, wo er als Bühnenautor für das Deutsche Theater arbeitete; darüber hinaus war er Mitarbeiter der Zeitschrift *La Voix*, einer Publikation für die französischen Zivilarbeiter in Deutschland. Da Klaus Herrmann Dramen schrieb und Hörspiele verfasste, liegt die Vermutung nahe, dass sich die beiden schon früher bei einem der Berliner Filmkurse der UFA begegnet sind. Für seine angebliche Homosexualität gibt es keine eindeutigen Belege. Ein Satz in einem späteren Brief von ihm (von 1953) an Luise Rinser könnte in diesem Sinne interpretiert werden.[86] Sie hat jedoch – ob zutreffend oder nicht – bei der Eheschließung keine Rolle gespielt. Richtig ist, dass er überzeugter Kommunist war. Der Nazi-Spitze war dies aber offenbar nicht bekannt, wie wir anlässlich der Hochzeit sehen werden. Es ist gewiss keine leidenschaftliche Jugendliebe mehr wie die zu Horst Günther Schnell. Doch es geht auch nicht darum, ihn durch die Heirat vor dem Gefängnis zu retten. So gefährdet ist Klaus Herrmann nicht. Sie mögen sich, verstehen sich gut, weil sie gemeinsame literarische Interessen haben. Und wenn sie ihm eine Wohnmöglichkeit weit entfernt von Berlin bietet, so schenkt er der alleinstehenden Frau mit zwei Kindern Geborgenheit und Schutz.

Wann genau Klaus Herrmann von Berlin nach Kirchanschöring zu Luise Rinser zieht, konnte ich nicht herausfinden. Aus dem Dargestellten ergibt sich als fast sicherer Zeitraum der Sommer 1943. Zunächst kommt er allein. Dann folgt seine Mutter nach. Ende 1943 jedenfalls sind beide bei Luise Rinser. Denn sie berichtet Hermann Hesse im Dezember 1943:

»Am 10. Januar werde ich heiraten, im Salzburger Dom mit einer Mozartmesse (D-Dur). Mein Mann, selber Schriftsteller, hat kürzlich bei mir Ihren ›Steppenwolf‹ entdeckt und zu meiner größten Freude mit Begeisterung gelesen. Er wird Ihnen wohl einmal darüber schreiben. – Ich bin recht gestört beim Schreiben – wir sitzen zu Vieren in der Küche um den Herd – ein Schriftsteller mit Schreibmaschine, einer ohne, ein spielendes Kind, eine Frau die kocht – wir haben seit Monaten keine Kohlen und verschüren unser letztes Holz. Wenn es zuende ist, was dann? Ich weiß nicht. Doch ich weiß, daß das Leben immer weitergeht.«

Die »Vier«, die um den Herd in der Küche sitzen, sind: Christoph, Luise, Klaus und seine Mutter. Stephan ist nicht dabei, vermutlich immer noch im Kinderheim. Vom Idyll wird nicht mehr gesprochen. Der Bericht vermittelt das Gefühl von Enge, von »Gestörtsein« – von einem bedrückenden Alltag in der Kriegszeit. Doch keine Verstimmung. Klaus Herrmann wird gleichberechtigt als Schriftsteller vorgestellt, der durch sie Hesse entdeckt.

Diesem hat sie schon im Juni 1943 von dem Heiratsplan erzählt.
An Jünger aber ergeht folgende Mitteilung des Ereignisses:
»Ihre Vermählung zeigen an
Klaus Herrmann
Luise Rinser
Berlin, W 15, Duisburgerstraße 13
z.Z. Kirchanschöring bei Salzburg
Januar 1944«
Seinen Wohnsitz hat Klaus Herrmann noch in Berlin. Er ist also nicht vor einer Verfolgung durch die Gestapo geflüchtet, lebt nicht an der Salzach versteckt.

Die Eltern sind bei der Hochzeit dabei, wird in *Den Wolf umarmen* berichtet. Belegen kann ich dies nicht, aber es ist glaubhaft. Über die katholische feierliche Eheschließung sind sie sicherlich froh. Die Tochter mit ihren Kindern hat wieder eine Familie. Und das Hochzeitsmahl im Salzburger Hotel Österreichischer Hof, wo auch hochrangige Nazis zu verkehren pflegen, darf als gewiss gelten. Weniger glaubwürdig ist allerdings Rinsers Begründung, wonach der Anschein erweckt werden sollte, dazuzugehören. Als ob es so einfach wäre, die Nazis hereinzulegen! Luise Rinser hat einen Namen, ist in Berlin durch ihre Tätigkeit als UFA-Drehbuchautorin für Propagandafilme bei Goebbels, Ritter, Lützkendorf und den anderen bekannt. Ob die auch geladen worden sind? Das ist nicht unwahrscheinlich. Ebenso scheint durch die überdurchschnittliche Gestaltung der Hochzeitsfeierlichkeiten bestätigt, dass Klaus Herrmann nicht als Gegner des Regimes und schon gar nicht als homosexuell (also in den Augen der Nazis als »Volksfeind«) gilt: Ein derartiger öffentlicher Auftritt wäre dann nicht möglich gewesen. Und wer, außer jemand mit Geld und Ansehen, kann sich eine solche Feier leisten?

Während Luise Rinser und die zwei Kinder mit Klaus Herrmann und dessen Mutter ein neues Leben beginnen, zerfällt Deutschland unter dem Gewicht des immer schrecklicher werdenden Krieges.

*

Das Volk spürte den drohenden Zusammenbruch. Den Generälen galt die Niederlage spätestens seit Anfang 1943 als gewiss, nachdem Roosevelt und Churchill in der Konferenz von Casablanca die bedingungslose Kapitulation Deutschlands gefordert hatten. Doch der Führer blieb stur. Und die Generäle wurden ungeduldig. Im Januar 1944 reiste Generalfeldmarschall Erich von Manstein zu Hitler in dessen Hauptquartier »Wolfsschanze« in Ostpreußen, um ihn zu einer Rückverlegung der Ostfront zu bewegen. Doch Hitler wollte die Front um jeden Preis halten.

Die Situation trieb in die Ausweglosigkeit hinein. Die Rote Armee startete die Frühjahrsoffensive. Die Folge war der Rückzug der Wehrmacht aus der Ukraine. Mit 6000 Schiffen und 150 000 Soldaten begann am 6. Juni in der Normandie die Invasion der Alliierten. Gegen deren 14 000 Bomber waren die deutschen Einheiten machtlos. Offiziere und Widerstandsgruppen sahen keinen anderen Weg, um die Katastrophe abzuschwächen, als Hitler zu beseitigen. Doch das Bombenattentat gegen ihn im Besprechungszimmer der »Wolfsschanze« am 20. Juli 1944 scheiterte. Claus Schenk Graf von Stauffenberg und die anderen Offiziere, die es geplant hatten, wurden hingerichtet. Erwin Rommel beging Selbstmord, ebenso Generalmajor Henning von Tresckow.

Der Führer blieb uneinsichtig. Als Sündenbock bezahlten weiterhin die Juden. Unter der Leitung von Adolf Eichmann wurde im »Judenreferat« des Reichssicherheitshauptamtes (RSHA) die systematische Erfassung der Juden in Griechenland, Ungarn und den anderen besetzten Gebieten Europas noch strenger organisiert. Die Verbrechen in den Konzentrationslagern wurden nun auch im Ausland bekannt.

Hitler gab sich aber keineswegs bezwungen. Im September wurden die von Wernher von Braun entwickelten, von der Propaganda als »Wunderwaffen« apostrophierten V2-Raketen auf London abgefeuert. »Volkssturm«-Einheiten wurden aus allen verfügbaren Männern zwischen 16 und 60 Jahren gebildet. Das Volk wurde mit Parolen über den »Endsieg Deutschlands« weiterhin angelogen und mit größenwahnsinnigem Nationalismus berauscht. Reichsfrauenführerin Gertrud Scholtz-Klink kämpfte mit, indem sie seit dem

Muttertag am 21. Mai 1944 immer wieder die deutschen Frauen zu
»Geburtshöchstleistungen« im Dienste des gefährdeten Vaterlandes auffordert.

Die Alliierten rückten immer näher und zerstörten ebenso brutal wie die Nazis nicht nur strategische Punkte und deutsche
Industrie- und Rüstungseinrichtungen, sondern auch Städte wie
Augsburg, Dresden, Würzburg. Exilregierungen entstanden, Widerstandsgruppen bildeten sich.

Es ist durchaus möglich, dass ein Einzelfaktum Hitler mehr be-
eindruckte als die aussichtslose Gesamtlage: Das letzte große
Schlachtschiff der deutschen Marine, die »Tirpitz«, die am 3. April
1944 in Norwegen durch einen britischen Angriff schwer beschädigt worden war, wurde am 12. November dort versenkt. Eine Woche später, am 20. November, verließ Hitler die »Wolfsschanze« und
bezog den Bunker in Berlin.

*

Für Luise Rinser beginnt nach der Salzburger Hochzeit der Alltag.
Die kurze Beschreibung des Verfalls in *Den Wolf umarmen* enthält
diesmal möglicherweise mehr Realität als Poesie. Das Häuschen
wird für vier Menschen zu eng. Die Reibereien mehren sich. Das
Verhältnis zwischen den Ehepartnern wird zunehmend schwierig.
Sie werfen einander fehlendes literarisches Talent vor. Der Streit
eskaliert bis zu dem Höhepunkt, den die Schriftstellerin festhält:
»Einmal schleuderte er mir einen schweren eisernen Leuchter
nach, der, hätte er getroffen, mich töten konnte.«[87] Was dem Vorfall vorausgegangen ist, verrät sie nicht.

Doch es gibt auch gute Tage, an denen Arbeit möglich ist. Beide
schreiben, sie mit der Hand, er an der Schreibmaschine. In diesen
Monaten entstehen mehrere Manuskripte.

»In unserem Haus ging das Leben mühsam weiter. Ich arbeitete
im Garten, hamsterte, kochte aus Nichts etwas, und abends saß
ich beim Schein einer Petroleumlampe und schrieb ein Kinderbuch, ›Martins Reise‹, und den Roman ›Hochebene‹ und die Erzählung ›Elisabeth‹, und nichts davon durfte gedruckt werden,
aber ich schrieb, ich mußte mich retten.«[88]

Die Manuskripte können nicht als Buch erscheinen. Der Grund dafür ist Papiermangel. Das vorhandene Druckpapier wird für politische und militärische Zwecke verwendet. In diesem Sinne informiert sie Hesse am 8. Juli 1944: »Mein fertiger Roman liegt am Propagandaministerium und wartet auf Druckerlaubnis. Der erste Band eines Kinderbuchs (Reise durch Deutschland) für den Atlantis-Verlag ist fertig und liegt in Zürich. Ich schreibe kleinere Sachen.« Der Roman *Hochebene*, 1942 begonnen und im Sommer 1943 beim Propagandaministerium eingereicht, kommt erst 1948 heraus. Das Kinderbuch erscheint 1949 mit dem Titel *Martins Reise*. Mit den »kleineren Sachen« sind Aufsätze gemeint, die in der »Kölnischen Zeitung« gedruckt werden. Luise Rinser stand nie unter Schreibverbot, sie gehörte vielmehr stets zu den glücklichen deutschen Schriftstellern, die sorglos schreiben und veröffentlichen konnten.

Auch Klaus Herrmann arbeitet eifrig an Werken, die später erscheinen werden. Seine Vorliebe gilt den Dramen. Außerdem schreibt er Essays und historische Romane. Einige von ihnen sind bis heute geschätzt: *Die Götterwitwe* (1947), *Die Zauberin von Ravenna* (1957), *Die guten Jahre* (1963). *Die ägyptische Hochzeit* liegt, während ich dies schreibe (2008 also), in der 9. Auflage vor. Darin eine Verarbeitung des Zusammenlebens mit Luise Rinser zu sehen, scheint mir nicht abwegig.

Tante Marie und deren Tochter Fanny bringen Nachrichten der BBC ins Waldhaus. So erfährt die Familie, dass die unvermeidliche Niederlage durch Hitlers Sturheit zu einer vernichtenden Katastrophe wird. Sie werden aber auch über das Kulturleben informiert. Während zahlreiche Verlage – darunter Brockhaus, Westermann und Goldmann – aufgrund der »Verlags-Sperrliste« verboten werden und deutsche Autoren nicht publizieren können, findet die künstlerische Kreativität ihre Wege.

Im Ausland erscheinen in diesem Jahr 1944 wichtige Werke, Theaterstücke werden uraufgeführt, so etwa Gerhart Hauptmanns *Hanneles Himmelfahrt* in New York am 21. Januar. Zwei Wochen später, am 4. Februar, hat in Paris das Drama *Antigone* von Jean Anouilh Premiere. Auch *Die Fliegen* von Jean-Paul Sartre wird erst-

malig in der französischen Hauptstadt aufgeführt. Am 26. Juni erhält Thomas Mann in den USA das Bürgerrecht.

Doch auch innerhalb des Deutschen Reiches arbeiten einige
Künstler erfolgreich. In Berlin wird Heinz Rühmanns Spielfilm *Die
Feuerzangenbowle* erstmalig gezeigt, wegen »Respektlosigkeit ge-
gen Autoritäten« allerdings verboten, dann aber nach Vorsprache
Rühmanns im Führerhauptquartier wieder zugelassen. Als am
2. Februar Carl Orffs *Carmina Burana* in München uraufgeführt
werden, ahnt Luise Rinser nicht, wie eng sie eines Tages mit dem
Komponisten zu tun haben wird. Besonders bewegt sie Richard
Strauss' *Die Liebe der Danae* in Salzburg, die sie an die ersten
Jahre mit Horst Günther Schnell erinnert.

So vergehen die Tage im Waldhaus mit Gesprächen über die Nachrichten, mit literarischen Arbeiten, von denen man nicht weiß, ob
sie je erscheinen werden, stets mit einem Schimmer Hoffnung im
Herzen, bedrängt von der Angst vor Bespitzelung oder dem plötzlichen Einbruch eines neuen Unglücks.

Eines Tages, so berichtet Luise Rinser, ruft jemand vor ihrem
Haus. Sie zuckt zusammen, geht hinaus. Es ist Lisl, die ehemalige
Mitschülerin und Ehefrau des Josef Grünfelder, den – wir erinnern
uns – Luise Rinsers Mutter einige Jahre zuvor wegen der Beziehung ihrer Tochter zu Horst Günther Schnell um Rat gebeten hatte. Jetzt braucht Lisl Luise Rinsers Rat. Ihr Mann, seit 1937 in der
Partei, ist als Wehrmachtsoffizier an der Front bei Allenstein in
Ostpreußen stationiert. Angesichts der heranrückenden Niederlage
hat sie Angst um ihn. In der deutschen Bevölkerung geht man
davon aus, dass die Russen als Rache für die vielen eigenen Gefallenen die deutschen Frontoffiziere auf grausame Weise ermorden
würden. Die Frau ist verzweifelt, will sich das Leben nehmen und
die Kinder mit umbringen. Luise versucht ihr Mut zu machen, rät
ihr, ihrem Mann zu schreiben, der Krieg sei ohnehin verloren und
bald zu Ende, er solle sich absetzen, heimkommen und untertau-
chen, sie würde helfen. Genau dies schreibt Lisl ihrem Mann, der
aber, statt dem Rat zu folgen, Luise Rinser umgehend anzeigt. Allerdings kann man annehmen, dass der Feldpostbehörde der Inhalt
des Briefes ohnehin bekannt war.

Rinsers schriftliche[89] und mündliche Berichte finden ihre Bestätigung durch die Anklageschrift des Oberreichsanwalts beim Volksgerichtshof vom 28. März 1945. Darin werden nach den Personalien Rinsers berufliche Tätigkeiten und auch ihre Arbeit für die UFA genannt, wobei ein von ihr verfasstes Drehbuch ausdrücklich erwähnt wird:

»Nachdem die Angeschuldigte von März bis Mai 1933 aufgrund freiwilliger Meldung im Arbeitsdienst gewesen war, betätigte sie sich bis zu ihrer Eheschließung neben ihrem Beruf als BDM-Führerin. Darauf war sie lediglich einfaches Mitglied der NS-Frauenschaft. Von der NSDAP wird sie indessen nicht gut beurteilt: ihr wird vorgeworfen, sich in unverständlicher Weise unter Berufung auf ihre schriftstellerische Tätigkeit gegen die Unterbringung von Umquartierten zu sperren. Ihre schriftstellerische Arbeit soll nach ihren Angaben bisher erfolgreich gewesen und anerkannt worden sein. Sie schrieb unter anderem den Roman ›Die gläsernen Ringe‹ und für die Ufa-Herstellungsgruppe des Prof. Ritter ein Drehbuch über den weiblichen Arbeitsdienst. Sie wird als geistig sehr rege und sehr redegewandt bezeichnet.«[90]

Aus dieser Anklageschrift geht weiter hervor: Luise Rinser wird nicht als Gegnerin des Nationalsozialismus, sondern wegen Wehrkraftzersetzung angeklagt. Die Anklage betont, dass die Schriftstellerin, die bislang freiwillig im Dienst des Nazistaates tätig gewesen sei, zuletzt durch ihre kritische bis ablehnende Haltung dem Staat und auch direkt dem Führer gegenüber aufgefallen sei. Die Inhalte der Gespräche zwischen Luise Rinser und Frau Grünfelder werden ausführlich dargestellt. Der Bericht erwähnt sogar das Problem einer möglichen Eifersucht zwischen den beiden Frauen, weil der Offizier Grünfelder, nach Angaben der Angeschuldigten, Interesse an ihr gezeigt haben soll.

Luise Rinsers Selbstdarstellung in dieser Sache stimmt diesmal ziemlich genau mit den historischen Fakten überein. Demnach kommen am Morgen des 12. Oktober 1944 zwei Dorfpolizisten zu ihr mit der Bitte, sie ins Wirtshaus zu begleiten. Dort wird sie verhört. Daraufhin spricht der Polizist den entscheidenden Anklagepunkt aus: »Sie haben der Frau eines Offiziers gegenüber sich scharf abträglich über den Führer geäußert, vom verlorenen Krieg gesprochen und die Frau aufgefordert, ihren Mann zum Desertieren zu bewegen.« Luise Rinser leugnet alles und erläutert, die Frau sei wegen des Selbstmordes ihrer Schwester und der Abwesenheit ihres Mannes verzweifelt und darum nicht zurechnungsfähig gewesen. Das hilft nicht. Nach siebenstündigem Verhör wird sie um 14 Uhr »im Namen des Führers wegen Wehrkraftzersetzung und Widerstands gegen den Staat« verhaftet.

Tante Marie, die im Dorf wohnt, wird vom Hausmädchen Lisi benachrichtigt. Sie kommt sofort, kümmert sich um die Kinder. (Christoph wird nach Rosenheim zu den Großeltern gebracht, Stephan bleibt weiterhin im Heim.) Luise Rinser wird ins Nachbardorf Laufen gefahren und in eine Polizeizelle gesperrt. Am nächsten Morgen wird sie nach Traunstein gebracht.

Das (Frauen-)Untersuchungsgefängnis Traunstein ist ein hartes Gefängnis, in dem zwischen 1933 und 1945 vor allem Kommunistinnen und andere als »Staatsfeinde« angesehene Gegner des Nazi-Regimes inhaftiert sind. Wie die anderen Gefangenen muss Luise Rinser sich auskleiden, wird abgetastet, die Gefängniskleidung – der weite Rock und die lange Jacke aus »graugrünem Uniformstoff« – wird ihr zugeworfen, so notiert sie es in ihrem Tagebuch. Die vulgärautoritäre Sprache der Aufseherin macht von Anfang an klar, dass die Gefangenen nicht als Menschen angesehen werden.

Sie werden systematisch zermürbt. Schlechtes Essen. Ein Eimer als Toilette. Obszöne Kritzeleien an der Wand. Von Schmutz und Gestank umgeben, geht die Gefangene in der kleinen Zelle stundenlang auf und ab, um die Zeit totzuschlagen. Ab acht Uhr kein Licht. Luise Rinser berichtet, wie sie sich hinlegt, an die Kinder denkt, an die Eltern, an Klaus Herrmann.

Am nächsten Tag fängt alles ganz früh von vorne an. Die Gefangenen werden brutal geweckt zum schlechten Frühstück, zur unwürdigen Arbeit. Alle Tage sind gleich. Tödliche Langweile.

In *Den Wolf umarmen* behauptet Rinser, sie habe damals ihre Erfahrungen auf altem Zeitungspapier festgehalten, das als Klopapier zur Verfügung stand. Im *Gefängnistagebuch* dagegen schreibt sie gleich zu Beginn: »Seit fünf Minuten habe ich […] einen Blei-

stift und einige Bogen Papier. Unter einem lockeren Brett im Fuß-
boden fand ich Papier, Bleistift […].« Wie dem auch sei, das Entscheidende stimmt: Sie schreibt ihre Erlebnisse vom 22. Oktober
bis zum 21. Dezember 1944 (vielleicht nachträglich?) auf. Schonungslos wird die Unmenschlichkeit des Alltags im Traunsteiner
Gefängnis während der Kriegszeit dargestellt.
Auch biographisch Wertvolles erfahren wir. So etwa am 14. November den Besuch von Ehemann Klaus Herrmann, der ihr Kuchen
und Äpfel bringt:
»Heute war K. da. Als ich mittags aus der Fabrik kam, wurde ich
ins Büro gerufen. Ich war ahnungslos. Da stand K. Er starrte mich
an und erkannte mich nicht. Er schaute über mich hinweg zur
Tür und erwartete mich. Ich rief ihn an. Da schrak er zusammen.
Ich brach in Tränen aus, warf mich in seine Arme und weinte.«[91]
Luise Rinser und Klaus Herrmann sind also noch zusammen, er
kümmert sich um sie, bewohnt weiterhin das Waldhaus, hofft und
wünscht, dass sie wieder heimkommt.
Vor allem die letzten Eintragungen stellen ein wertvolles zeitge-
schichtliches Dokument dar, welches das Ineinanderwirken von politischem Ereignis und persönlichem Schicksal mit einer glaubwür-
digen Natürlichkeit bekundet. Fraglich ist, ob es wirklich möglich
war, dies im Gefängnis niederzuschreiben.
»*17. Dezember 1944*: Die große politische Neuheit: Rundstedt
hat am Rhein eine Gegenoffensive gemacht. Die Amerikaner gehen zurück. Deutschland triumphiert. Viele Gefangene ebenfalls.
›Nun gewinnen wir den Krieg.‹ Ich sage: ›Blöde Gesellschaft,
Idioten. Das ist bestenfalls der letzte Schrei vor dem Zusammenbruch.‹ […]
Was soll werden aus Deutschland, wenn die Nazis gewinnen?
Ach, sie gewinnen nicht, ich weiß es. Aber ich bin verzweifelt.
21. Dezember 1944. Heute sind plötzlich Gefangene entlassen
worden, darunter alle, die mit Ausländern Liebschaften hatten.
Wieso? Ist unsere Gegenoffensive zurückgeschlagen? […] Spät
am Abend kam mein Anwalt und ließ mich rufen. Ich stürmte
zu ihm. Nichts. Er meinte, das Gesuch[92] sei abgelehnt worden,
sonst wäre es heute mit den anderen Freilassungen gekommen.

Gut – feiern wir Weihnachten im Gefängnis. Das Weihnachtspa-
ket ist schon da. Von K. ein Buch, von Ma ein Kuchen […]. Ach,
mir ist alles gleichgültig. Alles.«[93]
An diesem Tag, dem 21. Dezember 1944, bricht das veröffentlichte
Tagebuch ab. Amtlich bestätigt ist, dass sie an diesem Tag einen
Hafturlaub bis 7. Januar 1945 antritt.[94] War Luise Rinser anschließend – bis zum Einmarsch der Amerikaner, wie sie in *Den Wolf
umarmen* schreibt – noch im Gefängnis? Wir wissen es nicht. Ist
in dieser Zeit etwas geschehen, was sie der Nachwelt nicht weiter-
geben wollte? Vielleicht im Hinblick auf ihre Freilassung? Über die
Weihnachtszeit ruhen die Prozesse.

*

Es ist der Abend des 31. Dezember 1944. Adolf Hitler hält wie jedes
Jahr eine Rede an die Nation. Wir wissen nicht, wie seine Worte
auf Luise Rinser wirkten. Sie hat keine Notiz darüber hinterlassen.
»Deutsches Volk, Nationalsozialisten, Nationalsozialistinnen,
meine Volksgenossen.
Nur der Jahreswechsel veranlaßt mich heute, zu Ihnen, meine
deutschen Volksgenossen und Volksgenossinnen, zu sprechen.
Die Zeit hat von mir mehr als Reden gefordert. Die Ereignisse der
hinter uns liegenden zwölf Monate, besonders aber der Vorgang
des 20. Juli, haben mich gezwungen, meine ganze Aufmerksamkeit und Arbeitskraft der einzigen Aufgabe zu widmen, für die ich
seit vielen Jahren lebe: dem Schicksalskampf meines Volkes. Ich
möchte am Ende dieses Jahres nun all den unzähligen Millionen
meiner Volksgenossen als der Sprecher der Nation und in diesem
Augenblick auch als der Führer ihres Schicksals aus übervollem
Herzen danken für alles, was sie erlitten, geduldet, getan und geleistet haben […]. Ich möchte sie bitten, auch in Zukunft nicht zu
erlahmen, sondern der Führung der Bewegung zu vertrauen und
mit äußerstem Fanatismus diesen schweren Kampf für die Zukunft unseres Volkes durchzufechten. […] Wem die Vorsehung
so schwere Prüfungen auferlegt, den hat sie zu Höchstem berufen. […] Ich kann diesen Appell nicht schließen, ohne dem Herr-

gott zu danken für die Hilfen, die er Führung und Volk hat immer wieder finden lassen, sowie für die Kraft, die er uns gegeben hat, stärker zu sein als die Not und Gefahr. Wenn ich ihm dabei auch danke für meine eigene Rettung, dann nur weil ich glücklich bin, mein Leben damit weiter in den Dienst meines Volkes stellen zu können. In dieser Stunde will ich daher als Sprecher Großdeutschlands gegenüber dem Allmächtigen das feierliche Gelöbnis ablegen, daß wir treu und unerschütterlich unsere Pflicht auch im neuen Jahr erfüllen werden, des felsenfesten Glaubens, daß die Stunde kommt, in der sich der Sieg endgültig dem zuneigen wird, der seiner am würdigsten ist, dem Großdeutschen Reiche.«

Das ist die letzte Ansprache Hitlers an das deutsche Volk.

Dabei ist für den Führer am Ende dieses Jahres des Schreckens das Wichtigste »der Vorgang des 20. Juli«, also das Attentat gegen ihn. Dass er entkommen ist, deutet der Mann, der Deutschland, Europa und andere Teile der Welt in den Abgrund gestürzt und Millionen Menschen hat umbringen lassen, als ein Zeichen der Vorsehung. Verbrecher sind die anderen.

*

Wenn Luise Rinser über die Verwandlung nachdenkt, die das Gefängnis in ihrem Leben bewirkt hat, kommt an erster Stelle die Gottesfrage. Wo bleibt Gott, während sich die Menschen gegenseitig zerfleischen? »Gott tat von sich aus rein gar nichts, sich mir bemerkbar zu machen«, schreibt sie vierzig Jahre später. Gott habe sie im Gefängnis erprobt, ihr sei es nicht so ergangen wie dem Ägypter Sadat, dem in der Zelle ein Licht erschienen sein soll – oder dem Inder Aurobindo, der im englischen Kerker seinen Gott Vishnu erlebt und durch seine Stimme Befreiung erfahren haben will. »Mir kam nichts zu Hilfe. Nichts, außer meiner vitalen Kraft. Ich wurde zu einem kompakten Bündel Überlebenswillen.«[95]

Nach Weihnachten geht im Gefängnis das Leben weiter. Draußen rast der Krieg der Endkatastrophe entgegen. Die Offiziere sind entmutigt, die Soldaten kämpfen ohne Motivation. Das Volk hat Angst vor dem Untergang, hofft auf die Amerikaner.

Die Kriegssituation wirkt sich auf die Gerichtsprozesse aus. Alles geht schnell über die Bühne, oft entscheiden Beziehungen, Rachsucht oder Willkür. Man denkt schon opportunistisch an die Nachkriegszeit. Wenn es sich um Persönlichkeiten handelt, die später wieder einflussreich werden könnten, fallen die Urteile mild aus. Die Prozessunterlagen von Luise Rinser sind in Berlin. Am dortigen Volksgerichtshof soll der Prozess geführt werden. In der Hoffnung, eine bessere Verteidigungsposition zu gewinnen, lässt Luise Rinser über ihren Traunsteiner Anwalt Dr. Merkenschlager eine Gegenüberstellung mit ihrer Denunziantin Lisl Grünfelder beantragen. Die Konfrontation wird genehmigt, sie findet vor dem Reichssicherheitsdienst statt. Luise Rinser hat geglaubt, Lisl würde es nicht wagen, vor ihr ihre Anklage aufrechtzuerhalten. Doch sie tut es.

Die Justizbeamten glauben nicht Luise Rinser, der als Verräterin Beschuldigten, sondern der Frau des Parteimitgliedes und Wehrmachtsoffiziers. Dadurch verschlechtert sich Rinsers Lage. Aufgrund der wiederholten Anschuldigung ist eine eindeutige Formulierung der Anklagepunkte möglich. Der Oberreichsanwalt klagt sie der »Zersetzung der Wehrkraft« an. Darauf steht lebenslänglich KZ oder gar die Todesstrafe.

Rechtsanwalt Merkenschlager sieht nur eine Möglichkeit: verhindern, dass es zum Prozess kommt. Derartiges kann man nur durch Beziehungen zur Nazi-Spitze erreichen. Der Anwalt soll Luise Rinser gefragt haben, ob sie nicht Kontakt zu einem prominenten Nazi habe.

Die Geschichte kennen wir nur durch Luise Rinsers eigenen Bericht. Doch der ist plausibel und leuchtet ein, wenn wir uns die Verhältnisse vor Augen halten. Wenn nur ein prominenter Nazi in einer so heiklen Lage helfen kann, so gilt umgekehrt: Nicht für jeden Häftling ist ein prominenter Nazi bereit, einen solchen Einsatz zu leisten.

Auch über die weitere Entwicklung haben wir nur das Zeugnis der Schriftstellerin. Es ist im Vorwort zur Neuausgabe des *Gefängnistagebuches* von 1973 enthalten, dessen Inhalt 1981 in *Den Wolf umarmen* wiedergegeben wird.[96] Verglichen mit der gewohnten

Art der Rinser'schen Selbstdarstellung, erscheinen diese Passagen
merkwürdig. Rinser hat den Mut, mit überraschender Offenheit
die Namen von hochrangigen Nationalsozialisten zu nennen, die
sie sonst vermeiden oder nur mit Verachtung aussprechen würde:
Ritter, Goebbels.

»Als mein Anwalt, Dr. Merkenschlager aus Traunstein, mich gefragt hatte, ob ich denn keinen prominenten Nazi kenne, der ein
Wort für mich einlegen könnte, fiel mir nach langem Überlegen
(denn wen von denen kannte ich schon!) doch jemand ein: Professor Karl Ritter, Filmregisseur der UFA. Ich wußte, daß er eines
der ältesten Parteimitglieder war und ein Freund von Goebbels.
Er wiederum wußte, daß ich Gegnerin des Regimes war, aber wir
mochten uns gut leiden. Als man ihn von meiner Verhaftung
unterrichtet hatte, wandte er sich sofort an Goebbels und erklärte ihm, diese Verhaftung sei ein Irrtum, er kenne mich doch,
und die Denunziation sei lügenhaft. Goebbels ließ sich von der
Gestapo München meine Akten kommen. Darüber vergingen einige Wochen. Aber Goebbels konnte die Akten nicht einfach ver-
schwinden lassen, denn die Gestapo und der Reichs-Sicherheits-
dienst kannten meinen Fall bereits zu gut. So mußte Goebbels
die Akten schließlich wieder nach München schicken, machte
aber die Auflage, daß mein Fall neuerdings überprüft würde.
Dies geschah. Ritter hörte davon und intervenierte ein zweites
Mal, dabei vieles riskierend. Die Akten gingen wiederum nach
Berlin. Und dort blieben sie. Denn Berlin brannte, der Krieg war
zu Ende, ich war frei. So danke ich denn Karl Ritter, Träger des
Goldenen Partei-Abzeichens, mein Leben, und das möchte ich
auch an dieser Stelle nicht verschweigen. Es war eine unerhört
anständige Tat dieses Mannes, und nicht seine einzige. So einfach nämlich, wie das Ausland bisweilen meint, war dies alles
nicht, daß sämtliche Nazis Schurken, sämtliche Opfer aber Helden und Märtyrer gewesen wären. Keine Rechnung geht glatt
auf, und das ist gut so.«

Dieser Text ist ein Musterbeispiel für eine Art des Umgangs mit
historischen Zusammenhängen, bei der die Wahrheit gesagt wird,
ohne das Entscheidende zu verraten. Daraus entsteht – mit glei-

chen Fakten – ein anderes Bild, das in wesentlichen Punkten vom historischen Geschehen abweicht.

Die Freimütigkeit, mit der ein hochrangiger Nazi gelobt und ihm gedankt wird, ist möglich, weil Luise Rinser sich 1973 wohletabliert am anderen Ufer befindet. Sie ist zu einer moralischen Instanz der Bundesrepublik geworden. Als solche kann sie es sich leisten, einerseits öffentliche Institutionen der demokratischen Gesellschaft scharf zu kritisieren, sich andererseits aber auch für einige Nazis im Namen der Gerechtigkeit einzusetzen. Als parteilose Schriftstellerin steht sie über allem. Hinzu kommt: Sie war im Gefängnis wegen »Wehrkraftzersetzung«. Ihr ist am 23. April 1947 vom »Öffentlichen Kläger bei der Spruchkammer Laufen« bescheinigt worden, sie sei »von dem Gesetz zur Befreiung vom Nationalsozialismus und Militarismus vom 5. 3. 1946 *nicht betroffen*« [fett im Original].[97] So ist es ein besonderes Zeichen der Menschlichkeit, dankbar die Wohltaten der ehemaligen Peiniger anzuerkennen.

Luise Rinser übergeht das Entscheidende, ohne das die Erzählung ihrer problemlosen Befreiung aus der Haft wie ein Märchen klingt. Sie verschweigt den Grund ihrer Freundschaft mit Ritter und der besonderen Hochschätzung Goebbels'. Diesen Grund kennen wir: ihre Mitarbeit an verschiedenen Projekten, darunter insbesondere einem Propaganda-Film der UFA, die wiederum wegen Rinsers Profilierung als Leiterin eines Lagers für HJ-Gruppenführerinnen und die dadurch gezeigte Loyalität zum Führer möglich war. Es ist darum selbstverständlich, dass Goebbels der geschätzten Autorin Glauben schenkt und die Denunziation für einen Irrtum hält.

Nicht alle Nazis waren Schurken, betont Luise Rinser. Das ist durchaus anzunehmen. Am allerwenigsten waren sie dumm. Obwohl der Krieg zu diesem Zeitpunkt – fünf Wochen vor der Kapitulation – für die militärische Führung bereits als verloren gilt, hegen zumindest der enge Kreis um den Führer und wohl auch viele Menschen im Volk die Hoffnung, dass sich die Lage noch zu ihrem Vorteil wenden lasse. Es konnte daher nicht im Sinne Goebbels' sein, dass eine begabte Schriftstellerin, die dem Reich so erfolgreich gedient hat, aufgrund von Gerüchten und Klatsch im Gefängnis einsitzt. So erfolgt die Freilassung möglicherweise auf Befehl Goebbels', der sehr wahrscheinlich Hitler persönlich informiert hat. Die damalige Praxis scheint meine Interpretation zu bestätigen. Vor brisanten Entscheidungen pflegte Goebbels stets mit dem Führer zu sprechen. Ein bekanntes Beispiel ist der Fall Oswald Freisler, Bruder von Roland Freisler, der einmal als Nazi-Rechtsanwalt einen Gegner des Regimes eigenmächtig verteidigte. Goebbels informierte den Führer, der umgehend das Parteimitglied entließ. Dass Adolf Hitler Luise Rinser persönlich kannte und schätzte, steht für mich außer Zweifel. Auf meine Frage, ob sie einen Briefwechsel mit Adolf Hitler gehabt habe, antwortete sie, Hitlers Schwäche für Künstlerinnen und Schriftstellerinnen sei bekannt, ihr selbst habe er aber nur ein einziges Mal eine Karte zum Geburtstag geschrieben, so etwas sei damals nichts Außergewöhnliches gewesen, veranlasst habe sie es allerdings in keiner Weise. Wir können annehmen, dass dies zum 30. April 1944 geschehen ist, weil spätestens ab Sommer 1943 der Name Luise Rinser dem Führer durch ihre Mitarbeit in der UFA bekannt gewesen sein dürfte. Ob Hitler der Erfolg des Erstlingswerkes *Die gläsernen Ringe* zu Ohren kam, ist mir nicht bekannt.

Wie dem auch sei, mit ziemlicher Sicherheit kann angenommen werden, dass es zu keinem Prozess, also auch zu keiner Verurteilung kam. Sehr wahrscheinlich wurde sie nicht einmal offiziell aus dem Gefängnis entlassen, sondern einfach freigelassen. Eine Bescheinigung über ihre Haft durch das Landratsamt Laufen vom 22. Juni 1945 bestätigt nur, dass ein Verfahren wegen »defaitistischer Äusserungen« gegen sie lief, nicht aber, dass es abgeschlossen wurde.[98] Im Chaos der letzten Kriegsmonate wurden solche Vorkommnisse kaum mehr wahrgenommen.

Das Gerücht, wonach Luise Rinser zum Tode verurteilt worden sei, könnte in der bekannten Härte des zuständigen Strafrichters Freisler seinen Grund haben. Freisler kam aber im Februar 1945 bei einem Bombenangriff um. Und ein Urteil gab es nicht, da der Prozess wohl nicht stattfand. Luise Rinser selbst berichtet im Brief vom 3. April 1946 an Hermann Hesse: »Ich habe übrigens *nachträglich erfahren*, dass ich *wahrscheinlich* zum Tod verurteilt war – der Urteilsspruch ist durch die Durchschneidung der Bahn zwischen Berlin und Bayern nicht mehr vom Volksgerichtshof hierher gekommen.« Vermutlich Ende Februar oder Anfang März verlässt Luise Rinser das Gefängnis Traunstein. Da Klaus Herrmann sie dort besucht hat, ist anzunehmen, dass er sie abholt und nach Kirchanschöring bringt. Sie braucht wahrscheinlich einige Tage, bis sie imstande ist, die Kinder zu sich zu holen. Christoph ist immer noch bei den Großeltern, Stephan im Kinderheim. Angst- und zugleich hoffnungsvoll wie die Mehrheit der Bevölkerung wartet sie mit beiden Kindern, Klaus Herrmann und dessen Mutter im Waldhaus auf die deutsche Kapitulation.

*

Die entscheidende Wende des Krieges hatte bereits der Winter 1942/43 herbeigeführt, als die deutschen Armeen in Stalingrad und Nordafrika schwere Verluste erlitten hatten. Daraufhin ging es rasch bergab. Der U-Boot-Krieg scheiterte. Die Luftangriffe auf deutsche Städte nahmen an Ausmaß und Zerstörung zu. Italien kapitulierte. Spaniens Neutralität wirkte sich zugunsten der Alliierten aus. Frankreich wurde wenige Monate später befreit. Die Wehrmacht war demoralisiert. Die deutsche Bevölkerung verlor den Glauben an den Führer.

Doch die katastrophale Endphase beginnt am 20. Juli 1944 mit dem Attentat gegen Hitler. Das Dritte Reich wird nicht nur von mehreren Seiten angegriffen, es ist im Inneren zerrissen. Widerstandsgruppen paktieren mit hochrangigen Militärs, die bereit sind, den Führer zu beseitigen. Voller Hass gegen die Generäle und gegen das Volk misstraut Hitler jedem. Vom missglückten Attentat bis zum Ende des Krieges werden die deutschen Verluste an Menschen und Gütern größer sein als in den vorhergegangenen fünf Kriegsjahren zusammen.

Die letzten militärischen Aktionen tragen das Siegel blinder Verzweiflung. Um den erwarteten letzten Angriff der Alliierten aufzuhalten, wird, wie schon erwähnt, am 25. September 1944 der *Volkssturm* aufgeboten. Und wieder fügt sich das Volk dem sinnlosen

Befehl. Mitte Januar 1945 nimmt die Rote Armee ihre Offensive wieder auf. Zwei Wochen später erreicht sie die Oder in Niederschlesien und bricht in Pommern zur Ostsee durch. Ostpreußen ist damit abgeschnitten. Wochenlang haben die Parteifunktionäre den Abtransport der Zivilbevölkerung aus Ostdeutschland verboten. Nun wird er überstürzt angeordnet, als es für viele zu spät ist. Im eisigen Winter kommen ihre »Trecks« auf den verstopften Straßen nur schrittweise vorwärts. Viele Menschen erfrieren oder sterben an Erschöpfung, Familien werden auseinandergerissen, Frauen und Kinder geraten zwischen kämpfende Truppen. Ausgeliefert an die Rache der Sieger, müssen die ostdeutschen Flüchtlinge für das Leid bezahlen, welches das nationalsozialistische Deutschland den Polen und Russen zugefügt hat.

Im Februar beginnen die Westmächte den Großangriff auf das Reichsgebiet. Bombenflugzeuge zerstören die Verkehrsanlagen. Ununterbrochen werden Städte bombardiert. Zehntausende Alte, Frauen und Kinder fallen dem Angriff auf Dresden zum Opfer.

Alle Brücken über den Rhein werden von den deutschen Truppen zerstört – bis auf die Eisenbahnbrücke bei Remagen, für deren Sprengung keine Zeit mehr bleibt. Amerikanische Kräfte gelangen ans Ostufer und bauen diesen Brückenkopf aus. Wenig später setzen auch weiter nördlich amerikanische und britische Truppen über. Breitgefächert stoßen motorisierte Einheiten vor. Doch die Nazi-Spitze bleibt unnachgiebig. Jeder Ort, so wird befohlen, soll verteidigt werden, auch wenn keine Waffen gegen Panzer zur Verfügung stehen. Wer, um das Leben der Bewohner und ihre Häuser zu retten, von Übergabe redet oder die weiße Fahne hisst, wird sofort erschossen.

Am 18. März 1945 fordert Rüstungsminister Speer Hitler auf, den Krieg zu beenden, um das deutsche Volk vor dem Untergang zu bewahren. Der Führer antwortet ihm:

»Wenn der Krieg verloren geht, wird auch das Volk verloren sein. Es ist nicht notwendig, auf die Grundlagen, die das deutsche Volk zu seinem primitivsten Weiterleben braucht, Rücksicht zu nehmen. Im Gegenteil ist es besser, selbst diese Dinge zu zerstören. Denn das Volk hat sich als das schwächere erwiesen und dem stärkeren Ostvolk gehört ausschließlich die Zukunft. Was nach diesem Kampf übrig bleibt, sind ohnehin nur die Minderwertigen; denn die Guten sind gefallen.«[99] Einen Tag später, am 19. März, erlässt er den berüchtigten »Nerobefehl«:

»Alle militärischen, Verkehrs-, Nachrichten-, Industrie- und Versorgungsanlagen sowie Sachwerte innerhalb des Reichsgebietes, die sich der Feind für die Fortsetzung seines Kampfes irgendwie sofort oder in absehbarer Zeit nutzbar machen kann, sind zu zerstören.«

Am 16. April beginnt der sowjetische Angriff auf Berlin. 14 Tage dauert der Kampf um die Reichshauptstadt. Am 29. April heiratet Hitler Eva Braun. Am 30. April verübt er zusammen mit ihr Selbstmord. Auch Goebbels und seine Frau bringen ihre fünf Kinder und sich selbst um.

In seinem Testament hat Hitler den Großadmiral Dönitz, der nach Flensburg ausgewichen ist, zu seinem Nachfolger ernannt. Dieser lässt einige Tage verstreichen. Dann bietet er den Alliierten die Gesamtkapitulation an. So wird es zumindest möglich, Truppenteile nach Westen abzuziehen und sie vor der Gefangennahme durch die besonders gefürchtete sowjetische Armee zu bewahren. Am 7. Mai unterzeichnet eine Delegation in Reims die bedingungslose Kapitulation der deutschen Wehrmacht gegenüber den Westalliierten. In der Nacht zum 9. Mai wird die Unterzeichnung im sowjetischen Hauptquartier wiederholt. Damit ist der Zweite Weltkrieg in Europa beendet. Das Kriegsende in Asien folgt erst im August.

Mindestens 62 Millionen Menschen haben durch diesen Krieg ihr Leben verloren. Darunter 27 Millionen in Russland, 13 Millionen in China, 2 Millionen in Japan, mehr als 5 Millionen in Deutschland, 5 Millionen in Polen, 2 Millionen in Jugoslawien. Rund 20 Millionen Menschen mussten aus ihrer Heimat flüchten oder wurden vertrieben, deportiert oder als Zwangsarbeiter verschleppt. Mehr als 6 Millionen Juden und eine halbe Million Menschen nichtjüdischer Herkunft wurden ermordet. Es gibt unzählige Verstümmelte und Verletzte, zahllose Familien sind zerstört, europäische Städte durch die Nazis, deutsche Städte durch die Alliierten verwüstet, einige, wie etwa Dresden und Würzburg, auf besonders erbarmungslose Weise. Durch eine machtsüchtige Clique war ein ganzes Volk ins Verderben gestürzt worden, Menschen über Generationen traumatisiert, ein Kulturland in ein barbarisches Unternehmen hineingezogen, dessen Folgen es für Jahrzehnte psychisch, moralisch, wirtschaftlich, territorial und politisch belasten.

Die Menschheit wird mit der Realität eines in diesem Ausmaß bislang ungeahnten kriminellen Potentials im Menschen konfrontiert, das sie bis in die tiefsten Schichten ihres Selbstbewusstseins erschüttert. Nicht nur die Politik, auch Philosophie, Theologie und Naturwissenschaften haben nach der Katastrophe von vorne anzufangen.

*

Mit Theorien allein ist der Mensch kaum zu bewegen. Auch Not und Elend vermögen nur kurzfristig zu erschüttern, solange man sie bei anderen erlebt. Erleidet der Mensch sie aber am eigenen Leib, gehen sie ihm unter die Haut. Diese Erfahrung kann dann eine Wende für den Rest des Lebens bewirken.

Wie die meisten Deutschen war Luise Rinser – wie wir sahen – von Hitler fasziniert und hoffte, das Dritte Reich würde einen Umbruch in der Geschichte des nach dem Ersten Weltkrieg so tief gedemütigten deutschen Volkes herbeiführen. Dann, in einer zweiten Phase ihrer Entwicklung, hat sie sich zwar innerlich langsam distanziert, äußerlich jedoch aus beruflichen Gründen angepasst. Ob Luise Rinser vor Kriegsende von den KZs gewusst hat, ist nicht bekannt. Gewiss ist, dass sie erst in Traunstein die ganze Unmenschlichkeit und die verbrecherische politische Unlauterkeit der Nationalsozialisten erkannte. Deren Spitze ging es in Wahrheit nicht um das Volk. Sie war nur an sich selbst, an der eigenen Macht interessiert.

Nach der Umkehr von Traunstein blieb Luise Rinser diejenige, die sie war: literarisch hochbegabt, leidenschaftlich am Leben interessiert, schwärmerisch, anerkennungsbedürftig, großzügig, doch auch autoritär, jähzornig, geltungssüchtig, opportunistisch. Aber sie will sich jetzt in den Dienst der Menschheit und der sozialen Gerechtigkeit stellen. Für ihr deutsches Volk wünscht sie eine andere Art von Größe – nicht die militärische.

Im Mai 1946 schreibt sie an Hesse:
»Es gibt jetzt eben, hier in Deutschland, nur zwei Arten von Menschen: die einen glauben an den Untergang, die andern an die Auferstehung. Ich glaube an einen harten langen Weg. […] Es ist ein langer Weg, denn die Fehler, die uns zum N.S. führten, liegen tief im deutschen Wesen, und sie können nicht in einem einzigen Jahr ausgemerzt werden. Wenn die Deutschen nur endlich lernen würden, daß die wesentlichen Dinge nicht durch rasche Gewaltstreiche erledigt werden, sondern durch Warten, durch die Kunst Geduld zu üben. Wir haben einen zu kurzen Atem! Mich wird nichts davon abbringen, an den Sieg der Menschlichkeit zu glauben. Sie haben mir in Ihrem schönen Brief Klugheit und einen wachen Blick zugesprochen. Vertrauen Sie nun, bitte, diesem Blick, wenn ich Ihnen sage, daß es eine, wenn auch zahlenmäßig nicht sehr große, aber in ihrer geistigen Vitalität und in ihrem politischen Rüstzeug beachtliche Schicht gibt, die am Frieden mitarbeitet! Diese Schicht stammt aus der Mitte zwischen Reaktion und neuer Unfreiheit, und wir wissen uns in guter Verbindung mit dem Ausland.«
Diese Sicht wird ihr jedoch bald begrenzt erscheinen. Ihr, der Ungeduldigen, wird die deutsche Entwicklung zu Menschlichkeit und sozialer Gerechtigkeit nicht schnell genug vorankommen. Ihre eigene geht zu rasch. So bleiben die anderen hinter ihr zurück. Jeder Ort wird ihr zu eng werden. In ihrer scharfen Sicht entpuppt sich vieles Hochgeschraubte als hilflose Tarnung der Banalität. Stets wird sie von der Sehnsucht nach dem wirklich Großen gequält. Über ihre Heimat hinaus, über das Deutschtum und gar über die irdische Welt hinaus wird sie schließlich der Drang nach der kosmischen Ganzheit treiben.

Doch damit haben wir vorgegriffen. Noch sind wir im Frühling 1945. Froh, den deutschen Zusammenbruch überstanden zu haben, lebt und arbeitet Luise Rinser mit Klaus Herrmann und den Kindern im Waldhaus von Kirchanschöring. Am 3. April 1946 berichtet sie Hermann Hesse über ihr gemäßigtes Idyll:

»Es ist Frühling, es ist warm und man vergisst bisweilen, dass es uns nicht gut geht. Das heißt: uns persönlich geht's nicht schlecht. Wir haben Arbeit, schreiben für die Neue Zeitung, machen Neu-Herausgaben von Heine, Büchner (mein Mann) und von Flaubert, Thackeray, Pestalozzi (ich), meine Bücher werden gedruckt, mein Mann verhandelt mit Theatern seiner Stücke wegen; und wir wohnen immer noch in unserem winzigen Haus in der Einöde und sind selig darüber, dass keine Gestapo mehr unsre Schritte belauert und abends vor den Fenstern steht. Bisweilen ärgern wir uns über die Dummheit der Menschen, die glaubt, sich die muffige alte Welt wieder aufbauen zu können, und die nicht begreifen wollen, daß das nicht mehr geht. Ich selbst habe durch das Gefängnis viel gelernt, und bürgerliche Kümmernisse bedrücken mich nicht mehr. Wir leben, das ist genug, denn wenn wir leben, denken und fühlen wir auch, und zwar beides intensiv – und wenn wir dazu noch ein Dach überm Kopf haben und genügend Kartoffeln und Brot, dann haben wir (für den Augenblick) genug. Manchmal haben wir Sehnsucht nach viel Wärme, viel Wein, viel Zigaretten und viel alter Kultur – aber es geht auch so.«
Im Traunsteiner Gefängnis hat sie also doch das Entscheidende gelernt. Denn ist es nicht hohe Weisheit, einzusehen, dass es im Leben zuerst und zuletzt um das Leben selbst geht? Die Frage ist nur: Wie wird sie diese befreiende Einsicht im neuen Deutschland aufrechterhalten können?

Der literarische Charakter der Autobiographie

Den Wolf umarmen

Für die Kindheit und Schulzeit Luise Rinsers, also bis zum Beginn ihrer Tätigkeit als Lehrerin im Jahre 1930, sind wir im Wesentlichen auf den ersten Teil ihrer Autobiographie *Den Wolf umarmen* angewiesen. Wo deren Plausibilität zweifelhaft erscheint, haben wir es vermerkt. Für die Zeit danach gibt es auch andere Quellen – vor allem Briefe und persönliche Mitteilungen. Eine kritische Überprüfung ihrer Erzählung ist leichter möglich.

Bislang hat die Öffentlichkeit das Buch als autobiographisch im herkömmlichen Sinne verstanden. Zwischen den Berichten der Schriftstellerin und den historischen Fakten liegt jedoch oftmals eine tiefe Kluft. Das gängige Bild von Luise Rinser stellt also in entscheidenden Punkten, die sowohl ihr Leben als auch ihre Rolle in der Zeit des Nationalsozialismus betreffen, geradezu eine Fälschung dar.

Zweifellos geht die Irreführung auf Luise Rinser selbst zurück. Doch wie konnte die Fachwelt, wie konnten Historiker und Literaturexperten ein Buch wie *Den Wolf umarmen* (1981, mit der Fortsetzung *Saturn auf der Sonne* 1994) als historische Autobiographie missverstehen, da sich das Werk von der ersten bis zur letzten Seite als epische Selbstdarstellung erweist? Das Datum 1. September 1939 als Beginn der Niederschrift von *Die gläsernen Ringe*, womit die Erzählung beginnt, ist – historisch mit hoher Wahrscheinlichkeit unzutreffend – ein starkes Symbol für eine dichterische Uminterpretation des Geschehens, für ein Epos.

Den Wolf umarmen erzählt die Legende von der zierlichen und zugleich starken Frau, die sich dem Drang der Männerwelt nach

Macht, Krieg und Herrschaft mutig entgegenstellt. Sie kämpft, liebt, bleibt über den Tod hinaus dem fürs Vaterland in Russland gefallenen Ehemann treu, zieht die Kinder allein auf, arbeitet unermüdlich, überwindet Armut und Isolation und wird als Dichterin zum Frauenideal für Generationen. Eine solche Gestalt ist kein selbstverständliches Produkt der Natur, es bildet sich vielmehr durch strenge Haus- und Schulerziehung, zunächst im schmerzhaften Abnabelungsprozess von den Eltern, danach im erfolgreichen Durchgang durch die verschiedenen Stadien der erotischen Entwicklung. So versteht man in ihrer Funktion etwa die literarisch glänzenden, lehrbuchmäßig mythologisch aufgebauten Abschnitte über die Figur des Vaters, über die erotische Faszination, die ihre Lehrerin Elisabeth Schweitzer (im Epos »Erinna«) auf die junge Schülerin ausübt, sowie das ebenso brillante Stück über ihre erste Liebe zu einem Mann, dem Physiklehrer Wilhelm Müller (im Epos zu »WM« stilisiert), die gleichfalls nicht über die poetische Leidenschaft hinausgeht. Das ganze Buch ist chronologisch ungeordnet, ekstatisch in Schüben niedergeschrieben, es verläuft sprunghaft, verschachtelt, doch jederzeit spannend, voller Widersprüche und Überraschungen.

Wo sonst hätte ein solches Epos geschrieben werden können als in Deutschland in der zweiten Hälfte des 20. Jahrhunderts? Ist es 1981, vierzig Jahre nach der Katastrophe also, nicht eine Aufgabe, jene grauenhafte Zeit derart in eine höhere Dimension zu stellen, dass die Würde des Menschengeschlechtes noch irgendwie gerettet wird? Da wird nämlich hart mit den Nazis ins Gericht gegangen und bewiesen, dass sich Güte und Menschlichkeit früher oder später durchsetzen.

In *Den Wolf umarmen* offenbart sich die ursprüngliche Dynamik literarischen Schaffens. Oft ist ein Buch nicht nur besser als der Autor. Es zeigt dessen Mehrdeutigkeit. »Ich ist ein anderer« (Je est un autre), schrieb Rimbaud. Nach Vollendung seines Werkes bleibt der Schöpfer bisweilen als kümmerliches Geschöpf zurück, dem es selten gelingt, die gute Seite seiner selbst, die er literarisch so glänzend verkörpert, in der Wirklichkeit zur Entfaltung zu bringen.

Das Buch – wie, soweit ich sehe, bisher geschehen – ausschließlich mit dem Blick auf eine historische Unmittelbarkeit zu lesen, greift zu kurz. Grundlegende Werke können auf verschiedenen Ebenen interpretiert werden. In seinem mythologischen Sinn erkannt, erweist sich *Den Wolf umarmen* als ein Meisterstück, das außer der erwähnten geschichtlichen Bedeutung zwei Hauptaspekte literarischen Schaffens zum Ausdruck bringt:

Zum einen das Recht jedes Menschen, nach Verfehlungen an die gute Seite seines Wesenskernes wieder anzuknüpfen. Die Fehltritte eines Lebenslaufes gehören unwiderruflich zum ganzen Weg – daher die Pflicht, dazu zu stehen. Der Mensch ist aber mehr als nur einige Schritte seines Weges.

Zum anderen die Aufgabe des Schriftstellers, gerade schwierigen, schlechten Zeiten gute Substanz für die Menschheit abzugewinnen. Die Zukunft verleiht rückwirkend dem Geschehen neuen Sinn. Die griechischen Mythen enthielten für die Zeitgenossen, welche die ihnen zugrunde liegenden Gegebenheiten und Personen kannten, gewiss historische Unstimmigkeiten. Im Laufe der Geschichte jedoch haben sich diese von ihrer vergänglichen Verkleidung gelöst und sind zu Ausdrucksmitteln für zeitenthobene Wahrheiten geworden. Auf diese Weise erhellte Hölderlin mythologische Gestalten sinnvoll für sich und seine Zeit. In seiner *Philosophie der Mythologie* arbeitete Schelling die Bedeutung früherer Kulturen für die Wissenschaft heraus. *Den Wolf umarmen* kann in diese Denktradition geschichtlichen Hochinterpretierens gestellt werden.

Zwischen 1926 und 1929 träumte die junge Schülerin mit ihrer Freundin Gertraud in München bei der Lektüre Hölderlins von der Größe der »deutschen Seele« – mit ihren Schwächen und Stärken. Mit der Schaffung ihres eigenen Mythos hat Luise Rinser sich durch die Tragik des deutschen Schicksals bis zur »Seele des Menschen« mit ihren Kämpfen und Verfehlungen, mit ihren guten Absichten und Sehnsüchten durchgerungen.

Diese Überlegungen erläutern die literarische Eigenart des Buches. Sie entschuldigen keineswegs die menschlichen und politischen Fehler der Autorin. Bekanntlich hatte Luise Rinser die Neigung, sich selbst als Heldin darzustellen, die nahezu alles besser machte als die anderen. Die historische Wahrheit zeigt dagegen:

Sie war eine ungewöhnliche Frau, aber auch nur ein Mensch – ängstlich, opportunistisch und ruhmsüchtig wie viele andere. Dennoch: Die Schwäche eines Autors mindert nicht die Größe seines Werkes. Leben und Werk gehen oft verschiedene Wege. Kommen sie vielleicht doch irgendwo zusammen?

III.
Literarischer Durchbruch im zerstörten Deutschland
1945–1959

Deutschland im Aufbruch
1945–1948

Gefängnistagebuch

Vor seinem Selbstmord hatte Hitler verfügt, dass man seine Leiche mit Benzin übergieße und verbrenne. Von ihm sollte keine Spur bleiben. Ihm, der sich nie jemandem untergeordnet hatte, graute davor, dass womöglich nach seinem Tod jemand über ihn verfügen könnte. Hinterlassen hatte er die größte Katastrophe der deutschen Geschichte: ein geschlagenes Volk in Not und Elend, zerstörte Familien, ein Land mit zerbrochenen politischen und sozialen Strukturen ohne jegliche eigene Autorität, dazu bestimmt, Schauplatz von Machtkämpfen der Alliierten zu werden.

Die Amerikaner hatten erwartet, herrschsüchtige, insgeheim noch vom nationalsozialistischen Größenwahn getragene Menschen vorzufinden, die es zu »zähmen« galt. Sie fanden jedoch Verzweifelte, die nicht zu begreifen schienen, was geschehen war. Hoffnungslosigkeit und Unsicherheit bei einem Volk, das noch wenige Monate zuvor davon geträumt hatte, die mächtigste Nation der Welt zu werden. Jetzt aber herrschte eine so bittere Armut, dass die Menschen gezwungen waren, zu betteln und auf der Straße Zigarettenkippen aufzulesen. Abgestumpfte Bürger ohne Bleibe auf der Suche nach Nahrung. Dazu mehr als 12 Millionen Vertriebene und Flüchtlinge, die aufgenommen werden mussten.

Zwei Monate nach der Kapitulation nimmt die Reichsbahn wieder einige Strecken in Betrieb. Auf notdürftig reparierten Schienen fahren überfüllte Güterzüge mit Flüchtlingen, ehemaligen Zwangsarbeitern, Ausgebombten, heimkehrenden Soldaten. Millionen Menschen. Viele wissen nicht genau, wohin sie reisen. Sie erinnern sich irgendwelcher Angehörigen, von denen sie Hilfe erhoffen. Dann kommen sie an und finden Dorf oder Stadt zerstört, die Verwandten tot.

In den Geschäften ist kaum das Nötigste zu finden, man besorgt sich auf dem Schwarzmarkt oder durch Beziehungen Luxusartikel wie amerikanische Zigaretten und Kaffee und tauscht damit Lebensnotwendiges ein. Die Stromversorgung kommt nur sehr langsam wieder in Gang, Heizmaterial muss sich jeder selbst besorgen, mit Leiterwagen und Kinderwagen: im Wald, auf den Güterbahnhöfen, wo es Kohle für die Besatzung gibt. In Westdeutschland geht man später »fringsen«, nachdem der Kölner Kardinal Frings in seiner Silvesterpredigt 1946 angesichts der großen Not das sich Aneignen von fremden Gütern in bestimmten Situationen als erlaubt erklärt hatte. Da viele Männer tot, in Kriegsgefangenschaft oder im Entnazifizierungslager sind, müssen Frauen den Schutt in den zerstörten Städten beseitigen: die »Trümmerfrauen«.

Gemeinsame Not. Man ist froh, noch zu leben. Doch es sind die Flüchtlinge dazugekommen, die bei den Einheimischen einquartiert sind und ihnen Platz wegnehmen, Lebensmittel ergattern, die man selbst bräuchte. Und so wird das Miteinander immer schwieriger. Oft sind die amerikanischen Besatzer willkommener als die Flüchtlinge des eigenen Volkes.

Die Alliierten sind entsetzt beim Anblick des Grauens in den Konzentrationslagern. Sie glauben den Deutschen nicht, wenn sie behaupten, von den Verbrechen nichts gewusst zu haben. Besiegt, arm, kraft- und orientierungslos, werden die Deutschen im eigenen zerstörten Land von den Siegern verachtet.

Am 5. Juni 1945 gaben die Alliierten in der »Erklärung in Anbetracht der Niederlage Deutschlands« in den Sprachen der Siegermächte bekannt: Die oberste Regierungsgewalt obliegt Vertretern der vier alliierten Mächte. Der entscheidende Absatz lautete: Die Regierungen in Washington, London, Moskau und Paris haben die Hoheitsrechte über Deutschland übernommen.

Die Teilung wurde endgültig im August 1945 im Potsdamer Abkommen festgelegt: die Sowjetunion erhielt das Gebiet der späteren Deutschen Demokratischen Republik (DDR) und die Ostgebiete des Deutschen Reiches; England verwaltete Schleswig-Holstein, Hamburg, Niedersachsen, Nordrhein-Westfalen; die amerikanische Besatzungszone erstreckte sich über Bayern, Hessen, Teile von Württemberg sowie Bremen und Bremerhaven; Frankreich regierte das spätere Rheinland-Pfalz und Teile von Württemberg und Baden. Das Saarland wurde unter französische Verwaltung gestellt. Die bisherige Reichshauptstadt Berlin wurde in vier Sektoren aufgeteilt, unter der gemeinsamen Oberhoheit der vier Mächte. Das Gesamtgeschehen überwachte der Alliierte Kontrollrat, der für alle Entscheidungen zuständig war, die Deutschland als Ganzes betrafen. Für alle Beschlüsse war Einstimmigkeit vorgeschrieben. Die Armeen der Sieger richteten sich auf unbestimmte Zeit ein.

Dass die Sowjetunion ihre eigenen Wege gehen würde, war von Anfang an absehbar. Elf Millionen sowjetische Soldaten und neun Millionen Zivilpersonen waren in diesem Krieg in der Sowjetunion umgekommen. Hitlers Ziel, die Sowjetunion zu vernichten und deren Gebiet im Hinblick auf die von ihm für das Großdeutsche Reich als notwendig erachtete »Erweiterung des Lebensraumes« zu erobern, kehrte sich nun gegen Deutschland. Die Sowjetunion verließ ihre bisherige untergeordnete Rolle und wurde neben den USA zur zweiten Weltmacht. Der Zweite Weltkrieg war zu Ende. Der erste »Kalte Krieg« der Menschheitsgeschichte begann.

*

Wie begegnet Luise Rinser dieser schwierigen Situation? Zunächst kommt es auf das Überleben an. Die Menschen müssen essen, schlafen und eine anständige Toilette haben. Da braucht man keine weltbewegenden Theorien. Gute Tagespolitik mit schnellen Lösungen ist gefragt. Aber über die sofortige Befriedigung dieser Grundbedürfnisse hinaus muss die Frage nach der Natur des Menschen neu gestellt werden.

Hier setzt Luise Rinser an. Als junge Schülerin hat sie bei der gemeinsamen Lektüre ihres Lieblingsdichters Hölderlin mit ihrer Freundin Gertraud von der »deutschen Seele« geträumt. Auch Goethe und Schiller, Novalis, Tieck, Hofmannsthal sowie Kant und Schelling gehörten in die Vorgeschichte dieser Sehnsucht.

Wie soll man die jetzige Situation von Elend und Demütigung bewältigen, wenn man in einer solchen Tradition verwurzelt ist? Zunächst einmal gilt es, überlegt Luise Rinser, in die Abgründe des Menschen hineinzuschauen. Nur wer die Abgründe kenne, sei in der Lage, Abstürze zu verhindern. Im *Gefängnistagebuch* hat sie geschrieben:

»Manchmal stehe ich mir hier selbst gegenüber, wie nie zuvor. Ich sehe mich mit meinen niederen Instinkten, mit den falschen, verlogenen Ansichten von Ehre, Moral, Standesbewußtsein und all diesen schönen, angelernten, konventionellen Ideen. Zum Schluß bleibt nichts von einem, als ein Tier, das fressen und schlafen will, sich vor Schlägen fürchtet und in die Freiheit ausbrechen will. Draußen tarnen wir das bloß mit vielen Worten.«[1]

Auch nach und trotz Hitler sind die Menschen dieselben geblieben. In der großen Politik streiten sich schon die Siegermächte. Auf der Ebene des Bewusstseins hat sich nichts geändert. Ähnlich steht es mit dem »Mann auf der Straße«. Viele wollen nichts gewusst haben, andere geben zu, Mitläufer gewesen zu sein; diejenigen, die es können, kaufen sich für viel Geld einen »Persilschein«. Kaum hat das Dritte Reich kapituliert, sind die meisten schon wieder auf der Seite der Macht. Und so werden hohe Ämter in den wiederhergestellten Demokratien Deutschland und Österreich von ehemaligen Nazi-Funktionären bekleidet. Man hat nur die Uniform gewechselt.

Versöhnung statt Rache. Schon richtig. Dennoch: Gerechtigkeit, keine Verdrängung. Für Luise Rinser bietet sich Gelegenheit, dies an sich selbst zu üben.

Am 12. Oktober 1945 erhält sie einen Brief von Lisl Grünfelder, ihrer Denunziantin – genau ein Jahr nach der Verhaftung. Die Lage hat sich umgekehrt. Nun sitzt Lisls Mann Josef (Sepp) als bedeutender Nazi-Offizier im Gefängnis. Die Frau schreibt:

»Du rächst Dich bitterlich, S. ist seit neun Wochen verhaftet. […] Bedenke, daß auch wir taten, was wir für richtig hielten, weil wir nicht hinter die Kulissen schauen konnten.«

Luise Rinser antwortet am gleichen Tag:

»Ich habe Euch nicht angezeigt. Kennst Du mich so schlecht, daß Du glauben kannst, ich wollte mich rächen? […] Deine Entschuldigung ist sinnlos, denn sie kommt zu spät und sie kommt aus einer unsauberen Quelle. Dein Glaube an Hitler ist zusammengebrochen genau in dem Augenblick, in dem der Nationalsozialismus zusammenbrach. [...] Aber nun laß uns Schluß machen mit Haß, Blut und Tod. Was wir wollen [...], das ist Friede und Menschlichkeit.«[2]

Die Unlauterkeit der Handlung tadelt Luise Rinser mit Recht. Aber war nicht auch sie selbst der Faszination der Macht erlegen? Gerade darin besteht das Problem: orientierungslos, greift der Mensch oft blind zu, wenn man ihm einen Halt bietet. Auf der Erkenntnis dieses Zusammenhanges von Individuum und Gesellschaft beruht das Befreiungsprogramm der Alliierten. Nicht nur das Land, auch die Menschen müssen wieder aufgebaut werden. Gleichzeitig mit der Wiederherstellung der Infrastrukturen, dem Wiederaufbau von Schulen und Krankenhäusern wird die Entnazifizierung vorangetrieben. Was aber geschieht in Wirklichkeit? Im Osten tritt an die Stelle der Nazi-Ideologie die kommunistische, im Westen die kapitalistische. Was wird dabei aus den Menschen?

Am Ende bringt das schlimme Jahr 1945 eine kurze Ruhepause. Weihnachten verbringt Luise Rinser mit den beiden Kindern, Klaus Herrmann und dessen Mutter im Waldhaus in Kirchanschöring. Ihnen geht es nicht schlecht. Rinsers Eltern haben dazu beigetragen, dass sie im Rahmen des Möglichen genug haben. Das Fest wird mit der Christmette gefeiert. Dann beginnt wieder der graue Alltag. Trümmerfrauen, Tauschmärkte, nächtliche Dunkelheit.

31. Dezember 1945. Ein Jahr zuvor hat Hitler seine letzte Rede an das deutsche Volk gehalten – noch mit dem Blick auf den Endsieg. Nun liegt Deutschland in Schutt und Asche. Und die Menschen wissen nicht, wie die Zukunft aussehen wird.

Gleich im Jahr 1946 wird die Vereinigung der Verfolgten des Naziregimes VVN gegründet. Trotz der Verdächtigung, es handle sich um eine getarnte kommunistische Organisation, engagiert Luise Rinser sich in ihr. Sie versucht zu helfen, materiell und vor allem psychisch. Viele überlebende Opfer des Nationalsozialismus leiden unter traumatischen Ängsten; manch einer wird davon in den Selbstmord getrieben. Als im Prinzregententheater zum ersten Mal wieder »Fidelio« gegeben wird, brechen beim Chor der Gefangenen viele Zuschauer in Tränen aus. Und Hunger ist keine Metapher, der Hungerherbst 1946 vielmehr eine niederschmetternde Realität, an die sich Luise Rinser auch Jahrzehnte später noch lebhaft erinnert und die sie später in ihrer ganzen Härte zu beschreiben vermag.[3]

Der Schriftstellerin wird Mitarbeit angeboten am Bayerischen Rundfunk, in der Zeitung *Echo der Woche (Zeitung)*, im »Sonderministerium für Entnazifizierungsfragen«. Doch die Wende nach der Traunsteiner Gefängniszeit wirkt weiter. Luise Rinser will keine öffentlichen Ämter. Ihre Berufung ist eine andere. Unabhängig bleiben. Und schreiben – im Dienst der allgemeinen Sache. Es geht um die Zukunft Deutschlands und darüber hinaus um die Zukunft des Menschen. Eine Katastrophe wie der Zweite Weltkrieg darf nie wieder passieren.

Sie schreibt also. Abends, wenn die Kinder schlafen, unter der Petroleumlampe am Küchentisch in Kirchanschöring. Und sie nimmt jede Publikationsmöglichkeit wahr. Die *Neue Zeitung*, von den Amerikanern gegründet, bietet ihr eine Mitarbeit an. Da sammelt sich eine Anzahl von wichtigen Autoren. Feuilletonchef ist Erich Kästner. Er gibt Luise Rinser Aufträge, sie verfasst Artikel und Rezensionen und bekommt dafür ein gutes Honorar. Doch zu kaufen gibt es nichts. So hungert die Familie trotz des Geldes.

Die Beklemmung der Niederlage wirkt sich auf die literarische Kreativität aus. Was nur deutsch ist, kann nicht gut sein, ist die Meinung, die auch deutsche Autoren unter der Besatzung verinnerlichen. So entsteht ein literarischer Minderwertigkeitskomplex. Luise Rinser stellt fest: »Wir ahmten alle Hemingway nach.« Sie vergleicht den amerikanischen Romancier mit Moses, der den Felsen mit dem Zauberstab berührt. Und die Quelle beginnt zu sprudeln. Die Amerikaner befreien Deutschland nicht nur militärisch. Sie bereiten den Boden für eine geistige Befreiung.

Luise Rinser schreibt viel. Und findet auch einen Verlag, den Desch Verlag in München, der Papier bekommt und ihre Bücher herausbringt. So erscheinen 1946 das *Gefängnistagebuch*, eine Zusammenstellung aus *Pestalozzis Schriften* und der Band *Erste Liebe* mit den drei Erzählungen *Elisabeth, Anna, Daniela*.

Zusammen mit dem Regisseur der Münchner Kammerspiele, Hans Schweikart, gründet sie die »Lessing-Gesellschaft zur Förderung der Toleranz« und arbeitet gleichzeitig in der »Internationalen Frauenliga für Frieden und Freiheit« mit. Sie hält politische Vorträge, die dem Grundthema »Entnazifizierung« gewidmet sind. Einer der bemerkenswertesten ist wohl jener, den sie vor dem »Süddeutschen Frauenring« und später in einem Umschulungslager für SS-Angehörige in Ludwigsburg bei Stuttgart hält. Sein Titel: »*Hitler in uns selbst?« Versuch einer psychologischen Analyse des Menschen der Gegenwart.*[4] Darin greift sie eine Analyse des Schweizer Philosophen Max Picard auf, veröffentlicht unter ebendiesem Titel: »Hitler in uns selbst?« In Ludwigsburg sitzen Hunderte von Intellektuellen vor ihr, SS-Männer, die begreifen sollen, was sie getan haben. Eine Gruppe von ihnen kann bald die Rede nicht mehr ertragen, steht auf und verlässt mit militärischem Schritt den Saal. Die Bitternis der Besiegten heilt nicht schneller als die Wunden der Erniedrigten.

Die Ereignisse dieses Jahres und der schwierige Prozess der Wiederherstellung einer deutschen Identität sind beschrieben in den Briefen an Hermann Hesse. Am 3. April 1946 schickt Luise Rinser ihm ihren ersten Brief nach dem Zusammenbruch. Stellen daraus haben wir im vorangegangenen Kapitel zitiert. Wichtig für die neue deutsche Stimmung ist die Öffnung nach außen:

»Ach lieber Herr Hesse – seit dem Tag, an dem die ersten ›Amis‹ hier vorüberfuhren, war ich nicht mehr so glücklich darüber, daß der ganze böse Spuk vorüber ist, wie in diesen Tagen, da man wieder mit dem Ausland in Verbindung treten kann. Ich kann Ihnen endlich wieder schreiben!«

Am 25. Mai 1946 schreibt sie einen zweiten, persönlich und politisch wichtigen Brief. Der Dichter ist verzweifelt über die Deutschen:

»Ihre Hinneigung zum Tod ist mir so vertraut. Ich lebe mitten im Leben und bin eigentlich glücklich, aber der Gedanke an den Tod ist immer in mir. […] Ich bin vom Leben schon so oft gezwungen worden mich zu wandeln (vielleicht entnehmen Sie das aus den Briefen der letzten 10 Jahre) und jede Wandlung tat sehr weh. Wie sträubte ich mich damals, als ich von meinem ersten Mann mich trennen sollte, erinnern Sie sich? Ich kam hilfesuchend wie ein Kind zu Ihnen. Und eine wie große Wandlung bedeutete meine Gefängniszeit. Es war nicht einfach für mich, Abschied zu nehmen von den bürgerlichen Illusionen und den Sprung ins nackte, oft hässliche Leben zu tun.«

Hesses *Brief nach Deutschland* wird im April 1946 in der Baseler National-Zeitung veröffentlicht und von mehreren deutschen Zeitungen und Zeitschriften nachgedruckt. Darin brachte er seine bittere Enttäuschung über die Deutschen zum Ausdruck. Adressatin des Briefes war Luise Rinser. Sie antwortet:

»Was Sie in dem gedruckten Brief an mich schreiben, ist nicht erfreulich. […] Sie sind verzweifelt über uns, und über Deutschland besonders, das Sie lieben. Es ist alles wahr, was Sie schreiben. Keiner will es gewesen sein, jeder will ›entnazifiziert‹ werden (wie seltsam! Genau so wenig wie man ›arisiert‹ werden kann, kann man entnazifiziert werden. Für mich ist Nazismus Charakter gewesen […]). Besonders abscheulich finde ich, wenn Leute nun kommen und sagen: ›Ich bin doch nur ein Mitläufer gewesen.‹ […] Lieber noch ein böser, echter Nazi, vom Teufel getrieben, als ›bloß ein Mitläufer‹. […] Ja, dies alles ist scheußlich. Aber so sind die Menschen doch! […] Es gibt noch viel schlimmere Dinge bei uns, von denen Sie nichts schreiben. […] Es ist sehr schwierig hier zu leben. […] Aber […]: Überall sind Kräfte am Werk, die arbeiten. Öffentlich oder in aller Stille. Viele Frauen sind es, die sehr viel klarer als die Männer die Wirklichkeit sehen. (Die deutschen Männer schmollen, weil man sie nicht mehr Soldaten spielen lässt!)«

Sie sieht richtig. Doch sie ist zu hart, den Verirrten und den Männern gegenüber. Als ob sie mit unzähligen anderen deutschen Frauen nicht auch der Hitler-Faszination erlegen wäre. Als ob nicht viele Frauen immer noch dem Nazi-Größenwahn nachtrauerten.

Dagegen beurteilt sie die Arbeit der Alliierten, vor allem der Amerikaner, durchaus positiv:

»Nur böswillige Leute können sagen, daß uns die Besatzung erdrosselt. Ich bin überzeugt, daß Amerika und England politische Vernunft genug haben, um es nicht zu tun. Überall sind kluge Leute am Werk, die (aus einer Verbindung von Berechnung, Instinkt und Ethik heraus) der Welt zum Frieden verhelfen wollen.«

Am Schluss des Briefes wird Ehemann Klaus Herrmann in einer Art erwähnt, die ihn über jeden Verdacht erhaben sein lässt.

»Grüßen Sie bitte Ihre Frau. Ich wußte, daß sie Jüdin ist. (Wie seltsam, daß man davon überhaupt spricht.) Sagen Sie ihr bitte, daß ich mich unendlich schäme für das, was man den deutschen Juden antat. Manchmal scheint es mir, ich sei mitschuldig, weil ich nichts dagegen sagte. Aber für dieses Schweigen habe ich während meiner Verhaftung gebüßt. Mein Mann, auch einer von denen, die nicht ein einzigesmal mit den Nazis paktiert haben u. nicht einmal Soldat war (einer der saubersten Leute, die mir begegneten) läßt Sie sehr herzlich grüßen.«

Dieser Text führt erneut zu der Frage: Warum hat Luise Rinser für die Nachwelt in *Den Wolf umarmen* ein so negatives, ja vernichtendes Bild von Klaus Herrmann entworfen, der beim Erscheinen des Buches schon tot war, sich also nicht mehr wehren konnte? Wir haben bisher nur die Fakten angeführt, eine Interpretation von Rinsers Verhalten in dieser heiklen Angelegenheit noch nicht gewagt.

Hesse hadert mit dem deutschen und auch mit seinem eigenen Schicksal:

»Seit langer Zeit fällt es mir, wenn je einmal ein freier Augenblick kommt, bedrückend ein, daß ich Ihnen nie habe schreiben können: Die Gründe kennen Sie aus der Drucksache ›Statt e. Briefes‹, die ich Ihnen schickte. Es sind auch noch andre, tiefere Gründe da. [...] Die Neue Zeitung brachte, ungefragt und unerlaubt wie alle deutschen Blätter das ja jetzt tun, im August meinen ›Brief nach D.‹, der ursprünglich an Sie gerichtet, und keineswegs zur Publikation bestimmt war. Es kam ein Dutzend schöner, mehr oder weniger zustimmender und dankbarer Leserbriefe, und ein ganzer Berg von zum Teil unflätigen Haßbriefen.

Mein Leben ist ein Trümmerhaufen, ich begreife nicht warum ich es noch ertrage. Mein Werk ist zerstört, sein Wiederaufbau meiner Teilnahme und Mitarbeit entzogen. Suhrkamp schweigt Monat um Monat, auf Geld und Brot aus meinem Werk ist nie mehr zu hoffen, solang ich lebe, denn die paar in der Schweiz verkauften Bücher bringen natürlich nichts ein. Ich brauche nicht zu hungern, nicht einmal zu knausern, aber das ist es nicht was ich meine, was mir fehlt ist mein Recht und meine natürliche Lebensluft [...] (7. September 1946)«

Hermann Hesse ist gekränkt. Trotzdem schreibt er am 2. Oktober, bevor Luise Rinsers Antwort kommt, auf ihre Bitte eine Empfehlung, damit sie in die Schweiz einreisen kann; sie lautet so:

»Frau Luise Rinser ist eine von mir ihrer Begabung und ihres sehr schönen ersten Romans wegen hochgeschätzte Dichterin, und ist außerdem mir teuer durch die Unbeirrtheit, mit der sie während der Jahre der Hitlerzeit Widerstand geleistet und im Gefängnis dafür gebüßt hat.

Frau Rinser ist die eigentliche Adressatin meines ›Briefes nach Deutschland‹, den ich im Frühling 1946 publiziert habe und der am 2. August auch in der Neuen Zeitung in München abgedruckt wurde.

Die Bestrebungen, um Frau Rinser für eine Weile zur Erholung in die Schweiz zu bringen, möchte ich auf das Herzlichste empfehlen und unterstützen.«

Einige Tage später, am 7. Oktober 1946, beantwortet Luise Rinser Hesses Brief vom 7. September.

»Lieber Herr Hesse, lieber, nie gesehener Freund – Ihr Brief hat mich nicht erstaunt, aber doch ein wenig bestürzt. Ich verstehe, daß Sie müde sind. Bin es doch ich schon oft. Sehen Sie: ich habe kürzlich in Stuttgart vor der Internationalen Frauenliga eine Rede gehalten über das Thema ›Heimatliebe, Vaterlandsliebe, Nationalismus, Weltbürgertum‹.[5] Es war ein streckenweise etwas scharfer Ton und ich habe gehofft, man würde mir heftig widersprechen. Nichts! Man sagte mir, es sei eine ›wunderschöne‹ Rede gewesen. Gerade das, was ich nicht wollte. [...] Vor einigen Tagen war ich in München bei einem deutsch-amerikanischen Diskussions-

abend. Ein kluger Amerikaner sprach. [...] Der Amerikaner war
sehr deutschfreundlich. Er baute sachlich und höflich Brücken.
Was tut das deutsche Publikum? Es greift ihn an. [...] Ich will
sehr oft keine Deutsche mehr sein. Aber was soll ich sonst sein?
Dieses Volk ist müde, dumm, unpolitisch, ungeistig geworden. [...] Muss denn das Schicksal noch mehr strafen, bis wir
sehen, worauf es ankommt? [...]«
Hesse hatte sie gefragt, was sie tue. Sie zählt ihre bereits erwähnten Tätigkeiten auf: Mitarbeit in der Internationalen Frauenliga,
pädagogische Aufsätze, ein Artikel über Jugendgefängnisse, Arbeit
an einem Roman für Suhrkamp, der allerdings wegen Papierman-
gels nicht sofort gedruckt werden kann, und an dem Kinderbuch
für den Atlantis Verlag. Einen »Kleinstadtroman« entwirft sie auch
gerade. Und sie liest viel, Zeitungen, »volkswirtschaftliche und politische Bücher«. Dann fügt sie hinzu:
»Nebenbei arbeite ich viele seltsame Dinge. Viele Menschen,
Männer besonders, erwählen mich als – na, wie soll ich sagen –
als ›Insel‹ zum Ausruhen oder als ›Stütze‹, als Anregung u. was
weiß ich. Sie sind alle müde, neurotisch. [...] (auch Albrecht Goes
[...]. Auch Suhrkamp. [...] Gott sei Dank ist mein Mann klug,
ruhig, sachlich, und Gott sei Dank reichen bei mir Humor, Vitalität und andre nützliche Eigenschaften ziemlich weit, sodass ich
von all den Neurosen nicht angesteckt werde. [...] Übrigens gibt
es hier in Deutschl. eine Anzahl sehr kluger Frauen. Ob wir Frau-
en vielleicht doch etwas Neues zu sagen haben? –«
Das Kompliment an Klaus Herrmann klingt echt. Die Ehe scheint
also doch noch zu funktionieren. Am zweiten Weihnachtsfest seit
der Kapitulation ist die Not noch groß. Bei Familie Herrmann-
Rinser in Kirchanschöring sieht es nach dem zitierten Brief an Hesse so aus:
»Ich bekam zu Weihnachten von meinem Mann ein Eichenholz-
Relief mit Ihrem Kopf nach einem Foto, auf dem Sie wie ein
Raubvogel aus dem Bild schauen. Ich liebe das sehr.
Weihnachten war schön bei uns, ohne Hunger, mit einem Care-
Paket von Hermann Kesten aus U.S.A. (Sie erinnern sich wohl an
ihn?) mit Wärme, Christbaum, vielen unerwarteten Geschen-

ken. […] Die Kinder waren selig. […] Es war schön, alles. Aber wir haben da immer einen Stachel im Fleisch. Wenn es uns ein wenig gut geht, denken wir an alle jene, denen es schlechter geht.« Das ist Glück in einer zerrissenen Zeit. Eine erfolgreiche Karriere mit Weltruhm und Geld deutet sich schon an. Das Familienleben scheint harmonisch. Nichts lässt ahnen, dass diese Ehe bald auseinandergehen wird. Zerbricht sie wirklich?

*

Das Jahr 1947 begann mit einer Kältewelle, die Zentraleuropa lahmlegte. In der amerikanischen Besatzungszone, darunter Bayern, mussten 75 % aller Industriebetriebe zeitweise stillgelegt werden. In Berlin wurden täglich bis zu 1000 Menschen mit Erfrierungen in die Krankenhäuser eingeliefert. Auch Amerika litt unter extremer Kälte; selbst die Niagara-Fälle gefroren teilweise.

Doch das Leben im besetzten Deutschland ging weiter. Im Januar 1947 kam der Film *Die Todesmühlen* (Drehbuch: Hanus Burger) über die Konzentrationslager heraus. Die Bevölkerung war erschüttert, beschämt. Es schien, dass die Siegermächte sich langsam davon überzeugen ließen, die Gräueltaten seien nur das Werk der Nazis, und diese seien nicht mit Deutschland gleichzusetzen. Jedenfalls wurde die »Entnazifizierung« durch einen Beschluss der fünften Außenministerkonferenz der vier Siegermächte in Moskau im März / April 1947 nun deutscher Verantwortung überlassen.

Schwerwiegende Entscheidungen trafen allerdings weiterhin die Alliierten, wie etwa die Auflösung des Landes Preußen »als Träger des Militarismus und der Reaktion« (Kontrollgesetz Nr. 46). Sie behielten sich auch die Verfolgung und Bestrafung der Nazi-Verbrecher vor. So wurden am 18. Juli 1947 schwere Kriegsverbrecher in das Alliierten-Gefängnis Spandau verlegt, darunter Rudolf Heß, Albert Speer und Karl Dönitz. Im Nürnberger Prozess wurden am 20. August sieben nationalsozialistische Ärzte zum Tode verurteilt. Der ehemalige Kommandant von Auschwitz, Rudolf Höß, war drei Monate zuvor in Warschau zum Tode verurteilt und am 17. April vor dem Konzentrationslager hingerichtet worden.

Doch die Deutschen zeigen immer deutlicher, dass sie fähig sind, wieder hochzukommen. Und die Alliierten sind von diesem außergewöhnlichen Lebenswillen beeindruckt. So finden knapp zwei Jahre nach der Kapitulation die ersten Landtagswahlen statt. In Bielefeld tritt vom 22. bis 25. April 1947 der Gründungskongress des »Deutschen Gewerkschaftsbundes« zusammen. Im ersten Kongress des »Kulturbundes zur demokratischen Erneuerung Deutschlands« im Mai wird Johannes R. Becher als Präsident bestätigt, und Kurt Schumacher wird Ende Juni in Nürnberg zum Parteivorsitzenden der SPD in den westlichen Besatzungszonen wiedergewählt.

Ausländische Politiker setzen sich für den Aufbau Deutschlands und seine Einbeziehung ins Wirtschaftsgeschehen ein. Hierbei ist der ehemalige US-Präsident Hoover (1874–1964) hervorzuheben, der nach einer Reise durch Deutschland im März 1948 für eine Aufhebung der wirtschaftlichen Einschränkungen und für eine Neuorientierung der Deutschlandpolitik eintritt. Drei Monate später, am 5. Juni, fordert US-Außenminister George C. Marshall in einer Rede an der Harvard University ein wirtschaftliches Aufbauprogramm für Europa und die Einbeziehung Deutschlands. Dieses »European Recovery Program« wird unter dem Namen »Marshall-Plan« in die Geschichte eingehen. In der Sowjetischen Besatzungszone wird eine »Deutsche Wirtschaftskommission« errichtet.

Wichtig ist, den Deutschen die kulturelle Identität zurückzugeben und Räume zur geistigen Selbstentfaltung zu gewähren. Am 4. Januar 1947 erscheint erstmalig das Nachrichten- und Kulturmagazin *Der Spiegel*. Die Dresdner Akademie der Bildenden Künste unter der Leitung von Hans Grundig (1901–1958) und die Dresdner Hochschule für Werkkunst unter der Leitung von Will Grohmann (1887–1968) werden wiedereröffnet. Die Dramen *Agamemnons Tod* und *Elektra* von Gerhart Hauptmann werden in Berlin uraufgeführt.

Die Gruppe »Junge Literatur«, später »Gruppe 47« genannt, wird von den Herausgebern der ab 1946 (bis 1949) erscheinenden Zeitschrift *Der Ruf*, Hans Werner Richter und Alfred Andersch, gegründet. Als die *Süddeutsche Zeitung* einen Faschingsball gibt, sind alle dabei – auch ausländische Schriftsteller, wie der spanische Philosoph José Ortega y Gasset. In Frankfurt findet der erste deutsche Schriftstellerkongress statt, wo über »Littérature pure« oder »Littérature engagée« heiß diskutiert wird. Es folgt das erste internationale Jugendtreffen in München. Daran nimmt André Gide teil, der im Dezember den Nobelpreis für Literatur erhält. Dass ausgerechnet der bekennende Schwule Gide kommt, um über Frieden und Freundschaft zu sprechen, in einem Land, wo noch zwei Jahre vorher Homosexuelle vergast wurden, wird als eine besondere Geste gewürdigt.

Trotz der noch so frischen Verbrechen der Barbarei war und bleibt Deutschland die Heimat von Dichtern und Denkern, die zu unterstützen im Interesse der Menschheit liegt. Persönlichkeiten wie Gide, Ortega y Gasset und vor allem Jean-Paul Sartre, der in dieser Zeit nach Berlin kommt, um die deutsche Phänomenologie zu studieren, sehen gerade im Verhängnis des Kulturlandes die große Chance für die Menschen. Ausländische Intellektuelle sind davon überzeugt: Die Deutschen werden sich nicht damit begnügen, das Land wiederaufzubauen und erneut zu einer wirtschaftlichen und politischen Macht werden zu lassen. Sie werden auch über die Katastrophe reflektieren. Weltweit wird das philosophische Geschehen direkt oder indirekt vom Nachdenken über das Rätsel dieses Krieges bestimmt.

*

Luise Rinser gehört zu denjenigen, die sich mit der Problematik intensiv auseinandersetzen. Sie wirkt auf beiden Ebenen: der des Denkens und der des Tuns. Die allgemeine Stimmung in Deutschland fasst sie zusammen mit einem Wort: »Wir lebten.«

»Eigentlich waren es unsere glücklichen Jahre. Wir besaßen nichts, wir hingen an nichts (als an unserer Freiheit), wir schätzten das Geld nicht, wir lebten (wie wir es unter Hitler gelernt hatten) von der Hand in den Mund, wir liebten den Augenblick, wir waren glücklich bei unsern vielen Zusammenkünften und Diskussionen, bei denen wir das Telefon nicht mehr mit Kissen zudecken mußten, damit die Gestapo nicht mithörte, wir brachten jeder ein Stück Holz oder Brikett mit und harte Kekse, ein paar

Ami-Zigaretten, ein bißchen Bohnenkaffee aus Care-Paketen. Was zählte, das war das Frei-sein, das Miteinander, das gemeinsame Hoffen und Planen. Wirklich: eine glückliche Zeit, auch wenn unsre Haare vom Waschen mit der schlechten Seife verfärbt und strähnig, unsre Mäntel abgetragen, unsre Schuhsohlen durchgelaufen, unsre Wollstrümpfe durchlöchert waren und an den Fersen die rotgefrorne Haut durchscheinen ließen. Wir *lebten*.«[6]

Mit der Niederlage ist jene Schein-Größe zerfallen, zu der sich Deutschland militärisch aufzublasen versucht hatte. Aus dem Schutt erhebt sich nun die helle Einsicht, die das Wichtige vom Nebensächlichen zu trennen vermag. Wichtig ist das Leben selbst, Freiheit, die dankbare Freude am Dasein, die Achtung voreinander. Dass die Deutschen dies entdecken und das Ausland diese Wende anerkennt, erfüllt Luise Rinser mit Freude und verbindet sie mit den vielen, die zu diesem Umbruch beitragen.

»[…] und wir waren betrunken von Wein und Übermut und Verliebtheiten reihum. Auch ich habe meine Zurückhaltung aufgegeben, ich lag damals nicht nur in einem Paar Männerarmen. Einmal, wenn auch nur für Monate, mußte ich auf diese Art leben dürfen.«[7]

Echt ist diese Stimmung bei Menschen, denen das Leben als solches wichtig ist. Wie ist es bei den anderen, die nur ans Geschäft denken?

Wenn Luise Rinser in ihren Erinnerungen von »vertaner Chance« sprach, meinte sie, dass der Mensch schnell vergisst und wieder vom Wesentlichen ins Nebensächliche flieht. Dann ist alles wieder beim Alten. Es schien ihr, als behandelte man das Kriegsende wie einen Graben, der schnell zugeschaufelt und überbaut wird mit Warenhäusern, Fabriken, Banken, Kirchen und Reihenhäusern für zufriedene Bürger.

Nach dem Nobelpreis im Dezember 1946 erhält Hermann Hesse Anfang 1947 auch den Goethe-Preis der Stadt Frankfurt. Er kommt aber nicht nach Deutschland. Gleichsam als Ersatz für seine persönliche Anwesenheit bittet die Zeitschrift *Der Regenbogen* Luise Rinser, über Hesse zu schreiben. Sie tut es und nimmt in ihren

Aufsatz ein Gedicht auf, *Leb wohl, Frau Welt*, das Hesse für sie geschrieben hat. Dazu bräuchte sie eigentlich seine Genehmigung. Da es keine telefonische Verbindung gibt und Briefe lange unterwegs sind, kann sie Hesse wegen der drängenden Zeit nicht mehr darum bitten. Sie entscheidet sich, es dennoch zu zitieren, im Glauben, aufgrund der langen Freundschaft würde der Dichter die Genehmigung nachträglich geben. Sie täuscht sich. Hesse reagiert in seinem Brief vom 25. März 1947 empört:

»Ihr Brief vom 13. mit den Beilagen ist gekommen, hat mir aber keine Freude gemacht. Jeder deutsche Journalist, der etwas geschrieben hat, was er in der Schweiz publizieren möchte, ist so phantasievoll, mich als Laufburschen zu benutzen, weil ich im Ruf der Gutmütigkeit stehe. Und jeden Tag bringen deutsche Zeitungen, Zeitschriften, Rundfunke etc. irgend welche gestohlene Texte von mir, ohne vorher zu fragen. Daß auch Sie nun beides tun, stärkt meine Achtung vor eurem Deutschland nicht, und ist, wenn ich das sagen darf, in Ihrem Fall weit weniger harmlos als bei fast allen andern, die es tun. Denn Sie wissen genau, wie es mit mir steht und wie ich, nah am Verrecken, jeden Tag bis zur Erschöpfung der letzten Kräfte ausgenutzt werde.

Wir wollen es dabei gut sein lassen, und einander eine Weile in Ruhe lassen.«

Luise Rinser antwortet am 11. April:

»Lieber Herr Hesse – trotz Ihres Verbots: ich schreibe Ihnen. Ich kann Ihren Brief nicht ganz ernst nehmen. Nähme ich ihn ernst, dann wäre ich furchtbar enttäuscht von Ihnen, und die Enttäuschung, die Sie mir bereiten würden, wäre noch tiefer als jene, die ich Ihnen bereitet habe: […] Sie sind zwar verbittert (u. ich weiß ja warum) aber Sie sind es nicht immer und nicht in Ihrem Innersten. Ich nehme Ihren Brief als den Ausdruck eines großen augenblicklichen Ärgers über mich. Ich weiß, daß es nicht richtig war, das Gedicht zu veröffentlichen, ich habe Ihnen versucht zu erklären, warum ich es tat: ich wollte, auch andre sollten dieses unglaublich ›vollkommene‹ Gedicht kennen. Aber ich sehe ja ein, daß es nicht richtig war, es zu tun. […]

Und sagen Sie nie mehr: ›Ihr Deutschen.‹ Daß wir hier mitten in der Hölle [...] noch um Geist bemüht sind, das allein sollte genügen, uns noch für Menschen zu halten. [...]« Rinsers Antwort gefällt dem Dichter nicht, der in einer Kurzmitteilung ohne Angabe von Datum und Ort so kontert: »Am Übelnehmen liegt mir nichts, ich habe mehr als genug andres zu tun. Aus Ihrem Brief sehe ich, daß ich nicht das Recht habe, mir ein ablehnendes Urteil über irgend eine Handlung von Ihnen zu erlauben, während Ihnen jede Kritik und Schulmeisterei an mir erlaubt ist. Ich bitte also um Entschuldigung, und denke das ›Ihr Deutsche‹ diesmal nur im Stillen. Da Sie wie Ihr alle so sehr empfindlich sind und etwas anderes als Bewunderung so gar nicht ertragen können, hätten Sie ja auch irgend einmal sich eine Minute lang in meine Lage hineindenken und auf mich die Rücksicht nehmen können, die Sie von andern erwarten.«

Nun sieht Luise Rinser ein, dass der Vorfall Hesse als Anlass dient, um einen lange angestauten Zorn zu entlassen und dass der Ausdruck »Ihr Deutsche« eine Problematik zum Ausdruck bringt, die tiefe Wurzeln hat. So antwortet sie besonnen:

»Lieber Herr Hesse, ich glaube, ich habe Sie jetzt verstanden und Ihren Groll. Ich habe mich monatelang (eigentlich seit 1 ½ Jahren) mit dem Versuch einer psychologischen Analyse des gegenwärtigen Deutschen befasst, das war sehr nützlich. Ich habe viel begreifen gelernt. Eben auch Ihren Groll.

Und nun, bitte, vergessen Sie, daß ich auch einmal zu ›den Deutschen‹ gehörte, es war eine Entgleisung, und nehmen Sie meine guten Wünsche zu Ihrem Geburtstag wieder in der alten Gesinnung an. Ich bin ja doch keine von ›denen‹. Ach nein. Und ich liebe Sie sehr.«

Der Satz »vergessen Sie, dass ich auch einmal zu ›den Deutschen‹ gehörte, es war eine Entgleisung ...« bezieht sich wohl auf ihre damalige Mitwirkung an literarischen und erzieherischen Projekten der Nazi-Regierung, wovon sie Hesse im Vertrauen, doch auch unbekümmert berichtet hat. Im Laufe des langjährigen Briefwechsels (zu einem Treffen kommt es nie) spürt Luise Rinser immer deutlicher, dass Hesse ihr damaliges Verhalten doch nicht gebilligt hat, selbst wenn er aus Gründen der Höflichkeit und Kollegialität – und weil man sich damals zu solchen Themen in Briefen nicht offen äußern konnte – nie erwähnt hat. Im Gegenteil: einige Monate zuvor (im Oktober 1946) hatte er sogar das oben angeführte Gutachten geschrieben, in dem er ihre Haft hervorhob, die sie als Gegnerin des Hitler-Regimes ausweist. Die Betonung des einen verträgt sich durchaus mit dem Verschweigen des anderen.

Nach Rinsers demütigem Schuldbekenntnis bekommt Hesse nun auch die Erzählung *Jan Lobel aus Warschau* (als Vorabdruck in der *Neuen Rundschau*, denn das Buch erscheint erst 1948). Die Geschichte gefällt ihm so gut, dass er die »Versöhnung« mit der um Jahrzehnte jüngeren Schriftstellerin wie selbstverständlich walten lässt. Auf einer Postkarte schreibt er ihr:

»Ich habe jetzt endlich das reklamierte Rundschauheft bekommen u. mir Ihre Erzählung vorlesen lassen. Sie hat mir sowohl als Ganzes wie in allen Einzelheiten sehr gefallen, das möchte ich gleich melden.

In dem Haus hinter der Linde habe ich einst, nach meiner ersten Heirat, drei Jahre gelebt von 1904 bis 7.

Herzlich grüßt Sie Ihr H. Hesse«[8]

Über diesen versöhnlichen Ton ist Luise Rinser beglückt. Der kleine Streit hat dazu gedient, die Freundschaft zu vertiefen. Angeregt von diesem erneuerten Vertrauen, schreibt sie am 4. August 1947 einen gewichtigen Brief:

»[…] An der heißen Freude, die unvermutet in mir aufsprang als ich las ›Herzlich grüßt …‹, daran merkte ich, wie sehr mich der Gedanke bedrückt hatte, dass Sie wirklich durch mehr als die Schweizer Grenze von mir getrennt wären.«

Das eheliche Glück mit Klaus Herrmann, das nur wenige Monate vorher noch euphorisch kundgetan wurde, besteht offensichtlich nicht mehr. Die Vergangenheit – die Scheidung vom ersten Mann, die Beziehung zu Ernst Jünger, Stephans außereheliche Geburt – meldet sich wieder.

»[…] Kürzlich war ich bei einer alten, klugen Frau, die zugleich Graphologin, Chiromantin und Hellseherin ist – aber ich glaube, sie hat einfach ungewöhnlich viel gesunden Menschenverstand.

Sie hat mir gesagt (sie kannte mich nicht), daß ich in einer Krise sei und weder mit Leben noch mit Schreiben weiterkönne, weil Intellekt und Wille mich beherrschen. Ich habe, sagt sie, das nötig gehabt, denn ohne meinen Willen u. Verstand hätte ich mein Leben bisher nicht ertragen. Sie meinte, ich hätte kaum eine Stunde im Leben so leben dürfen wie ich wollte. Von Kindheit an. Und meine jetzige Ehe sei schlecht, sie sei äußerlich sehr gut gewesen all die schweren Jahre hindurch – aber ich habe den Mann nur geheiratet, um ihn zu decken im 3. Reich, es war da allerlei, was ihn belastete. Und wir hielten eng zusammen gegen alles Schwierige.«

Durch die schmeichelnde Interpretation der Hellseherin vergisst Luise Rinser, dass sie damals euphorisch an Hesse geschrieben hatte, endlich interessiere sich für sie ein Mann, der *sie* heiraten wolle, beim ersten Mann sei es umgekehrt gewesen, *sie* habe *ihn* (Schnell) geheiratet, deswegen sei es schiefgegangen. Nun werden die Tatsachen uminterpretiert, wodurch die Trennung von Klaus Herrmann gerechtfertigt erscheint. Eigentlich will sie frei sein, das Zusammenleben mit Klaus Herrmann und dessen Mutter engt sie ein.

»Aber da nun das alles wegfällt, ist eigentlich kein Grund mehr da, weiter mitsammen zu leben. Es ist ohne Härte, das alles. Es wird sich ganz ruhig ergeben. Ich muss frei sein, ich kann nicht mehr verheiratet sein, nicht so. […] Ich will endlich einmal nicht leben wie ein Pfeil auf einer gespannten Bogensehne.«

Es ist, als würde sie gegen die Mitte ihres Lebens (sie ist 36 Jahre alt geworden) wie durch eine Offenbarung einsehen, dass es im Leben darauf ankommt, zu lieben und geliebt zu werden, doch dies nicht bloß literarisch: nicht über Liebe schreiben, sondern sie leben.

»Ich will mir etwas geschehen lassen. Nicht tun. Ich will geliebt werden. Ich will mich fallen lassen. Endlich einmal aus dem vielen hellen Licht weg. Endlich einmal eine Frau sein, keine ›Intellektuelle‹ (ich bin das und werde es immer sein, aber eingehüllt in anderes soll es sein).«

Die Hellseherin macht eine erstaunliche Prophezeiung:

»Die alte kluge Frau sagte, ich würde in etwa 1½–2 Jahren einen ziemlich großen Erfolg haben u. dann sehr weit fortgehen u. in einem fremden Land ein ganz neues Leben beginnen. Es könnte, sagt sie, Amerika sein. Was soll ich in Amerika?« Auch ein Umzug ins Ausland wird also vorausgesagt, unsicher ist die Frau nur über den Ort. Es wird in der Tat nicht Amerika sein. Und er wird sehr viel später stattfinden.

Die Frage nach Deutschland und den Deutschen beschäftigt sie tief. Frei kann sie darüber nur mit Hesse reden.

»Und trotzdem: vor einigen Wochen sprach ich im Intellektuellen-Nazi-Lager in Ludwigsburg über das Thema, von dem ich Ihnen einen Durchschlag schickte.[9] Ein Thema, das für die etwa 3–400 Leute (SS und höhere Beamte des Naziregimes wie Universit.Prof. usw.) eine bittere Pille war. Die Leute waren sehr gepackt; es kam einiger harter Widerstand, aber viel Zustimmung, und ein großer Teil war erschüttert. Viele sind voll des besten Willens, voll echter Einsicht in ihren Irrtum und ihre Fehler. Ein seltsames Volk ist dieses deutsche Volk. Es wohnt soviel Gegensätzliches so dicht nebeneinander.«

Sie ist innerlich unruhig, zerrissen zwischen Arbeit und Leben, gequält vom Gefühl, die Zeit zu verschwenden, wenn sie nicht am Schreibtisch sitzt, und etwas zu verpassen, wenn sie nicht unter die Leute geht. So fährt sie oft nach München, wo sie sich mit Schriftstellern trifft, reist in andere deutsche Städte zu Vorträgen. Weihnachten 1947 feiert die Familie Rinser-Herrmann noch gemeinsam im Waldhaus. Streit gibt es eigentlich nicht. Doch das Zusammenleben ist von den Spannungen gezeichnet, die zur langsamen Entfremdung der Ehepartner gehören.

Als »politisch Verfolgte« des Hitler-Regimes bekommt Luise Rinser Anfang 1948 eine Wohnung in der Flotowstraße im Stadtteil München-Laim.[10] Die Wohnung, die vorher von »displaced persons« bewohnt war, ist in sehr schlechtem Zustand; sie muss fast vollständig renoviert werden. Außerdem gehört sie einem alten Nazi, der zwar vorübergehend enteignet ist, aber trotzdem auf das Haus aufpasst und kleinlich dafür sorgt, dass man »seinen« Garten nicht »plündert«, die Kinder nicht dort spielen. Entscheidend aber ist: Luise Rinser kann in München leben, wo sie Kontakte zu litera-

1914

1930

Horst Günther Schnell, 1936

1937

Luise Rinser-Schnell
Die gläsernen Ringe

Eine Erzählung

S. Fischer · Verlag · Berlin

Erstausgabe 1941. Umschlaggestaltung E.R.Weiß

Mit Stephan und Christoph, 1944

Gefängnis Traunstein

1949

Fritz Landshoff, 1950

1951

Carl Orff, 1953

Abt Johannes M. Hoeck,
um 1956

Das neuerbaute Haus in Rocca di Papa, 1966

Karl Rahner

Mit Isang Yun, um 1975

Nordkorea. Mit Kim Il-sung, 1980

Lesung in Frankfurt, 1983

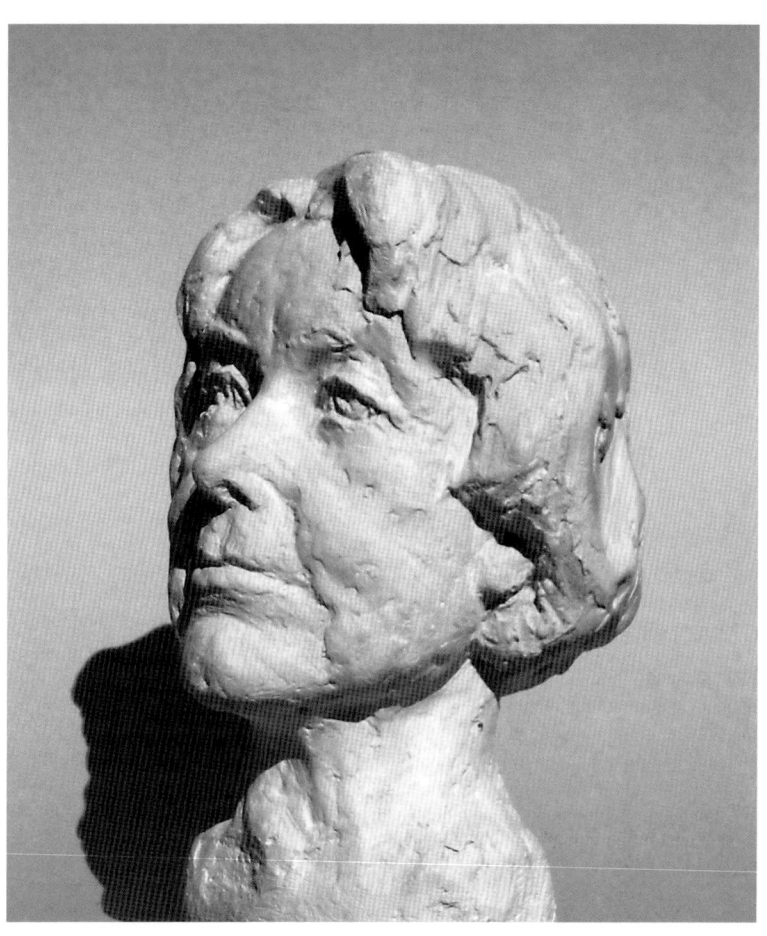

Büste von Karin Mai, 1992

1999

rischen Kreisen pflegt. Durch den Umzug geht die Ehe mit Klaus Herrmann von selbst auseinander – ohne Streit, aber auch ohne Scheidung. Die Kinder können von dort aus in die Volksschule gehen. Alles sieht bestens aus. Doch die Anstrengungen der vergangenen Jahre wirken nach. Luise Rinser erkrankt schwer an Gelbsucht. Sie hat das Haus in Kirchanschöring bereits verlassen, aber in ihrem Zustand kann sie die Wohnung nicht herrichten. Ein Bekannter, Professor Gramm, bietet ihr Unterkunft bei seiner Familie in der Nibelungenstraße an. Beide Kinder sind in einem Kinderheim.

*

Am 21. Juni 1948 tritt die Währungsreform in Kraft. Die D-Mark wird in den westlichen Besatzungszonen eingeführt. Jeder Bürger bekommt 40 Mark »Kopfgeld«. Am Anfang mit Misstrauen betrachtet, erweist sich die Maßnahme als richtig. Schon am nächsten Tag sind in den Geschäften Waren zu haben. Die Menschen werden tätig, Schwung deutet sich an. Das ist zwar die Leistung der Alliierten, man spürt aber auch deutsche Köpfe dahinter. Der spätere Wirtschaftsminister Ludwig Erhard, der am 23. Juli 1947 zum Leiter der »Sonderstelle Geld und Kredit« der »Bizone« ernannt worden war, ist auf deutscher Seite maßgeblich an den Vorbereitungen beteiligt.

Drei Tage später führt auch das sowjetisch besetzte Gebiet (die »Ostzone«, wie es lange Zeit genannt werden wird) eine Währungsreform durch. Da der Versuch der Sowjets, ihre Währung in ganz Berlin einzuführen, scheitert, verschärfen sich die Spannungen zwischen Ost und West. Die Spaltung Deutschlands ist nicht mehr aufzuhalten.

*

Jetzt ereignet sich in Luise Rinsers Leben etwas, durch das sie in dieser Zeit schwerer Not unerwartet zu Geld kommt.[11] Unter den Deutschen, die während des Dritten Reichs in die USA ausgewandert waren, dort die Staatsbürgerschaft erhielten und nun als Angehörige der Militärregierung nach Deutschland zurückgekommen sind, ist auch ein Berliner Jude namens Fritz Fernbach (Freddy Fernbrook), den sie in *Den Wolf umarmen* als »entfernt Bekannte(n)« bezeichnet. Er habe sich damals zusammen mit seiner Frau aus dem KZ für viel Geld freikaufen – »das gab es«, präzisiert Rinser – und nach Amerika auswandern können. Kurz nach der Ankunft dort habe seine Frau sich das Leben genommen. Nun ist er also mit viel Geld wieder in Deutschland, besucht Luise Rinser am Krankenbett und gesteht ihr seine Liebe. Wie sie sich vorher kennengelernt haben, teilt Luise Rinser nicht mit. Jedenfalls kann sie seine Liebe nicht erwidern. »Da ging er hin und brachte sich um mit Schlaftabletten.«

Aus dem Brief an Hermann Hesse vom 6. Juli 1948 ergibt sich jedoch ein etwas anderes Bild: da ist er ihr »beste(r) Freund«.[12] Geld wird nicht erwähnt.

»Alles ist jetzt neu – es ist ein ganz neuer Anfang, und das, was hinter mir liegt, war das, was man eine ›Lebenskrise‹ nennt: ein sehr tiefes, dunkles Tal voller Schrecken und Verwirrungen. Die Trennung von meinem Mann, der Umzug, die Krankheit und – während dieser Krankheit – der Selbstmord meines besten Freundes, eines Californiers, Jude, der mich hier besuchte und mich heiraten wollte und das Leben nicht mehr ertrug als ich nicht wollte, obwohl ich es ihm vorher immer gesagt hatte. Dies alles war über mich hereingebrochen wie eine Katastrophe. Aber ich habe sie durchgestanden (ich lag während dieser Zeit bei Bekannten in München […]) und jetzt lebe ich wieder – freier, lebendiger, wie gereinigt, und die Trauer um den toten Freund ist seltsam heiter. Ich lebe gerne, sehr gerne, ich bin bereit für das Leben, das kommen wird.«

Im September 1948 ist Luise Rinser in München eingerichtet. Die Wohnung ist renoviert, die Kinder gehen in die Volksschule. Und sie berichtet Hesse am 8. Dezember:

»[…] ich war vor ein paar Tagen mit Peter Suhrkamp und Frau und mit Bermann-Fischers zusammen in Frankfurt, und ich habe mit beiden einen Vertrag abgeschlossen, und nun gehöre ich wieder zu dem alten Kreis, und dies nun für mein Leben lang, soweit

man so etwas wissen kann. Ich muss gestehen, ich habe ein Gefühl wie der verlorene Sohn, der heimgekehrt ist, und ich bin
froh, wieder dort zu sein, wohin ich gehöre. [...]
Ich habe viele Pläne im Kopf und ich glaube, ich lerne allmählich
wirklich schreiben. Es ist schwerer als man denkt, wenn man
jung ist und noch naiv in diesen Dingen.«
Das ist die neue Luise Rinser, die in der Traunsteiner Gefängniszeit
Verwandelte. Die Darstellung ihrer damaligen Verfassung schließt
sie – mit dem Brief diesmal übereinstimmend – in *Den Wolf umarmen* so ab:
»Und nun also, im September 1948, begann ich mein neues Leben. Ich schrieb für die ›Neue Zeitung‹, für den Rundfunk, hielt
Vorträge, empfing Besucher aus aller Welt, und dann, 1949, begann ich meinen ersten Roman ›Mitte des Lebens‹. Er ging mir
nicht recht von der Hand, irgend etwas fehlte, aber was. Das
Fehlende kam.«[13]

Innere Zerrissenheit im Kalten Krieg
1949–1952

Mitte des Lebens
Daniela

Der Albtraum ist vorbei. Mit vielen anderen Intellektuellen widmet sich die Schriftstellerin dem Aufbau ihrer zerstörten Heimat. Dabei merkt sie, dass nicht nur ihr Land ein anderes geworden ist. Auch sie hat sich im Wesen gewandelt. Und so stellt sich ihr eindringlich die Frage: Wer bin ich?

Mit dieser Überlegung beginnt der zweite Band ihrer Autobiographie, *Saturn auf der Sonne* (1994). Im Vorwort legt sie, den Titel erklärend, dar, wie sie sich nun selbst versteht: in kosmische Zusammenhänge eingebunden, von Urkräften getragen, welche über das menschliche Schicksal entscheiden.

»Die Sonne bedeutet Lebenskraft und irdischen Erfolg. Die Lichtseite meines Lebens. Der Saturn ist ein strenger Herrscher, er treibt zur Arbeit, gibt Kraft und Mut, fällt aber auch als Schatten auf meine Sonne. Wäre er nicht, so wäre ich heiter und glücklicher, aber keine Schriftstellerin.«[14]

Das schrieb Luise Rinser 1994 rückblickend. Wir aber stehen im Jahr 1949, vor den Lebensabschnitten, in denen sich der Sinn dieser Sätze erweist. Da Dokumente über diese Zeit vorhanden sind und Zeugen – in erster Linie ihr Sohn Christoph – noch leben, können – anders als bei *Den Wolf umarmen* – ihre autobiographischen Angaben leichter überprüft werden. Bedeutende Informationen gehen auf die jetzt im Besitz ihres Sohnes befindlichen Kalender zurück, in denen Luise Rinser über Jahrzehnte Tag für Tag fast alles notierte, was sie getan oder erlebt hatte. In diesem Zusammenhang war auch ein Gespräch wichtig, das Christoph Rinser und der Verfasser im Januar 2008 mit Dorothee (Dolli) Wiederhold in Wiesba-

den führen konnten. Sie hat in der beschriebenen Zeit einige Jahre
bei Rinsers gelebt und gearbeitet. Die Fünfundachtzigjährige konnte sich an vieles erstaunlich gut erinnern.

*

Im Februar/März 1948 fand die Sechsmächte-Konferenz statt, in
der über die Bildung eines westdeutschen Staates und über den
»Brüsseler Pakt«, ein Bündnis zur Wahrung westlicher Interessen
gegen das Machtstreben der UdSSR, beraten wurde. Aus Protest
gegen die Beschlüsse verließ der sowjetische Gesandte am 20. März
den Alliierten Kontrollrat. Ebenfalls im März 1948 wurde die
»Bank deutscher Länder«, die Vorgängerin der Deutschen Bundes-
bank, gegründet.

Am 24. Juni 1948 blockierte die Sowjetunion alle Zugänge nach
Berlin. Die Westalliierten reagierten ab 26. Juni mit der »Luftbrü-
cke«. 1. Juli: Die Militärgouverneure Frankreichs, des Vereinigten
Königreiches und der USA übergaben den westdeutschen Ministerpräsidenten die »Frankfurter Dokumente«, die ihre Vorstellungen
zur Bildung eines deutschen Staates enthielten. Daraufhin traten
die Länderchefs zusammen und fassten in der »Rittersturz-Konfe-
renz« vom 8. bis 10. Juli die »Koblenzer Beschlüsse«, wonach der
zu gründende (west)deutsche Staat im Hinblick auf eine spätere
Wiedervereinigung mit Ostdeutschland ein Provisorium sein sollte.
Zur Vorbereitung eines »Grundgesetzes« sollte ein »Parlamentari-
scher Rat« gewählt werden. (Man vermied den Begriff »Verfassung« und folglich auch den einer »verfassunggebenden Versammlung«.) Im »Verfassungskonvent« auf Herrenchiemsee vom 10. bis
23. August wurde ein Verfassungsentwurf ausgearbeitet, der vom
Parlamentarischen Rat diskutiert wurde. Dieses 70-köpfige Gremi-
um trat am 1. September 1948 unter Vorsitz von Konrad Adenauer
in Bonn zusammen und arbeitete in den folgenden Monaten das
Grundgesetz aus. Im April 1949 beschlossen die drei Westmächte,
ihre Besatzungsgebiete zur »Trizone« zu vereinigen, die Militärre-
gierungen durch die »Alliierte Hohe Kommission« abzulösen und
das Besatzungsstatut festzuschreiben. Am 10. Mai wurde die Haupt-

stadtfrage zugunsten Bonns (gegen Kassel, Frankfurt am Main und Stuttgart) entschieden. Am 12. Mai wurde das Grundgesetz durch die drei westlichen Militärgouverneure genehmigt. Am selben Tag beendete die Sowjetunion die Berlin-Blockade. Ohne Volksabstimmung wurde das Grundgesetz von den Landtagen angenommen. Es trat nach seiner Verkündung am 23. Mai mit Anbruch des 24. Mai 1949 in Kraft: Die Bundesrepublik Deutschland war entstanden.

*

Dank der Arbeit der Trümmerfrauen sind die Münchner Straßen begeh- und befahrbar geworden. Doch zahlreiche Ruinen werden noch für viele Jahre Zeugen der Katastrophe bleiben. Mit ihren Kindern wohnt Luise Rinser in der Flotowstraße. Dazu kommt nun die »Haushaltssekretärin« Dorothee Wiederhold. Luise Rinser hat die aus Weimar stammende junge Frau während der Dreharbeiten für die UFA im Arbeitsdienst-Lager kennen und schätzen gelernt und ihr versprochen, sie zu sich zu holen, wenn sie einmal in München eine Wohnung habe. Jetzt ist es so weit. Und Dolli kommt.

Die Wohnung – ein größeres und ein kleineres Zimmer, eine Kammer, eine Küche und ein kaputtes Bad – befindet sich im ersten Stock; die dort hinaufführende Treppe liegt, durch eine Bombe der Außenwand und des Daches beraubt, im Freien. Besucher finden am Fuß der Treppe eine Schnur; zieht man an ihr, scheppert oben eine blecherne Schelle.

Den Schwerpunkt von Luise Rinsers Arbeit bilden, wie bereits erwähnt, die Buchrezensionen für das Feuilleton der *Neuen Zeitung,* deren Redaktion mitten im Schutt der Schellingstraße haust. Herausgegeben wird sie von der Informationsabteilung der amerikanischen Besatzungsmacht, die Leitung hat Hans Wallenberg, dem der ungarisch-österreichische Hans Habe nachfolgt.

Luise Rinser nimmt die Arbeit an den Rezensionen ernst. Sie schreibt über *Das Holzschiff* von Hans Henny Jahnn, über *Die Stadt hinter dem Strom* von Hermann Kasack, *Das unauslöschliche Siegel* und *Märkische Argonautenfahrt* von Elisabeth Langgässer, *Stern der Ungeborenen* von Franz Werfel, *Die Gesellschaft vom*

Dachboden von Ernst Kreuder, *Griechische Passion* von Nikos Ka-
zantzakis; in der Weihnachtsnummer 1950 erscheint eine sechzig
Bücher umfassende Sammelrezension *Neue deutsche Literatur.*[15]
Am 30. April 1949 wird Luise Rinser 38 Jahre alt. Sie hat viel
erreicht. Sie ist angesehen unter den Kollegen, denn sie hat bereits
mehrere Bücher veröffentlicht, *Die gläsernen Ringe* und *Gefängnistagebuch,* die viel gelesen werden, einen Band mit Erzählungen
und den kleinen Roman *Die Stärkeren* (den gegenüber Hesse erwähnten »Kleinstadtroman«), eine Arbeit über Pestalozzi sowie eine Anthologie aus dessen Werken. Sie ist als Rednerin gefragt,
vor allem in Entnazifizierungszentren. Auch gesellschaftspolitisch
engagiert sie sich. Neben ihrer Arbeit für die »Lessing-Gesellschaft
zur Förderung der Toleranz« bemüht sie sich mit vielen anderen
um eine Erneuerung der SPD, der sie allerdings nicht beitritt.

Hübsch bin ich nicht, meint sie kokett über sich selbst. Doch die
Schar von Männern, die sich um sie sammeln, ist beachtlich. Die
Mehrdimensionalität ihrer Persönlichkeit spiegelt sich in der Viel-
falt der Menschen, die sie besuchen. In der Flotowstraße ist Hermann Kesten, der ehemals vertriebene, nun aus Amerika zurückge-
kehrte einflussreiche Jude, einer der Ersten. Es folgen amerikanische
Journalisten, die von ihr Informationen über das Hitler-Regime,
über das Leben im Nazi-Gefängnis wollen. Auch Dr. Ilkow, Anklä-
ger der »KZ-Bestie« Ilse Koch im Nürnberger Prozess, kommt in
die zerbombte Wohnung.

Es würde zu weit führen, alle Besucher aufzuzählen, die sie in
ihren kleinen Kalendern notiert hat. Nur einige weitere Namen sei-
en erwähnt: der Journalist Norbert Mühlen aus New York, der Intendant der Münchner Kammerspiele, Hans Schweikart, der Maler
Fritz Winter, die Übersetzer Hans Sahl und Herberth Herlitschka,
der Russland-Spezialist Martin Winkler, die Schriftsteller und
Schriftstellerinnen Leonhard Frank, Joe Gassner (Karl Jakob Hirsch),
der den damals berühmten Roman *Kaiserwetter* geschrieben hat,
Heinrich Waggerl, Alfred Polgar, Hermann Stahl, Erich Kästner, Liselotte Enderle, Ernst Penzoldt, Wolfgang Koeppen, Fritz Arnold,
Ilse Langner, Horst Lange mit seiner Frau Oda Schaefer, der Filmkri-

tiker Gunter Groll und der Kunstkritiker Franz Roth mit seiner Frau sowie August Scholtis. Auch der Pianist Udo Dammert, bei dem Christoph eine Zeitlang Klavierunterricht haben wird, ist häufig bei ihr. Es ist für sie alle wichtig zusammenzufinden. Um eine Wende im zerstörten Deutschland herbeizuführen, werden Mittelpunkte gebraucht, um die man sich sammeln kann. Luise Rinser wird zu einem solchen.

Neben den vielen Besuchen und ihrer journalistischen Arbeit beginnt sie in den ersten Monaten des Jahres 1949 ihren ersten großen Roman. Zeitungsartikel und Rezensionen schreibt sie, um Geld zu verdienen. Sie muss ja allein die Kinder versorgen und Dolli bezahlen. Ihr eigentliches Bedürfnis aber ist nach wie vor ihr dichterisches Schaffen.

Mit dem Roman geht es allerdings viel zu langsam voran. Es fehlt die große Erschütterung, die Elan gibt. Diese ereignet sich im Sommer des Jahres 1949. Ihr damaliger Verleger Peter Suhrkamp wartet schon seit Wochen auf das Manuskript. Er wird ungeduldig und ruft Luise Rinser nach Frankfurt. Die Schriftstellerin erläutert im Gespräch, dass sie nicht gut vorankomme, sie wolle keinen konventionellen Roman schreiben, etwas ganz Neues schwebe ihr vor, ein »zerrissener« Roman,[16] der den Zeitgeist widerspiegelt. So etwas könne man nicht auf Befehl schreiben. Doch der Verleger ist überzeugt, dass die Dichterin das Buch zustande bringt, bietet ihr einen Vertrag an. Und sie verpflichtet sich durch ihre Unterschrift.

Als sie das Verlagshaus verlässt, begegnet sie »unter dem Rosenbogen« einem Besucher. Den folgenreichen Augenblick beschreibt sie so:
»Ich starrte den Fremden an: eine Figur aus Tausend-und-einer-Nacht, ein Kalif, europäisch verkleidet, aber unverkennbar ein Herr von großem Format und fremder Art: ein Wall schwarzer Haare, die Haut braun, sehr große dunkle, halbverschleierte Augen. Mit diesen Augen sah er mich an.«[17]
Mit diesem Blick beginnt die Geschichte einer meteorhaften Leidenschaft. Der Besucher heißt Fritz Landshoff, Berliner Jude askenasischer Herkunft, Dr. phil., Literat und Cellist, Verleger, Teilhaber der Verlagsgesellschaft Bermann-Fischer / Querido in Amsterdam. Lui-

se Rinser kennt den Herrn nicht. Sie begrüßen sich nur, wechseln einige Sätze. Sie verlässt das Gebäude mit dem Vertrag in der Tasche, er betritt es mit Verlagsprojekten im Kopf. Beide sind vom Eros getroffen. Peter Suhrkamp, erzählt Luise Rinser weiter, lädt zum Abendessen ein. Landshoff sitzt am oberen Ende des Tisches, sie selbst am unteren, rechts von Landshoff der holländische Verleger des Querido-Verlags, Fred von Eugen, und seine Sekretärin Elly Rehbein, Suhrkamp auf der anderen Seite. Luise Rinser und Fritz Landshoff sind wie entrückt. Während die anderen essen und reden, schauen sie sich nur an.

Am nächsten Tag fahren Landshoff, Rinser und von Eugen und Rehbein in den Taunus. Die frisch Verliebten machen sich unabhängig, wandern lange. Aus der erwachenden Flamme wird wildes Feuer. Sie übernachten in einem Hotel in Bad Homburg. Der Mann reißt die »sonst eher spröde« junge Frau mit »in große Höhen«, zu einem »Flug in andere Welten«.

Am Morgen folgt das Geständnis, er sei verheiratet.[18] Es hat keine Wirkung. Das Schicksal ist besiegelt. Zwei Menschen haben sich getroffen, die in diesem Augenblick einander dringend brauchen. Fritz Landshoff wird nicht zuletzt wegen seiner Morphiumabhängigkeit von seiner Frau abgelehnt, seine Freunde halten ihn für verloren. Luise Rinser ist zu diesem Zeitpunkt die einzige Person, die ihn verstehen kann und ihm Halt gibt – und er der Mann, der sie zum Schreiben anregt.

Kaum nach München zurückgekehrt, schickt sie die Kinder mit Dolli an die Nordsee. Sie bleibt für Wochen allein und schreibt wie besessen. Zwischendurch besucht Landshoff sie. Literarischer Antrieb in Schüben. Juli/August 1949 – auch meteorologisch ein heißer Sommer.

Schließlich schickt sie das Manuskript an den Verleger Gottfried Bermann Fischer. Am 12. Juli 1950 berichtet sie Hermann Hesse, warum ihr Buch nicht bei Suhrkamp erscheint: »Ich habe einen neuen Roman fertig, er wird im Oktober erscheinen. Bei S. Fischer. Ich habe meinen alten Freund Peter verlassen, mit seiner Zustimmung, weil ich mit Bermanns Teilhaber Landshoff sehr eng befreundet bin.« Doch sie ist mit ihrem Werk nicht zufrieden, erbittet das Manuskript zurück. Der Verleger erfüllt die Bitte. Sie überarbeitet es, schickt es wieder an den Verlag, ist noch immer unzufrieden, verlangt es erneut. Und so noch ein weiteres Mal. Doch da verliert Bermann Fischer die Geduld und weigert sich, den Launen seiner jungen Autorin weiter nachzugeben. Das Manuskript bleibt endlich im Verlag und erscheint im Spätherbst 1950 unter dem Titel *Mitte des Lebens*. Es wird Luise Rinsers größter Erfolg.

Nicht die chronologische Lebensmitte ist gemeint. Aber sie hat möglicherweise die Autorin zu diesem Titel inspiriert. Wichtiger im Buch ist eine andere Mitte: die Einheit von Mann und Frau, die Zelle, aus der das Leben geboren wird. Das Verhältnis Frau–Mann gehört zum Schwierigsten überhaupt in der menschlichen Existenz. Und von der Zerrissenheit Nachkriegsdeutschlands bleiben auch Liebesbeziehungen nicht unberührt.

Mitte des Lebens erzählt die Geschichte einer solchen Zerrissenheit. Nina, wie die Autorin 38 Jahre alt, blickt auf ihr bisheriges Leben zurück. Nach ihrem Schulabschluss arbeitet sie als Verkäuferin im Kramladen ihrer alten Tante, um nach dem Tod ihres Vaters ihr Studium der Psychologie zu finanzieren. Danach macht sie ein Zweitstudium und wird schließlich Buchhändlerin. Sie heiratet den Architekten Dr. Stein, einen Intellektuellen, von dem sie ein Kind bekommt, den sie aber als schwach empfindet. Sie kann ihn nicht lieben, ist auch sexuell unerfüllt. In einer mit einem Schauspieler durchlebten wilden Nacht wird sie schwanger. Verzweifelt macht sie einen Selbstmordversuch, vergeblich. Daraufhin wird sie geschieden. Doch einige Jahre später wird ihr Ex-Ehemann aus politischen Gründen verhaftet und zum Tode verurteilt. Sie verschafft ihm Gift, wird dabei entdeckt und selbst ins Gefängnis gebracht. Das Kriegsende befreit sie beide. Nina wird eine erfolgreiche Publizistin. Dann aber begegnet sie ihrer ganz großen Liebe: dem Trinker Maurice, charakterlich noch schwächer als Dr. Stein, aber ein genialer Liebhaber. Um die leidenschaftliche Beziehung auszuleben, gibt sie den Beruf auf und verlässt ihre Kinder.

Der Roman verdichtet die spannungsreiche Lebensgeschichte der Autorin, die, stets auf der Suche nach der großen Liebe, immer wieder meint, sie gefunden zu haben. Die Ekstase erweist sich jedes

Mal als kurzlebig. Die Enttäuschung lässt nicht lange auf sich warten. Und dann ist sie wieder allein – verletzter als zuvor. Die Vorbilder für die Protagonisten sind leicht zu identifizieren. Dr. Stein ist Franz Seitz, der geschätzte Pädagoge und väterliche Freund, den sie aber als Mann nicht lieben kann. Maurice ist Fritz Landshoff, Literat und tüchtiger Verleger, morphiumsüchtiger leidenschaftlicher Liebhaber, der sie die Ekstase der sexuellen Vereinigung hat auskosten lassen. Nina ist die Autorin – echter als ihr selbst bewusst ist.

Geschichte einer Zerrissenheit: Wie genau diese Bezeichnung zutrifft, zeigt sich, wenn man zum Roman Rinsers Selbstinterpretationen hinzunimmt. Die Autorin versucht, ungelöste Probleme ihres Lebens zu verarbeiten. Franz Seitz gegenüber ist sie unfair, sogar gemein gewesen. Das quält sie. Landshoffs erotischer Anziehungskraft und Liebeskunst ist sie hoffnungslos ausgeliefert. Das demütigt sie. Und da ist noch das große Problem ihres Lebens: ihr Sohn Stephan. Der Öffentlichkeit stellt sie die Berliner Liebesnacht im Februar 1941 noch als literarische Erfindung dar. Das ist eine Weise, sich von der Gewissenslast zu befreien. Die Leser aber, die, wie vage auch immer, Verschwiegenes spüren, versucht sie in die Irre zu führen. Viele Leser machen ihr regelrecht Vorwürfe. Sie antwortet so:

»Es kamen auch unprofessionelle Briefe: ich solle mich schämen, eine solche Negativ-Figur wie diese Nina dem Leser zuzumuten: eine Ehebrecherin, die in einer Bar Whisky saufend (die Autorin hatte damals noch nie Whisky getrunken) den Geliebten erwartet, und, noch schlimmer, ihre Kinder aus erster Ehe (eins ist unehelich! Im Roman!) einfach ins Internat steckt und nach England geht, dem Geliebten entfliehend … Man rügte nicht nur meine literarische Erfindung, sondern meine Person: man identifizierte mich mit Nina. Das tun meine Leser bis heute mit stiller Hartnäckigkeit. ›Das können Sie doch nicht erfinden, das müssen Sie doch erlebt haben.‹ Sie glauben nicht an die Kraft der Imagination. Sie wissen nicht, daß dem Schriftsteller ein Körnchen ›Realität‹ genügt, um in ihm die weiterleitende Phantasie zu erregen.«[19]

Wie die Leserschaft an der Sache vorbeischauen kann, ist zur Genüge bekannt. Die Treffsicherheit ihrer Intuition ist dennoch oft erstaunlich. Whisky hat Luise Rinser bis dahin sehr wahrscheinlich nicht getrunken, im Essen und Trinken war sie ihr Leben lang eher übertrieben mäßig. Das andere dagegen wird geahnt. Ehebruch, uneheliche Geburt, Konflikt zwischen Liebe zu den Kindern und sexueller Abhängigkeit vom Liebhaber, zwischen Arbeit und Kindererziehung – all das ist direkt aus der Realität ihres Lebens gewonnen.

Darüber hinaus führt *Mitte des Lebens* zu einer weiteren Dimension, in der sich die Frage nach dem Menschen überhaupt stellt: Ist der Mensch vom Wesen her zum Scheitern verurteilt? Kann ihm das eigene Leben grundsätzlich nicht gelingen? Stellen die sogenannten höheren Regionen von Kunst, Philosophie und Religion nicht unbewusste Ablenkungsmanöver von der schrecklichen Realität dar? Ist dies das wahre Thema von Luise Rinsers Roman?

Frühjahr 1950. Luise Rinser steckt mitten in dem leidenschaftlichen Liebesabenteuer mit Landshoff. In diesem Zustand des Höhenfluges lernt sie Paris kennen – und dort die Verlockungen der Männerwelt. Bei Landshoff steigert sich der Morphiumkonsum, sein Leben ist in Gefahr. Wohl im Frühjahr 1950 befindet er sich in Menton an der Côte d'Azur nahe Monte Carlo. Nach einer Entziehungskur ist er in eine bedrohliche Depression gefallen. Luise Rinser wird vom Querido-Verleger Fred von Eugen benachrichtigt. Sie ist sofort bereit, zu ihm zu fahren. Doch für diese Auslandsreise braucht sie einen Reisepass, den sie von der für München zuständigen US-Militärregierung erhält.[20]

Luise Rinser fährt also nach Menton, wohnt in einem luxuriösen Hotelzimmer mit Blick aufs Mittelmeer, das sie zum ersten Mal erlebt. Abends lernt sie im Spielcasino von Monte Carlo die große Gesellschaft kennen, meistens betagte Leute, mit Ringen, Ketten, Uhren behängt, die in einigen Stunden so viel Geld verspielen, wie eine wohlhabende Großfamilie in einem Jahr ausgeben könnte. Alle starren auf das Roulette. »Rien ne va plus.« Der Satz des Croupiers bleibt ihr tagelang im Ohr. Es wird ihr unheimlich. Sie will gehen, bittet Landshoff darum. Doch er und das holländische Verlegerpaar spielen auch und denken noch nicht ans Aufhören. Schließlich lässt sie sich darauf ein, gewinnt manchmal und macht die Erfahrung, wie schnell die Abneigung in Faszination umschlagen kann.

Sie denkt an ihre Eltern, an ihre Kinder, an Dolli, die eine Menge weiß, dies aber nicht ahnt: die Schriftstellerin als »Geliebte eines verheirateten Morphinisten, in einer Spielhölle, mitspielend«.[21] Wie tief das Erlebnis in sie eindringt, merkt sie erst später. Jetzt ist sie fasziniert, bisweilen vom Schauder erfasst.

Für Landshoff sind Spiel und der darauffolgende Liebesrausch die Krönung der Therapie. Er fühlt sich wieder gesund. Schließlich fahren sie mit von Eugens großem Wagen nach Paris. Die drei machen Luise Rinser mit Martin Flinker bekannt, setzen sie in einem kleinen Hotel ab und fahren weiter nach Amsterdam.

Martin Flinker, promovierter Jurist, folgte schon früh seiner Leidenschaft für die Literatur. Seine 1929 in Wien eröffnete Buchhandlung musste er wegen der Verfolgung durch die Nazis aufgeben. Seine Eltern, seine Geschwister und seine Frau kamen im KZ Theresienstadt um. 1947 begann er in Paris von vorn. Seine Buchhandlung am Quai des Orfèvres wurde bald berühmt als Treffpunkt nicht nur für Emigranten, sondern für Literaten aus aller Welt.

Martin Flinker kauft das darüber liegende Stockwerk dazu. Dort richtet er sich eine große Wohnung ein »mit dem Doppelblick nach Norden und Süden auf die breitfließende Seine zwischen Notre-Dame und dem Pont-Neuf«.[22] Luise Rinser erzählt, Martin Flinker habe sich in sie verliebt und mit allen Mitteln versucht, sie zu gewinnen. Dass er nicht besonders schön sei, wisse er. Doch er könne ihr viel bieten:

»Bleib bei mir, sagte er, ich biete dir alles, was du willst. Ich bin reich. Und ich habe die französische Staatsbürgerschaft. Du kannst Französin werden. Du kannst heraus aus diesem miesen Deutschland. Ich schaffe dir einen literarischen Zirkel. Deine Kinder studieren dann an der Sorbonne … Schau, der [Landshoff] ist doch ein verlorener Mann.«[23]

Doch sie liebt Flinker nicht. Die erotische Anziehungskraft von Landshoff hält sie gefangen. »Le cœur a des raisons que la raison

ne connaît pas.«[24] Aus der Beziehung zu Flinker wird eine Freundschaft.
Währenddessen warten in München die Kinder auf die Mutter.
Sie sind zwar in guten Händen. Nicht nur Dolli kümmert sich um
sie. Auch die Großeltern sind bei ihnen. Dennoch möchte sie gerne
zurück. Eigentlich will sie beides: gleich nach Hause zurückkehren – und noch eine Weile in Paris bleiben! Die ewige Spannung
in der Mitte ihres Wesens: Hier sein und zugleich woanders.
Die Entscheidung trifft sich von selbst. Es kommt ein Telegramm
vom S. Fischer Verlag: der Pariser Verlag Calmann-Lévy wolle eine
französische Ausgabe von *Mitte des Lebens* herausbringen. Sie
könne sich dort gleich einen Vorschuss abholen. Verlagsdirektor ist
der Schriftsteller Manès Sperber. Luise Rinser versteht sich gut mit
ihm. Fast dreißig Jahre später, 1979, wird er in Deutschland bekannt, als er die Buber-Rosenzweig-Medaille erhält.
»Damals, 1950, mit einem (für mich) ansehnlichen Haufen
Francs in der Tasche, blieb ich länger in Paris, als ich wollte. Ich
hatte ein schlechtes Gewissen meiner Kinder wegen, die ich freilich in guter Hut wußte.«[25]
Sie bewundert Notre-Dame, das Jeu de Paume, das ihr mit den Originalen von Degas, Manet, Monet, Renoir und anderen wie ein Zaubergarten erscheint. Sie hört Vorträge, lernt Persönlichkeiten aus
Kultur und Politik kennen: Paul Claudel, Gabriel Marcel, Jean
Schlumberger, den damaligen Staatspräsidenten Vincent Auriol. Sie
wird zu einem Interview im französischen Rundfunk eingeladen.
Diese Berühmtheit genießt sie. Später befindet sie, sie sei dadurch
»(mir selbst peinlich) eitel und eingebildet« geworden. »Verzeihlich
bei jemandem, der so etwas zum ersten Mal erlebt.«[26] Natürlich.
Wer hätte einer jungen deutschen Autorin im Jahr 1950 den Genuss
dieses Selbstwertgefühls im Ausland übelnehmen können?

Wichtig wird der Besuch des Friedhofs »Père Lachaise«. Dort ruhen
unter vielen anderen französischen Berühmtheiten Abaelard und
Héloïse. Die Geschichte der beiden kennt Luise Rinser nur vage.
Sie vermischt sie mit einer anderen Legende aus dem fünften Jahrhundert über ein Liebespaar, das lange in der Kirche St. Jean in

Dijon beisammenlag, bevor man sie in die Krypta in getrennte Gräber umbettete: Hilarius und Quieta (der Fröhliche und die Ruhige). Hilarius soll als Erster gestorben sein. Als man Quieta in ein Grab neben dem seinen legen wollte, soll der tote Hilarius den Arm gehoben und sie an sich gezogen haben. So eine überzeitliche Leidenschaft konnte manchem Kirchenmann gewiss nicht recht sein. Also wurden einige Jahrhunderte später die Leichname getrennt – aus Furcht, die Liebenden könnten sich im gemeinsamen Grab wieder vereinen.

Noch denkt Luise Rinser nicht an eine Verarbeitung der Liebesgeschichte von Héloïse und Abaelard. Zwar ist sie gleich davon fasziniert. Aber sie hat Bedenken. Die Geschichte ist schon mehrmals und unter verschiedenen Gesichtspunkten behandelt worden. Doch die Idee setzt sich fest, bis sie eines Tages – wir werden sehen, warum – hervorbricht. Es entsteht daraus einer ihrer schönsten und originellsten Romane: *Abaelards Liebe.*

In Paris lernt Luise Rinser einen Wesenszug ihrer selbst kennen, der in ihrer langen italienischen Zeit deutlich hervortreten wird. Sie vermisst die Geborgenheit – braucht aber genauso die Freiheit. Dieser kurze Aufenthalt in der Fremde ist für sie gleichsam eine Vorwegnahme ihrer späten Selbsterfahrung: von vielen umgeben und doch für sich allein.

Die Weite der Freiheit ruft die Sehnsucht nach der Geborgenheit des Heimatlichen hervor. Sie fühlt sich als Deutsche. Der Einmarsch der deutschen Wehrmacht in Frankreich ist noch zu nah, die Erinnerung an die Schande des Kulturvolkes schmerzhaft. Die Dichterin fühlt sich plötzlich nicht mehr wohl in Paris: »Dieses Gefühl der nicht zu verdrängenden Scham und dazu die Sehnsucht nach meinen Kindern trieben mich schließlich nach Hause.«[27]

In der Borstei, einer Mustersiedlung aus den zwanziger Jahren an der Dachauer Straße in München, bekommt Luise Rinser im Sommer 1950 eine große, komfortable Wohnung mit vier Zimmern, einer Kammer, Küche und Bad.

Dolli ist beinahe unentbehrlich geworden. Luise Rinser beschreibt sie als »ein liebevolles Geschöpf, hübsch anzusehen, voller Charme und Heiterkeit, [...] eine zierliche kleine Autorität, immer fröhlich, sie kochte gut, und sie schimpfte nicht über die Unordnung im Kinderzimmer, denn sie war selbst nicht auf peinliche Ordnung bedacht«.[28] Die Kinder haben sich an sie gewöhnt und mögen sie. Luise braucht sie: als Haushälterin, als Kindermädchen, wenn sie verreist, als Korrekturhilfe für ihre Manuskripte, als Gesprächspartnerin, um Konzepte zur Klarheit zu bringen. Im erwähnten Gespräch vom Januar 2008 erzählte Dolli Wiederhold, sie habe in dieser Zeit bei Luise Rinser so viel gelernt, dass sie über sich hinauswuchs; eines Tages, relativ bald, fühlte sie sich reif, ihren eigenen Weg zu gehen. Luise Rinser ist traurig und enttäuscht über die Trennung.

Die ersten Borstei-Jahre nennt Luise Rinser in ihrer Autobiographie »die friedlicheren Jahre«.[29] Auch ihre finanzielle Situation ist gut. Ihr Verleger Gottfried Bermann Fischer sichert ihr im Januar 1951 bis mindestens Juni 1952 »eine monatliche Rente von 300 DM« zu. Geldnot hat die Schriftstellerin eigentlich niemals gekannt. Ganz friedlich ist diese Zeit aber nicht, wegen der vielen Besuche, der Beziehung zu Landshoff und der politischen Lage. Sie schreibt weiterhin Rezensionen und Aufsätze, hält Vorträge. Einer davon ist folgenreich.

Am 9. November 1951 wird eine Gedenkfeier zur Pogromnacht veranstaltet. Mehrere Schriftsteller sind zu Vorträgen im Münchner Maximilianeum eingeladen worden. Dabei spricht Luise Rinser – nach eigenem Bericht – besonders kritisch über die Verlogenheit der Aktion »Bäume für Israel«.[30] Mit Geld und schönen Worten wolle man das Nazi-Grauen vergessen machen. Der Vatikan wird der Heuchelei bezichtigt. Papst Pius XII., der so viel wusste, habe geschwiegen, die katholische Kirche habe mit den Verbrechern gemeinsame Sache gemacht. Der anwesende damalige bayerische Landtagspräsident Hundhammer sei aufgestanden und habe den Saal verlassen. Am nächsten Tag seien empörte Artikel in katholischen Zeitungen erschienen. »Schwerer Angriff der Schriftstellerin Luise Rinser gegen die Katholische Kirche.« »Meine Mutter«, so ihr Bericht, »ach, wie immer, auf der Seite meiner Feinde, schrieb mir, ich solle es nur ja nicht wagen, nach Rosenheim zu kommen, ich würde gelyncht.«[31]

Neben solchen Arbeiten schreibt sie weiter an dem Roman *Die Stärkeren*, den sie selbst als Entwurf für das spätere Werk *Der schwarze Esel* (1975) bezeichnete. Und sie arbeitet auch an *Daniela*, der Geschichte, der ihre Erfahrungen mit Armut und Verwahrlosung in Nicklheim zugrunde liegen:

Das bürgerliche Mädchen Daniela wird als Lehrerin in ein kommunistisches Moordorf versetzt, als Partner hat sie einen verzweifelten Pfarrer und einen versoffenen atheistischen Schulleiter. Aus dem Osten stammende zehn- und mehrköpfige Familien wohnen in kleinen Räumen. Die Torfstecher, welche die langen Winter über nicht arbeiten können, zeugen hemmungslos Kinder, die in einem Barackendorf mit einer chaotischen Schule und ohne geistige Führung ins Elend hineinwachsen. Die Rede des Pfarrers am Grab des am Alkohol zugrunde gegangenen Schuldirektors weist auf den Versuch der Schriftstellerin hin, Christentum und Sozialismus konsequent zu verbinden.

Luise Rinser »verdichtet« die Erfahrungen von Nicklheim jetzt, nach 1950, da Deutschland politisch stabiler geworden ist und es wirtschaftlich aufwärtsgeht. Auch ihr eigenes Leben hat sich zum Besseren gewendet. Sie fühlt sich wohl in ihrer Rolle als angehende Berühmtheit. Diesen Stand zu erreichen war für sie lebenswichtig. Nun kann sie es sich sogar leisten, mit der »Belastung« zu kokettieren, welche das Berühmtsein mit sich bringt. »Rückschauend erscheinen mir jene Jahre, die den Kindern und mir gehörten, als glückliche Jahre. Zwar gab es viele Störungen durch ›Wölfe‹ (Landshoff, Johannes R. Becher, den possessiven Polen, Kortner …), aber ins Innerste unseres Geheges drang keiner ein.«[32]

Wie sie ihre Kinder ohne Vater erziehen konnte, fragt sie sich rückblickend. Dieses Problem verbindet sie mit vielen deutschen Müttern der Kriegs- und Nachkriegszeit. Die Männer waren an der Front, viele sind gefallen oder in Gefangenschaft. Zahllose zwischen 1939 und 1945 geborene deutsche Kinder wachsen ohne Vater auf. Auf die selbstgestellte Frage antwortet die Schriftstellerin:

»Ich habe sie gar nicht erzogen. Ich ließ sie an meiner Seite aufwachsen.«[33]

Sie wachsen auf, umhüllt von Phantasie und Kunst, mit weitem
Blick auf die großen Weltprobleme. Im Anschluss an die Sendung
»Diese unsere Welt«[34] des Bayerischen Rundfunks werden beim
Sonntagsfrühstück Gespräche über den Inhalt der Sendung und
andere Themen geführt. »Philosophieren« nannte das die Familie.
Luise Rinser erzählt, dass Christoph, »der einzig Fromme der Familie«, früh zur Messe geht, während sie selbst und Stephan noch
schlafen. Dass Christoph so viel frommer als Stephan gewesen sei,
scheint so nicht zuzutreffen. Vielmehr war Stephan sein Leben
lang tiefer »fromm«, während Christoph es lange Zeit in eher kon-
ventionellem Sinn war.

Die charakterliche Verschiedenheit der Brüder kommt immer
deutlicher zum Vorschein. Beide sind politisch interessiert, doch
auf verschiedene Weise.[35]

Christoph sei stiller, meint die Mutter, moralisch rein, habe »etwas Frühreif-Nobles, leicht Autoritäres, das ihm angeboren war
und Distanz schuf«,[36] was auf Mädchen besonders anziehend wir-
ke. Dieses Geheimnisvolle, die Ausstrahlung der Unberührbarkeit
weckt Vertrauen, und er wird schon in jungen Jahren zum Mitträ-
ger fremder Sorgen. Eines Tages äußert er den Wunsch, Priester
zu werden. Es wird beim Wunsch bleiben. Doch Philosophie und
Theologie wird er studieren, und zwar im römischen Germanicum
und an der Münchner Universität, und weiterhin an der Innenseite
der Wirklichkeit interessiert sein. Ein Lamm ist Christoph aber
keineswegs. Er kann sich heftig empören – so, wenn er das Wort
»Führer« hört –, und das sonst stille Kind erschreckt die Familie
so manches Mal mit fürchterlichen Zornesausbrüchen.

Stephan nennt die Mutter einen »Gerechtigkeitsfanatiker«. Dennoch wird er nicht Jurist, sondern Theater- und Fernsehregisseur.
Unter der Last der mütterlichen Berühmtheit, zu der bald das Gewicht des Orff'schen Genies hinzukommt, hat der Junge schwer zu
leiden. Diese Umstände, zusammen mit seinem Drang, stets die
Wahrheit zu sagen ohne Rücksicht auf die Person, tragen ihm immer wieder berufliche Schwierigkeiten ein.

Zwischen den Brüdern, behauptet die Mutter, habe es kaum Streit um Besitz gegeben, beide seien großzügig und überaus sozial gewesen, was Luise Rinser auf ihre Mutter und ihre schwäbische Großmutter zurückführt. Das Problem war ein anderes. Luise Rinser sieht es so: »Freilich gab es Probleme: das uralte Problem der Brüder, von denen der eine das unverdiente Privileg hatte, eben der Erstgeborene, der Ältere zu sein, während der Zweitgeborene sich als unterprivilegiert fühlte, auch wenn es faktisch nicht stimmte.«[37] Es stimmte doch. Und wir wissen, warum. Luise Rinser kann (oder will) es noch immer nicht sehen. Auf die Reihenfolge in der Familienhierarchie führt die Schriftstellerin Stephans Aggressivität zurück. Einmal habe sie dem damals fünfzehnjährigen Jungen eine Ohrfeige verpassen wollen. Der aber habe auf seine körperlich bedeutend kleinere Mutter herabgeschaut und süffisant gemeint, das nächste Mal solle sie sich auf einen Schemel stellen. Luise Rinsers Kommentar dazu: »Es blieb das letzte Mal. Ich hatte begriffen, warum er so aggressiv war: es war die Eifersucht auf Carl Orff, den Stiefvater, und damit untrennbar gemischt die Wut darüber, im ungeliebten Internat sein zu müssen. Christoph nahm das gelassener hin.«[38]

Sonst ungewöhnlich scharfblickend, wird Luise Rinser erstaunlich oberflächlich, wenn es um den eigenen Fall geht. Stephans Problem ist so schwerwiegend, dass Etikettierungen wie »Eifersucht« ihm sicherlich nicht gerecht werden. Auch die Fragen, die sie sich selbst stellt, gehen am Problem vorbei: »Gab ich ihnen denn keine religiöse Erziehung? Waren wir nicht katholisch? Doch, natürlich. Aber es war meine agnostische Zeit. Ich wagte nicht, den Kindern von Gott, Himmel und Hölle zu reden. Sollten das die Religionslehrer tun.«

Luise Rinser scheint das Problem ihres Lebens vollständig verdrängt zu haben. Sie stellt alle möglichen Nebenfragen, um von der eigentlichen Frage wegsehen zu können. Stephan hat nicht nötig, dass man ihm »von Gott, Himmel und Hölle« spricht, dringend bräuchte er dagegen, dass seine Mutter ihm von seinem Vater erzählt. Den Mut dazu bringt Luise Rinser nicht auf. Dieses Schweigen vergiftet Stephans Leben von Anfang an.

Es gibt ein weiteres Problem. Die Buben wissen schon, dass sie bald ins Internat geschickt werden. Doch sie mögen nicht. Sie wollen nicht von der Mutter getrennt werden. Und sie fühlen sich wohl in München, auf dem Max-Gymnasium in Schwabing, bei den Freunden. Sie leiden darunter, dass für die Mutter andere Dinge – die Arbeit und ein Mann, Carl Orff – fast so wichtig sind wie sie selbst oder gar noch wichtiger. Welches Kind lehnt sich nicht dagegen auf? Stephan spürt außerdem, seit er auf der Welt ist, dass er nicht so zur Mutter gehört wie sein Bruder Christoph.

Wie sehr dieser Zusammenhang Luise Rinser beschäftigt, zeigt *Mitte des Lebens,* diese Geschichte einer chaotischen Zeit. Doch das wichtigste Problem ihres Lebens wird in *Saturn auf der Sonne,* dem zweiten Teil ihrer Autobiographie, genauso sorgfältig verschwiegen wie in *Den Wolf umarmen.* Gerade durch dieses verdrängende Schweigen enthüllen Rinsers autobiographische Schriften, dass die Wirklichkeit noch verworrener war, als der Roman *Mitte des Lebens* ahnen lässt. Luise Rinser schildert die Orientierungslosigkeit der Frauen und vieler Familien im Deutschland der Nachkriegszeit. Doch sich selbst nimmt sie aus. Nicht nur das: Sie stellt sich als Opfer dar, das sein Schicksal in der Nazi- und in der Nachkriegszeit trotz allem zu meistern vermochte.

Um die Schriftstellerin zwar nicht zu entschuldigen, aber ihr die Gerechtigkeit und auch die Anerkennung widerfahren zu lassen, die ihr gebühren, darf man den historischen Zusammenhang nicht übersehen, der das Schicksal auch so vieler anderer deutscher Persönlichkeiten bestimmte. Es sind Menschen, die nicht anders handeln konnten – und die Öffentlichkeit, die sie später verurteilte, hat sie früher in diese Rolle gedrängt. Luise Rinser sieht sich durch eine Verkettung von Umständen genötigt, die Rolle der deutschen Nachkriegsheldin zu spielen. Sie fühlt sich verpflichtet, zum Aufbau eines neuen Deutschlands in Europa beizutragen. Innerhalb dieser großen Rolle fällt ihr eine weitere kleinere zu. Sie glaubt sich berufen, die katholische Kirche, ihre religiöse Heimat, von der Heuchelei zu befreien. Für Generationen von Frauen aller Konfessionen stellt die Schriftstellerin das Frauenideal der Nachkriegszeit dar.

Sollte, oder besser: durfte sie das alles durch ein Geständnis über ihre Rolle in der Nazizeit und über die Irrwege ihres Privatlebens gefährden? Es wäre Spekulation, zu meinen, dies hätte ihr sogar nützen können. Wir wissen nicht, welche Folgen es gehabt hätte. Sie musste den Schein wahren, weil er zur alltäglichen Wirklichkeit gehörte. Nicht immer ist die Hülle Heuchelei, manchmal ist sie notwendiger Selbstschutz und kann dem Verantwortungsgefühl entspringen.

Ihr neues Leben – begonnen im Gefängnis von Traunstein – wird vom Glauben an ihren Auftrag getragen, den sie durch die Zeitgeschichte immer deutlicher bestätigt sieht.

1952 sind die Folgen des Krieges noch gegenwärtig. Die Sowjetunion schlägt die Wiedervereinigung Deutschlands vor (um den Preis der Neutralität), die Regierung Adenauer und die USA lehnen ab, da ein wiedervereinigtes, neutrales Deutschland den Amerikanern nicht als Brückenkopf in Europa dienen kann. 1949 wird die NATO gegründet, 1955 der Warschauer Pakt. Durch die Eingliederung der beiden deutschen Staaten in den jeweiligen Machtblock entsteht eine neue Form der Konfrontation, die den Frieden wieder bedroht. Jedenfalls halten beide Großmächte, mit Atom- und Wasserstoffbomben gerüstet, die Stellung. Noch ist die Berliner Mauer nicht gebaut. Aber die Mauer-Ideologie wirkt schon voraus. Die Entscheidung Deutschlands gegen die Neutralität ist sicher ein maßgeblicher Faktor in der weiteren Entwicklung der Weltpolitik.

Als Reaktion auf Luise Rinsers Aufsatz *Thomas Mann und der Sozialismus*[39] äußert der Schriftsteller 1947 in einem Brief an die Autorin seine Ansichten zur politischen Lage in Deutschland.[40] In ihrer Autobiographie meint sie rückblickend, er habe ihr so ablehnend geschrieben, weil sie ihn in ihrem Artikel zwar einen guten, aber nicht den besten deutschen Dichter genannt habe. Doch darum ging es nicht. Verschiedene Behauptungen von Rinser haben Thomas Mann irritiert. Der Text beginnt zwar nicht absichtlich respektlos, aber er geht Thomas Mann in einer Weise an, die ihm nicht gefallen konnte.

»Haben wir keine wichtigeren Probleme als die Rückkehr eines emigrierten Schriftstellers? Wer ist denn Thomas Mann, daß wir tun, als hinge unser Schicksal von ihm ab?« Daraufhin streift sie die Unterscheidung zwischen Denker, Dichter und Schriftsteller, um im Hinblick auf Thomas Mann zu befinden: »Er ist mehr Denker als Dichter.« Auch die folgenden Vergleiche mit ganz anders gearteten Autoren (Rathenau, Gide, Duff Cooper, Anthony Eden) erwecken den Eindruck von Eile und Oberflächlichkeit. Genau dies bringt Thomas Mann in seinem Brief zum Ausdruck. Er fühlt sich in seiner persönlichen und literarischen Würde verletzt. Aber er ist auch zornig über die unbedachte Art, wie Luise Rinser auf die feine Unterscheidung zwischen »Schriftsteller« und »Dichter« eingeht, die Thomas Mann offenbar wichtig ist. Die Begriffe, so Mann, hätten innerhalb der deutschen Literatur eine eigene Bedeutung. Die besondere Problematik im konkreten Fall übersieht sie völlig: Thomas Mann lebt exiliert in einer englischsprachigen Welt. Er erläutert auch, warum er »jetzt« (1947) aus *Furcht* (von Mann unterstrichen) nicht nach Deutschland gegangen sei.

»Haben Sie sich je vorgestellt, was dort geschehen würde, wenn morgen alle Okkupationstruppen abmarschierten? Ich fürchte, die Deutschen wären nicht zu ›todmüde‹ für die Veranstaltung einer solennen Bartholomäusnacht [...] Zu sehr bin ich unter dem Eindruck, dass dieses Volk nur darauf sinnt und hofft, der Welt recht bald wieder die Faust zeigen zu können.« Diese Sätze gelten uns nicht als Beleg für eine These, wohl aber als Zeugnis einer Stimmung.

In die gleiche Richtung, allerdings anders im Ton, geht Bertolt Brechts Offener Brief vom 26. September 1951 *An die deutschen Künstler und Schriftsteller.* Die Sätze sind bekannt: »Werden wir Krieg haben? Die Antwort: Wenn wir zum Krieg rüsten, werden wir Krieg haben. Werden Deutsche auf Deutsche schießen? Die Antwort: Wenn sie nicht miteinander sprechen, werden sie aufeinander schießen.« Die Schrift endet mit der berühmten Parabel: »Das große Carthago führte drei Kriege. Es war noch mächtig nach dem ersten, noch bewohnbar nach dem zweiten. Es war nicht mehr auffindbar nach dem dritten.«[41]

Die »friedlicheren Jahre« in der Münchner Borstei sind wegen der vielen Besucher in Wirklichkeit sehr bewegt. Doch der Kern des Familienglücks bleibt unberührt: das Sonntagsfrühstück, die Stunden mit den Kindern in Münchner Museen, Theater- und Opernbesuche, Spaziergänge im Botanischen Garten, im Tierpark, im Isartal. Und dann bekommen die Rinsers ihr erstes Auto, einen Borgward. Mit ihm vergrößert sich der Radius der Ausflüge über Salzburg und Zürich bis nach Italien. Für all das hat Luise Rinser Zeit und Lust. Bis zwei Orkane ihr Leben durcheinanderwirbeln.

Die Schaukel
zwischen musikalischem Genie
und monastischer Gefahr
1952–1959

»Die Geschichte meiner Ehe mit Carl Orff begann mit einer Lüge und erstickte in einem Dornengestrüpp von Lügen.«[42] Luise Rinser lernt Orff, so erzählt sie in ihrer Autobiographie, am 10. Mai 1952 kennen im Landhaus der Familie Werle, Inhaber des auf esoterische Literatur spezialisierten O. W. Barth Verlags in Habbach bei Murnau. Luise Rinser ist 41, Orff wird im Juli 57 Jahre alt. Er sei auf den ersten Blick in sie verliebt gewesen. Das sei die Frau, auf die er gewartet habe. Intelligent, vital, kreativ, fröhlich – mit katholischen Ursprüngen. Außerdem habe sie an dem Tag ein oberbayerisches Dirndlkleid getragen, das sie mädchenhaft jung und lebensfroh hat aussehen lassen. Später soll Orff für seine neue Liebe einen Namen gesucht haben. Denn er befindet, Luise passe nicht zu ihr. Er entscheidet sich für »Lavendula«.

Nach dieser Begegnung lebt Luise Rinser ihr Leben weiter. Sie schreibt viel, zweihundert Seiten in einem Monat an dem Roman *Daniela*, berichtet sie in der Autobiographie. Und sie unternimmt immer wieder etwas mit Christoph und Stephan. Am 11. Mai notiert sie im Kalender: mit den Kindern in »Peter Pan«-Aufführung. Am 18. Mai: mit den Kindern im »Haus der Kunst«, abends Kammerspiele »Herodes und Marianne«, Regie Fritz Kortner. Man spürt in den Notizen das Klima: Kreativität, Kultur, Freude mit den Kindern.

Bis Orff am 8. Juni anruft. Er hat Probleme mit seiner Frau Gertrud. Er will zu Luise Rinser kommen, er braucht sie. Am 10. ruft er wieder an, um sein Kommen zu verlegen. Am 16. erneuter Anruf: Er hat Depressionen. Luise Rinser lädt beide, Gertrud und Carl, ein, doch das Ehepaar zieht ein Treffen im eigenen Haus vor. Schließlich nimmt Luise Rinser an. Orff liest aus *Astutuli*, spielt ihr aus *Trionfi* vor. Sie notiert in ihrem Kalender: »… aber sonst vorgejammert. Viel Sympathie. Gertrud elend und unglücklich.« Dann mehren sich die Telefonate. Rinser erzählt, wie der Künstler beflügelt wird, wenn ihm das Komponieren von der Hand geht, aber tagelang am Boden sein kann, wenn ihm etwas nicht wie gewünscht gelingt. Orffs Depressionen haben jedoch tiefere Gründe, die sich im Laufe des Zusammenlebens mit Luise Rinser oft in beängstigender Weise manifestieren.

Am 10. Juni fährt Luise Rinser mit der Mitinhaberin des Querido-Verlages, Alice von Eugen, nach Amsterdam. In Köln wartet Landshoff am Bahnsteig. Sie erkennt ihn kaum wieder. Seine grauen Haare hat er schwarz gefärbt. »War da eine neue Frau im Spiel? Oder erschien er sich zu alt für seine jüngere Frau? Ich war entsetzt«, schreibt sie. »Das war ein Zeichen: dieses Kapitel war zu Ende gelebt, das neue konnte beginnen.«⁴³

Sie fährt weiter nach Holland, besucht dort Museen, verbringt mit Alice einige Tage am Meer. Auf der Rückfahrt trifft sie Landshoff wieder. Noch seltsamer kommt er ihr diesmal vor. Weit weg von ihr, auch von sich selbst. Das Kapitel Landshoff ist endgültig abgeschlossen. Später wird daraus eine schöne Freundschaft. Aber im Augenblick ist Luise Rinser frei.

Und Orff spürt es natürlich. Kaum ist sie aus Holland zurück, fängt eine äußerst unruhige Zeit an. Orff will schnell das Ganze. Ihr geht alles zu rasch. Doch sie kann sich nicht widersetzen. Auch sie wird von seinem »Daimon« mitgerissen. Er will sie ständig sehen. Noch hat er sich von seiner Frau Gertrud nicht getrennt. Sie verabreden sich heimlich.

Im Juli/August sehen sie sich oft. Es ist ein sehr heißer Sommer. Luise Rinser muss hart arbeiten. Rezensionen, Feuilletons, der Roman *Daniela*. Und viele Besucher. Doch Orff braucht sie. Er braucht ihren Rat, ihre Nähe. Luise Rinser wird wieder zu den Orffs in Gräfelfing eingeladen. Sie mag Gertrud, findet es ungerecht, dass sie so leiden muss. Doch die Ehe ist endgültig zerrüttet. Und sie selbst wird mehr und mehr überwältigt von dem unwiderstehlichen Charme des Genies. Bei diesem Besuch spielt er ihr zum ersten Mal aus seiner Vertonung von *Antigonae* vor, die er in der Hitlerzeit und im Auftrag des Reichsjugendführers begonnen hat. Luise Rinser ist fasziniert.

Orff braucht ihre Nähe immer dringender. Bei der Uraufführung von *Trionfi* in der Mailänder Scala 1953 ist sie dabei, obwohl er noch mit Gertrud Willert verheiratet ist. Die Vorstellung ist ein Misserfolg, für den der Komponist den Dirigenten Herbert von Karajan verantwortlich macht. Es hat sogar Pfiffe gegeben. Orff ist wütend und niedergeschlagen. Luise Rinser baut ihn auf.

Ihre Nähe ist ihm so wichtig geworden, dass er es kaum aushalten kann, wenn sie getrennt sind. Er zählt die Tage. »Nur noch zwei Nächte, und dann sehen wir uns«, sagt er am Telefon. Manchmal ruft er in der Frühe an: »Heute Abend sehen wir uns.« Dann ruft er wieder um die Mittagszeit an: »Sechs Stunden, und ich sehe dich.« Schließlich geht es überhaupt nicht mehr ohne sie. Sie wollen zusammenziehen.

Im November 1953 ist es so weit. Orff beschließt, aus der ehelichen Wohnung auszuziehen. Die Wohnung in der Borstei ist aber zu klein für das neue Paar, die Kinder und das Hausmädchen. Sie finden ein passendes Haus an der Münchner Mauerkircherstraße zu mieten. Die Kinder bleiben vorläufig (bis Ostern 1954, da sie – ausnahmsweise mitten im Schuljahr – im Internat Ettal aufgenommen werden) mit Dolli in der Borstei-Wohnung. Alles ist in Ordnung, wenn auch vorläufig, da sie ein Haus zu kaufen gedenken. Am ersten Morgen nach dem Einzug setzt sich Orff an den noch leeren Schreibtisch und sagt zu Luise Rinser: »Jetzt endlich bin ich glücklich und in Frieden.«[44]

Kann ein Genie wie Carl Orff glücklich und in Frieden sein? Zumindest braucht er nicht mehr von Gräfelfing wegzulaufen in die Borstei-Wohnung, um sich auf das Sofa zu werfen und mit dem Gesicht zur Wand zitternd sich auszuweinen. Aber er will Luise Rinser ganz für sich haben. Im Dezember 1953 fängt er an, von Heirat zu reden. Sie wollen keine halben Sachen. Orff lässt sich also von seiner Frau »schuldig« scheiden.

Bevor Luise Rinser endgültig einwilligt, möchte sie ihre Kinder fragen. Sie sind schon vierzehn und zwölf Jahre alt. Sie kennen C.O., wie sie ihn nennen, er ist ja so oft zu Besuch, dass er schon zur Familie gehört. Die Kinder genehmigen. Jeder aus seiner Sicht. Stephan freut sich darauf, einen Vater zu haben; Christoph meint, seine Mutter müsse dann nicht mehr so viel arbeiten. Wird es so sein? Dass Orff eine kirchliche Trauung wollte, kann nicht belegt werden. Sie wäre auch kaum möglich gewesen. Luise Rinser ist noch mit Klaus Herrmann verheiratet. Möglicherweise hat sie die Annullierung dieser Ehe angestrebt. Dafür zeugt allerdings nur ein Hinweis von ihr auf dem Umschlag eines Briefes von Klaus Herrmann.[45] Dolli Wiederhold meint, ihre Schwester sei von Luise Rinser gebeten worden, im Sinne der »nicht vollzogenen Ehe« auszusagen, bei welchem Ordinariat, wisse sie allerdings nicht mehr.

Die »nicht vollzogene Ehe« mit Klaus Herrmann ist sehr unwahrscheinlich. Ihre in den Briefen an Hesse geäußerte Begeisterung für den Mann sowie die damalige feierliche Hochzeit sprechen dagegen. Vielmehr wäre zu fragen, ob nicht die eine kirchliche Trauung mit Orff verhindernde zweite Ehe die negative Darstellung ihres Ex-Ehemannes Klaus Herrmann in *Den Wolf umarmen* mitverursacht hat. Doch auch wenn die Annullierung von Rinsers Ehe möglich gewesen wäre, bliebe noch die von Carl Orff, der noch mit seiner ersten Frau Alice Solscher kirchlich verheiratet ist. Auch da besteht kein Grund zur Annullierung. Und so findet am 6. März 1954 in Riederau am Ammersee nur eine standesamtliche Trauung statt.[46]

Gegen Orffs Willen möchte Luise Rinser seine Tochter Godela vor der Heirat kennenlernen. Als ihre eigene Tochter kann Luise Rinser sie bei einem Altersunterschied von zehn Jahren kaum ansehen, als Freundin jedoch hätte sie sie gern. Godela Orff wohnt in München in der Klugstraße, unweit also von der Borstei. Sie ist eine angesehene Schauspielerin, eine Bühnenschönheit, die schon in den Aufführungen der *Bernauerin* geglänzt hat. Doch jetzt ist sie geschieden und von einem Mann geschwängert worden, den Carl Orff nicht mag. Die Tochter mache alles, ohne ihn zu fragen, also wolle er sie auch nicht über seine Heirat mit Luise Rinser informieren, begründet er seine Ablehnung.

Luise Rinser besucht sie dennoch. »Godela war erstaunt, als ich kam. Sie rief sofort: ›Ja, ja, ich weiß, Sie wollen meinen Vater heiraten. Ich rate Ihnen ab. Ich kenne ihn. Er lügt mit jedem Wort …‹«[47] Dann – so schildert Luise Rinser das Treffen – bekommt sie einen Weinkrampf, schlägt den Kopf gegen die Mauer, beruhigt sich schließlich. Luise Rinser versucht, zwischen ihr und dem Vater zu vermitteln. Vergeblich. Doch sie erreicht zumindest, dass der Vater der Tochter zur Entbindung einen Blumenstrauß und einen Scheck schickt.

Lügt Carl Orff wirklich, wie man es von ihm erzählt? Luise stellt die Lüge geradezu als eine Wesenseigenschaft des Komponisten dar: »Er log, ohne zu wissen, dass er log. Er bildete sich dies oder jenes ein, und dann war es eben so. Oft waren seine Lügen einfach Scherze, lustige, aber so suggestiv vorgebracht, dass man ihm das Unglaubliche glatt abnahm. Ich fiel häufig darauf herein, bis er teuflisch lachte.«[48]

Wenn es so ist, welchen Grund gibt es dafür?

Luise Rinser erkennt, dass Orffs seltsames Verhalten mit seiner Künstlernatur zusammenhängt. Er lebt wie ein Gott, aus dem eine Urwelt hervorsprudelt, beherrscht von bösen Mächten und guten Engeln. In der Mitte steht er, Orff, als Schöpfer und Kreatur zugleich, als ein Mensch, der ein Schicksal erleidet, das er zwar nicht bestimmen kann, an dem er sich trotzdem schuldig fühlt. Ein solches Gedanken- und Gefühlsgebäude kann nicht nur auf seine enge oberbayerisch-katholische Erziehung zurückgeführt werden, obwohl diese sicherlich eine Rolle gespielt hat.

Orffs katholisches Elternhaus hatte Ähnlichkeit mit dem Luise Rinsers. Doch sie konnte – dank dem Vorbild ihres Onkels Franz, damals in Wessobrunn – sich das Bild eines liebenden Gottes schaffen, der über den strafenden letztlich die Oberhand behält. Orffs Welt dagegen ist von der Finsternis beherrscht. Das Gute besteht für ihn nur als Wunsch, der nie Wirklichkeit wird. Dieser Kampf tobt in Orff selbst, und er äußert sich in Form von scherzhaften Lügen, von fürchterlichen Zornesausbrüchen, von Niedergeschlagenheit. Orff habe bei ihr bewundert und an ihr beneidet, was ihm fehlte: Geborgenheit und Urvertrauen, interpretiert Luise Rinser.[49] Zuflucht vor dieser ungeheuren Welt findet Orff in der Sprache. Durch die Musik bricht das Dämonische hervor, die Sprache schafft Ordnung. Sie ist ihm wie eine Festung, in der er sich verschanzt. Eine von ihm selbst gebaute Festung. Seine Sprachkraft ist gewaltig. Er kann sogar in Altgriechisch dichten. Eines der Gedichte in den (griechischen) *Catulli Carmina* ist von Orff selbst. Niemand merkt es, bis Luise Rinser es verrät. Und sie verrät auch, dass der Künstler für seine eigenwilligen altbayerischen Wortbildungen das Wörterbuch aus dem frühen 19. Jahrhundert von Johann Andreas Schmeller benutzte. »Aber wie er es benutzte!«[50]

Jeder kreative Mensch, schreibt Rinser, bestehe aus einer Mischung von intellektueller Arbeit und Inspiration, bei Orff überwiege der Intellekt, er sei zu gebildet und zu intelligent gewesen, um naiv zu sein.

Man kann auch umgekehrt ansetzen: Orff stellt all das dar, wovor sich Luise Rinser fürchtet. Ihre ganze Literatur ist Flucht vor der Urwelt, in deren Mitte Orff lebt. Bei Luise Rinser meldet sich diese ungeheure Welt gleichsam in alltäglicher Verkleidung. Die Schuld des Menschen liegt im eigenen Versagen im Hinblick auf sich selbst und auf die anderen, in der Feigheit vor der sozialen Ungerechtigkeit. Bei Orff herrschen Urmächte, die der Mensch erleidet, aber nicht kennt. Die Erfahrungsebene ist hier derart ungeheuerlich, dass sogar die Göttlichkeit Gottes ins Gegenteil umschlägt. So kann man in seiner Urwelt von einem *teuflischen Gott* sprechen. Selbst die Dämonenwelt des strengen Katholizismus ist Orff noch zu harmlos, um das darzustellen, was er erlebt. Vermutlich ist ihm alles diesbezüglich Überlieferte nur Annäherung. Er lebt in der Antike genauso wie im Mittelalter – und in den obskuren Verwicklungen der oberbayerisch-katholischen Phantasiewelt.

Orff lebt gleichsam zeitenthoben, ver-rückt. Darin unterscheidet er sich von Künstlern, die diese andere Wirklichkeit zwar kennen, aber trotzdem »gesund« bleiben, und auch von Luise Rinser. Sie verarbeitet ihre Probleme literarisch; das ist schon eine Lösung, eine Erlösung. Orff dagegen komponiert die Schrecken der Urwelt nicht weg von sich, sondern in sich hinein, indem er sie hervorbringt. Kommt das Werk zustande, kann er sich nicht mehr von ihm trennen.

Nach der Premiere des *Oedipus* 1959 in Stuttgart, erzählt Luise Rinser, ist Orff von seinem Stück so mitgenommen, dass er nichts isst, nichts trinkt, nur abwesend vor sich hin schaut. »Plötzlich rief Orff: ›Damals im Lazarett, nach meiner Verschüttung, bin ich mitten in der Nacht aufgestanden, in die Kirche gegangen, habe einen Glassarg aufgeschlagen und den Totenkopf herausgenommen und in meinem Bett versteckt.‹« [51] Die Anwesenden begreifen nichts. Orff lebt nicht nur sukzessiv in verschiedenen Welten, die er musikalisch zum Ausdruck bringt. Er selbst ist das ungeheuerliche Zusammentreffen all dieser Welten.

»Er war dies und jenes, er war viele in einem, daher seine Zerrissenheit, seine Ungreifbarkeit, sein Lügen, seine Tarnungen, sein Versteckspiel, seine anfallsweise auftauchende Güte, seine Bösartigkeit, seine wahrhaft abgrundtiefe Schwermut, seine Weltangst, seine seltsame heidnische Frömmigkeit. Wäre es verwunderlich, wenn so einer klinisch verrückt würde?«

Das Genie und seine phantastische Welt: Beide heiratet Luise Rinser am 6. März 1954. Vier Monate später, an seinem 59. Geburtstag, hat Orff einen der schlimmsten Anfälle ihrer Ehezeit. Er springt aus dem Bett, will fort. Luise reagiert schnell, ja, wir fahren ins Isartal, schauen uns das Hochwasser an. Es ist noch dunkel. Er sitzt zusammengekauert im Auto. Unterwegs sagt er ganz ruhig: Fahren wir zurück. Der große Spuk ist vorüber.

Doch der Spuk des Alltags bleibt. Er schwebt unsichtbar über dem Paar. Immer mehr verschwindet Luise Rinser, um der Frau Orff Platz zu machen. Ihre Aufgaben umfassen sein gesamtes Tätigkeitsfeld. Er spielt ihr seine Kompositionen vor, ihre Meinung ist ihm wichtig, er schätzt ihren musikalischen Instinkt. Darüber hinaus muss sie sich um die Wohnungseinrichtung und den Haushalt kümmern, Buch führen, Orffs Terminkalender organisieren. »Ich ordnete mich einfach unter, vielleicht nicht dem Ehemann, nicht dem Mann überhaupt, sondern dem Genie. Ich habe einen untrüglichen Instinkt für Größe und Größen-Ordnung.« [52]

Trotz der widrigen Umstände schreibt Luise Rinser weiter, getrieben allerdings von materieller Not. Das Ehepaar braucht dringend Geld. Es möchte ein Haus kaufen.

Will Orff wirklich ein Haus? Als er ein Angebot nach dem anderen ausschlägt, zweifelt Luise Rinser daran. Orff hat Panik davor, sich an irgendein Stück dieser Erde zu binden. Andererseits begleitet ihn die ständige Angst vor dem Altwerden. Er sehnt sich nach Geborgenheit. Schließlich finden sie durch Orffs Schwager, den Gartenarchitekten Alwin Seifert, ein Haus bei Dießen am Ammersee, das beiden gefällt. Luise nennt es ihr Traumhaus: »Einstöckig, mit hohem Giebeldach, die Ecken geschrägt, so dass alle Zimmer wie Erkerzimmer wirkten, ungemein gemütlich, dazu 10 000 Quadratmeter Land, leicht abfallend, im Westen ein Wäldchen, vor dem Haus zwei große alte Bäume, ein Nußbaum und eine Blutbuche. Und vom Haus der Blick über den Ammersee bis hinüber nach Andechs und südlich über das Murnauer Moos hin zum Gebirge. Zum Haupthaus gehörte ein anderes, kleineres. Wir kauften das Grundstück am 29. November 1954.«[53] Jetzt muss es aber bezahlt werden. Orff hat kein Geld. Luise Rinser hat einiges Ersparte, sie verkauft ihre Lebensversicherung, ihre Mutter hilft. Es reicht nicht. Sie brauchen Kredite, die sie auch bekommen. Rinsers Verleger gibt einen Vorschuss, die GEMA[54] gibt Vorschüsse, Orffs Verleger Willy Strecker,[55] der sich Ruhe für Orffs Arbeit erhofft, unterstützt großzügig. Doch die Ausbauarbeiten werden immer teurer.

Rinser schreibt Rezensionen, Berichte, einen Artikel über Orff. Viel Geld bringt ihr eine Reportage über die stigmatisierte Therese von Konnersreuth.[56] »Schreib doch einen Krimi«, rät Orff. Und sie schreibt 1954/55 *Der Sündenbock*, der Jahre später mit Therese Giehse in der Hauptrolle für das Fernsehen produziert wird. So werden die Schulden mühsam abbezahlt.

Doch das Leben im schönen Haus ist für Luise Rinser nicht leicht. Sie muss sich um alles Praktische kümmern. Für die Küche stellt sie Mariele ein, die aber unselbständig ist. Hinzu kommen die vielen Fahrten. Orff hat keinen Führerschein. Luise fährt ihn zu Besprechungen, zu Proben, zu Konzerten, oder sie bringt ihn zum Zug. In der Mitte der Orff'schen Welt lebt das Absolute, welches durch ihn Musik und also höhere Wirklichkeit wird. Das bedeutet: Ihm hat sich alles unterzuordnen. »Ich war zweitrangig«, bemerkt sie.[57] Luise Rinser fühlt sich im Dießener Haus nicht wohl. Einzig in ihrem Arbeitszimmer im ersten Stock habe sie sich zu Hause gefühlt – »mit dem Blick auf die beiden alten Bäume gegen Süden und im Osten auf den See und das Kloster Andechs. ›Da drüben will ich mal begraben werden‹, sagte C.O. 1954.«[58] Und dort wurde er nach seinem Tod am 29. März 1982 tatsächlich beigesetzt.

Eine fast mystische Erfahrung schildert Luise Rinser eindringlich in *Saturn auf der Sonne*. Sie hat Orff zum Hauptbahnhof gebracht. Es ist Fronleichnam, ein strahlender Junitag 1955 in München. Plötzlich läuten die Domglocken. Eine Erschütterung läuft durch ihren Körper. Sie geht in die Stadt, sie trifft auf die Prozession. Deren Spitze hat die Ludwigstraße erreicht. Unter dem Baldachin trägt Erzbischof Josef Kardinal Wendel die Monstranz, hinter ihm geht die politische Prominenz des Freistaates.

Luise Rinser wird auf ihre Kindheit zurückgeworfen. Zu den schönsten Erinnerungen ihres Lebens gehört ja die Fronleichnamsprozession in Wessobrunn. Alles kehrt wieder – wie einst im Braunschweiger Exil beim Niederschreiben von *Die gläsernen Ringe*. Jetzt lebt sie in der Heimat und fühlt sich trotzdem allein. Ihre Kinder sind in Ettal im Internat. Sie ist einsam in der Wüste der Orff'schen Dämonenwelt.

Sie sucht eine Zuflucht. Alle Türen sind geschlossen – außer einer: »Die Pforte der Ludwigskirche, und in der Kirche floh ich nach vorne, als sei da ein Fluchtweg offen. Es gab keinen. Es gab nie mehr einen für mich. Das wußte ich damals noch nicht. Am vordersten linken Seitenaltar zwang mich etwas auf die Knie und hielt mich fest. Was aber? Gänzlich unerwartet und gar nicht bereit zum Erlebnis dessen, was ins Gebiet der Mystik gehört, erfuhr ich die ›Leere‹.«[59]
Verwirrt läuft sie durch die Stadt, spricht zwei Priester an, die sie nicht verstehen können.

Erstaunlich, dass sie nicht weiß, was mit ihr geschieht. Liegt es nicht auf der Hand? Sie ist 44 Jahre alt. Ihr Leben hat einen Gipfel erreicht, von dem aus das Frühere noch nah erscheint und das Ende langsam heranzurücken beginnt. Die letzten Jahre waren von Turbulenzen bestimmt. Was kommt jetzt?

Die Routine des Alltags und Orffs Intensität lassen sie das Erlebnis in der Ludwigskirche bald vergessen. Doch es ist eine Grunderfahrung, die sich einige Zeit später erneut in einer Kirche meldet: »Eines Tages sah ich denjenigen, den ich M.A. nenne, das Pontifikal-Amt zelebrieren. Ich sah ihn von ferne. Er trug ein golddurchwirktes Meßgewand, und er trug Mitra und Krummstab. Eine Erzengel-Gestalt. Mir weit und hoch entrückt. Etwas ernüchtert hörte ich seine Predigt. Nichts Besonderes. Aber er selber, er war ein Besonderer. Wenigstens für mich. Ach, er war mein Schicksal. Ich ahnte es noch nicht. Aber plötzlich dachte ich: könnte der nicht mein geistlicher Führer sein? Ein flüchtiger Gedanke.«[60]

Die Initialen »M.A.« (»Mein Abt«) finden sich in dem Roman *Abenteuer der Tugend* (1957), die Person, wenn auch getarnt, taucht erst in *Die vollkommene Freude* (1961) auf. Sie bezeichnen den Benediktiner Dr. phil. Johannes Maria Hoeck.

Geboren wurde er 1902 im oberbayerischen Inzell. Als ältester Sohn einer kinderreichen Bauernfamilie sollte er den Hof übernehmen. Er entschied sich aber für die Kirchenlaufbahn, wurde Mönch und nicht Weltpriester wie sein Bruder Michael.[61] Nun ist Dr. Hoeck Abt von Ettal. Orff kennt ihn schon lange und hat Luise Rinser empfohlen, ihre Kinder Christoph und Stephan ins Ettaler Internat zu geben.

Johannes M. Hoeck verfasste nach seinem Theologiestudium eine Dissertation, schrieb dann aber keine größere Arbeit mehr. Eigentlich hat er das Zeug zum Wissenschaftler, und er ist ehrgeizig, aber zu bequem. Er will keine Probleme. »Erfolg ohne Anstrengung« könnte sein Motto sein. Im Leben hat Dr. Hoeck Glück gehabt. Bis jetzt. So sieht es zumindest Luise Rinser:
»Alles ging glatt. Viel zu glatt. Bis die große Störung kam: ich,

die Frau. […] Als Zweiundzwanzigjähriger hat er, heiligen Ernstes voll, den Zölibat geschworen (ohne zu wissen, worauf er
großherzig verzichtete) und hat diesen Schwur mit herzzerbre-
chender Anstrengung gehalten. Lebenslang. Ein Mann, im Ve-
nus-Zeichen des Stieres geboren, schönheitslustig, sinnlich, im
Grund weich, von der Natur bestimmt, viele Kinder zu zeugen … dem Papst Johannes Paul II., ebenfalls Stiergeborener,
zwei Tage Unterschied der Daten, in vielem verwandt, eigensin-
nig beide bis zur Sturheit, entgegen der eigenen Intelligenz, rei-
selustig, weltgewandt, zur Repräsentation höchst geeignet,
sprachbegabt, charmant. Die Madonna als die eigentlich Geliebte, ›die Frau‹ schlechthin. […] Beide Knaben ehrgeizig, an ir-
gendeine Spitze zu gelangen, doch ohne allzu große Anstrengung. Ein Gran Trägheit. Einer brachte es dank der politischen
Umstände zum Papst, der andere immerhin zum hohen Ordensoberen und später zum Abt-Präses und Konzilsvater […]. M.A.
wurde von den meisten seiner Mönche nicht geliebt. […] Er war
hart zu seinen Mönchen. Auch zu sich selber. Auch zu mir. Aber
nicht konsequent. Und diese Inkonsequenz wurde mein Leiden,
und mein Leiden war das seine. […] Es war etwas Rebellisches
in M.A., tief verborgen.«[62]
Die erste Begegnung findet am 8. Dezember 1955 statt. Um 11 Uhr
wartet Luise Rinser im Sprechzimmer der Ettaler Abtei. Pünktlich
»weht der hochwürdigste Herr« herein, er habe eine seltsame Art
zu gehen, empfindet sie. Gewohnt, vorne zu sein, führt er das Gespräch. Sie schweigt. Dann schweigt er auch. Und sie schauen sich
an. Beider Augen ruhen ineinander. »Die Schicksalsfalle schnappte
zu. Unhörbar.« Sie weiß es sofort. Aber der Abt weiß es noch nicht.
»Er hatte ja keine Erfahrung. Der Pfeil hat ihn hinterrücks getroffen. Er spürte nicht, wie tief er eingedrungen war.«[63]
   Abt Hoeck hat Eigenschaften, die Luise Rinser nicht gut verträgt. Er ist geradezu faul, bei aller monastischen Disziplin sucht
und findet er in allem die bequeme Seite des Lebens. Er ist kein
Wissenschaftler, kein Dichter. Warum hat sie sich dann in ihn verliebt? Etwa weil sie durch die schwarze Kutte hindurch die Sinnlichkeit des Mönches, den männlichen Mann sofort erkennt? Ja,

natürlich, das spielt eine Rolle. Was sonst zeichnet in ihren Augen den Abt aus? Die Aura der Macht und der Nimbus der Unerreichbarkeit – beide getragen von der erhabenen Würde der monastischen Pracht.

Der Abt ist Byzantinist, also Spezialist für die Ostkirchen. Selbst wenn er nicht im strengen Sinne wissenschaftlich tätig ist, schätzt er die Nähe der Wissenschaft. So baut er zwei wissenschaftliche Bibliotheken auf. Er ist von seinem Ordensleben und seiner Arbeit erfüllt.

Man kann sich kaum vorstellen, was für einen Mann wie Johannes M. Hoeck das Auftauchen einer Frau wie Luise Rinser in seinem Leben bedeutet. Sie berührt zum ersten Mal jene empfindliche Mitte, auf der das Gebäude seines Lebens ruht: den Zölibat. Am Anfang merkt der Abt nicht, in welche Gefahr er sich begibt. »Es dauerte Monate, bis uns beiden wirklich mit aller Schärfe klar war, dass wir uns liebten.« Dem Zauber des Beginns folgt die Verwirrung des Neuen.

Johannes M. Hoeck ist der Situation nicht gewachsen. Am 3. Juli 1956 notiert Luise Rinser in ihrem Kalender: »Er sagte heute: ich werde sein, was du aus mir machst.«[64] Der Abt ist knapp über fünfzig. Das ist für jeden Mann ein gefährliches Alter. Bei einem Zölibatären kann die späte Erscheinung des Eros ein Erdbeben verursachen: das Gefühl, nicht gelebt zu haben. Der Abt gesteht ihr, nie eine Frau angerührt zu haben, nie verliebt gewesen zu sein. Genau das reizt Luise Rinser – weiblich und literarisch. Sie lässt einmal einen imaginären »Spiritual«, der die Seminaristen aufs priesterliche Leben vorbereiten will, so sprechen: »Ihr seid attraktiv für Frauen, denn ihr seid das Verbotene, das reizt sie. Und ihr seid auch zugleich das Ideal: der Mann, der sie nicht zum Sexualobjekt erniedrigt.«[65]

Luise Rinser und der Abt benehmen sich wie Pubertierende. Sooft sie nur können, sehen sie sich. Die Treffen verlaufen immer gleich. Sie reden viel und gerne, dann schweigen sie – und schauen sich nur an. Wenn sie sich trennen, verfolgt das Treffen beide. Sie bedauern, dass nichts geschehen ist. Und sie leiden, weil sie wissen, dass auch in Zukunft nichts geschehen wird. Sie versuchen, die

Erotik auf einer anderen Ebene auszuleben. Am 22. Juli 1956, Tag
der heiligen Maria Magdalena, notiert Luise Rinser in ihrem Kalender, er habe sie angerufen und gesagt: Ich gebe dir einen neuen
Namen, du bist *meine* Maria. Fortan schreibt er ihr mit der Anre-
de: M. K. M. Das heißt: Mein Kind Maria. Und als sie Jahre später
ihr Haus in Rocca di Papa baut, lässt sie am Gartentor eine Steinta-
fel anbringen: Villa Maria.

Doch langsam wird es gefährlich. Im Sommer 1956 wagt es der
Abt, sie in Orffs Abwesenheit im Dießener Haus zu besuchen. Das
Treffen ist folgenreich. Es bedeutet einen Wendepunkt in der Be-
ziehung, der später juristische Konsequenzen haben wird. Luise
Rinser erzählt es so:

»Einmal in jenem unserem ersten Hoch-Sommer, unserer Hoch-
Zeit (er wusste, dass C.O. verreist war) rief er mich an: er müsse
nach M[ünchen]. fahren, und er könne auf dem Weg dorthin
mir einen kurzen Besuch machen. Er kam mit einem großen
Strauß leuchtend roter Nelken. Er habe, sagte er (verlegen), unterwegs einer Kranken Blumen bringen müssen, und da dachte
er … Wie natürlich und harmlos das war: Unsere Köchin Mariele berichtete die Sache mit den roten Nelken unserer Sekretärin,
jener, die später C.O.s Frau wurde.«[66]

Die Umgebung – in Dießen und in Ettal – klatscht schon lange.
Aber die beiden merken es nicht. Oder können sie nicht mehr anders?

Die verheiratete Schriftstellerin und der Benediktiner-Abt sitzen
also hinter dem Rücken des Ehemannes beim Tee. Kaum hat die
Köchin den Tisch abgeräumt, beginnt ein rührendes Hin und Her
von Annäherungsversuchen, an deren Einzelheiten Rinser sich drei
Jahrzehnte später noch genau zu erinnern scheint:

»Plötzlich sagte er: ›Ich sitze so weit weg von dir‹. Und er setzte
sich mit seinem wehenden Schwung neben mich aufs Sofa. Nahe,
doch ohne mich zu berühren. […] Wir saßen schweigend. Wie
hielten wir das aus? Wie hielten wir stand? Seltsam: ich fühlte
kein Begehren. Und ich war auch nicht erregt, als er schließlich
sagte: ›Verachtest du mich, wenn ich öfters komme?‹ Das hieß:
›Verachtest du mich, wenn ich dich liebe, ich, der meinem Kon-

vent Vorbild sein soll?‹ […] Aber jetzt war ich es, die sich zu ihm
setzte, vielmehr mich auf den Boden neben ihn kauerte, den Kopf
an sein Knie gelehnt. […] Und M.A.? Schob er mich beiseite?
Zerriß er die Fessel, ehe sie sich noch enger um uns schloß? Keineswegs. Er nahm meine beiden Hände in die seinen und summte
den Anfang eines Kirchenliedes: ›Kennst du es? Ein schöner Text.
›O, daß ich dich so spät erkannte, du hochgelobte Schönheit du.‹‹
Erschrocken über sich selbst, brach er ab. Zu spät.«[67]
In der Tat. Zu spät aus vielen Gründen. Der Abt fängt an, sich
selbst zu durchschauen. Er vermeidet die Treffen mit ihr, sie aber
hält an ihrer Liebe fest. Er bekommt Angst. In der Abtei ist die
Beziehung bekanntgeworden. Manchmal wird Luise Rinser von
ihm nicht empfangen, nicht einmal ins Sprechzimmer wird sie zugelassen. Dann wartet sie eben draußen. Doch vergeblich. Ihm wird
die Spannung unerträglich. Da er nicht lügen kann, verschwindet
er einfach, bevor sie kommt.[68] Doch ganz verzichten will er auch
nicht. Er macht sie, mehr oder weniger deutlich, selbst auf Möglichkeiten eines Treffens aufmerksam. Sie sprechen immer wieder
von der Notwendigkeit einer Trennung, aber sie lassen einander
nicht los:
»Jener Steinbruch … Wir waren, jeder für sich, bei der Beerdigung des Jesuiten-Provinzials gewesen, und da wir den gleichen
Heimweg hatten, fuhren wir hintereinander, jeder im eigenen
Auto. Plötzlich bog er von der Straße ab in ein wüstes nacktes
Gelände: ein unbenützter alter Steinbruch, von der Straße her
einzusehen. Auf offener Bühne wollte er den Akt des endgülti-
gen Abschieds. So schien es. Aber die Szene verlief anders. Wir
schauten uns an, todtraurig Liebende, zur Trennung Verurteilte. […] Nun also, sagte ich, wenn wir diese Situation nicht mehr
länger ertragen, dann müssen wir uns trennen. Ich war dazu
hart entschlossen. Was sagte er? Uns trennen, das können wir
doch nicht nach allem, was war.«[69]
Sie trennen sich nicht. Auch in Zukunft nicht. Die Liebesbeziehung
zwischen der Dichterin und dem Mönch wird immer tiefer und zärtlicher werden, ohne (vermutlich) je die sexuelle Ebene im strengen
Sinne zu betreten. Doch nach dem Sommer 1957, als das Zusam-

menleben mit Orff direkt betroffen wird, muss auch ihre Beziehung zum Abt durch eine dunkle Nacht gehen.

Im Herbst 1957 unternimmt das Ehepaar Orff mit dem befreundeten Musikologen Thrasybulos Georgiades und seiner Frau eine Reise nach Griechenland. Sie halten sich in Mykene auf. Luise Rinser erzählt, wie Orff einmal auf eine Mauerruine steigt, oben, allen entrückt, im Wind steht, in einer anderen Zeit, in Sophokles' Zeit. Wie in einer Vision sieht sie ihn als unerreichbares Genie, das sie fürchtet und auch liebt. Das Paar hat sich schon auseinandergelebt. Doch in dieser Nacht »im Inselhaus hoch über den Klippen und beim Schreien der Esel auf dem Hügel« schläft sie mit ihm. »Aus Mitleid«, schreibt sie später. »Er sah so ungeheuer bitter und einsam aus. Ein wenig Wärme und Nähe wollte ich ihm geben.«[70]

Daraufhin überkommt sie das beängstigende Gefühl, einen doppelten Treuebruch zu begehen. Sie hat gerade M.A. mit Orff betrogen, und sie »betrügt« mit M.A. seit fast zwei Jahren Orff, mit dem sie noch verheiratet ist. Doch die Ehe besteht in ihrem Herzen nicht mehr. Und so schreibt sie am nächsten Morgen nach dieser letzten Nacht mit dem Noch-Ehemann in ihr Tagebuch:

»Da ich schon nicht mehr besaß, was M.A. hatte: ›die Jungfräulichkeit‹, wollte ich ganz langsam eine neue Jungfräulichkeit erlangen; und das hieß, ich wollte nicht mehr mit C.O. schlafen. Verweigerung des ehelichen Beischlafs.«

Was sie nicht ahnt: Orff wird in dieser Nacht klar, was er schon längst spürt: Seine Frau lebt innerlich nicht mehr mit ihm zusammen. Am nächsten Vormittag, während sie am Meer ist, durchwühlt er ihre Sachen und liest das Tagebuch. Vorerst sagt er nichts. Zwei Jahre später jedoch – im Scheidungsprozess – werden Luise Rinsers Tagebucheintragungen durch Orffs Anwältin als Beweis für Ehebruch vor Gericht gebracht.

Davon hat sie Ende 1957 noch keine Ahnung. Doch Orffs Grundhaltung ihr gegenüber ändert sich radikal. Wie konnte sie nicht sehen, dass er die Scheidung schon seit 1957, seit der Griechenlandreise, wollte? Nach dem Herbst 1957 fängt Orff an zu behaupten, er habe Angst vor seiner Frau. Plötzlich sieht er die Dämonenwelt, in der er lebt, durch sie verkörpert. Geradezu als Hexe erlebt er sie. Und seine Ängste vertraut er regelmäßig der Anwältin an, die ihm in der Scheidung von Gertrud beigestanden hat. Langsam wird die bislang verheimlichte Situation offenkundig. Eines Tages benimmt sich die Köchin Mariele der gnädigen Frau gegenüber ungezogen. Als Luise Rinser sie zurechtweist, bemerkt sie frech, der Herr wolle sich ohnehin scheiden lassen. Tag für Tag notiert Luise Rinser Orffs Träume. Sie werden immer beängstigender. 1958 träumt er, Luise Rinser sei eine Hexe und sitze hoch oben auf einem Schrank und lache. Ein anderes Mal lebt er im Kloster, bedankt sich bei ihr, dass sie sich habe scheiden lassen, denn dadurch konnte er ins Kloster gehen. Bei solchen Träumen schreit er und erwacht. Er deutet den Traum als Sterben. Er erstickt an ihrer Seite. Sie will die Beziehung mit dem Abt beenden. In ihrer Schilderung der Szene im Steinbruch fährt sie fort:

»Was war denn? Nichts, was ›verboten‹ war. Nein? Nichts Verbotenes? Und was war unsere Liebe? Die seine: eine Verletzung der absoluten Hingabe an seinen Gott, eine geistige Verletzung des Zölibats. Und die meine: der ungeschehene, nie gewollte, aber immerwährende Ehebruch. Große Treubrüche beide. Wir beschlossen, uns lange nicht mehr zu sehen.«[71]

Es ist Dezember 1957. Wieder einmal beschließen sie – »endgültig« –, sich zu trennen. »Ich sagte es unter Tränen.« Da holt er sein Taschentuch heraus und trocknet ihre Tränen und dann auch die seinen. Das Taschentuch mit seinem Monogramm hebt Luise Rinser bei sich auf. »Das Tüchlein wird mit mir begraben.«[72]

Trotzdem sehen sie sich noch. Sie fährt immer wieder nach Ettal, da ja ihre Söhne dort sind, erlebt ihn während der Gottesdienste in der Pracht seines Amtes. »Ich sah ihn wieder im Goldbrokat.« Nach der liturgischen Feier kommt der Abt wie bisher zu ihr ins Sprechzimmer. Da erlebt sie ihn »im einfachen Mönchsgewand« und ist ebenso fasziniert. »Nur das goldene Brustkreuz bezeichnete Amt und Rang. Auch ohne Goldgewand ein schöner Mann, hochgewachsen, schlank mit fließenden Bewegungen. Ein Herr mit einer poetischen Aura.«[73] Ist nicht vielleicht die Kombination von »Amt und Rang« das, was die poetische Aura hervorruft?

Nun beginnt das Spielchen mit der geheimen Liebesformel, die er zum ersten Mal in diesem Jahr 1958 zu Ostern verwendet. Er schenkt ihr ein leuchtend rotes Ei, darauf die drei Buchstaben: TVB – »Ti voglio bene« (»ich hab dich lieb«). Seine Briefe unterzeichnet er fortan so. Und bei einer Pressekonferenz des Zweiten Vatikanischen Konzils – er nimmt als Peritus teil, sie als akkreditierte Journalistin – lässt er ihr durch einen neben ihm sitzenden Kollegen einen Zettel zustecken. Darauf steht nur: TVB.

Carl Orff muss erleben, wie ausgerechnet das, was er bei dem Abt bewundert hat, weil es ihm fehlt, Luise Rinser beglückt: das Urvertrauen, das der Glaube an Gott stiftet. Sogar Hoecks Bequemlichkeit, die sie wahrscheinlich – würde sie mit ihm zusammenleben – aus der Fassung bringen würde, gibt ihr – im Gegensatz zu Orffs frenetischem Arbeitsdrang – Geborgenheit und Ruhe.

Nach der im Ettaler Sprechzimmer beschlossenen Trennung erscheint der Hausherr beim nächsten Gottesdienst bleich und predigt »unpassend traurig« über den Tod. An diesem Tag ist beiden die Bedeutung des Satzes klargeworden: *fors sicut mors est dilectio.* Die Liebe ist stark wie der Tod. Nichts kann sie trennen. Und während der Abt über das die Kirche füllende Gottesvolk hinweg für *sie ganz allein* über den Tod predigt, vergegenwärtigt sich die Dichterin den Satz: »Für die unendliche Notwendigkeit unserer Zusammengehörigkeit genügt der Begriff Liebe nicht.«[74]

Im Zusammenleben mit Orff werden Luise Rinser nun sogar Kleinigkeiten des Alltags unerträglich. Die Pracht des Abtes als Hohepriester im Goldbrokat lässt den zerrissenen Künstler, der mit der immer gleichen »ewig ausgebeulten« Trainingshose im Haus herumhastet, als bemitleidenswertes Geschöpf erscheinen.

Orff aber kann die Welt nur in großem Format und als Kunst verwandelt ertragen. Er muss die Situation umdeuten. Ein Mönch, selbst wenn er Abt ist, reicht ihm nicht aus. Kein Mensch ist ihm genug. Sogar Heidegger, der die Größe des Künstlers erkannt und ihn kurz vorher zu einem Gespräch eingeladen hat, ist ihm zu wenig. Der Künstler erzählt ständig Witze, um Heideggers Höhenflügen zu entgehen. Der Philosoph merkt die List des Künstlers nicht und schreibt am nächsten Tag, es sei eines der schönsten Gespräche seines Lebens gewesen.

Auch der Philosoph Martin Heidegger vermag nicht zu verstehen, dass sich Carl Orff nur mit einem messen möchte – dem einzigen, den er für ebenbürtig erachtet: Gott. Der Abt ist Orff zu klein. So ist er darüber empört, dass er als Kontrahent aufgetreten ist. »Dieser M.A. besaß etwas, das er, Orff, nicht hatte: eine rettende Religiosität, und er besaß dazu mich. Mich, die ich gar nicht sein Besitz sein wollte. Aber Orff empfand es so […]. Zu sehen, daß ich die in diesem Mann verkörperte Religiosität liebte, war für Orff unerträglich. Er war sozusagen auf die Religion eifersüchtig, oder, wie ich viel später meine Heloise in ›Abaelards Liebe‹ sagen lasse: er war auf Gott eifersüchtig.«[75]
Gegen ihn führt Orff seinen großen Kampf, der die Gegenwart mit der letzten Zukunft verbindet.

Die Verhältnisse seines Lebens spiegeln das Chaos der Schöpfung wider. Im großen Ganzen erscheint alles geordnet, im Kleinen jedoch willkürlich. Orff lebt zwar erdrückt von der Last, geboren worden zu sein. Doch auch er leidet darunter, dass das Leben bald zu Ende sein wird. Er liebt also dennoch das Jammertal, möchte bei denen bleiben, die ihn quälen. Es ist, als ob man ohne die eigenen Peiniger nicht zu bestehen vermöchte. Weder mit dir – noch ohne dich. So erfährt Carl Orff den Menschen, den er ebenso tief liebt wie verachtet. Das Ende eines solchen Schicksals kann nicht Vergebung sein. Wie soll eine Schuld vergeben werden, die nie aufhören kann zu sein?

Carl Orff stellt sich das Ende der Weltgeschichte als eine unendliche Stille vor nach dem letzten großen Schrei. Etwa wie ein Erwachen aus einem bösen kosmischen Albtraum? Nein, nicht so. Er ist raffinierter, radikaler, weil seine Vision des Kosmos ursprünglicher ist. Es geht darum, der Ur-Angst zu entgehen, welche die untilgbare Schuld verursacht. Also: Die Ewigkeit als böser Traum Gottes, der in der Geschichte erwacht und seine verhängnisvolle Idee verwirklicht. Da werden alle schuldig – in erster Linie der Verursacher des chaotischen Geschehens, das die Menschen Geschichte nennen.

So ist der letzte Schrei ein universelles Bekenntnis, das der Teufel spricht: *pater peccavi*. Vater, ich habe gesündigt. Ein Lichtstrahl fällt von oben. Am Ende wird der Anfang wiederhergestellt. Nichts war da. Plötzlich entsteht die Ewigkeit und stürzt ab in die Zeit. Wirrwarr des Lebens. Dann die Stille des Todes. Rückkehr in den Urzustand, wo noch nichts war. Das Schweigen dieses Nichts hört Orff aus allen Gräbern der Geschichte hervorflüstern, wo nichts vergeben, aber alles *vergessen* wird, damit endlich Schlaf möglich sei:

»Das Ende aller Dinge wird aller Schuld Vergessung sein.«[76]

Dieser Satz des Origenes steht Orffs letztem Werk als Motto voran: *De temporum fine comoedia.*

Das Spiel vom Ende der Zeiten.

Doch auch der Künstler erlebt das Große im Kleinen. Diese Zeit ist für beide schlimm. Orffs Eifersucht hat sich in Bosheit verwandelt. Es geht nur mehr darum, etwas zu finden, was die Scheidung problemlos ermöglicht. So wird die Ehefrau ausspioniert, langsam hinausgeekelt aus dem ehelichen Haus.

Luise Rinser verhält sich entsprechend: trotzig. Sie lebt im eigenen Haus von ihm getrennt. Sie im Haupt-, er im Nebenhaus. Sie haben zwei Telefone, aber nur eine Leitung. So weiß jeder, wann der andere telefoniert. Luise Rinser ist sich sicher, dass Orff jeden Morgen mit seiner Anwältin über die Scheidung spricht. Doch sie ist nicht bereit, ihr zuzustimmen. Sie hängt an Orffs Größe, am künstlerischen Rahmen, am Haus, für das sie so viele Opfer gebracht hat. Ihr Hauptanliegen ist aber nach wie vor: Sie will als ebenbürtig anerkannt werden.

Doch genau das geht nicht. Das ist die große Lehre, die sie aus dieser Ehe zieht. Sie will nur mit einem Mann Orff'schen Formats leben. Aber ein solcher Mann erdrückt sie, da sie wie er den ersten Platz beansprucht. So wird sie künftig zwar große, aber unerreichbare Männer haben, an die sie sich nicht binden kann. Darunter wird der Benediktiner-Abt der Wichtigste bleiben. Doch gegenwärtig fühlt sie sich durch Orffs Scheidungswunsch zutiefst erniedrigt.

Für Orff ist die Trennung leichter. Er ist älter, ahnt, dass ihm,

dem Depressiven, schwierige Zeiten bevorstehen. Da braucht er keine Dichterin mehr in seinem Leben, sondern eine tüchtige Frau, die für ihn sorgt und zugleich dafür dankbar ist, bei ihm sein zu dürfen. Liselotte Orff schirmt ihn gegen alles ab. Als er zwanzig Jahre später von schwerer Krankheit heimgesucht wird, lässt sie niemanden mehr zu ihm. Doch an Luise Rinser schreibt Orff kurz vor seinem Tod einen nur schwer lesbaren Brief:
»Meine Luise, ich danke Dir sehr für Deinen lieben Brief. Das ist der 5. Versuch Dir zu danken. Seit meinem 2. Schlaganfall ist es aus mit dem Klavierspielen und Schreiben wie Musik jeder Art. Nimm bitte den Willen fürs Werk. Zu Deinem großen Erfolg, den man als Welterfolg bezeichnen kann, gratuliere ich von ganzem Herzen. Dir weiterhin nur *Gutes, alles, alles*[77] Gute von Herzen – C.«
Noch sind wir aber im Jahr 1959. Obwohl Luise Rinser eigentlich gegen die Scheidung ist, sehnt sie sich doch danach, aus dieser Situation ausbrechen zu können. Das Angebot eines Stipendiums für die Villa Massimo – zweimal drei Monate – bietet ihr die Möglichkeit, nach Rom zu gehen. In dieser Zeit lernt sie eine Frau kennen, die ihr eine Wohnung am Aventin anbietet. An einer Stelle der Autobiographie schreibt sie, sie habe die Wohnung in Rom noch in der Hoffnung angenommen, dort ab und zu eine Zeit mit Orff zu verbringen. Das ist unwahrscheinlich, von ihr rückblickend interpretiert. In Wirklichkeit will sie Abstand nehmen, von allem, von Orff, von München, von Deutschland. Außerdem beginnt Christoph im Oktober 1959 sein Philosophiestudium an der römischen Università Gregoriana.

Frau Rinser, willigen Sie bitte ein, sonst werden wir alle verrückt, fleht Orffs Anwältin sie an. Luise Rinser willigt schließlich ein, nachdem sie sich mit Orff auf die Zahlung von 100 000 DM für ihren Anteil des Hauses geeinigt hat. Eine bescheidene Summe im Vergleich zu dem, was sie investiert hat. Immerhin kann sie damit das Grundstück in Rocca di Papa kaufen, auf dem sie später ihr Haus bauen wird.

Am 22. Dezember 1959 werden Luise Rinser und Carl Orff im Münchner Justizpalast geschieden: er »schuldig«, weil er schon mit Liselotte Schmitz zusammenlebt, sie »unschuldig«, obwohl sie den Abt ebenso offenkundig liebt. Zwar waren die Schriftstellerin und der Mönch wahrscheinlich nie intim zusammen. Doch bei den häufigen Treffen sind sie, wie wir gesehen haben, weit über das bloße spirituelle Gespräch hinausgegangen. Für die irdische Justiz ist aber eine physiologische Bestimmtheit entscheidend. Die gerade Geschiedenen umarmen sich auf der Treppe des Justizgebäudes. Die Anwältin beobachtet die Szene und meint: »Ihr kommt nie auseinander.«

Einige Wochen danach, im Januar 1960, fährt Luise Rinser nach Dießen, um ihre Sachen zu holen. Sie nimmt nur das, was sie damals beim Einzug aus München mitgebracht hat. Es fällt ihr schwer, das Haus zu verlassen, das sie mit so viel Mühe mitgebaut und mitfinanziert hat. Nach der Scheidung legt sie den Ehering ab, kauft einen neuen und lässt neue Initialen eingravieren. Diesen neuen Ring wird der Abt eines Tages während einer Messe auf dem Altar Pius' X. in San Pietro in Rom gleichsam weihen und ihr auf dem Petersplatz an den Finger stecken.[78] So endet eine wichtige Phase im Leben der Schriftstellerin:

»Ich verließ Dießen. Ich ging nach Rom. Die Wohnung am Aventin (an der Piazza Albania) wurde mein Asyl für sechs Jahre, bis ich mir in den Castelli Romani mein Haus baute.«[79]

Sehen wird sie Orff nie wieder. Aber in ihrer Neigung, außergewöhnliche Zeichen zu erkennen, vermeint sie in wichtigen Augenblicken, eine Stimme zu vernehmen. »Wer rief mich am 29. März 1982 nach München, wo ich erfuhr, daß Orff eben gestorben sei? Wer rief mich nach Andechs, wo er aufgebahrt war?« Hundert rote Rosen legt sie nieder mit ihrem Namen und denen ihrer Kinder.

Zwölf Jahre später erlebt sie beim Niederschreiben des zweiten Teils ihrer Autobiographie alles wieder. Faszination und Bitterkeit, Sehnsucht und Erleichterung, Unterordnung und Befreiung. Genauso wie damals. Und so gelten die Sätze, die sie 1994 schreibt, auch jetzt schon, 1960, da sie *ihr* Haus in Dießen verlässt, um das italienische Abenteuer zu beginnen:

»Lieber C.O., wir haben aneinander gelitten. Aber du schriebst ja: Alles ist Geist. Ich füge hinzu: Alles ist Traum, und im Traum gibt es keine Schuldigen, da gibt es nur mehr das große *Eine*. Du nennst es Geist. Ich nenne es Liebe.«[80]

Und so geht sie nach Rom auf der Suche nach dem großen Unbekannten, das sie überall wittert, aber nirgends antrifft. Diese Spannung beflügelt sie. Die Kraft der Sehnsucht ist der Antrieb ihres Lebens.

IV.
Die Pein der Heimatlosigkeit
1959–1994

Neubeginn in Rom
1959–1961

Die vollkommene Freude
Geh fort, wenn du kannst

Der Liebeskampf mit Carl Orff hat bei Luise Rinser die Sehnsucht nach vollem Leben wachgerufen. Nicht bloß eine Intellektuelle wolle sie sein, vielmehr als Frau geliebt und angenommen werden, hatte sie in einer ähnlichen Lebenssituation 1942 an Hesse geschrieben. Sie braucht Abstand von allem, um zu sich zu finden. Der Sprung von München nach Rom entfernt sie geographisch von der deutschen Heimat, innerlich jedoch bringt er sie zu ihren Ursprüngen zurück. Luise Rinsers geistige Wiege war und bleibt die mönchische Stille von Wessobrunn. In Rom erfährt sie die Einsamkeit aber ganz anders: mitten im Leben.

Luise Rinser steht gewöhnlich früh auf und macht ihren allmorgendlichen Gang den Aventin, das exklusive Villenviertel, hinauf zur Benediktiner-Abtei Sant'Anselmo. Die Abtei verknüpft ihr römisches Leben mit der Heimat – und mit ihrer großen Liebe, dem Benediktiner-Abt Johannes M. Hoeck.

Nach Frühmesse und Frühstück beginnt sie mit der Arbeit. Die alltägliche Plage.»›Es muß herrlich sein, dichten zu können‹, schreiben die Leser. Es ist nicht herrlich, es ist furchtbar.«[1]

Selbstdisziplin, Klugheit und Gleichgewicht, Verzicht auf vieles gehören zum Schriftstellerberuf, wie Luise Rinser ihn auffasst. Sie arbeitet sehr konzentriert und braucht zwischendurch Spaziergänge, manchmal gestattet sie sich einen Ausflug ans nahe Meer, um zu schwimmen und sich zu entspannen.»Und jetzt: das Meer, Septembermeer, ruhig, blau […] Der Sand ist warm, ich […] schließe die Augen […] die Menschen schweigen, ich zerfalle zu Sand, schlafe ein, tief schlafe ich.«[2] Stets ist ihr die Heimat gegenwärtig, die sie aus der Ferne neu entdeckt und lieben lernt. Die Erlebnisse dieser Jahre wird sie später in der von Gelassenheit und neugieriger Lebensfreude geprägten Erzählung *Septembertag* schildern, die 1964 erscheint.

Um diese Zeit jedoch, 1961, arbeitet sie an dem Roman *Die vollkommene Freude*. Der Titel ist den Legenden des Franziskus von Assisi entnommen. Die Heldin offenbart eine neue Seite der Autorin selbst. Wie sie früher als Nina erschien, so jetzt als Marie-Catherine – und aus den Helden von *Mitte des Lebens*, Maurice und Dr. Stein, wird Clemens. Man kann die Frau als eine Gestalt von heute sehen, die, aus der französischen Résistance kommend, in der deutschen Politik landet und sich, völlig unfeministisch, einem Mann unterordnet. Doch dann opfert sie alles, auch ihre große Liebe, für die Armen und Kranken. Die Schriftstellerin hält ihren Roman im Grunde für »altmodisch« und kann sich nicht vorstellen, dass er ein Erfolg wird.

Oft ist die Autorin selbst Hauptperson ihrer Erzählungen. Doch auch umgekehrt scheinen ihre Stoffe gelegentlich den Rahmen für ihre persönliche Entwicklung vorzugeben. Einmal – es könnte Herbst 1958 gewesen sein während ihrer Zeit in der Villa Massimo – unternimmt sie eine Reise nach Frosinone, um das Kloster Veroli zu besuchen. Da bringt ihr eine »gelehrte Nonne« ihr Kriegstagebuch, in dem Aufzeichnungen über den Kampf um die Abtei Monte Cassino enthalten sind. Das Kloster wurde 1943 von den Alliierten bis auf die Grundmauern zerstört. Sie waren überzeugt, deutsche Truppen hätten sich dort versteckt. Die Erlebnisse haben die Frau für immer geprägt.

Als Luise Rinser das Kloster 1958 zum ersten Mal sieht, ist es schon wieder aufgebaut. Über dem großen Tor liest sie den Satz: »Egredere si potes.« So hat im vierten Jahrhundert Scholastica zu ihrem Bruder Benedikt gesprochen. Er hatte seine Schwester besucht, wollte wieder gehen, doch sie wünschte, dass er länger bliebe, da sie fühlte, dass sie bald sterben würde. In diesem Augenblick begann ein Platzregen. »Geh doch, wenn du kannst!«, spottete Scholastica.

Dieser Satz löst eine Geschichte aus, die Luise Rinser zu einer

Erzählung gestaltet: *Geh fort, wenn du kannst.* Jemand will einem Schicksal entgehen und wird daran gehindert. Aus der Nonne, die ihr mit der Übergabe ihres Kriegstagebuches den Stoff liefert, wird die junge deutsche Kommunistin Angelina, die nach Italien geht und dort in einer Partisanengruppe das letzte Kriegsjahr verbringt. Mit dieser kommt sie zu einer Klosterruine. Die Gruppe muss plötzlich fliehen, Angelina stürzt von einer Mauer und bleibt zurück. Nur leicht verletzt, fängt sie an, die Ruine zu erforschen. Sie findet einen Garten, in dem sie Gemüse anzubauen beginnt. Eines Tages, da sie gehen will, stürzt sie und verletzt sich ihren Fuß noch einmal. Vor Schmerzen kann sie nicht schlafen. Um die Zeit zu vertreiben, liest sie das einzige Buch, das sie finden kann: ein benediktinisches Brevier. Sie will sich keineswegs bekehren, aber sie wird an diesen Ort gefesselt. Als der Krieg zu Ende ist, kehren die Nonnen zurück. Bald darauf erscheint auch ihr Freund und Kampfgenosse, der junge italienische Partisan, der selbstverständlich annimmt, sie käme mit. Doch Angelina bleibt im Kloster, obwohl sie weder Nonne noch katholisch werden möchte.

Diesen unerwarteten Schluss interpretiert Luise Rinser 25 Jahre später so:

»Die Schlußszene, der Abschied des Kameraden, fiel mir zu schreiben merkwürdig schwer, denn ich war auf seiner Seite und mißbilligte Angelinas Entschluß, im Kloster zu bleiben. Aber ›Egredere si potes‹ – das gilt auch für mich: ich konnte das Schicksal meines eigenen Geschöpfs nicht ändern. Vorgegebenes Schicksalsmuster. Seltsame Erfahrung, oft erlebt: nicht ich schrieb meine Geschichten, sondern sie entwickelten sich sozusagen gewalttätig, über mich hinweg.«[3]

Für die Autorin gilt dieses Schicksalsmuster auch in einem anderen Sinn. Durch alle Lebenswandlungen hindurch vermag sie ihre Ursprünge nicht zu verlassen. Sie verbergen sich nur zeitweise.

Im Jahr 1961 kauft sie ein Grundstück in Rocca di Papa. So ist das Geld erst einmal angelegt. Doch sie denkt schon daran, eines Tages ein Sommerhäuschen darauf zu bauen.

Gegensätze bleiben die Quelle ihrer Kreativität. Sie liebt die Heimat, die sie verlässt. Sie bleibt in der Kirche, die sie in vielen Punkten ablehnt. Sie sucht die Einsamkeit – und pflegt weltweit die verschiedensten Freundschaften. Und die Liebe? Die wird weiterhin eine zentrale Rolle in ihrem Leben spielen. Doch künftig werden die von ihr geliebten Männer »Gottgeweihte« sein, damit die Frau sie begehren, aber nicht besitzen kann. Den unendlichen Drang schüren. Nach dem Unerreichbaren streben. Ist das ihr Schicksal?

Klerikales Liebesdreieck
1962–1964

Gratwanderung

Anfang 1962 bittet der Moraltheologe Richard Egenter Luise Rinser, ein Buch über »Askese der Frau« zu schreiben. Bei den Vorarbeiten findet sie den Band *Askese und Mystik in der Väterzeit* von Marcel Viller. Ko-Autor ist Karl Rahner. Sie liest seinen Beitrag über Mystik. Und gleich spürt sie den Wunsch, den berühmten Jesuiten kennenzulernen.

Entgegen ihrer Befürchtung, der Dogmatikprofessor werde für sie kaum Zeit haben, beantwortet Rahner ihre Anfrage positiv. Das Treffen findet am 27. Februar 1962 um zwölf Uhr in Innsbruck statt.[4] Das erste Gespräch dreht sich zunächst um theologische Fragen. Doch Luise Rinser geht bald zu sehr Persönlichem über. Sie sei »tief verwirrt«, weil sie einen zölibatären Mann liebe – einen Mönch sogar, einen Ordensoberen, der ihr auch seine Liebe gezeigt, sie dann aber wieder zurückgenommen habe, und nun quäle er sie mit ständigem Hin und Her.

Rahner ist sofort über die intellektuelle Ebene hinaus von der Schriftstellerin angetan. So betrachtet er Luise Rinsers Problem keineswegs seelsorgerisch. Von ihren Worten fühlt er sich als Mann getroffen. Er fragt: »Ist diese Liebe exklusiv?« Und Luise Rinser antwortet: »Ja.«[5]

»Ein Jahrzehnt lang kämpften wir um die Interpretation dieser Antwort auf seine Frage. Sie machte aus unserer Beziehung eine herzzerschneidende Tragödie.«

Dieses Ja überzeugt Rahner nicht. Seinen Zweifel zeigt er durch seinen scharfen Blick, der die Frau zugleich fesselt und verunsichert:

»Ich liebte seine Augen, aber bisweilen erschreckten sie mich, wenn er mich schweigend ansah. [...] Dieser intellektuelle Jesuit hatte (er ahnte es nicht) magische Kräfte. Erotische Kräfte.« Karl Rahner braucht Liebe. Und Luise Rinser ist kampfesmüde. »Unsere Freundschaft begann zu einem Zeitpunkt, der denkbar geeignet war für das Entstehen einer solchen Beziehung. Ich litt noch unter den Nachwehen meiner Scheidung von C.O. [...] und ich litt unter meiner alten Liebe zu M.A., der ebenfalls an jener Scheidung litt, da er sich schuldbewußt als Scheidungsgrund fühlte [...]. Ich fühlte mich verraten und verlassen. Und da fand ich nun einen Menschen, Ordensmann und Zölibatär auch er, wie M.A., aber herzlich offen, ungemein gescheit, ganz einfach, und an seinem Hals hing keine Amtskette; ein winziges Kreuzchen im Knopfloch, das war alles, er war in Zivil. Nichts als ein Mensch.«[6]

»... keine Amtskette ... nichts als ein Mensch.« Die Bemerkung ist wichtig für das Verständnis der folgenden Entwicklung. Rinsers Interpretationen in eigener Sache – wir haben es mehrmals festgestellt – verraten oft mit verblüffender Deutlichkeit gerade das, was sie verbergen sollen.

Zwei Dinge scheinen Karl Rahner zu fehlen, um ihn – trotz erotischer Anziehungskraft und theologischer Genialität – für Luise Rinser interessant genug werden zu lassen.[7] Er trägt keine »Amtskette«; und er zeigt ihr unverhüllt sein Begehren. Der Abt dagegen – männlich, menschlich und geistig unterlegen – stellt die Macht im Zeichen der Unerreichbarkeit dar. Damit strahlt er etwas aus, dem Luise Rinser nicht zu widerstehen vermag.

Den oben zitierten Text hat Luise Rinser allerdings erst 1994 geschrieben (Rahner, 1984 gestorben, konnte darauf nichts mehr erwidern). Als sie ihn 1962 kennenlernt, äußert sie, auch im Hinblick auf M.A., ganz andere Gefühle:

»Ich habe eben bei Ihnen in Innsbruck angerufen [...] aber ich hörte, Sie seien nicht da [...] Da ich von Frankfurt nach München fliege, um dort für einen Tag meine Buben zu sehen, liegt der Gedanke nahe ––– usw. Sie ahnen alles! [...] wenn's Ihnen nicht paßt (mein Kommen, meine ich), sagen Sie's, aber erfinden Sie bitte eine liebevolle Ausrede. Ich ertrüge *jetzt* (trotz Fastenzeit) ein glattes Nein schlecht, da ich mich so kindlich auf Sie freue. […] Ich bin dem Oberbefehl M.A.s entlaufen und flüchte unter Ihre menschlichere Flagge. Bergen Sie mich dort, bitte. (15. 3. 1962)«[8]

Es ist spürbar, dass in diesen gut dreißig Jahren eine tiefgreifende Wandlung stattgefunden haben muss. Wir wollen versuchen, diese Entwicklung zu rekonstruieren.

In der späteren Selbstauslegung schreibt Luise Rinser: »Dieser ›trockene Jesuit‹ machte mich jünger, heiterer, witziger auch. Und er vermochte es, M. A. für eine Weile aus meinen Gedanken zu ›verdrängen‹ […] So konnte es kommen, daß ich Rahner mehr Gefühl zeigte, als ich es hätte tun sollen.«[9]

So war es nicht. Vielmehr ist sie ihm von Anfang an so nahegekommen, wie eine Frau einem zölibatären Mann nahekommen kann. Ihre spätere Frage: »Liebte ich ihn? Ja und nein« bedarf einer Interpretation: ja, wenn er sich entfernte, nein, wenn er ihr seine Gefühle zu offen zeigte.

Der erste Brief Luise Rinsers an Karl Rahner nach ihrer Begegnung in Innsbruck trägt das Datum 5. März 1962. Sie bedankt sich für das schöne Treffen und fügt ihre Schrift *Felix tristitia* bei, die sie ihm schon geschickt hatte, die aber verlorengegangen ist. Sie scheint nicht zu wissen, dass dieser Tag Rahners Geburtstag ist. Er wird 58 Jahre alt. Er hat eine gewisse Ähnlichkeit mit Carl Orff. Auch bei Rahner wird das Genie von Ehrgeiz und Fleiß getragen. Ebenso hat der Theologe seit seinen Studienjahren in Freiburg die Verfolgung durch Amtsträger und Neider erfahren. Auf die philosophische Promotion musste er wegen seiner eigenwilligen Interpretation Thomas von Aquins verzichten, obwohl er eine hervorragende Dissertation geschrieben hatte, die 1939 unter dem Titel *Geist in Welt* veröffentlicht wurde.

Karl Rahner wirkt oft müde. Er mag den Rummel um seine Person nicht. Immer wieder klagt er über seine Sehnsucht nach einem Leben in der Unscheinbarkeit. Sein Überdruss hat aber tiefere Wurzeln. Sie hat mit dem Thema Religion selbst zu tun. Schon in seinem Buch *Hörer des Wortes* (1963) kann man eine grundsätzliche Skepsis gegenüber der Möglichkeit einer Offenbarung erkennen, so wie die gängige Theologie sie versteht. Ein Wort Gottes könne der Mensch niemals *als solches* (als göttliches) wahrnehmen, denkt er. Was die Verfasser des Alten wie des Neuen Testaments niedergeschrieben haben, sei menschliche Vermittlung. Die Begegnung mit Luise Rinser beseelt und erschüttert ihn zugleich. Die Folgen für das Verständnis seiner Person, seiner Theologie und der Institution, in der er lebt, sind weitreichend. Ursprünglich von einem theologischen Gegenstand ausgehend, spitzt sich das Gespräch bald auf die konkrete Beziehung Mann–Frau zu. Dabei zeigt sich nicht nur die persönliche Problematik eines vitalen Zölibatären. Es geht um den Wesenskern eines Gesamtzusammenhangs, der zwar zu den Säulen einer Weltinstitution gehört, in sich jedoch alles andere als stimmig ist. Er ist unnatürlich und darum unhaltbar. So fördert er die Heuchelei als Lebensform und stiftet menschenunwürdige Situationen.

Im Vorwort zur Veröffentlichung ihrer Briefe an Rahner schreibt Luise Rinser:

»Jetzt, beim qualvollen Wiederlesen jener Briefe erscheint mir meine Aufrichtigkeit grausam. Aber wie anders hätte ich mich verhalten sollen? Ich war das Weizenkorn, das zwischen den Mühlsteinen gemahlen wurde. Ich litt. Rahner litt. M.A. litt. Was für eine unerträgliche Situation, was für eine unlösbare Aufgabe.«[10]

In der Nacherzählung stellt sie sich als Opfer dar. Im Augenblick des Geschehens jedoch verhält es sich anders. Sie ist keineswegs nur das Weizenkorn zwischen den Mühlsteinen. Sie ist auch das Gehirn, welches das klerikale Liebesdreieck aufbaut und steuert.

Schon im ersten Brief an Rahner vom 20. Februar 1962 – also noch bevor sie ihn zum ersten Mal sieht – stürzt sie sich in medias res. Sie (die dreimal Verheiratete, Mutter zweier Kinder und männerkundige Fünfzigjährige) habe sich in letzter Zeit mit dem Thema Jungfräulichkeit befasst und sei dabei zu folgenden Ergebnissen gekommen:

»Daß *diese* ganze Frage – wie die gesamte Theologie – vom *Manne* aus gesehen ist, nicht vom Menschen aus. Daß eine

Theologie, die am Leben vorbeiredet, nichts taugt [...]. Daß die Theologie der Jungfräulichkeit nichts anderes ist [...] als die Sucht a) nach einer Bestätigung und Erhöhung [...] des eigenen, jungfräulichen Standes [...] (also Hochmut); b) nach der Bildung eines *exclusiven* Standes: ›Die Priester-Kaste‹ oder der Zirkel der ›Höchst-Eingeweihten‹.«[11]

Das stimmt natürlich und ist allgemein bekannt. Dabei wird allerdings kaum berücksichtigt (auch von Rinser nicht), dass dieser »Zirkel der Höchst-Eingeweihten« von Millionen sogenannter gottgeweihter und auch nichtgeweihter Frauen mitgetragen wird und dass die ersten Opfer die der Priester-Kaste angehörenden Männer selbst sind. So sind sie auch für weibliche Nähe überdurchschnittlich empfänglich.

Nach dem Treffen am 27. Februar 1962 im »Grauen Bären« in Innsbruck beginnt ein Strom von Briefen, Karten, Telegrammen, welche das Ausmaß der erotischen Erschütterung dokumentieren. Rahner hat 1847 Briefe und Postkarten sowie ein Tagebuch von seiner USA-Reise (April 1966) an Luise Rinser geschickt. Das (unvollständige) Rinser-Briefcorpus umfasst dagegen »nur« 366 Briefe, Postkarten und Telegramme.[12] Zuerst erfolgt der Briefwechsel in kurzen Zeitabständen. Dann werden die Briefe immer häufiger. Nach einigen Wochen schreiben sie sich täglich. Schließlich mehrmals, bis zu viermal am Tag. Eine so intensive Beschäftigung mit einem Mann hat Luise Rinser vorher nicht gekannt. Und Rahner hat in seinem Leben noch keine Liebesbeziehung gehabt.

Nach wenigen Tagen schon macht Rahner sich Gedanken über Luise Rinsers Kinder. Sie leben in München. Aus einem Brief erfahren wir, dass sie – inzwischen 22 und 20 geworden – Ende März zu ihr nach Rom kommen und dann nach Griechenland weiterfahren, während sie selbst am 11. April nach Jordanien, Syrien, Libanon und Israel reist. Dort wird sie die Karwoche verbringen. Nach ihrer Rückkehr wolle sie nach Deutschland reisen und am 7. Mai in Innsbruck haltmachen. Darauf freue sie sich mehr »als auf alle bevorstehenden Reisen: Israel – Holland – Polen«.[13]

Der Prozess beschleunigt sich atemberaubend. Drei Wochen nach dem ersten Treffen wagt sie zu schreiben:

»Was sind Sie doch für ein bezaubernder Mensch! Ihre Augen –
diese schönen Augen, die ganz ruhig sind und rein und warm,
in denen die meinen stundenlang ruhen können, diese Augen
liebe ich innig. Manchmal werden sie dunkel – kastanienbraun,
das habe ich noch nie bei einem Menschen gesehen. [...] Daß
Sie mich gernhaben, ach das ist schön [...] Und was da zwischen
uns ist, das ist dreimal ein Geheimnis. [...] nehmen Sie von mir
alles, was ich geben kann. Ich spare nie mit mir, ich werde *ganz*
da sein für Sie und auch für M.A., denn beides ist etwas für sich
Ganzes und Heiles. Daß Sie mir in gewisser Weise näher sind
als er, weiß ich. Was *er* falsch macht, machen Sie richtig. (Roma,
22./23. 3. 1962)«

Karl Rahner ist im Grunde nicht nur von seiner Kirche, sondern
auch vom theologischen Geschäft überhaupt enttäuscht. Wie Thomas von Aquin kurz vor seinem Tod die ganze Theologie als »pa-
leae«, also Stroh, betrachtete, so wird dem Freiburger mit zuneh-
mendem Alter sein bisheriger Lebensinhalt zu bloßen Worten, die
ihn leer lassen.

Es komme im Leben nur darauf an, zu lieben und geliebt zu
werden. Alles andere sei nur »paglia«, Stroh, das freilich auch
nützlich zum Auffüllen sein kann, wenn das »andere, Wesentliche«
stimmt. Bei Karl Rahner aber stimmt »das Wesentliche« nicht. Er
ist berühmt, aber einsam, verdient viel Geld, aber nicht für sich,
sondern für den Orden der Jesuiten, reist überallhin, genießt aber
nichts, da er nicht als Mensch, nur als Berühmtheit gesehen und
behandelt wird.

Durch Luise Rinser steht ihm plötzlich ein nicht bloß imaginier-
tes, sondern konkret-menschliches Lebensziel vor Augen. Eine echte Offenbarung. Aus Rinsers Antworten ergeben sich manchmal
die erschütternden Inhalte seiner Briefe:

»Was das ›Kein-Vater-Sein‹ anlangt: Nehmen Sie meine Kinder
oder einen davon! Freilich, es ist halt nicht das Rechte. Darunter
leidet auch M.A. bitter. Das ist weit schwerer als ohne Frau zu
sein, nicht wahr?«

Rahner hat ihr also gleich zu Beginn der Freundschaft sein Lebens-
problem anvertraut: keinen Nachwuchs zu haben.

»Sie sagen selbst im letzten Brief, je älter man wird, desto weniger abstrakt soll man sein. Also denn!! Ich lerne alles von Ihnen. Eben, abends, kamen Ihre Schriften. Wie lieb von Ihnen! Ich werde dann, wenn ich alles gelesen habe, bei Ihnen promovieren ... (27. 3. 1962)«

Sie nimmt die Sache eher frivol, wie ein junges Mädchen, das die Abhängigkeit eines liebesbedürftigen Kirchenmannes unbekümmert genießt. Doch ihm, der schon die Lebensmitte überschritten hat, ist es todernst mit dieser Beziehung. Auf ihren Hinweis nennt er sie – wie ihre Kinder es tun – »Wuschel«, das (imaginäre) Tier aus *Pu der Bär*. Anfang April bietet er ihr das Du an. Gleich findet sie einen Namen für ihn, »Fisch«, sein Sternzeichen und zugleich Symbol für die Eucharistie.

Diese rasche Annäherung beglückt Luise Rinser. Der Ansturm von Zärtlichkeit und Leidenschaft beflügelt sie. Nun bewältigt sie alles wieder leicht. Sie schreibt. Sie pendelt zwischen Rom und München, hält Vorträge, reist. Man spürt ihre Lebensfreude.[14] Rahner dagegen scheint von den Ereignissen überrollt zu werden. Luise Rinser merkt offenbar nicht, was sie bei dem Theologen anrichtet mit ihrer koketten Frische, mit ihrer offen vorgebrachten Erotik – und mit ihrer ständigen Erwähnung des Rivalen.

»Du sagst, Du seist alt und müde. Du bist's nicht, nicht alt, nicht herzensmüde. Du bist nur erschöpft von vieler Arbeit. [...] M.A. ist mein Kreuz –, trag's Du mit mir, dann ist's leichter. [...] Ich will Dich nie quälen mit Theologie. Du sollst bei mir ausruhen dürfen von *allem*. [...] Und arbeit nicht zu viel. Du bist ein bißchen *besessen*, weißt Du das? (Roma, 7. 4. 1962)«

Natürlich weiß er das. Und er kennt auch den Grund. Er flüchtet vor der ihm fremd gewordenen Wirklichkeit in die Theorie des Theologischen. Dorthin sublimiert er das Potential seiner vitalen Männlichkeit. Und die Bücher, die aus dem einsamen Ringen in seiner Klosterzelle hervorgehen, sind seine Kinder. Doch das ist alles trocken und illusorisch, Liebe ohne Fleisch und Blut. Nun zeigt ihm Luise Rinser, wie es sein kann, wenn die Liebe in weiblicher Gestalt erscheint.

»Ich sollte eigentlich an so einem Abend nicht schreiben, weil ich da ›Dummes‹ sage. Untertags bin ich heiter, ich habe sogar einen neuen Elan durch Dich. Aber abends, müde und doch noch viel zu wach um zu schlafen, da hab ich halt – darf ich's sagen? – ganz leise?! – ja, da hab ich Heimweh nach Dir. Ich lese Deinen Brief drei-, viermal, immer den einen Satz (davon, daß Du dankbar bist, weil Gott mich Dir geschickt hat; – und den vom ›neu geschenkten Lebensgeist mit wahrem Inhalt‹, wie Du schriebst); und jedesmal klopft mein Herz so sehr, daß es fast wehtut. Was ist denn das mit uns, sag? (Roma, 9. 4. 1962)«

Enthüllen sich ihm nun die bisherigen Inhalte – Ordensgelübde und Gesellschaft Jesu, Priesterweihe und katholische Theologie – als »falsche« Inhalte?

Das Theologische scheint auch für Rinser in den Hintergrund zu treten. Am 21. April 1962 ist sie in Jerusalem bei Martin Buber eingeladen. Das Treffen erwähnt sie nur kurz.[15] In Gedanken ist sie bei Rahner, mit dem für sie eine neue Lebensphase begonnen hat. Brief vom 28. Juni 1962:

»Durch Dich wird (auch) bei mir eine 3. Periode des Schaffens eingeleitet: Die der Wieder-Selbstverständlichkeit. Oder wie ich sagen soll. – 1. Periode: unbewußtes Schaffen (›Gläserne Ringe‹). 2. dann steigendes Bewußtwerden bis zur ›Vollkommenen Freude‹. Und nun 3. dank des Gestillt-Werdens in Deiner Liebe die neue Stufe: Geist *und* Poesie vereint.«

Rahner wird von Tag zu Tag zärtlicher:

»Wenn Du ›mein Mädchen‹ sagst – –. Darin ist etwas von lang ersehnter Erfüllung. […] Laß mich denn ›Dein Mädchen‹ sein und bleiben, da ich doch nicht Deine Frau sein darf.« (13. 7. 1962).

»Ach, manchmal ist man des Redens müde. Wenn du meine Hand hältst und wir uns in die Augen schauen, geschieht *mehr* in und an der Welt als mit all dem (meinem) Gerede. (Deines ist kein ›Gerede‹; Du schreibst die Theologie der nächsten 200 Jahre.) […] Innigst – Du *weißt* es –

Dein Wuschel, das Mädchen.« (18. 7. 1962, nachmittags)

Beide arbeiten besser, fühlen sich auch gesundheitlich wohler. Die Fachwelt kann sich kaum vorstellen, wie entscheidend Rinsers Unterstützung für die Arbeit Rahners in diesen Jahren ist. Ihre Stimme, ihre Briefe holen den depressiven Wissenschaftler immer wieder aus dem Tief. Das gilt umgekehrt auch für die Schriftstellerin. Gegenwärtig haben sie nur das Problem aller Liebenden: Die Zeit ist zu kurz, wenn sie sich sehen, die Trennung wird unerträglich. Im August 1962 verbringen sie einige Erholungstage in Brixen. Obwohl sie den ganzen Tag zusammen sind, schreiben sie sich auch, wenn sie sich auf ihre Zimmer zurückziehen:

»Fünf Minuten, nein zwei nur, von Dir entfernt, leide ich in Freuden Sehnsucht [...] Mein Fisch, denke nun nicht mehr, daß es traurig sei, daß Du mir nicht *alles* geben kannst (ich würde sagen: daß ich Dir nicht *alles* geben darf). Denn durch das, *was* Du mir gibst, ist in mir eine schöne, reine Unbefangenheit entstanden, die etwas Brüderliches hat und etwas von legaler Ehe (im Sinne des Selbstverständlichen, das etwas schon Gestilltes hat).« (Brixen, 8. 8. 1962)

Ja, im Sinne einer altbewährten Ehe wird Luise Rinser für ihn zur Vertrauten, bei der er auch ganz private Angelegenheiten ablegt, zum Beispiel seine Sorgen wegen seines Rauchens.

Der Ehegedanke wird Rahner nie mehr loslassen. Damit taucht in diesen Sommermonaten des Jahres 1962 erstmalig der Drang auf, »beides« zu haben. »Beides« bedeutet: Mönch und Ehemann zu sein. Noch ist er zu sehr Jesuit, zu sehr mit seiner theologischen Berühmtheit identifiziert, um an ein wirklich neues Leben mit Luise Rinser zu denken. Auch seine fromme Mutter spielt bei diesem Zögern eine Rolle. Doch sein Drang nach konkreter Liebe erdrückt ihn.

»[...] wahrhaft geliebter, ich kann's Dir in Worten nicht sagen, wie mich die gestrige Stunde erschüttert hat, als Du da vor mir knietest. (Du bist vor der *Liebe* gekniet, die Du erfahren darfst und vor der auch ich knie in großem Staunen, in Ehrfurcht, mit Zittern und einem Jubel, den ich kaum in mir zu erleben wage). Wir sind ja *beide* ins *Aller-Innerste* getroffen von etwas, das noch viel stärker ist, als wir's beide vorher ahnten.« (Brixen, 10. 8. 1962, früh halb 7 Uhr)

Nun ergibt sich für beide ein praktisches Problem, eine Mischung aus Freude und Sorge. In einigen Wochen beginnt in Rom das Zweite Vatikanische Konzil. Rahner wirkt dabei als »peritus« (Fachmann) und kommt als Berater des Wiener Kardinals Franz König nach Rom. Luise Rinser ist als Journalistin akkreditiert. Wie werden sie es aushalten, sich so oft zu sehen, ohne sich umarmen zu können? Am 29. September 1962 schreibt sie ihm drei Briefe. Im zweiten, um »16 Uhr 15«, heißt es: »Was wird aus *mir* so nah bei Dir, monatelang! (M-o-n-a-t-e-l-a-n-g! Hörst Du! Unausdenkbar herrlich!) Gott gebe, daß das Konzil lange lange sich hinzieht. Jahre, ›Jahrende‹, wie Karl Valentin sagte.«

Und: Der Abt von Ettal kommt auch nach Rom.

»Ach, die Aussicht auf den 9. [Oktober] macht Dich und mich übermütig. Nun, ich krieg vorher schon noch ein nettes kleines vergiftetes Messer ins Herz gestoßen von M.A., da sei sicher. Wie gut, daß ich ›hart im Nehmen‹ *geworden* bin.«

Der neue Akt dieses klerikalen Liebesdramas spielt sich also auf einer großartigen Bühne ab.

Schon während des Konklaves, das den Patriarchen von Venedig, Giuseppe Roncalli, am 28. Oktober 1958 zum Papst wählte, soll dieser mit dem einflussreichen Kardinal Alfredo Ottaviani über die Notwendigkeit eines Konzils gesprochen haben. Am 25. Januar 1959 sprach Johannes XXIII., wie er sich als Papst nannte, erstmals öffentlich von seiner Absicht. Dabei nannte er das Wort, das dem Ereignis als Leitlinie dienen sollte: *Aggiornamento.* Heutigwerden. Die Weltkirche sollte sich den Menschen nähern.

Mit seiner heiteren Bescheidenheit hat Johannes XXIII. – nach vielen Jahren des strengen Ernstes Pius' XII. – die Herzen vieler Menschen auch außerhalb der katholischen Kirche gewonnen. So wird seine Entscheidung, ein Konzil einzuberufen gegen die Interessen der römischen Kurie, von der Weltsympathie mitgetragen. Dabei denkt Papst Roncalli praktisch. Einer seiner Vorgänger, Pius IX., hatte geklagt, dass der Skandal der Kirche im 19. Jahrhundert der Verlust der Arbeiter gewesen sei. Diesen folgten die Intellektuellen. Jetzt sind es Menschen aller Schichten, die mit einem in sich selbst verschlossenen Katholizismus unzufrieden sind. Mit seinem

Aggiornamento hofft der Papst, die Flucht der Katholiken aus der Kirche zu bremsen.

Als Berater kann Karl Rahner den schon weltweit geltenden Einfluss seiner Theologie ins Konzil einbringen. Doch auch persönlich bringt ihm seine Mitwirkung Gutes. Im direkten Kontakt merken Kardinal Ottaviani und andere Angestellte der römischen Kurie, dass Rahner keinesfalls der Kirchenfeind ist, als der er in den römischen Universitäten und in gewissen katholischen Kreisen angesehen wird, sondern ein guter, frommer Mann und ein im Grunde kirchentreuer Theologe, der um das Christentum und dessen Rolle in der Welt besorgt ist. Das gegen ihn laufende Verfahren für ein Schreib- und Redeverbot – weil seine Theologie angeblich für die Studenten zu gefährlich sei – wird fallengelassen. Eine Entschuldigung erfolgt nicht, aber man spricht nicht mehr darüber.

Abt Dr. Johannes Maria Hoeck kommt zunächst nicht als Wissenschaftler, sondern in seiner Eigenschaft als Abtprimas der süddeutschen Benediktinerkongregation. In Sant'Anselmo, wo er wohnt, hofft man, dass eine Berufung des anerkannten Byzantinisten als Berater für Fragen der Ostkirche erfolgen wird. In der ersten Konzilsphase allerdings hat er nur repräsentative Aufgaben.

Luise Rinser nimmt als Berichterstatterin für verschiedene deutsche Zeitungen am Konzil teil. Noch vor der Eröffnung, im September 1962, will die Hamburger »Welt am Sonntag« einen Aufsatz zum Konzil. Doch wegen der vielen Aufträge sagt Rinser ab. Das Blatt hakt nach, bietet mehr Geld, das macht die Sache schmackhaft: »Sie boten mir 500 DM. Nun ja«, schreibt sie an Rahner am 28. September 1962. Vorsichtig fragt sie das Blatt, ob sie auch deutsche Theologen nennen dürfe, die zur Mitwirkung eingeladen worden sind. Natürlich dürfe sie das, antwortet postwendend das Blatt. Und so schreibt sie eigentlich Rahners wegen für die Zeitung – und wegen des Geldes. Was bedeutet das Konzil dann eigentlich für sie? Was bedeutet es für Rahner und für Hoeck – eigentlich?

»Also *endlich* dieser Oktober!! – 4 (*vier!*) Briefe von Dir heute morgen. Wie schnell diesmal die Post arbeitete. [...]

P. S.: M.A. ist nicht bei den offiziell geladenen Sachverständigen,

sondern nur als Abt da. [...] Beim Konzils-Aufsatz mußt Du
bedenken, daß ich schreiben mußte, was *die* wissen wollen. Hab
Nachsicht. Hauptsache: ich konnte *Dich* nennen ... Ein öffentlicher Liebesbrief an Dich ist das Ganze!« (Rom, 1.10.1962)
Luise Rinser lässt keinen Zweifel aufkommen: Für sie ist das Konzil
wichtig, weil es ihr ermöglicht, mit und für Rahner da zu sein. Das
ist wörtlich zu nehmen. Bei Karl Rahner gleichfalls. Sosehr er sich in
seiner Beraterfunktion engagiert und dem Konzil seine theologische
Prägung verleiht, so ist für ihn in dieser Zeit die Liebe zu Luise
Rinser die treibende Kraft. Und sie weiß dies zu schätzen. Im oben
angeführten zweiten Brief (»16 Uhr 15«) vom 29. 9. heißt es:
»So einen wie Dich gibt's nimmermehr! Gibt es vielleicht Dich
auch nicht? *Kann* es so etwas wie Dich geben: zugleich – so
furchtbar grundgescheit, so tiefsinnig, so verspielt, so liebevoll,
so fromm, und dazu noch fähig, sich ganz natürlich in ein Mädchen zu verlieben.«
Hinter großen Ereignissen vermutet man oft Geheimnisvolles oder
Ungeheures am Werk. Doch manchmal werden bedeutende Phasen
der Menschheitsgeschichte tatsächlich von sehr Menschlichem entschieden. Damit soll nicht gesagt sein, dies alltäglich Menschliche
sei an sich ohne Bedeutung. Karl Rahner schreibt nun nicht mehr
theoretisch über die Liebe – er erfährt sie; und die konsequente
theoretische Aufarbeitung dieser konkreten Liebeserfahrung, wie
sie sich in den uns zugänglichen Briefen darstellt, hätte den Grundstein zu einer »Christlichen Erologie« der Zukunft liefern können.
Luise Rinser dagegen lebt die Gegenwart – zwischen zwei Kir-
chenmännern. Werden hier zwei erotisch getroffene, liebes-naive
Kleriker von einer erfahrenen Frau gegeneinander ausgespielt? An
pikanter Spannung fehlt es dem Geschehen nicht:
»Die Konzilsjahre, an sich schon aufregend genug, häuften und
steigerten unsere Schwierigkeiten. Sie brachten es mit sich, daß
Rahner und ich oft zusammen eingeladen waren [...], und niemand ahnte, daß sie [die Gastgeber] Komparsen waren in einem
stillen, heilig-unheiligen Drama. Einige Male war auch M.A. mit
eingeladen. Wir bewahrten untadelig Haltung. Die beiden Männer, die ja voneinander wußten und im selben Boot saßen, spra-

chen sich nie aus über ihr Problem. Was hätten sie auch sagen sollen? Konnte einer sagen: ›Hör, Mit-Bruder, wenn du so leidest, dann verschwinde ich eben aus eurem Leben‹? Hätte das etwas genützt?«[16] Vermutlich nicht.

In Rocca di Papa schreiten die Bauarbeiten voran. Im August hält Luise Rinser sich für einige Tage in München auf. Froh berichtet sie Rahner am 17. August 1964, dass der S. Fischer Verlag ihr für den Hausbau einen Vorschuss in Höhe von 15 000 DM gewährt habe. »Also keine akuten Geldsorgen.«[17] Mit M.A. habe sie ein langes Gespräch geführt, »sehr lieb von seiner Seite«.

Nun ist aber Abt Dr. Hoeck – inzwischen, wie erwartet, zum Konzils-Berater berufen – oft in Rom. Luise Rinser geht dann zu seiner Frühmesse nach Sant'Anselmo, frühstückt mit ihm, bleibt eine Weile dort. Doch Hoeck ist nach wie vor der bequeme Zölibatär, der es gernhat, begehrt zu werden, sich aber sofort zurückzieht, wenn es ernst wird. Das reizt die Frau.

Rahner dagegen ist offenherzig und direkt. Immer deutlicher zeigt er ihr seine Liebe. Und Luise Rinser sieht sich gezwungen, ihn zu bremsen. Dazu benutzt sie den Abt. Ein Brief vom 3. Januar 1964 leitet die Stimmung ein, welche die künftige Entwicklung kennzeichnen wird. Luise Rinser macht Rahner vor, dass Hoeck sich um sie kümmere und seine Ablehnung nur Selbstschutz sei. Das ständige Erwähnen des Abtes irritiert den Theologen. Luise Rinser weiß genau, mit wem sie es zu tun hat. Der vitale Karl Rahner, groß im Denken, ist mit bald 60 Jahren unerfahren in Sachen weiblicher Erotik. Jetzt will aber die ein Leben lang verdrängte Lust durchbrechen. Am 14. Februar 1964 geht Luise Rinser offen drauf ein:

»[…] ich hab's nicht gern, wenn Du verdüstert bist – so wenig wie Du es magst, wenn *ich* es bin!! Und dabei wissen wir doch beide, daß diese Zustände sein *müssen* bei uns – sonst *wären* sie nicht.«

Sie macht Karl Rahner eifersüchtig nach allen Regeln weiblicher Kunst. Sie genießt sein zunehmendes Verlangen, fühlt sich überle-

gen, weil sie es schon kennt und es außerdem nicht so stark empfindet wie er. Für ihn dagegen gewinnt die Beziehung eine theologische Dimension, in der Luise Rinser eine fast sakrale Bedeutung
erhält.

Am 15. Februar schreibt sie ihm ein großes Lob:
»Ich glaube, außer Dir versteht mich *niemand*. M.A. fühlt mich,
aber Du kennst mich auch reflex. Ist gut so! Danke.«
Die Schriftstellerin erscheint dem Kirchenmann als eine Offenbarung. Was er fühlt, aber niemals drucken lassen würde, schreibt er
Luise Rinser unverhüllt. Deren Antwort (vom 16. Februar) lautet:
»Dein Brief gestern – der schönste Liebesbrief, den ich je von
Dir und überhaupt bekam! Der Gedanke, daß die ewige Seligkeit
in der Liebe zu *einem* Menschen erfahren wird, ist aufregend. [...] Daß ich es für Dich bin, an der Du das alles begreifst,
ist unsagbar schön für mich.«
Das Haus in Rocca di Papa ist fertig. Der Einzug steht bevor. Und
nun zeigt sich, wie eng eine Liebe zu dritt unter Umständen werden kann. Rahner ist in München und freut sich auf die bevorste-
hende Einweihung der Villa. Doch der Abt ist auch da und hat
Vorrang. Was kann man da machen? Beide zur Konzelebration einladen? Kaum möglich. Luise Rinser fürchtet eine unerträgliche Situation und schreibt am Samstag, 17. Oktober 1964, an Rahner:
»[...] Nun gibt's eine Schwierigkeit für den nächsten Sonntag:
Da wird nämlich M.A. mit Christel [Christoph] und mir zum
Haus fahren und vielleicht (nein, sicher) Messe lesen (letzte
Möglichkeit und *erste*, denn das Haus wird erst am Samstag
fertig sein – *letzte*, weil Christel am 28. wieder fährt und er doch
dabei sein will.) Aber *nachmittag* natürlich bin ich mit Freuden
für Dich da.«
Es klappt nicht. Nachmittags wird es zu spät, Rahner wird (unbeabsichtigt?) sitzengelassen. Sie hat ein schlechtes Gewissen und
schreibt ihm »Abends, Dreiviertelacht« einen Zettel, der die Situation nicht gerade verbessert.
»Wir kamen erst spätnachmittag heim, weil wir das Haus von
dem Journalisten Hocke anschauten, bei Genzano [...] unseres ist
kleiner, aber viel ›wärmer‹, ›gemütlicher‹. [...] M.A. meinte, ob

Du zur ersten Messe mitgehen wolltest, aber das geht einfach nicht, das ist *zu* schwierig für *alle,* jedenfalls ist meine Andacht dann dahin vor *inneren* Schwierigkeiten. – Du wirst nächstes Jahr, wenn alles eingerichtet ist, noch oft genug zelebrieren, meine ich, *hoffe* ich. –«
Acht Tage später, am Montag, dem 26. Oktober, ereignet sich wieder ein Unglück. Rahner ruft von München aus bei Luise Rinser in Rom an, obwohl er sie nicht in der Wohnung vermutet. Der unwiderstehliche Drang des Verliebten, die Rufnummer der Geliebten zu wählen. Doch Luise Rinser ist zufällig da. Und hinter dem Zufall steht als Ursache eine für den Jesuiten langsam gespenstisch werdende Gestalt: der Benediktiner-Abt.

Im Brief vom 28. Oktober erläutert sie ihm den Grund:
»Daß ich am Montag früh wider Erwarten daheim war, als Dein letzter Anruf kam, daran ist M.A. schuld. Es goß in Strömen, da brachte er mich mit seinem Wagen heim – *darum* war ich schon zu Hause. Das freute mich.«
Das freut sie, aber nicht ihn. Man muss sich den Zusammenhang vor Augen halten, um das Leiden des Theologen nachzuvollziehen. Rahner hat als Nachfolger von Romano Guardini den »Lehrstuhl für christliche Weltanschauung« an der Universität München inne, der für ihn problematisch ist, da er eigentlich kein Philosoph, sondern Theologe ist. Er bereitet seine Vorlesung vor, er weiß, dass Luise Rinser gerade der Frühmesse des Abtes in Sant'Anselmo zu Rom beiwohnt, vermutet, dass sie nach der Messe im kleinen Gästerefektorium mit ihm frühstückt. Doch nicht nur in der Messe und beim Frühstück sind die beiden zusammen; an diesem Tag hat der Abt sie dann auch noch nach Hause gefahren und ist eine Weile bei ihr – in ihrer Wohnung! – geblieben.

Luise Rinsers Brief verrät aber noch mehr. Über die Geschichte dieser Liebesbeziehung hinaus ist er wichtig auch für die Geschichte der süddeutschen Benediktiner-Kongregation. Abt Hoeck ist 1962 von Ettal nach Scheyern »versetzt« worden. Handelt es sich dabei um einen »normalen« Wechsel von einer Abtei zur anderen? Es ist bekannt, dass Benediktiner-Äbte – wie Päpste und Jesuiten-Generäle – auf Lebenszeit gewählt werden. Demnach ist eine Versetzung kein gewöhnlicher Vorgang, sie braucht einen gewichtigen Grund. Heißt der Grund für Hoecks Versetzung vielleicht Luise Rinser? Es sieht so aus. Sie hat es an diesem Tag vom Abt selbst erfahren – und leitet es gleich an Rahner weiter.

»Im übrigen hat er mir jetzt genau gesagt, wie das war mit seinem Abschied von E. [Ettal] vor drei Jahren: man hat hinterrücks wirklich seine Beziehung zu mir benutzt um gegen ihn zu agitieren, und zwar muß da sein Nachfolger beteiligt gewesen sein. […] Morgen früh fährt M.A. mit Jung nach München, kommt am 3. [November] nachts wieder.«

Ob der Abt dann bei ihr übernachtet, wenn er nachts in Rom ankommt, mag Rahner sich gefragt haben. Die Befürchtung ist berechtigt. Der Abt behandelt Luise Rinser bisweilen mit einer ungewöhnlichen Vertrautheit.[18] Einmal streift er mit einem Auto einen Pfosten auf dem römischen Petersplatz. Da steht der deutsche Mönch mit Kutte ganz allein in der Fremde und weiß nicht weiter. Anstatt sich nun an die Mitbrüder in Sant'Anselmo zu wenden, ruft er Luise Rinser an, die sich sofort um die Sache kümmert. Auch das erzählt sie am 29. Oktober dem zunehmend eifersüchtig werdenden Rahner.

Es folgen Worte der Entschuldigung: »Vergib mir, daß ich so oft einfach nicht wirklich ›bereit‹ war für Dich.« Es sei ihr gesundheitlich nicht gut gegangen. Und sie bekundet erneut ihre Bewunderung für sein Denken. Rahner sucht seinerseits immer wieder nach Anlässen, die sie beeindrucken. An diesem Tag, dem 29. Oktober, ist es ein Brief von Heidegger.

»Inzwischen Dank für Deinen Brief, den Deinen, und den Heideggerschen. Er hält also die Theologie für wichtig, nicht nur die Deine, sondern die Theologie an sich. Aber wie kann er das, wenn er nicht an Gott glaubt? Denn eine Theologie ohne Glaube ist doch nichts, das wäre so, als triebe man Atomphysik, ohne daß es Atome gibt!«

Da irrt die Schriftstellerin. Erstens betrifft das Wort *Wissenschaft* die Theologie und die Physik nicht in gleicher Weise, sondern nur – wie es in der Fachsprache heißt – analog. Ferner ist Heidegger kein »Atheist« im gängigen Sinne. Allein: Ihm ist das, was mit dem Wort

»Gott« benannt wird, nicht in der Weise wirklich, wie ein Atom wirklich sein kann. Schließlich scheint Luise Rinser Rahners Ausdruck »das Geheimnis, das wir Gott nennen« gedanklich nicht nachvollzogen zu haben. Rahners *Geheimnis* entspricht dem, was Heidegger als *Seyn* bezeichnet.

In der Tiefe seiner Seele jedoch interessiert das alles Karl Rahner im Augenblick nicht. Das »Geheimnis« ist ihm zu abstrakt geworden. »Gott« hat sich für ihn in Luise Rinser inkarniert. Diese Liebe will er auskosten.

Gerade das ist ihm nicht gegönnt. Rinser versteht ihn theoretisch ausgezeichnet, ihre Gefühle jedoch entfalten sich in eine andere Richtung. Die Entwicklung wird für Rahner geradezu verletzend. Einmal bemerkt sie, wie schwer es ihr gelegentlich fällt, nur mit Zölibatären zu verkehren.

»Manchmal ist in mir eine Klage, wenn ich Liebespaare sehe. Warum ist mir dieses einfache Leben verwehrt? Du weißt ja nicht wirklich, mein Fisch, was Du entbehrst. Du ahnst es nur. Ich aber weiß. Das ist ein Unterschied, ein großer. – Warum soll ich Dir und mir etwas vormachen? Ich sehe, daß mein Mund immer schmaler wird. Asketisch. Ich *will* aber keine alte Jungfer sein. Ach Fisch […] Ich bin eine Frau, ich bin lebendiges Leben. Nirgendwo steht befohlen, daß ich wie eine Nonne leben muß.«[19]

Da überschreitet sie die Grenze des Erlaubten. Sie demütigt Rahner mit der Anspielung, als Mann sei er ein Kind, weil er noch keine Frau angefasst habe. Doch durch bloße Erfahrung mit Männern wird auch eine Frau nicht reifer. Ihre eigene Unreife zeigt sie im selben Brief, als sie Rahner mit einem reichen italienischen Witwer eifersüchtig zu machen versucht. Dabei reflektiert sie über die Rolle des Mannes in ihrem Leben.

»Schau: nun wurde mir vom Leben nochmal ein Angebot gemacht – ein Mann, Witwer, nicht klerikal, frei in jeder Hinsicht, elegant, wohlhabend, gescheit, männlich, verliebt – hier in Rom, bereit zu allem. Und ich mag nicht. Ich habe mit aller Schärfe gemerkt, daß das alles für mich nichts mehr ist. Nicht einmal wegen M.A., nicht einmal wegen Dir, nicht einmal wegen der

›Moral‹ [...], sondern weil es nicht *meine* Art zu leben ist.« (Roma, 18. 7. 1963)

Beide machen Fehler. Eine unglückliche Liebe hinterlässt meist nur Verletzte. Gereizt durch die ständige Erwähnung des Abtes und die Betonung ihrer Männererfahrenheit, versucht Rahner nun seinerseits, sie mit seiner Sekretärin eifersüchtig zu machen.

»Wegen der Sekretärin: warum nicht. Aber wenn diesmal sie dabei ist, nicht ich ... Freut es Dich, daß das Wuschel ein wenig eifersüchtig ist, ein wenig traurig, wenn es denkt, daß da doch eine andere sein könnte – –?!«[20]

Rahners Versuch hat keine Wirkung. Luise Rinser fühlt sich stark genug gegenüber jeder anderen Frau. Die Episode ist ihr nur Anlass zur Ironie.

»Und Du fährst Auto mit Deiner Sekretärin ... Ja, ja. Der Fisch inmitten der Versuchungen. [...] So um die sechzig; das ist halt ein gefährliches Alter ...«[21]

Am Allerheiligenmorgen, 1. November 1964, glaubt sie eine »Epiphanie« zu haben. Ihr sei der fleischliche Charakter der Inkarnation aufgegangen. Eine gewisse Naivität fehlt bei der Rinser'schen Mitteilung nicht. Denn sie trägt Rahner Gedanken, die er ihr seit Monaten beibringt, als eigene vor:

»Aber der Sturm kam so unvermittelt von oben, er erfaßte mich von außen zuerst, sozusagen, und ergriff mich dann erst bis innen. Inkarnation identisch mit Liebe. ›Fleisch‹ als ›Liebe‹. Nicht ›Geist‹ als ›Liebe‹. Oder besser: Geist-Fleisch-Liebe.«

Für Luise Rinser sind das faszinierende Gedanken, die sie mit verursacht hat. Für Rahner dagegen stellen sie einen dürftigen Ausdruck des Vulkans dar, dessen Feuer er in sich spürt. Doch das Feuer wird mit kaltem Wasser gedämpft. Immer deutlicher glaubt Karl Rahner zu ahnen, dass diese Liebesgeschichte für Luise Rinser ein bloßes literarisches Ereignis sei. Ein Mittel zum Schreiben. Und auch eine Gelegenheit, um den Abt eifersüchtig zu machen.

Bisweilen weiß Luise Rinser nicht, was mit ihr los ist. Sie wird von dem Wirbel erschüttert, den sie heraufbeschworen hat. Und dann wird ihr bewusst, dass Karl Rahner unmenschlich leidet. Der Brief schließt so:

»›Armer‹ Fisch: weißt einfach nicht, was Du mir bist, und ich
kann's Dir nicht sagen, weil Du so vieles in einem für mich bist,
daß ich kein Wort dafür finde. Manchmal überfällt mich die Nähe zu Dir ganz heftig und ich sage dann: ›Lieber Gott [...] ich
danke Dir für meinen Fisch.‹ Ja, und all das nützt Dir nichts,
weil M.A. da ist. Was tun, was tun, was tun. Lieber Gott, hilf
Du uns.«
Dazwischen immer der Abt! An diesem Allerheiligentag fühlt sich
Luise Rinser besonders unruhig. Mit dem Brief ist sie unzufrieden.
Dreißig Jahre später (1994), als sie die Briefe für die Veröffentlichung wieder las, schrieb sie, sie habe damals nicht gemerkt, was
für ein Unrecht sie dem Theologen angetan habe. Sie spürt es –
doch so, wie wir Menschen die Tragweite der Gegenwart wahrzunehmen vermögen: vage, diffus. Und darum hat sie Angst, er
könnte sich nach so einem Brief etwas antun. Ein Selbstmord wäre
von seiner psychischen Verfassung her nicht ausgeschlossen:
»Mein lieber Fisch, ich bin so in Sorge um Dich. Einerseits weiß
ich wohl, daß Du, um die Liebe ganz zu erleben, auch den
Schmerz ganz erleben mußt, bis zur Verzweiflung hin. [...] Aber
andererseits weißt Du auch etwas von der *discretio. Bitte* um Deines Ordensberufes willen, um Deines Dasein-Müssens für *viele*
willen: überlasse Dich nicht dem Schmerz; beginne nicht Dich in
ihm einzurichten wie in einer Zelle in einem Gefängnis ›lebenslänglich‹.«[22]
Rahners Schwermut empfindet sie zunehmend als eine Bedrohung
ihrer eigenen Existenz. Das Dreieck funktionierte, solange »das
Mädchen« im Mittelpunkt stand und die Eifersucht der beiden
Männer aufeinander genießen konnte. Plötzlich bekommt sie
Angst, dass ihr die Sache entgleitet. Und dann wird sie ungeschickt:
»Denn ich meine so für mich, daß ein Mann wie Du, auch wenn
er sich der Liebe, also dem Schmerz, ausliefert, schließlich *dar-
über* stehen lernt. Nicht sofort, aber nach und nach. Tatsächlich:
ganz verstehe ich Deine Verzweiflung nicht. Den Schmerz: ja.
Die Verzweiflung: nein. Und Du sollst Dich ihr nicht so nähern.
Du *darfst* es nicht, wenn Du mich liebst, denn damit kannst Du
sehr wohl mein Leben zerstören und meine Beziehung zu M.A.

vergiften durch das Schuldgefühl. Um der echten Liebe willen: liebe mich so, daß ich *leben* kann, ich bitte Dich.« Als ob Liebe Vernunftgründe verstünde! Karl Rahner steigert sich in die Verzweiflung hinein. Sein Leben lang gewohnt, ja mit ignatianischer Strenge dazu erzogen, nur das Absolute zu lieben, liebt er jetzt die Frau absolut. Einem solchen Liebeskatarakt ist Luise Rinser nicht gewachsen. Das Scheitern der Ehe mit Orff hat sie für immer geprägt. Zwar klagt sie, dass ihre schöpferischen Kräfte »gebunden« seien »durch Askese«, aber sie weiß auch, dass sie das Zusammensein mit einem Mann nicht mehr erträgt. Luise Rinsers Dilemma: Sie braucht den Mann, aber nicht seine Nähe. Die Lösung: ein Kleriker, ein Mann, der zwar für sie da ist, aber ihr seine Männlichkeit entzieht. So hat sie beides: den Mann und den Abstand.

Einen faulen Trick kann man das wohl nennen. Unintelligent ist es nicht – und auch nicht neu. Eine Legion gottgeweihter Frauen und Männer, die zusammen durchs Leben gehen, ohne sich – zumindest offiziell – physisch zu berühren, bildet eine Grundsäule des katholischen Christentums. Aber im Fall des Liebesdreiecks Hoeck–Rinser–Rahner erweist sich die Lösung schließlich als untragbar.

Wir haben gesehen, wie sie nur einige Monate nach dem ersten Innsbrucker Treffen im Februar 1962 das Problem ansprechen. Und auch die Lösung kommt zu Wort. Sie wollen »beides« haben. Damit ist schlicht gemeint, dass er im Kloster bleiben soll und sie allein – und sie sich doch lieben können. Also: Eros und Keuschheit – zusammen und zugleich. Luise Rinser und ein Karl Rahner trauen sich das zu.

»[…] Du – man *kann* beides! Was für eine Erkenntnis von der Freiheit des Menschen! Was für eine hohe Erfahrung wird uns da zuteil. […] Steig über Dich hinweg zu Dir – und – mir; steig hinunter in die Tiefe, die unsere Höhe sein wird. […] Leg Deine Arme inniger noch um mich, *die ich Deine Wirklichkeit bin*. (Roma, 4. 7. 1962, abends)«
Seit den ersten Monaten des Jahres 1962 ist Rahner waghalsig rasch »hinunter«gestiegen – vom abstrakten Denken zur konkreten

Wirklichkeit. Der Begriff »konkret« wird für ihn zentral, theologisch wie existentiell. Wir haben den Konkretisierungsprozess mitverfolgt. In einer stringenten logischen Schlussfolgerung wird für Rahner aus dem unfasslichen »Geheimnis, das wir Gott nennen« die konkrete Gestalt Luise Rinsers zur Wirklichkeit seines Lebens. Im Brief vom 31. Oktober 1964 wird die Substanz des Verwandlungsprozesses in einen einzigen Satz gefasst:

»Daß Du am ›Ende Deines Lebens‹ (wie Du sagst) erst den *Namen* fandest für das, was Du immer liebtest – ach Fisch – was für eine himmlische Liebeserklärung ist das.«

Das ist die höhere Wirklichkeit. Doch prompt meldet sich die andere Wirklichkeit des Alltags. Die Leute fangen an zu reden. Rahners Mutter, obwohl sie Luise Rinser mag, warnt aus Freiburg. Die Neider unter den Mitbrüdern, in Innsbruck und in München, stiften Unruhe. Man befürchtet, sein Ruf könnte durch die Affäre irreparable Schäden erleiden. Rahners saubere Berühmtheit ist der »Gesellschaft Jesu« nicht nur aus Prestigegründen wichtig, sie bringt auch gutes Geld in die Ordenskasse.

Es gibt eine Phase, da Rahner unsicher wird und Luise Rinser bittet, vorsichtig zu sein. Sie erzählt bekanntlich gerne. Doch Rahner überwindet diese Hemmschwelle und gelangt bis zu dem Punkt, an dem er bereit gewesen wäre, aus dem Orden auszutreten. »Finanziell hätten wir keine Probleme, Wuschel, im Gegenteil, wir könnten mit dem Geld aus unseren Büchern ein Luxusleben führen, existentiell auch nicht, wir lieben uns doch«, soll er gesagt haben, wie sie mir einmal berichtet hat.

Rahners Entwicklung wird ihr geradezu unheimlich. So will sie nun alle Liebesbekundungen, die sie ihm zweieinhalb Jahre lang gemacht hat, relativieren. Als Schild für das Gefecht setzt sie, wie gewohnt, den Abt ein.

»A.S.: Umschlag zur Tarnung. *Ich darf* Dir nicht so oft schreiben, es fällt auf, sei sicher.

Mein lieber Fisch,

was ich, glaube ich, noch nie tat, tat ich heute. Ich zerriß einen langen Brief an Dich. […] Ich bin so befangen; ich habe nur mehr Angst, Dir weh zu tun, ich weiß gar nicht mehr, was sagen: denn hinter allem findest Du ein Aber, in allem siehst Du einen Wurm. […] Du machst mich ganz krank. Buchstäblich. […] Aber laß jetzt *mich* noch einmal vom Vergangenen reden: erinnerst Du Dich Deiner Frage im ›Grauen Bären‹, als ich, ohne den Namen zu nennen, von M.A. erzählte? ›Ist das exclusiv?‹ Ich sagte klipp und klar: ›Ja‹. – Daß wir beide *dennoch* das Wagnis einer Verbindung (nenn sie wie Du willst) begannen, ist keine Schuld, sondern eine Gnade, aber, wie jede große Gnade, eine entsetzlich schwere Aufgabe. Ich liebe Dich, ja! […] Also: ich liebe M.A. mit einer Liebe und Dich mit einer anderen. Ich habe aber Dich nie, nie, nie darüber belogen, daß M.A. das Mysterium meines Lebens ist. […] Ich bekenne mich sozusagen in aller Form zu M.A. […] Aber ich bekenne mich auch zu Dir und werde Dich nie verlassen, denn auch Du und ich haben ein Leben miteinander.«[23]

Ausgerechnet ein Liebeskrieg zwischen Zölibatären offenbart die Verwicklungen der menschlichen Seele. Ein Dreiecksverhältnis ist nichts Seltenes. Ein katholisch-klerikales Liebesdreieck jedoch ist deshalb etwas Besonderes, weil sich die Akteure in der Regel nicht körperlich hingeben und darum den Drang der Begierde heftiger erleiden. So erfahren sie das Phänomen mit der Ursprünglichkeit, die sonst vom gegenseitigen Besitz im eintönigen Alltag langsam getötet wird. Im Entzug offenbart die geschlechtliche Liebe ihre aggressive Seite vielleicht am reinsten.

Von Herbst 1964 bis Ende 1965 verschlimmert sich Rahners psychischer Zustand so, dass Luise Rinser regelrecht Angst bekommt. Seine Eifersucht verbindet sich mit einer großen Enttäuschung: Luise Rinser, empfindet er, hat den Ernst seiner Liebe nicht erkannt.

So wird ihm nun zur Last, was ihn früher beglückt hat. Er kann nicht an Orte wiederkehren, an denen er einmal mit Luise Rinser war. Er wird neidisch auf Liebespaare. Er wehrt sich mit Sarkasmus gegen den Abt, spielt dessen Rolle in ihrem Leben herunter – und verärgert sie dadurch. Er wird aufdringlich. Oder sie empfindet es so. In Wirklichkeit ist er nur verbittert, benimmt sich bisweilen unbeholfen. Die Art und Weise, wie Luise Rinser ihn zur Vernunft zu bringen versucht, ist ungeschickt – um nicht zu sagen grausam. Denn als Vergleich nennt sie ausgerechnet M.A.

»Gestern kamen 3 oder 4 Briefe von Dir. Alle haben mich bestürzt und verdunkelt. Es *ist* so, als ob Du Dich mit Tanja solidarisch fühlst gegen mich. Das macht mich ganz krank (realiter). Überhaupt dieses besessene Bohren, Dein Zitieren von Sätzen, die ich sagte, dies alles ist nicht richtig. [...] In der Zeit, als ich genau die gleichen Fehler M.A. gegenüber machte, zog er sich mehr und noch mehr zurück. Man kann nicht gleichzeitig lieben *und* sich fürchten. [...] *Lieben ist Freilassen.* (Nicht Fortgehen, nicht Trennen, das ist die zu billige Lösung. Bleiben *und* Freilassen.)

In Sorge! Dein Wuschel« (München, 11. 8. 1965)

Sie will ihn ruhigstellen, doch nicht loswerden. Luise Rinser trennt sich ungern. Wie wir wissen, rührt das von einem Trauma in der Kindheit. Ihr ist allerdings klargeworden, dass sie Rahners besitzergreifende Liebe nicht mehr erträgt.

Der Abt dagegen sammelt Pluspunkte mit seiner alten Strategie: Er behandelt sie schlecht und zeigt gleichzeitig indirekt, dass sie ihn interessiert. Ihr Sohn Christoph, ehemals Schüler im Ettaler Internat, geht einmal zum nunmehrigen Abt von Scheyern, um ihm zu sagen, er bringe seine Mutter regelrecht zur Verzweiflung. »Und M.A. sagte: ›Deine Mutter hat alles falsch interpretiert. Ich habe sie nie geliebt.‹«[24] Dennoch ist der Abt verstimmt, wenn sich Luise Rinser bei ihm nicht meldet und stattdessen mit Rahner beschäftigt ist.

Manchmal spricht Luise Rinser eine für Rahner verletzend deutliche Sprache:

»Ich habe geglaubt, die Liebe zu M.A. mit einer ähnlich innigen Beziehung zu Dir vereinen zu können. Ich bin daran gescheitert. Es gibt nur ein Du für einen Menschen. Das ist M.A.‹« (16. 2. 1965)

Wir dürfen nicht vergessen: Durch ihre Beziehung zu dem Benediktiner-Abt hat sich Luise Rinser von Orff befreit. Der Mönch hat ihr geholfen, Rahners Leidenschaft in Schach zu halten. Ist also Johannes M. Hoeck als Sieger anzusehen – oder vielmehr als eine Figur, die von der Schriftstellerin zum Zwecke ihres Lebensromans als unerreichbares Ziel einer geheimnisvollen Liebe stilisiert wird? Karl

Rahner hat nicht mit sich spielen lassen – und war klug genug, sich zurückzuziehen, als der Kampf für ihn aussichtslos wurde. Ab 1966 wird es in der Tat ruhiger. Ein Foto mit einem Löwenbaby (auf Luises Armen, Rahner schaut zu und lächelt)[25] wird zum Symbol des neuen Friedens. Dabei ändert sich die Rolle Rahners. Im Frieden wird Luise Rinser gelegentlich depressiv, und er muss sie trösten. Er besucht sie mehrmals in Rocca di Papa, zelebriert die Messe in der kleinen Kapelle, die sein Rivale eingeweiht hat. Und beide überlegen, eines Tages ihren Briefwechsel zu veröffentlichen.

Um Rahner hat sich eine Gruppe von Schülern gebildet, die ihn oft zu Vorträgen und Kongressen begleiten. Luise Rinser, das weibliche Element, ist häufig dabei. Dazu gehört auch der junge Theologe Johann Baptist Metz, der später mehrere Werke Rahners überarbeitete und herausgab, bis er dann seinen eigenen philosophisch befestigten, weitblickenden theologischen Ansatz, darunter die »Politische Theologie«, entfaltete. Luise Rinser schätzte Metz sehr, beide blieben ihr Leben lang freundschaftlich verbunden.

Mit dem Abt bleibt der Kontakt ebenso freundschaftlich wie zeitweise rege. Er ruft sie an, wenn er sie – sogar zum Tippen von Manuskripten – braucht, er meldet sich unfehlbar, wenn sie mehrere Tage nichts von sich hören lässt, und er zieht sich prompt zurück, wenn sie sich zu oft meldet. Ihn überfällt dann nämlich die Angst, es könnte ihn, wie damals in Ettal, jetzt in Scheyern den Abtstab kosten. Trotzdem kommt er, wenn er in Rom weilt, gerne nach Rocca di Papa, wo er bei ihr zelebriert – und beim Kochen großen Spaß hat.

In ihrer Autobiographie schließt Luise Rinser das Kapitel über das klerikale Liebesdreieck so ab:

»Ich liebte M.A., aber ich hing auch an Rahner […] Einmal, 1968, schrieb er mir: ›Ja, ich bedeute Dir *etwas*, meinetwegen viel, aber Du bedeutest mir *alles*, und das ist ein Unterschied!‹ Und ein anderes Mal, 1967, schrieb er: ›Versteh doch, daß es nicht leicht für mich ist, immer der zu sein, der etwas will und braucht, und es nie auch umgekehrt ist. Du brauchst weder etwas von mir noch mich. Ich brauche Dich.‹

Hatte er recht? Brauchte ich ihn nicht? Brauchte ich M.A.? Wen ›brauchte‹ ich? Ich liebte. Was ich brauchte, war (und ist) meine Arbeit. Und jenes ES, das die Liebe selbst ist.«
Wie wäre der Schlusssatz richtig zu verstehen?

»Zwanzig Jahre lang hatten drei Menschen versucht, ›beides‹ zu leben, und es erwies sich als möglich.«[26]
Möglich war das Liebesdreieck, solange es gespielt werden konnte. Übrig blieb die leere Bühne.

Die Tücken der Stille
»Villa Maria« in Rocca di Papa
1965–1968

Ich bin Tobias

In den Albaner Bergen, am Hang des Monte Cavo in den »Castelli Romani«, einige Kilometer von Rom entfernt, liegt die Stadt Rocca di Papa. Ihre Geschichte ist seit dem Zusammenbruch des römischen Imperiums mit der katholischen Kirche verbunden.[27] Im 10. Jahrhundert ging Rocca in den Besitz der Grafen von Tuscoli über. Seitdem wurde die Stadt durchgehend durch die römische Kurie beherrscht, bis die Bürger nach einem Aufstand am 3. April 1855 die Republik Rocca di Papa gründeten. Damit erregten sie den vatikanischen Zorn, was mehrere Todesurteile zur Folge hatte. Doch nicht nur durch Päpste und Kardinäle, die sich in der schönen Umgebung Luxusvillen bauen ließen, ist Rocca geprägt. Auch Schriftsteller wie Goethe und Hans Christian Andersen schätzten den Ort. Zur Stadtgeschichte gehört ferner der Bau der Sternwarte »Osservatorio Geodinamico Reale«, in der von 1922 bis 1935 Experimente im Zusammenhang mit der von Guglielmo Marconi entwickelten drahtlosen Nachrichtenübermittlung durchgeführt wurden.

Am unteren Rand dieser geschichtsträchtigen Stadt, an der Grenze zu Grottaferrata, etwa 580 m hoch gelegen, lässt Luise Rinser auf dem von ihr 1961 erworbenen 10 000 Quadratmeter großen Grundstück ihr Haus sowie (1972) ein zweites Haus für den Hausmeister Attilio mit Frau Gina und Sohn Leandro bauen. Der ursprüngliche Bauplan stammt vom Architekten Curti. Als aber bei Beginn der Bauarbeiten ein Höhenunterschied im Gelände festgestellt und folglich eine Korrektur notwendig wird, zeichnet die Schriftstellerin selbst einen Entwurf.

Zunächst hat die Villa mit dem kleinen Pool, in dem Luise Rinser jeden Morgen, sommers wie winters, schwimmt, keinen Namen. Später wird sie »Villa Maria« heißen, wie bereits angemerkt. Ziemlich bald werden Pinien, Ölbäume und Obstbäume gepflanzt, hinzu kommen Zypressen, Mimosen, Kamelien, Oleander, Magnolien. Es gibt auch einen Weinberg, den Attilio bearbeitet. Ein Stück des Gartens bleibt wild.

Am 31. Januar 1965 zieht Luise Rinser in ihr neues Haus. Doch nur vier Tage später schreibt sie an Karl Rahner:

»[…] nun sitze ich zum erstenmal richtig an meinem Schreibtisch, einem neuen, kleinen, schwedischen, in meinem Balkonzimmer. – Eben dachte ich eine Weile nach, darüber, daß ich im großen schönen ›Salon‹ gar nicht arbeiten kann, es ist ein sehr repräsentativer Raum, viel zu groß, um darin zu arbeiten; und ich dachte weiter, daß mir sogar dieses 16 qm-Zimmer zu groß ist; ich wünsche mir immer inniger die Klosterzelle mit sozusagen *nichts* darin. Ist das nicht seltsam – jetzt, wo ich das schöne Haus habe, gemütlich auch, warm geheizt, mit dem Garten, der absoluten Stille (außer dem Summen meines Ölofens im Keller höre ich nur noch Vanno im Schlaf atmen, sonst tatsächlich gar nichts!) – und jetzt möchte ich weg. Nicht als gefiele es mir nicht: es gefällt mir so gut, daß ich glücklich bin. Und doch möchte ich weg. Nichts besitzen. Es *nicht* gut haben. Verstehst Du? Ich könnte das Haus wirklich sofort für eine Klosterzelle umtauschen. Ich meine das ganz ernst. Aber vorläufig wohne ich eben hier.«

Ist das nur kokett oder vielmehr das Eingeständnis einer Veranlagung? Bekäme Luise Rinser tatsächlich eine Klosterzelle statt ihres Hauses, wäre sie vielleicht einige Tage später genauso unruhig. Das Glück woanders zu vermuten, nur eben nicht da, wo man gerade lebt, ist gewiss ein Wesenszug vieler Menschen. Einige erfahren es besonders intensiv. Zu diesen gehört Luise Rinser.

Wer Gegend und Haus gekannt hat,[28] kann sich gut vorstellen, wie sie auf die Phantasie der Dichterin gewirkt haben. Die Stille gebiert oft eine magische Welt, in der sich vermeintlich Totes wieder meldet. Erinnerungen werden laut. Der oben zitierte Brief fährt fort:

»Mein Gott, ist das eine Stille! Und der schmale junge Mond steht über dem Land, und wenn ich vors Haus gehe, sehe ich unendlich viele Lichter, von Rom, von der beleuchteten Via Appia nuova, von Mondo Migliore, Rocca di Papa.« So kann Goethe den Ort auch empfunden haben. So kennen wir ihn aus den *Erinnerungen* (*I miei ricordi*) von Massimo d'Azeglio. Und so mögen das Haus gewiss viele Besucher der Schriftstellerin erfahren haben.

Die Stille fördert die schöpferische Arbeit. Luise Rinser arbeitet in dieser Zeit vielleicht noch mehr als sonst. Sie schreibt eine regelmäßige Kolumne in der Frauenzeitschrift *Für Sie* über Lebensfragen. Es geht um Themen wie: »Lächeln«, »Zufriedenheit – eine Tugend?«, »Vom Verzeihen«, »Kann ich gut zuhören?«, »Mehr sein als scheinen«, »Über die Dummheit«. Die Artikel kommen gut an, sie helfen vielen Menschen, bei ihren Problemen klarer zu sehen. Hinzu kommt: *Für Sie* bezahlt gut. Und Luise Rinser braucht Geld. Die Bauarbeiten waren teuer. Und die Söhne, Christoph, inzwischen 25, und Stephan, 23 geworden, haben ihre Bedürfnisse und Wünsche. Die *Für Sie*-Beiträge werden später als Buch veröffentlicht in 3 Bänden: *Gespräche über Lebensfragen* (1966), *Gespräch von Mensch zu Mensch* (1967), *Fragen, Antworten* (1968). Diese Arbeiten nehmen viel Zeit in Anspruch, aber sie gehen ihr leicht von der Hand. »In Rom muß ich rasch meine Fronarbeit für ›Sie‹ ableisten; einen Aufsatz über die Dummheit schreibe ich; und einen über Träume.«

In Rom hält sie sich im Jahr 1965 wegen des Konzils oft auf. Sie berichtet darüber ja auch für deutsche Zeitungen. Dabei wohnt sie manchmal in einer Pension, meistens jedoch, so in den letzten Konzilsmonaten November–Dezember 1965, hat sie ihr Standquartier bei Frau Trappe in der Via Sant'Anselmo 8, also unweit der Benediktiner-Abtei, wo Abt Hoeck wohnt. Mit Frau Trappe hat Luise Rinser anfangs Schwierigkeiten, aber sie arrangiert sich schließlich mit ihr. Bei ihr also »leistet« sie die *Für Sie*-Aufsätze »ab«, und dann »gehe ich nach S. Anselmo und tippe meine beiden Aufsätze dort im Sprechzimmer«.[29] Bei den Benediktinern, in der Nähe ihres Abts, fühlt sie sich wie zu Hause.

Als junge Frau, die Schriftstellerin werden wollte, fühlte sie sich, wie wir gesehen haben, von Ernst Jünger stark angezogen. Sie bewunderte den Schriftsteller, begehrte den Mann. Der Mann wies sie zwar nie grob zurück, zeigte ihr aber von Anfang an die Grenzen. Die tragischen Folgen dieses »Spiels« kennen wir. Wer tritt nun an die Stelle von Jünger: Abt Hoeck oder Karl Rahner? Vielleicht beide zusammen. Der große, schlanke, elegante Hoeck erinnert sie an den asketischen Soldaten, der sich nicht für Gott, sondern für das Schreiben fit hielt. Seine Askese forderte von ihm, das verführerische Mädchen von sich abzugrenzen, seine Männlichkeit verbot ihm jedoch, die Zuneigung der Frau zu verspielen. Und Karl Rahner? Bei dem Theologen ist für Rinsers Empfinden der Geist entscheidend. Hatte sie einst bei Ernst Jünger den präzisen Umgang mit der Sprache gelernt, so bei Rahner das Denken: »Die Beziehung zu Dir gab meinem Leben eine neue Richtung, ich ›lernte denken‹, Du verstehst, was ich meine.« (25. 2. 1965) Eine weitere Gemeinsamkeit zwischen dem Theologen und dem Literaten kann Luise Rinser in dieser schwierigen Phase ihres Lebens gefährlich werden.

Beide Männer genießen – jeder auf seine Weise – Erfolg und Anerkennung in ihrem jeweiligen Umfeld. Anders Luise Rinser. Zwar hat sie zu diesem Zeitpunkt eine beachtliche Berühmtheit erreicht. Da sie sich jetzt aber mit einem Mann wie Rahner messen muss, ist sie mit sich selbst und ihrem Werk unzufrieden. Millionen Menschen lesen sie. Gewiss. Doch gerade deswegen, meint sie, werde sie von der literarischen Fachwelt nicht ernst genommen. So beklagt sie sich im Brief an Rahner vom 15. Februar 1965:
»Vom Fischer Verlag hingegen bekam ich die Nachricht, daß man mir den H.-Hesse-Preis *nicht* geben will, wieder mit einer Ausrede. […] Freilich habe ich meinen *literarischen* Ehrgeiz, und da schmerzt es mich, einfach nicht für ganz voll genommen zu werden. […] Ich war mir meiner Unzulänglichkeit nicht so bewußt wie im Augenblick und vor allem Dir gegenüber.«
Gerade jetzt, da man Luise Rinser ausgerechnet den Hermann-Hesse-Preis verweigert, wird Karl Rahner der bedeutende Reuchlin-Preis verliehen. Am 19. März 1965 gratuliert sie ihm: Es sei

nicht nur eine Anerkennung seiner Person, »sondern der neuen Möglichkeit religiösen Denkens«. Doch es gelingt ihr nicht zu verbergen, wie unglücklich sie sich fühlt, ohne freilich die wahre Ursache zu nennen. Der Gratulationsbrief wird zu einem Klagebrief: »Ach Fisch – wohin ist eigentlich meine ›Vitalität‹ geraten, meine Lust am Mich-Verlieben in etwas oder jemand; wohin mein Mich-Freuen-Können in allem und jedem, wohin mein Planen und Hoffen auf ein unbestimmtes freudiges Ereignis? Auch ich bin ein Karrengaul geworden. [...] Ich könnte mein Leben eine ›permanente Krise‹ nennen. Nie Ruhe. Immer Wandlung. Bin ganz atemlos davon. *Mag nimmer!!!* Will glücklich sein. [...] Mag die Traurigkeit nicht. Mag Farbe und Licht! – ›MAG.‹ Als ob's *darauf* ankäme. Ich geh besser beten jetzt, als so zu klagen.« Es schmerzt Luise Rinser, nicht so anerkannt zu werden, wie sie es möchte: so wie Rahner! Diese Zerrissenheit erklärt gewissermaßen die Verzweiflungstat (anders kann man es kaum nennen), die im Brief vom 25. März 1965 zum Ausdruck kommt. Sechs Tage also, nachdem sie Rahner wegen der Auszeichnung gratuliert hatte, bringt sie ihm folgende Bitte vor:

»Mir fiel heute etwas ein, als Du meine Bücher (um mich zu trösten) lobtest. Überleg Dir *bitte* ob der Vorschlag zu realisieren ist. Du weißt, daß Dein Wort gehört wird. Wenn Du einen Aufsatz über mich schreiben würdest (›Das Theologische im Werk von Luise Rinser‹ – oder so etwas wie: ›Eine einsame Gestalt in der modernen deutschen Literatur‹), so würde das meiner Arbeit plötzlich ein großes Gewicht geben. Willst Du das für mich tun? Es wäre ein ganz großer Freundschafts- oder ›Liebesdienst‹.«

Um ihm die Bitte schmackhaft zu machen, betont sie im gleichen Atemzug, wie gut es zwischen ihnen beiden nun geworden sei:

»Das Prüfungsjahr scheint doch vorüber zu sein, und in unserer Beziehung (mit Opfern erkauft – meinst Du, es sei mir *kein* Opfer, Deine körperliche Nähe und Wärme *nicht* zu haben??!) – ich wollte sagen: in unserer Beziehung herrscht nun wohl doch wieder das Licht vor.«

Die Bemerkung hat keine Wirkung. Ein Karl Rahner tut so etwas nicht. Er liebt sie, ja, er wäre bereit, aus der »Gesellschaft Jesu«

auszutreten, um mit ihr zu leben. Aber er schreibt keinen Gefällig-
keitsaufsatz, um der durch die Fachwelt in die Ecke gedrängten
Freundin aus der Klemme zu helfen. Doch Rinsers Ehrgeiz ist
enorm. Sie lässt nicht locker. Mehrmals erinnert sie ihn an ihre
Bitte. Manchmal sehr direkt, in einem Ton, der einem Mann nicht
unbedingt gefallen muss:
»Aber (wieso ›aber‹?) eines Tages mußt Du *doch* über die Theologie in Luise Rinser's Werken schreiben, auch wenn Du meine
Bitte noch so sehr verdrängst … Armer Fisch.«[30]
Ihre Freundin Helma Pösl warnt sie vor ihrer Abhängigkeit von
fremden Meinungen, sie solle doch ihre Arbeit weitermachen, ohne
so verbissen auf das Urteil der Literaturkritiker zu achten. Das kann
sie nicht. Übergangen zu werden macht sie krank. Kurz zuvor hatte
ein (katholischer) Mitarbeiter der Zeitschrift *Hochland* in einer
Übersicht über die deutsche Literatur der Gegenwart sie nicht einmal
erwähnt. Sie verkraftet das nicht, bewundert Rahner, der ihr vom
Erfolg-haben-Müssen »gelöster« erscheint. Gerade weil er, Rahner,
ihn nicht so verbissen wollte, habe er ihn bekommen, meint sie.
»Aber ich – ? Ich bin schon wirklich tief getroffen durch diese
merkwürdige Art meines Erfolgs bei den Lesern, die den Kritikern Beweis für meine Inferiorität in der *Kunst* ist. Kurzum: zu
meiner Depression hinzu kommt diese Angst oder Beklemmung,
bald völlig vergessen zu werden, ausgelöscht aus allen Literatur-
büchern. Ich muß das eben lernen. […] Aber wie kann ich so in
Freudlosigkeit, so ohne den Antrieb der Anerkennung *leben?* Ich
kann es nicht. Da versinke ich in Düsternis.«[31]
Doch ihre Klage stimmt Rahner nicht um. Er sagt kein hartes Nein.
Aber er bringt Pseudogründe – wie Zeitmangel – vor, was sie noch
mehr kränkt.
   Nach Erscheinen des Romans *Ich bin Tobias* 1966, der in »Christ
und Welt« eine lauwarme Kritik erfährt, wird sie eindringlicher.
Sie lässt den ursprünglichen Wunsch, Rahner solle »Über das
Theologische im Werk Luise Rinsers« schreiben, fallen und bittet
ihn nunmehr, sich zumindest zu den neuesten Kritiken zu äußern.
Als Rahner wieder zögert, überschreitet sie die Grenze des selbst
unter engen Freunden Erlaubten.

»P.S. In der leidigen Frage:
Du sagst, ich sei vorschnell bitter. Nun – ich habe Dich schon seit
2 Jahren gebeten, und da kann man von vorschnell wohl nicht
mehr reden. Aber ich verstehe, daß Dir dieses Buch nichts sagt
und Du einfach nicht weißt, was Du sagen sollst. [...] Vielleicht
werde ich Pater Lotz* darum bitten. [...] Du hättest Zeit, tagelang
bei mir zu sitzen, weil es *Dir* so gefällt. Aber Du hast ›keine
Zeit‹ [...] für mich *eine* Stunde zu opfern, um etwas zu schreiben,
was Dir so leicht fiele. – ›Zeitlassen‹ – Fisch, nein. Das müßte
sofort kommen, mitten in die anderen Kritiken hinein. [...] Warum soll unsere Beziehung ein Hindernis sein, objektive Dinge zu
bereden? Geht es nur um mich? Geht es nicht um *unsre* Sache?
Ich bin tiefst enttäuscht, Fisch, und ich kann Deine Worte der
Liebe jetzt nicht mehr *so* arg ernstnehmen [...] Der Frau – wie
heißt sie (Der anonyme Christ) hast Du immer geholfen und sie
gefördert. Und ich, ich? Im Übrigen: die Zustimmung ›der Leser‹
ersetzt mir nicht die *öffentliche* Zustimmung in der Kritik. *Ich*
würde sofort ›das Tollste‹ über Dich schreiben, um Dir zu helfen.
Nein – ich verstehe Dich wirklich nicht.«[32]
Da prallen zwei entgegengesetzte Ansichten aufeinander. Rahner
weigert sich, Wissenschaft und Freundschaft zu vermengen, Rinser
dagegen erhebt das Gefühl zum obersten Prinzip. Doch: Ist es wirklich so – oder erweist sich, bei tieferem Hinschauen, die Sache als
verwickelter? Die Frage drängt sich nämlich auf, ob Rahners Haltung so »objektiv« ist, wie sie zu sein scheint. Er hat Luise Rinser
einmal gebeten, vorsichtig zu sein, er sei um seinen Ruf besorgt.
In diesem Sinne kann er jetzt befürchten, durch eine »positive«
Stellungnahme zum Tobias-Roman in eine peinliche Situation zu
geraten. Ist Tobias nicht auch Karl Rahner, der »beides« haben
möchte: Mönch bleiben und Mann sein? Dann hätten wir zwei
Fronten: die Angst der Schriftstellerin, von der Kritik aus der großen Literatur ausgeschlossen zu werden, und die Angst des Theologen vor einer unangenehmen Polemik.

---

* Johannes B. Lotz war Jesuit – also Ordensbruder von Rahner – und
Philosoph. Luise Rinser war mit ihm befreundet.

Auf beiden Seiten also nur Menschen, die – je nachdem wie der Wind weht – fliegen oder den Antrieb verlieren und, wenn es nicht anders geht, auch nach antidepressiven Mitteln zu greifen wissen. Da scheint Rahner wohl erfahrener zu sein. Jedenfalls kann er Luise Rinser – bis er sich zur erbetenen Verteidigungsschrift durchringt – zum Trost gute Pillen empfehlen.[33]

Der Tobias des Romans ist ein verwirrter junger Mann, der, unzufrieden mit seinem Vater, sich einbildet, außerehelich gezeugt worden zu sein. So begibt er sich auf die Suche nach einem Vater, der ihm Vorbild sein könnte. Dabei begegnet er verschiedenen Männertypen, die für ihn sowohl Ideal als auch Versuchung darstellen: dem Pastor, der nicht mehr glaubt; dem Manager, der Tobias zum schnellen Erfolg verführen will; dem Homosexuellen; dem selbstgenügsamen Halbkünstler. Leitbilder dagegen können andere Gestalten sein: der atheistische, im selbstlosen Dienst aufgehende Arzt; der fromme Sänger; der über seine Skepsis hinauswachsende alte Jesuit; der Physiker, der nach der Grundformel für den Lebenssinn forscht, sie nicht findet und darüber wahnsinnig wird. Wie soll Tobias unter diesen zwiespältigen Männern den Wunsch-Vater ausmachen?

Gibt es in der Wirklichkeit etwas anderes als zerrissene Gestalten, die sich offen zeigen oder hinter der Heuchelei verstecken? Luise Rinser hat den Weltkrieg nicht vergessen. Sie hat auch ihre Erfahrungen mit Horst Günther Schnell, mit Ernst Jünger, mit dem Vater von Stephan, mit Landshoff, mit Orff und mit den anderen Männern nicht verdrängt.

Doch wie soll Karl Rahner das Buch »eingehend« und positiv besprechen, wenn er sich überall in einer Weise enthüllt findet, die ihn durchaus nicht verklärt? Rahner ist sowohl der Pastor, der nicht mehr glaubt, als auch der Jesuit, der über seine Skepsis hinauswächst, und schließlich der Geistliche, der Mann werden und zugleich Mönch bleiben will. Allzu deutlich gehen Überlegungen in dem Roman auf Gespräche zurück, die erst später mit der Veröffentlichung von Rinsers Briefen an Rahner bekannt werden. Hinter dem Physiker steht der Physiklehrer Müller in der Münchner Mädchenschule, den sie nach dem Krieg wiedersah. Und ist Tobias nicht auch ihr Sohn Stephan, der Orff als Vater-Vorbild zu imaginieren versuchte?

Dialogisch geschrieben, stellt der Text einen Spiegel dar, in dem die Autorin ihr eigenes Leben betrachtet. Das Gespräch betrifft das Entstehen der Gestalt selbst. Tobias wehrt sich dagegen, gezeugt worden zu sein durch solch einen Vater und geboren in eine so verrückte Welt. Der Roman gibt aber auch die persönliche Sichtweise der Autorin wieder. Sie findet überall Zerrissenheit und Heuchelei. Menschen, die ihr Leben lang in dem schizophrenen Zustand zwischen wunderbarer Theorie und miserabler Praxis verharren. Gehört Luise Rinser selbst nicht auch dazu?

Dieser Roman stellt sicherlich eine Wende in ihrem Werk dar. Mit Blick auf die Situation der Nachkriegszeit geschrieben, bleibt das Buch bis heute aktuell. Die Jugend ist wie damals von Zweifeln geplagt, fragt ebenso dringlich nach dem Sinn des Daseins und klagt das Versagen der älteren Generation an. So wird die Autorin selbst unmerklich auf die Anklagebank gerufen.

Im *Tobias*-Roman wird so gut wie alles in Frage gestellt und manches Unliebsame enthüllt. So ist es verständlich, dass sowohl christliche als auch nicht-christliche Kritiker mit dem Buch ihre Probleme haben. Rahner zögert jahrelang, zu dem Buch Stellung zu nehmen. Nun naht aber ein Datum, bei dem er nicht mehr umhinkann, sich zu Luise Rinser zu äußern. Für 1971 wird bei S. Fischer eine Textsammlung zu ihrem 60. Geburtstag vorbereitet. Da muss Rahner mitwirken.

Er macht es gekonnt. Er stellt Luise Rinser als Paradigma des christlichen Schriftstellers dar. Nun ist auch Rahner ein christlicher Schriftsteller, wenn auch ein theologischer, kein literarischer. So kann er zwei Fliegen mit einer Klappe schlagen: die Freundin vor Theologen und sich selbst vor Literaten verteidigen.

Rahners Artikel trägt den Titel: *Von der Größe und dem Elend des christlichen Schriftstellers.* Diesem werfen die Kritiker den Anspruch vor, so Rahner, Lösungen für Probleme anzubieten, für die es keine Lösungen gibt, und so an der Situation des Menschen vorbeizureden. Christliche Schriftsteller pflegten ins Jenseits zu fliehen. Irdische Angelegenheiten müssten jedoch diesseitig angegangen werden.

Karl Rahner ist aber philosophisch nicht nur durch Heidegger geschult, er hat auch – in der Vermittlung der Philosophen Maréchal und Rousselot – Kant gründlich studiert, dessen *Kritik der reinen Vernunft* bekanntlich mit der Feststellung beginnt: »Die menschliche Vernunft hat das besondere Schicksal in einer Gattung ihrer Erkenntnisse: dass sie durch Fragen belästigt wird, die sie nicht abweisen kann; denn sie sind ihr durch die Natur der Vernunft selbst aufgegeben, die sie aber nicht beantworten kann; denn sie übersteigen alles Vermögen der menschlichen Vernunft.«[34] Auch für den Offenbarungsglauben würde gelten, dass eine »göttliche« Mitteilung nur durch menschliches Verstehen stattfinden und nur durch menschliche Worte tradiert werden könnte. So wäre schließlich eine übernatürliche Offenbarung unvermeidlich Menschenwerk.

Rahner selbst vielleicht nicht so deutlich, war diese Problematik schon das eigentliche Thema seines früheren Buches *Hörer des Wortes*. Demnach bestünde die *Größe* des christlichen Schriftstellers darin, von Dingen schreiben zu müssen, die das menschliche Fassungsvermögen übersteigen – sein *Elend*, keinen Anspruch auf Wahrheit erheben zu können.

Christliche Schriftsteller und Theologen seien also im selben Problem verbunden. Beide sprechen über das Unsagbare. »Der Christ im Schriftsteller muß reden, wovon man nicht reden kann.« Mit einem Unterschied allerdings: dem Theologen billige man es zu, denn schließlich sei es sein Beruf, dem christlichen Schriftsteller nicht. Darum werde Luise Rinser von Kritikern herabgesetzt, die sich für realistisch hielten, in Wirklichkeit jedoch nur eine oberflächliche Kenntnis der menschlichen Natur hätten. Denn selbst Wittgenstein, der das Schweigen angesichts des Unsagbaren verlangte (»Worüber man nicht sprechen kann, darüber muss man schweigen«), habe, so Rahner, streng rational die Existenz des »Irrationalen« bewiesen.

Folglich weist Rahner die Aussage mancher Kritiker als unzutreffend zurück, der christliche Schriftsteller verkenne die politischen Realitäten:

»Hat Luise Rinser nicht instinktsicherer als viele ihrer Kollegen und ihrer Kritiker von Anfang an dem Ungeist der braunen Zeit widerstanden bis an den Rand des Todes?«[35]
Hier irrt Rahner, wie wir wissen. Die Christin Luise Rinser war nicht besser (auch nicht schlechter) als andere in jener verhängnisvollen Zeit. Auch sie ist opportunistisch der Faszination des »braunen« Ungeistes erlegen.

Luise Rinser arbeitet viel in Rocca di Papa. In der stillen Einsamkeit droht sie jedoch langsam zu ersticken. Die Angst, von der Öffentlichkeit vergessen zu werden, plagt sie. Erschütterungen in der ganzen Welt stellen die Ruhe ihrer Villa in Frage:
»Ich bin nach wie vor tief schwermütig, und es kommt mir fast so vor, als würde ich's bleiben, und als wäre dies der Zustand, in dem ich der Wahrheit am nächsten bin. Ich will ja keine Behaglichkeit mehr. Das Haus, für ›Behaglichkeit‹ geschaffen, ist mir zum Schlangennest geworden.«[36]
So verlässt sie immer wieder die Abgeschiedenheit von Rocca, um auf die Barrikaden zu steigen.

Zauber und Charisma: Willy Brandt
1969–1972

Vor einem Jahr habe sie die Lehre des Predigers Salomo zu lernen begonnen: im Augenblick leben. »Das habe ich nie gekonnt. Immer war ich die Durchreisende, die nie irgendwo ankommt«, schreibt Luise Rinser im Dezember 1967.[37] Schon als Kind sei sie bei Reisen deshalb unglücklich gewesen, weil sie, kaum abgefahren, gleich an die Rückfahrt gedacht habe. Nun wolle sie endlich »hierundjetzt« leben, »*dies* ist die Stunde, *dies* ist der Ort«. Diese Unruhe ist gewiss typisch für sie. Aber sie stellt auch das Unbehagen einer Zeit dar, welche zwei Jahrzehnte nach dem Hitler-Krieg wieder gefährdet ist.

*

Nach dem Zweiten Weltkrieg wäre ein Neubeginn nicht nur für Deutschland vonnöten gewesen. Denn es hatte sich auf beiden Seiten – bei den Nazis wie bei den Alliierten – gezeigt, wozu der Mensch fähig ist, dem es hauptsächlich um Macht und Profit geht.

Das Schlagwort von der »vertanen Chance« meint die ungenutzte Möglichkeit eines grundlegend neuen Gesellschafts- und Staatsprojektes. Kurze Zeit sah es so aus, als ob die Menschen endlich gelernt hätten. Aber es war nicht so. Wir erinnerten bereits: Noch in den ersten Verhandlungsphasen für die neue Nachkriegsordnung meldeten beide Weltmächte, USA und Sowjetunion, ihren Führungsanspruch an. Anfang der sechziger Jahre war es wieder so weit: Kalter Krieg, nukleare Bedrohung, Vietnamkrieg.

In Deutschland wurde das Nazi-Problem nicht bearbeitet. Die nicht mehr wegzudenkende Tatsache, dass in diesem Kulturland der politisch durchdachte und industriell durchgeführte größte Massenmord der Menschheitsgeschichte stattgefunden hatte, wurde zugedeckt, systematisch verdrängt. An die Stelle der Verarbeitung trat die Selbststilisierung durch eine neue Form von Macht: das Geld. Die führende Position, welche militärisch nicht erreicht werden konnte, sollte nun durch die Wirtschaft möglich werden. Und sie wurde erreicht. Das »Wirtschaftswunder« bezeugte die Tüchtigkeit der Deutschen, die auf diese Weise das Nazi-Erbe loszuwerden versuchten. Gleichzeitig litt man unter der Abhängigkeit von den USA – und das Volk suchte eine nationale Identität in Heimatliedern und Heimatfilmen, die weniger von Kultur als von Nostalgie nach dem Eigenen zeugten.

Man musste sich auch durch Anstand auszeichnen. So entstand die Prüderie der Adenauer-Jahre. Natur, Sexualität, Freiheit, Erneuerung waren tabu. Benimmbücher hatten Konjunktur. Der Drang, vor aller Welt Stil zu zeigen, erfasste auch die Politik. So ist der erstaunliche Erfolg des Buches der Etikette zu erklären, mit dem sich sogar der deutsche Bundestag beschäftigte.[38] Das Buch brachte die Art des Zeitgeistes zum Ausdruck, gegen den die Jugend 1968 zunächst in Europa (Wien, Warschau, Prag, Paris) und dann in anderen Teilen der Welt revoltierte. Diese Jahreszahl ist als Symbol für den Aufstand gegen Unterdrückung und für den Drang nach Erneuerung in Erinnerung geblieben – aber auch für die Chancenlosigkeit unreifer Projekte.

Die Untertänigkeit der deutschen Regierung den USA gegenüber ärgerte die Jugend. Sie fühlte sich erniedrigt durch die Präsenz von ausländischen Soldaten auf deutschem Boden. Und sie verachtete die ältere Generation – Großeltern und Eltern –, die sie für diese Situation verantwortlich machte.[39] Ab 1960 nahm die Politisierung der Bevölkerung, insbesondere der Gymnasiasten und Studenten, zu. Die Öffentlichkeit wurde kritischer. Die Rezession 1966 beendete die Illusion von Größe durch Geld und entblößte die Verdrängung der Vergangenheit. Film und Literatur beschäftigten sich intensiver mit gesellschaftspolitischen Themen. Einige Regisseure – Alexander Kluge, Peter Schamoni, Edgar Reitz – unterzeichneten das »Oberhausener Manifest«: »Der alte Film ist tot. Wir glauben an den neuen.« Damit war das bundesdeutsche Kommerzkino in Frage gestellt und dem neuen Autorenfilm das Tor geöffnet. Die Rebellion der Regisseure bereitete gesellschaftlichen Umbrüchen den Boden. Junge Filmemacherinnen wie Chantal Akerman (geb. 1950) oder Helma Sanders-Brahms (geb. 1940) repräsentierten die aufkommende Frauenbewegung, in der Luise Rinser eine große Rolle spielte. Die Beatmusik trug ebenso dazu bei, das Protestpotential der Jugend freizulegen.

In der Politik bildeten nach der Adenauer-Ära und dem Scheitern von Ludwig Erhard als Bundeskanzler CDU und SPD eine große Koalition. Durch das Fehlen einer wirklichen Opposition im Parlament geriet jedoch die Demokratie selbst in Gefahr. Es entstand eine außerparlamentarische Opposition (APO), die sich für soziale Veränderungen und eine Hochschulreform einsetzte. Über die bundesrepublikanische Politik hinaus öffnete sie den Blick auf das politische Geschehen in Europa und in der Welt. Der Sozialistische Deutsche Studentenbund (SDS) spielte in ihr eine führende Rolle, und ihr Mitglied Rudi Dutschke war maßgeblich an der Organisation der Demonstrationen gegen den Besuch des persischen Schahs am 2. Juni 1967 beteiligt. Dabei wurde der deutsche Student Benno Ohnesorg von einem Polizisten getötet. Das führte zu einer Radikalisierung der Studentenbewegung. Für die Eskalation machte man vor allem Axel Springer und seine BILD-Zeitung verantwortlich. Doch es war nicht nur der Schah-Besuch, der die Studenten empörte. Daneben waren es vor allem der Vietnamkrieg, den die Bundesregierung – zumindest indirekt – unterstützte, sowie die unbewältigte Nazi-Vergangenheit.

*

Ihre Einsichten in das Geschehen gewinnt Luise Rinser aus Begegnungen mit Jugendlichen, die zu ihr kommen, und aus Gesprächen mit ihren Söhnen, die jetzt 28 und 26 Jahre alt sind. Abends schreibt sie ihre Eindrücke samt Kommentaren nieder. Die Notizen der Jahre 1967 bis 1970 werden in *Baustelle. Eine Art Tagebuch 1970* veröffentlicht. Als das Hauptproblem wird darin der Generationenkonflikt angesehen, der sich an Themen wie Geld, Sexualität, Religion entzündet.[40] In vielen europäischen Ländern ist die Jugend von den Kirchen enttäuscht. Überall sieht sie Heuchelei. Das Konzil hat nur Äußerlichkeiten verändert. Die Welt der Politik findet sie ebenso verlogen. Vietnam, Prag. Amerikanische Bomben und russische Panzer. Und mit Kurt Georg Kiesinger ein Alt-Nazi als Bundeskanzler.

Das ist die gute Seite der Jugendrevolte: Sie erschüttert die Gesellschaft mit einer Welle schonungsloser Aufrichtigkeit. Ein Verlangen nach Echtheit und Reinheit geht um, das sich zuerst nur negativ zu artikulieren vermag. Das Phänomen Religion sei von Grund auf neu zu denken. Die »Gott-ist-tot-Theologie« drückt ein Grundbedürfnis der Zeit aus. Die bisherige Rede von Gott als Macher, Wächter und Richter – der Gott unserer Interessen – sei zu überwinden. Doch eine fruchtbare Alternative wird nicht gefunden.

Luise Rinser lässt das alles keineswegs kalt. Auch sie wird bisweilen von der allgemeinen Verzweiflung gepackt:

»Nach vielem, nach jahrelangem Lesen, Lesen, Lesen in fachtheologischen Schriften das lebhafte Bedürfnis, alle meine theologischen Bücher zu verbrennen und dann nichts dergleichen je mehr zu lesen. Keinen Thomas, keinen Barth, keinen Rahner, keinen Metz, keinen Küng, keinen Harvey Cox und vielleicht nicht einmal mehr einen Bloch, der ja auch nicht eben bloß Philosophie schreibt. Ich habe die ganze Theologie satt, satt, satt.«[41]

Ihr Fazit: Junge Revolutionäre hätten viele Worte und große Energie zum Protestieren, aber keine ernstzunehmenden politischen Entwürfe. Die ältere Generation dagegen sei meistens misstrauisch und lustlos, zu neuen Projekten kaum zu bewegen.

Doch hinter dieser Ratlosigkeit verbirgt sich eine große Sehnsucht. Nicht nur die Jugend, auch Politiker, Kirchenleute, Schriftsteller, Arbeiter suchen politische Zuflucht, um ihre Lebenslust und Erneuerungskraft, ihren Drang nach Freiheitskultur einzubringen. In diesem Augenblick erscheint Willy Brandt.

Als die Jugendrevolte 1968 den Höhepunkt erreicht, ist Willy Brandt Außenminister und Vizekanzler der Bundesrepublik, die Kurt Georg

Kiesinger als Kanzler regiert. Eigenartiger hätte man sich die Zusammensetzung dieser Regierung kaum ausdenken können. *Einerseits* ein feiner kleinbürgerlicher Herr, der sich jeder Konfession und jeder politischen Konstellation anzupassen weiß. *Andrerseits* ein visionär-politischer Denker proletarischer, unehelicher Herkunft, mit ganz klaren sozialistischen Überzeugungen und einem ausgesprochenen Sinn für Gerechtigkeit.[42] Ein absoluter Gegensatz an der Spitze der Bundesrepublik. Gut zwei Jahrzehnte nach Hitlers Tod ein Wendepunkt ohnegleichen. Zweimal war Brandt als sozialdemokratischer Kanzlerkandidat gescheitert: 1961 gegen den 85 Jahre alten Konrad Adenauer und 1965 gegen Ludwig Erhard. Doch ein Jahr später, als die CDU/CSU-Bundestagsfraktion Ludwig Erhard das Vertrauen entzieht und als Lösung in der Krise nur eine Koalition mit der SPD in Frage kommt, wird Brandt Vizekanzler und Außenminister.

In der folgenden Bundestagswahl 1969 wird zwar die CDU/CSU wieder stärkste Fraktion. Doch Willy Brandt überzeugt die Parteimehrheit gegen den Willen von Herbert Wehner und Helmut Schmidt, die eine Fortsetzung der großen Koalition vorgezogen hätten, davon, dass eine Koalition mit der FDP die bessere Lösung sei. Ausschlaggebend, wenn auch nicht deutlich ausgesprochen, ist, dass man nicht länger einen Ex-Nazi an der Spitze der Regierung sehen wollte. Der Bundestag wählt Willy Brandt zum vierten Kanzler der Bundesrepublik Deutschland. Vizekanzler und Außenminister wird Walter Scheel. Die CDU/CSU geht erstmalig in die Opposition.

Am 17. Juli 1970 empfängt Willy Brandt im Bonner Kanzleramt Luise Rinser zu einem Gespräch. Der Begegnung widmet die Schriftstellerin ein prägnantes Kapitel ihres Tagebuches *Grenzübergänge*.[43] Als politischen Vordenker mit Visionen, als einen feinen, aber starken Mann mit erotischer Ausstrahlung erlebt Luise Rinser den ersten sozialdemokratischen Bundeskanzler Westdeutschlands. Die Vereinigung von Denken und Gefühl, Stärke und Verletzlichkeit fasziniert die Schriftstellerin. Bei der Begrüßung, notiert sie, behalte der Kanzler zwar das Protokollarische bei, verleihe ihm jedoch eine menschliche Prägung.

Da die Beschreibung dieser ersten Begegnung mit Willy Brandt chronologische Unstimmigkeiten enthält, ist zu vermuten, dass Luise Rinser aus den verschiedenen Begegnungen eine idealtypische konstruiert hat. Umso glänzender erscheinen die Wesensmerkmale des charismatischen Sozialdemokraten, wie sie ihn im Laufe der Jahre erlebt hat. Sie lässt ihn als Erstes sagen: »Sie haben mir so schöne Rosen geschickt in Rom, und diesen Aufsatz, der mich natürlich sehr interessierte. Ich danke Ihnen.« Luise Rinser hatte dem Kanzler anlässlich seines Staatsbesuches in Rom 1970 Rosen und schon früher einen handgeschriebenen Artikel über Polen geschickt, mit der Bitte, ihr das Manuskript gelegentlich zurückzugeben. Er hat also daran gedacht. Nicht nur das. Als er ihr das Manuskript überreicht, zieht er diskret den Brief heraus, den sie ihm beigelegt hatte. Das Manuskript gibt er zurück, den Brief behält er für sich. Die Geste zeigt, dass die Besucherin dem Gastgeber persönlich wichtig ist. Luise Rinser benennt Brandts Aufmerksamkeit mit einem Wort Goethes: »Herzenshöflichkeit.« Am tiefsten beeindruckt sie der Denker:

»Wenn er nachdenkt, ehe er antwortet, schaut er still und mit halb geschlossenen Augen am Gegenüber vorbei auf irgend etwas, das nicht sichtbar ihm zur Seite steht und ihm die Antwort eingibt. Er lauscht auf etwas. Er weiß das nicht. Und dann antwortet er entschlossen und präzise in einem makellosen Deutsch und sehr gut artikuliert, wie einer, der Sprechunterricht hatte. Die Stimme ist angenehm, so rauh wie sie ist.«

Wer ist Willy Brandt?, fragt sich Rinser. Er sei empfindlich, leicht verwundbar, schutzbedürftig. Obwohl Politiker aus Berufung, passe er kaum ins Parlament. Da werde eben nur parliert, er aber könne sprechen. Der proletarische Sozialdemokrat sei zu fein für so einen Kreis. Er mag, schreibt sie, die parlamentarischen Pöbeleien nicht. Wird er angepöbelt, schweigt er, geht angewidert und beleidigt.

Er sei klug, ja intuitiv, »etwas« sage ihm, wie er zu agieren habe. Davor hat Luise Rinser großen Respekt. Er sei gleichsam der Politiker als Dichter, der sich von der Muse die Worte zuflüstern lasse. Daher auch seine Einsamkeit. Vieles könne er im Alleingang besser machen. Da er aber »bis ins Mark hinein demokratisch« sei, gebe er oft nach, widerwillig, aber echt. »Sein Ehrgeiz liegt im ständigen Kampf mit seinem Bedürfnis nach Stille und Harmonie.«

Lübecker Kind, das seinen Vater nie kennenlernen durfte, dessen Mutter in eine andere Familie einheiratete, ist Willy Brandt ein Fremder in der eigenen Familie, ein Fremder im eigenen Land, das ihn zum Kanzler gemacht hat. Der politische Fremdling verfolgt eine Idee: den Frieden. Er ist aber kein Friedensprediger, der eine künftige Gesellschaft verkündet. Er muss mit den politischen Elementen und Bausteinen, über die er verfügt, die Basis für ein friedliches Zusammenleben schaffen. So wird die Verständigung mit dem Osten sein wichtigstes Anliegen.

Diszipliniert, mit einer wachen Beobachtungsgabe und mit dem Misstrauen »eines mehr gejagten als jagenden Fuchses« sei Willy Brandts Seele von einer tiefen Schwermut durchdrungen. Daher sein starkes Bedürfnis nach Wärme.

Wer Willy Brandt ist, kommt am deutlichsten zum Ausdruck in jener spontanen Geste vor dem Mahnmal von Warschau, welche viele Menschen in der ganzen Welt davon überzeugte, in Deutschland sei nun alles anders geworden.

»Um dieses Kniefalls willen wird Brandt in die Geschichte der Humanitas eingehen, und man wird von ihm sprechen, wenn niemand mehr die Namen seiner Widersacher wissen wird.« Luise Rinser, mit Graphologie vertraut, glaubt wichtige Wesenszüge von Brandts Persönlichkeit in seiner Schrift wiederfinden zu können. Ihren Brief, von dem oben die Rede war, hat er handschriftlich beantwortet. »Er schreibt solche Privatbriefe am Morgen zwischen sechs und acht, hörte ich, er diktiert sie nicht, er schreibt sie mit der Hand.« Aus diesem handgeschriebenen Brief des Bundeskanzlers liest sie Folgendes heraus:

»Er hat die Schrift eines Intellektuellen, mit starkem Sinn für disziplinierte Form. Er setzt den Text wie einen schön gegliederten Block auf das Blatt, läßt links einen sauber gleichbleibenden breiten Rand frei, macht klare Absätze, die Abstände zwischen den Zeilen und den Wörtern sind groß, ohne daß die Zusammenhänge gestört wären. Seine Schrift anschauend, meint man ihn reden zu hören: mit kleinen Denkpausen, klar und kontrolliert formulierend. Die Schrift ist [...] sparsam [...], aber nicht arm, nicht dünn, nicht kalt. Sie ist vielmehr bewegt, reich, sinnlich. Man sieht: dieser Mann hätte durchaus etwas anderes werden können als Politiker. Er hat auch literarisch-künstlerische Begabung. Alles in allem: die Schrift eines Menschen, der zwar mit beiden Beinen auf der Erde bleibt, aber auch ›nach oben‹ gespannt ist.«

Willy Brandt konnte, da uneheliches Kind, nicht »normal«, sondern musste in einer für »solche Fälle« vorgesehenen Kapelle getauft werden. Seitdem er die Verhältnisse verstanden habe, soll er einmal gesagt haben, bekenne er sich offen zum Atheismus. Rinser entdeckt aber eine verborgene religiöse Sehnsucht als Wesenszug seiner Persönlichkeit. Liegt vielleicht in der Spannung zwischen irdischer Realität und Sehnsucht nach etwas anderem der Grund für seine Schwermut? Das ersehnte Ganz-Andere ist für Willy Brandt zutiefst weltlich: der Friede zwischen den Menschen – und die Möglichkeit, als Einzelner verstanden und geliebt zu werden. Genau dieser Glaube trennt ihn von vielen seiner politischen Gegner.

Literatur und Politik
1972–1981

Bruder Feuer
Den Wolf umarmen

Wie kann die zierliche Frau bei ihrem vollen Programm auch noch Bücher schreiben? Zwischen 1970 und 1974 besucht sie Polen, Irland, die Sowjetunion, die USA, Bolivien, Indonesien, Spanien. Von diesen Reisen hat sie mit oft literarisch glänzenden Berichten in ihren Tagebüchern jener Jahre Zeugnis gegeben.[44] Doch sie hat noch Kraft und findet Zeit, sich mit der Politik auseinanderzusetzen.

Im März 1971 leistet Rinser »politische Arbeit an der Basis: Wahlversammlungen in mittleren und kleineren Orten«. Sie ist aber in politischen Kundgebungen unerfahren. »Man wirft mich ins kalte Wasser, ich muß schwimmen, wie geht das?«[45]

Auch wenn sie sich nach Rocca di Papa zurückzieht, ruht sie nicht. Sie ist neugierig auf das Geschehen in Rom, besucht Persönlichkeiten wie den Priester Don Gerardo Lutte, der mit Arbeitern in Baracken zusammenlebt.[46] Fährt sie nach München, macht sie oft Station bei Rahner in Innsbruck. Hinzu kommen die Reisen nach Österreich, in die Schweiz zu einem katholischen Jugendtreffen in Bern (Mai 1971), wo über Glaubensfragen, Politik, Freiheit und Erziehung diskutiert wird, und nach Deutschland zu Lesungen und Vorträgen, zu Empfängen – wie am 8. Februar 1972 beim damaligen Bundespräsidenten Gustav Heinemann und Bundeskanzler Willy Brandt –, zu politischen Veranstaltungen zugunsten der SPD.

Die Reise nach Irland am 12. September 1971 hat die Jahrestagung des Internationalen P.E.N.-Clubs zum Anlass, bei der Heinrich Böll zum neuen Präsidenten gewählt werden soll.[47] Auf der Grünen

Insel beeindruckt sie die Ruhe der Menschen, die allerdings über die erniedrigende Last der 500-jährigen englischen Herrschaft kaum hinwegzutäuschen vermag. Die Menschen sprächen nicht gern über das, was im Norden des Landes geschieht. Doch alles Negative werde schließlich im Meer der Gutmütigkeit ertränkt. James Joyce wird ihr gegenwärtig. Dessen geniale Verrücktheit sei eine typisch irische. Die lebe sich gerne sprachlich aus. Vielleicht ist das der Grund dafür, dass Luise Rinser sich mit Irland identifizieren kann: »Ich bin behext von Irland. Und dabei war ich nur acht Tage dort. Freilich: vorher lebte ich schon lange dort – mit Joyce und Yeats. Ich habe den Verdacht, daß Irland eine einheimische Provinz meiner Person-Landschaft ist.«

In diesem Sommer ist sie meistens in Rocca di Papa. Dort überfällt sie wieder einmal die Schwermut.

»August 1971. Tag der tiefen Traurigkeit. Nichts ist geschehen, was sie rechtfertigte. Nichts Neues jedenfalls. Die alten Narben tun immer weh. Das bin ich gewöhnt. Aber die Traurigkeit dieser Woche ist tiefer als die gewöhnliche. Die schöne Welt der römischen Campagna […] verengt sich immer mehr, jetzt ist sie nur mehr ein schmales Stück Schreibtischplatte. Das also ist meine Welt. Das ist geblieben von der Fülle. Das nackte Holz, die trockene Forderung des Tags, mein zugeschnürtes Herz.«[48]

Die Bürde des Existierens zeigt sich bei ihr in einer extremen Überspitzung der menschlichen Sehnsucht: Ist sie unter Menschen, werden sie ihr bald zu viel; ist sie aber allein, fehlen sie ihr.

Ende September 1971 reist sie in die Sowjetunion. Sie möchte ihr Werk dort bekannt machen. Durch den Schein dringt sie bis zum Kern der Zustände vor. Besonders fällt ihr der Geruch auf:

»Es riecht hier wie in Polen: scharf desinfiziert. Dieser Geruch scheint der Geruch der Ostblockstaaten zu sein. In Italien riecht es nach Kaffee, in seinem Süden nach Eselsurin […] und Moskau ist finster und riecht nach schlechtem Benzin und nach dem Desinfektionsmittel, mit dem die Straßen eifrig abgespritzt werden […].«[49]

Grundgeruch als Selbstdefinition eines politischen Entwurfes. Was den Schein stört, wird der »Säuberung« unterzogen. Beim Anblick des Roten Platzes wird Luise Rinser an den Vatikan erinnert:»Der Vergleich der beiden Plätze liegt für jemand, der in Rom lebt, so nahe.«[50] Dieser Vergleich gilt nicht nur dem Äußeren. Tiefgang und Genie des russischen Volkes wiegen schwerer als kurzlebige Ideologien. Diese vergehen, jene prägen dauerhaft den Geist der Städte. In den Straßen von Leningrad –»nein, diese Stadt heißt Petersburg« – spürt sie die Gestalten Dostojewskis. Sie genießt Kiew, die Hauptstadt der Ukraine, wo das Leben, wie in Italien, auf der Straße blüht. Georgien erlebt sie als das Land der Weinberge, wo schöne Menschen die Prioritäten nach den Naturbedingungen setzen:»zuerst leben, dann philosophieren«. Es wird üppig gegessen – und viel getrunken. In diesem glückseligen Zustand kann man den Ausruf gut nachvollziehen:»Das Leben war schön, so schön, jeder war in jeden verliebt, jeder schwur jedem ewige Freundschaft […] Nach Georgien möchte ich wieder.«[51]

Bevor sie Mitte Dezember 1971 nach Rocca di Papa zurückkehrt, trifft sie Günter Grass und andere im Rahmen der Wählerinitiative für Willy Brandt.

In den ersten Monaten des Jahres 1972 steht die Arbeit am Tagebuch im Vordergrund. Sie reist aber auch nach München, Köln und Bonn (Treffen bei Bundespräsident Heinemann, Besprechungen mit Alfred Neven DuMont). Im März wird sie öffentlich mit den Hitler verherrlichenden Gedichten von 1933 konfrontiert. Sie leugnet, deren Verfasserin zu sein. Im April findet die Jahrestagung des P.E.N. in Dortmund statt. Danach trifft sich Luise Rinser mit Günter Grass. Im Mai begegnet sie zum ersten Mal Carl Friedrich von Weizsäcker, den sie im Juni in Südtirol noch einmal sieht. Nach dem gescheiterten Misstrauensvotum gegen Willy Brandt im April verstärkt die Wählerinitiative ihre Aktivitäten im Hinblick auf die Neuwahlen im November, die der SPD-FDP-Koalition einen überragenden Sieg bescheren.

Im Juni wird Luise Rinser erneut Zielscheibe einer Medienkampagne aufgrund ihrer Tagebuchnotiz vom 10. Februar 1972 zum Fall Ensslin-Baader. Wir erinnern uns: Am 2. April 1968 legten Andreas Baader und Gudrun Ensslin zusammen mit anderen (Thorwald

Proll, Horst Söhnlein) in Frankfurt am Main in zwei Kaufhäusern Feuer. Sachschaden rund 675 000 DM. Menschen wurden nicht verletzt. Die Brandstiftungen waren Protestaktionen (»Fanal«) gegen die Ermordung des Studenten Benno Ohnesorg und gegen die Gleichgültigkeit der Bundesbürger angesichts des Vietnamkrieges. Doch das Gericht wies die These der Verteidigung zurück, wonach es sich um eine Gesinnungstat handelte, und verurteilte die Täter zu drei Jahren Zuchthaus. Wegen der beim Bundesgerichtshof beantragten Revision blieben die Verurteilten zunächst auf freiem Fuß. 1969 verwarf das Oberste Gericht die Revision, das Urteil wurde rechtskräftig. Baader und Ensslin tauchten in Frankreich und Italien unter. Am 4. Januar 1970 standen sie vor Luise Rinsers Gartentor in Rocca di Papa, sie wollten mit ihr sprechen. Die Schriftstellerin kannte sie nicht. Sie ließ sie herein, wie so viele jugendliche Deutsche, die bei ihr Rat suchten. Die beiden hätten ihr erzählt, sie wollten sich künftig um verwahrloste Kinder kümmern; deshalb seien sie auf dem Weg zu dem Sozialreformer und Pädagogen Danilo Dolci in Sizilien. Luise Rinser zeigte Verständnis für die Empörung der jungen Leute über soziale Ungerechtigkeit, machte ihnen aber zugleich klar, dass Terror der falsche Weg sei, um Gutes zu bewirken, und bat sie eindringlich, sofort heimzufahren.[52] Wenig später kehrten sie auch wirklich nach Deutschland zurück. Baader wurde am 4. April verhaftet und am 14. Mai gewaltsam befreit.

Von da an waren er und Gudrun Ensslin im Untergrund. Es folgte der erste Banküberfall, und bald geschahen auch die ersten Morde. Entsetzt verfolgte Luise Rinser die Ereignisse von Italien aus. Sie lehnte Terror und Gewalt grundsätzlich ab.

Am 1. Februar 1970 schickte sie ein Gnadengesuch an Bundespräsident Heinemann. Ihr Argument lautete: Diese jungen Leute wollten eine Verbesserung sozialer Missstände, hätten nachweislich in diesem Sinne gearbeitet (etwa in einem Kasseler Heim), man solle sie in diese gute Richtung lenken, mit Strafen dagegen treibe man sie in die falsche. Das Gnadengesuch wurde an den zuständigen Hessischen Minister der Justiz weitergeleitet und mit Schreiben vom 19. Februar abgelehnt.[53]

Andreas Baader wurde am 1. Juni und Gudrun Ensslin am 7. Juni

1972 in Hamburg verhaftet. Luise Rinsers Beziehung zu den beiden Terroristen wird wieder aktuell. In den Medien werden die Fakten verdreht. Der S. Fischer Verlag hat, wie üblich, die Fahnen des Tagebuches *Grenzübergänge* zur Information an Redaktionen verschickt. Darin steht der Bericht über den Besuch von Baader und Ensslin im Januar 1970 in Rocca di Papa. Der Springer Verlag lässt einen Artikel von Hans Habe mit dem Titel »Jetzt wirst du blaß, Luise« erscheinen. Dabei wird das Datum des Baader-Ensslin-Besuches verschwiegen, so dass die Leser den Eindruck bekommen, er sei gerade geschehen.

In einer Tagebuchnotiz vom 16. Juni 1972 empört sich Luise Rinser gegen die »entschieden böswillig(e) und einer politischen Denunziation sehr nahekommend(e)« Bemerkung einer nicht näher genannten Zeitung:

»Eine Überprüfung der Schriftstellerin Luise Rinser, die sich zur Zeit im Stuttgarter Raum aufhält, konnte bisher nicht erfolgen.«

Tatsächlich sei sie zu diesem Zeitpunkt in der Wohnung ihres Sohnes in München gewesen, habe keinerlei Anlass, diesen Aufenthalt zu verhehlen, und mache gerade eine Aufzeichnung für das Fernsehen. Sie kommentiert den Vorfall so:

»Was mich bedrückt, ist die zunehmende demagogische Reaktion und die politische Polarisierung in diesem Lande, die dazu führen, daß die einfache Beschreibung eines Besuches politisch verzerrt wird, da niemand mehr willens ist, zwischen Analyse und Wertung zu unterscheiden, sondern sogleich diffamiert.«[54]

Verallgemeinerungen wie »da niemand mehr willens ist« sind gewiss zu meiden. Angesichts des Ausmaßes der Diffamierung jedoch kann man für die Einseitigkeiten der Schriftstellerin Verständnis aufbringen. Die Angelegenheit scheint geklärt. Man spürt jedoch, dass sie ein Nachspiel haben könnte. Das kommt fünf Jahre später.

Es ist der Abend des 21. August 1972. Die Schriftstellerin glaubt ein Zeichen zu empfangen. Etwas Dunkles sei auf das Fenster zugestoßen, »etwas Weiches, das Glas gab einen leichten Ton. Ein Käuzchen. Nie vorher war eins bis ans Fenster gekommen. Ich sagte: Jetzt ist meine Mutter gestorben.« Sie ruft sofort im Rosenheimer

342 IV. *IV. Die Pein der Heimatlosigkeit. 1959–1994*

Altenheim an. Man sagt ihr, ihre Mutter liege im Krankenhaus, es sei aber nicht so ernst. Trotzdem fliegt sie am nächsten Morgen nach München. Als sie im Krankenhaus ankommt, wird ihr gesagt, ihre Mutter sei vor einer Stunde gestorben: »Tod meiner Mutter. Sie war fast neunzig. [...] Sie liegt im Leichenkeller. Eine Krankenschwester begleitet mich hinunter. Ist das da meine Mutter? Ganz klein, ganz armselig. Ich decke das Gesicht ab: ganz vergrämt, ganz unerlöst, fremd, sehr fremd. [...] Ich erinnere mich der Leiche meines Vaters: wie schön er war im Tod, sehr ernst, fast majestätisch. Aber die Mutter: da war nur Leere. Sie machte mir Angst. Immer hatte sie mich geängstigt, ein Leben lang, obgleich sie gut war. Drei Nächte lang sehe ich sie (nicht im Traum, anders, aber ich weiß nicht zu sagen, wie), sie geht, eine kleine graue Gestalt, ganz allein durch eine ansteigende, vollkommen kahle Gebirgslandschaft. Ich rufe ihr nach: so warte doch, ich geh mit! Sie hört mich nicht, sie wandert und wandert. Es ist schrecklich und herzzerreißend, sie so gehen zu sehen. Dann geht sie für immer.«[55]

Vier Monate später fliegt Luise Rinser in die USA, wo sie sich vom 25. November bis 17. Dezember 1972 aufhält. Sie bereist die Südstaaten, spricht mit Astronauten und Schriftstellern, erlebt den Start einer Mondrakete und, am 11. Dezember, die Landung auf dem Mond. Doch sie denkt auch über das Treiben nach und äußert sich kritisch über die kostspielige Weltraumforschung, die angesichts des Elends in vielen Ländern der Erde gewiss problematisch ist.

Im März 1974 erhält sie die Gelegenheit, das Elend in einem weit entfernten Land kennenzulernen: Indonesien. In dem großen Land mit über 200 Millionen Einwohnern und 17 000 Inseln herrscht 1974 ein Militärregime unter dem Antikommunisten General Suharto. Hinter ihm stehen in erster Linie die USA, aber auch Australien und Großbritannien, die ihn als Mauer gegen den Kommunismus benutzen. Doch vor allem dürfte es ihnen um die Kontrolle über die Naturschätze gehen, an denen das Land sehr reich ist.

Luise Rinser schlägt dem Verlag R. S. Schulz ein Buch über die Lepra-Station des »Deutschen Aussätzigen-Hilfswerkes (DAHW)« (heute »Deutsche Leprahilfe«) auf der Insel Lewoleba, östlich von Flores, vor. Der Verleger ist einverstanden und finanziert die Reise, und Rinser reist zusammen mit ihrem Sohn Christoph, der die Aufgabe hat, zu fotografieren.[56] Die Reise ist lang und anstrengend, die Erfahrung im Leprosarium entsetzlich. Geleitet wird es von der Missionsbenediktinerin Gisela Borowka aus Schlesien und der einheimischen Isabella. Gisela steht seit längerer Zeit in Briefkontakt mit Luise Rinser. Sie hat schon mehrmals auf einen Besuch gedrängt.

Was Lepra ist, ahnt man, wenn einem der Kranke seine zu Krallen eingezogenen Hände zur Begrüßung entgegenstreckt. Hände ohne Finger, die sich wie Holz anfühlen. Vom Wurm angefressene Füße. Deformierte Lippen in knotigen Gesichtern mit Augen, die nach so langem Leiden ausdruckslos sind. Lepra zerfrisst nicht nur das Fleisch bis auf die Knochen. Sie zerstört auch die Seele der Menschen, die aus der Gemeinschaft ausgestoßen werden und sich fragen müssen, warum sie überhaupt existieren.

Während Luise und Christoph Rinser in Suhartos Indonesien mitten im politischen Terror pures grausames Leiden miterleben, bahnt sich in der Bundesrepublik ein politischer Umsturz an. Im Mai 1974 tritt Willy Brandt als Kanzler zurück. Zu seinem Nachfolger wird am 16. Mai Helmut Schmidt gewählt. Die neue politische Situation in Deutschland bedeutet auch für Luise Rinser eine persönlich entscheidende Veränderung.

Nach einer Reise nach Galicien, Nordwestspanien, vom 4. bis 12. September 1974, wo Luise Rinser den Zusammenhang zwischen politischer Enge und materieller Armut in einem schönen Land erfährt, endet für sie das Jahr 1974 mit einem spannenden literarischen Auftrag für das Wiener Burgtheater. Der österreichische Schriftsteller Friedrich Heer, seit 1961 Chefdramaturg, fragt bei ihr an, ob sie ein Stück von Jakob Biedermann (1578–1639) für die Gegenwart neu schreiben wolle. Es heißt *Philemon* und handelt von einem Schauspieler im alten Rom zur Zeit der Christenverfolgun-

gen, der als Mime die Rolle eines Christen übernimmt. Er identifiziert sich derart mit seiner Rolle, dass er konvertiert.
Luise Rinser schreibt das Stück um. Ihrem Bericht zufolge ist
Heer begeistert; der Regisseur aber, der Pole Kasimierz Dejmek, ist
enttäuscht. Offenbar hat er eine politisch brisante Fassung erwartet. Sie streiten sich heftig, finden aber schließlich doch einen Kompromiss. Und das Stück wird aufgeführt – glanzlos, findet die
Schriftstellerin. »Dejmek hat unser Stück mit seiner polnischen
Nabelschnur erwürgt.« Die Episode ist für Luise Rinser von Bedeutung aus dem Grund, den sie im Nachtrag von 1978 notiert: »Ich
habe gelernt. Ich werde das Gelernte brauchen können bei meiner
Arbeit an der Oper mit Isang Yun.«[57]

Die Erfahrung der Armut im spanischen Galicien hat vermutlich
eine Rolle gespielt bei dem Buch, das sie in dieser Zeit – Ende
1974 – niederzuschreiben beginnt. Im Tagebuch heißt es 1975 lapidar: »Sommer: ›Bruder Feuer‹ fertig.«[58] Doch es ist kein Buch wie
die anderen. Franz von Assisi, von dem es handelt, fasziniert sie
von jeher, weil sie in ihm die Verwirklichung der christlichen Ur
Idee erblickt. Die Freiheit erlangen durch Unabhängigkeit von allem, was fesseln kann. Um diese zeitlose Wahrheit zu vermitteln,
versetzt Luise Rinser den Außenseiter in unsere Zeit. Ein Journalist soll einen Bericht über ihn schreiben.

Francesco Bernardone, der historische Franziskus, entstammte einer reichen italienischen Familie. Er war mit dem Entstehen des Kapitalismus durch die Gründung der ersten Fabriken (Webereien) aufgewachsen und hatte die Versklavung durch Besitz in seiner Familie
und an sich selbst erfahren. Er gab Reichtum und Vergnügungen auf
und entschied sich für die Freiheit, die er in einem anspruchslosen
Leben in der Natur und in der Hingabe an die Armen fand.

Der Reporter findet das Dorf, in dessen Nähe Franz sich aufhalten soll. Die Leute dort sprechen schlecht über ihn. Mit Hilfe eines
Jungen findet er aber Zugang zu ihm und seinem wahren Leben.
Franz wohnt in den Bergen, spricht mit den Tieren, besingt die
Natur und zieht mit seiner einfachen Lebensweise junge Menschen
an. Da der Mann den Rahmen des Gewohnten sprengt, wird der
Journalist immer unsicherer. Er spricht mit einem Psychologen, der

sich so über Franz äußert:»Exzentrischer junger Mann. Neurotisch. Schwere Mutterbindung, daher Eifersucht und Haß gegen den Vater. […] Im Augenblick kein klinischer Fall, aber allmähliche Entwicklung einer Psychose nicht ausgeschlossen.«⁵⁹ Ein anderer Arzt jedoch erteilt ihm folgenden Rat:»[…] fragen Sie niemanden mehr wegen Franz. Er läßt sich nirgendwo einordnen.«

Schließlich entscheidet der Journalist, die Reportage nicht zu schreiben – und Luise Rinser lässt ihren Roman unabgeschlossen mit der Bemerkung, die Leser,»vor allem die jungen, denen dieses Buch zugedacht ist«, sollten sich selber ausdenken, was mit dem Reporter geschieht. Geht er in die Berge? Bleibt er bei Franz? Oder fängt er ein völlig anderes Leben an?

Einige Rezensenten glauben, dieser offene Schluss sei vielleicht der Grund dafür, dass dieses Buch so viel gelesen werde. Ich meine aber: die Wirkung auf die Leser geht wohl vor allem von Luise Rinsers Fähigkeit aus, das zeitlos Ursprüngliche aus dem zufällig Zeitlichen hervorzuholen und es in eindringlicher Sprache zu vermitteln.

1977 ist Deutschland in Aufruhr. Die Ermordung des Arbeitgeber-Präsidenten Hanns-Martin Schleyer hat die Bevölkerung erschüttert. Es folgten das Drama der Flugzeugentführung von Mogadischu, der mysteriöse Tod von Andreas Baader, Gudrun Ensslin und Jan-Carl Raspe. Aufgrund der chaotischen Zustände verstrickt sich die Republik in einer Spirale aus Gewalt, Furcht und Hysterie, bei welcher Staatsorgane und Medien, diesmal gelegentlich koalierend, Überblick und Maß verlieren.

Seit Jahren steht Deutschland wieder im Zentrum der europäischen Aufmerksamkeit. Am 4. Dezember 1974 wird Jean-Paul Sartre in Begleitung von Daniel Cohn-Bendit zu einem einstündigen Gespräch mit Andreas Baader in Gegenwart von dessen Anwalt Klaus Croissant im Hochsicherheitsgefängnis Stuttgart-Stammheim zugelassen. Das erregt die Gemüter. Der baden-württembergische Ministerpräsident Hans Filbinger nennt den Besuch des französischen Philosophen»eine Instinktlosigkeit gegenüber den Opfern dieser kriminellen Bande«.

Im Ausland wird Andreas Baader als Freiheitskämpfer bejubelt.

In Deutschland dagegen wird er von einer breiten Öffentlichkeit nur als »Stadtguerillero und RAF-Mitbegründer« gebrandmarkt. Als verantwortlich für die Situation gelten die Linksintellektuellen, auch die »Frankfurter Schule« um Theodor W. Adorno. Doch die Hexenjagd konzentriert sich auch auf Heinrich Böll und Luise Rinser. Wie andere Schriftsteller wird auch Luise Rinser »beobachtet«, einmal ist sogar die italienische Polizei (von Deutschland aus veranlasst?) in ihrem Haus in Rocca di Papa. Die alte Geschichte von 1972 wird wieder aufgewirbelt.

Im September 1977 kommt sie in München an, um eine Lesereise vom Bodensee bis Kleve und Dortmund zu beginnen. Doch am ersten Tag, so Rinser, wird sie von einem Bekannten angerufen, der sie über eine Pressemeldung informiert: »Lesen Sie die *Quick*, die beschuldigt Sie, Sympathisantin der Terroristen zu sein. Wehren Sie sich!«»Das ist doch Unsinn!«, ruft sie aus. Daraufhin wird ihr klar: »Es ist kein Unsinn, es ist Wahnsinn, aber Wahnsinn mit Methode, das begreife ich bald.«[60]

Die Verdrehung ist nicht einmal gekonnt. Sie arbeitet mit den üblichen Methoden der Verkürzung und der Akzentverschiebung, um mit wenigen wahren Begebenheiten eine Verleumdung zu begründen. Im *Quick*-Artikel wird behauptet, Rinser habe Baader und Ensslin »aufgenommen«, als sie bereits Terroristen waren. Dies ist nachweislich unwahr. Noch schlimmere Konsequenzen als die *Quick*-Fälschung hat die tendenziöse Berichterstattung der *Welt*. Unter dem Namen (Pseudonym?) Pankraz schreibt ein Autor, der nach eigenen Angaben aus der DDR geflohen ist, Luise Rinser habe »Ruchloses« veröffentlicht und »die gefährlichsten Terroristen empfangen und gepflegt, als deren blutige Saat schon aufgegangen war«. Genau dies aber stimmt nicht.

Die Verleumdungskampagne bleibt nicht ohne Wirkung. Mehrere Veranstalter wollen geplante Lesungen absagen. Es tue ihnen leid, aber sie könnten sich kein Risiko leisten. Typisch für die aufgeheizte Stimmung ist der Fall in Gerlingen, einem Städtchen bei Stuttgart. Man lässt Luise Rinser mitteilen, es gebe keinen Saal mehr für sie. Doch eine Bürgerinitiative setzt sich für sie ein. Sie kommt und hält die Lesung, und diese wird zu einem großen Erfolg. Langsam ändert sich das Klima. Auch die politische Rechte sieht ein, dass sie zu weit gegangen ist. In vielen Punkten kann man sicher anderer Meinung sein als Luise Rinser. Doch ihr Unterstützung von Gewalt und Terror vorzuwerfen ist grotesk. Bald wird deutlich, dass es sich um eine politische Diffamierungskampagne handelt. Doch trotz Rehabilitierung und ausdrücklicher Anerkennung fühlt sich die Schriftstellerin Ende 1977 unverstanden, verletzt.

Zu Weihnachten 1977 können Christoph und Stephan nicht kommen. Nach Deutschland will sie nicht. So bleibt sie allein. Sie liest Bücher, die ihr wesentlich sind: Evangelium, Tao Te King, I Ging. Die Silvesternacht verbringt sie bei Ingeborg und Michael Ende. Als es zwölf schlägt und sie sich umarmen, wünscht sich Luise Rinser insgeheim:»Bitte, kein neues Jahr mehr, keine Zeit mehr! Ich will das ganz andere: die Nicht-Zeit, den Nicht-Raum, das Nicht-Ich. Bitte, laß mich abspringen vom Rad.«[61] Dann aber betet sie doch wie einst als Kind:»In ihm sei's begonnen,/Der Monde und Sonnen/An blauen Gezelten/Des Himmels bewegt!«

Im Jahr 1978 schließt Luise Rinser sich zusammen mit Inge Meysel, Erika Pluhar, Margarete Mitscherlich einer Klage an, die Alice Schwarzer, Gründerin und Chefredakteurin der Zeitschrift *Emma*, gegen den *Stern* erhoben hatte wegen Sexismus und Beleidigung der»Menschenwürde aller Frauen«. Das Landgericht Hamburg wies die Klage am 26. Juli 1978 ab mit der Begründung, dass »die« Frauen als Kollektiv nicht beleidigungsfähig sein könnten.

Ende 1978 erreichte der Unmut gegen Schah Reza Pahlevi im Iran einen Höhepunkt. Streiks und Proteste gipfelten in einer Massendemonstration am 2. Dezember mit über zwei Millionen Teilnehmern. Am 1. Februar 1979 kehrte Ayatollah Khomeini aus dem Exil in Frankreich zurück, nachdem der Schah am 16. Januar das Land verlassen hatte. Er setzte das von ihm ausgearbeitete islamische Staatskonzept gegen die Befürworter einer weltlichen Demokratie durch. Die Verfassung wurde am 31. März 1979 per Volksentscheid mit überwältigender Mehrheit angenommen.

Für viele war Persien bis dahin nur als Öllieferant interessant gewesen. Der Sturz des Schahs und die Einführung eines Gottesstaates lenkte den Blick und das Interesse der Weltöffentlichkeit – über das Geschäftliche hinaus – auf das Land. Aus diesem Grund wird Luise Rinser vom R. S. Schulz Verlag eingeladen, ein Buch über den Iran und Khomeini zu schreiben. Es geht darum, die deutsche Öffentlichkeit seriös über das Thema zu informieren. Luise Rinser nimmt den Auftrag an und fliegt Mitte März 1979 nach Teheran. Begleitet wird sie von dem persischen Dichter SAID. Durch ihn findet die Schriftstellerin Zugang zu Personen und Informationen, die ihr sonst unerreichbar gewesen wären. Zurück in Deutschland, schreibt sie das Buch, das noch im selben Jahr erscheint: *Khomeini und der islamische Gottesstaat. Eine große Idee. Ein großer Irrtum?*

Sie nimmt die iranische Revolution als solche ernst, aber auch als »Signal« für die künftige Entwicklung der Menschheit. Im Vorwort heißt es:

»Ferner liegt mir am Herzen, den Leser zu informieren darüber, daß das, was heute im Iran vor sich geht, ein Modellfall und ein Signal ist für die tiefe Veränderung im Gefüge und Bewußtsein der Völker Asiens und Afrikas. Was den Iran heute beunruhigt und ihn zum Kampfplatz mächtiger Ideen macht, das beunruhigt die ganze ›Dritte Welt‹: die Frage, ob der Islam kann, was das Christentum nicht konnte […]: Religion und Sozialismus zu einen.«[62]

Sie versucht, die schwierige Situation der Frauen in den islamischen Ländern im Weltzusammenhang zu verstehen. Die Unterdrückung der Frauen ist nicht ein typisch islamisches Problem. Es ist ein allgemeines Problem der Menschheit. Nach dem Grund dieser jahrtausendealten Herabsetzung zu forschen und dagegen zu kämpfen bleibt ein tragendes Anliegen Luise Rinsers. So fühlt sie sich bei ihren Islam-Forschungen in ihrem ureigenen Element.

Auch mit dem im November dieses Jahres 1979 geschriebenen Drehbuch für den Spielfilm *Kinder unseres Volkes*, in dem der Generationenkonflikt und die politische Situation aus der Sicht der Jugend geschildert werden, bleibt sie bei ihrem Grundthema. Mit der Regie wird Stephan Rinser betraut. Ausgestrahlt wird der Film vom ZDF in einem Augenblick (1983), da die deutsche Öffentlichkeit noch unter der Terrorwelle leidet.

Die Beziehung Luise Rinsers zu Korea ist so intensiv wie problematisch. Sie ist von der Zerrissenheit des Landes geprägt. In Südkorea wird sie viel gelesen und auch geliebt. Und die nordkoreanische Botschaft in Italien schickte ihr bis zu ihrem Tod – auch in ihrer letzten Lebenszeit in Deutschland – jedes Jahr an ihrem Geburtstag einen Blumenstrauß.

Sie kennt einen Mann aus dem Süden: den Komponisten Isang Yun, für den sie Bewunderung, Liebe und auch Mitleid empfindet. Und sie kennt einen Mann aus dem Norden: den Diktator Kim Il-sung, zu dem sie eine nicht leicht zu definierende Beziehung unterhält. Wie kann Luise Rinser Freiheit und Demokratie hochschätzen, mit Isang Yun befreundet sein und sich zugleich für einen Mann wie Kim Il-sung begeistern?

Isang Yun kam erstmals 1957 nach Europa, um zunächst am Pariser Konservatorium und dann in Berlin bei Boris Blacher und Joseph Rufer sein in Osaka und Tokio begonnenes Musikstudium fortzusetzen. Wichtig für seinen Weg waren die Darmstädter Ferienkurse für Neue Musik 1958. Nach der Übernahme der Macht in Südkorea durch General Park war er besorgt über die Unterdrückung in seinem Land. Er gründete mit Landsleuten eine deutsch-koreanische Gesellschaft in Deutschland. Wegen seiner Kontakte nach Nordkorea und seiner kritischen Einstellung zum südkoreanischen Regime wurde Isang Yun 1967 – mit vielen seiner Landsleute in ganz Deutschland – durch den südkoreanischen Geheimdienst entführt, nach Seoul verschleppt und dort zum Tode verurteilt mit der Begründung, er habe Präsident Park kritisiert. Nach internationalen Protesten wurde er jedoch 1969 freigelassen. Er kehrte, durch die Haft gesundheitlich schwer angeschlagen, nach Deutschland zurück, wo er mit seiner Familie bis zu seinem Tod 1995 lebte.

Luise Rinser lernt Isang Yun im September 1975 in der Berliner Akademie der Künste kennen, deren Mitglieder beide sind. Gleichzeitig ergab es sich, dass sie – als die meistgelesene ausländische

Autorin – für dasselbe Jahr zu einer Lesereise nach Südkorea eingeladen war. So reist sie bereits im Oktober 1975 erstmals dorthin und schreibt einen ausführlichen Bericht darüber.[63] Mit Isang Yun verbindet sie eine Freundschaft, die weit über das Politische hinausreicht. Wenn sie nach ihrer Südkoreareise entscheidet, über Isang Yun zu schreiben, so geht es ihr nicht in erster Linie darum, ihn politisch zu verteidigen, sondern den Wert seiner Musik zu vermitteln. Doch bei Yun sind politisches und künstlerisches Leben nicht zu trennen. Luise Rinser legt mit der in Dialogform abgefassten Biographie ein Zeitdokument vor, welches über Kunst und Politik hinaus dem Aufstieg des Menschen aus seinen irdischen Bedingtheiten zum Gipfel der Transzendenz gewidmet ist.

Der verwundete Drache[64] ist ein anspruchsvolles Buch, das mitreißend in die Erfahrungswelt Isang Yuns einführt. Es gelingt Luise Rinser, die Entwicklung eines Künstlers durch seine schwierigen Lebensumstände hindurch bis zu der Höhe nachzuzeichnen, in welcher das Menschliche in der Musik seine ursprüngliche Freiheit erreicht.

1971 komponiert Isang Yun *Dimensionen*, ein Stück für großes Orchester. Es geht um den Aufstieg des Menschen zum Göttlichen. Die höchste Dimension wird durch die Orgel dargestellt. Der Orgelklang drücke das Tao aus, äußert Luise Rinser, »Ja, das Tao. Das ist es«, stimmt der Komponist ihr zu. Daraufhin interpretiert sie: »L.R. Am Schluß des Stückes bleibt, nach dem Erlöschen der Oboe, nur die Orgel übrig. Alle Gegensätze sind bereinigt. Der Kampf ist ausgekämpft. Aber wenn auch die Orgel ›morendo‹ aufhört, dann müßte das Stück eigentlich von vorn beginnen: das Ewige kann nicht sterben, nur der Mensch stirbt, der Orchesterklang kann aufhören, nicht die Orgel.
I. Y. Der Orgelklang geht unhörbar weiter.«[65]
Ist vielleicht Ewigkeit die verborgene Substanz der Zeit? Alles fließt – wie das Wasser im Fluss. Doch unter der bewegten Oberfläche herrscht die Ruhe des Immerwährenden. So erfuhren es zumindest im alten Griechenland die Philosophen Heraklit und Parmenides. Und so scheint es auch Isang Yun erfahren zu haben.

Die Militärdiktatur Südkoreas wird zwar von den USA unterstützt, aber in westlichen Demokratien stößt sie auf Ablehnung. Im Norden dagegen herrscht die kommunistische Ideologie in der Interpretation des Diktators Kim Il-sung (1912–1994). Dieser behauptet, am Aufbau einer sozialistischen Gesellschaftsordnung neuer Prägung zu arbeiten, die in der *Chuch'e-Ideologie* formuliert ist. Im Mai 1980 reist Luise Rinser zum ersten Mal nach Nordkorea. Am 18. Mai wird sie von Kim Il-sung empfangen. Mit großem Protokoll wird die Schriftstellerin – so ihr Bericht – in die Vorräume der nordkoreanischen Macht geführt. Kim Il-sung aber setzt sich über die Hofrituale hinweg und begrüßt die deutsche Dame überraschend mit unkomplizierter Herzlichkeit. Im Tagebuch notiert sie: »Das also ist der ›Große Präsident‹, der ›Diktator‹, gefürchtet, geliebt, verehrt, des Stalinismus verdächtigt. Das ist ein Bauer, eine Vaterfigur, mit einer starken und warmen Ausstrahlung, ganz in sich ruhend, heiter, freundlich, ohne Falschheit, mit gelassenen Bewegungen und ruhigem Blick, ganz einfach, ohne jedes Imponiergehabe, witzig und humorvoll auch, wie sich nach einiger Zeit herausstellt. Mir fällt ein, was Goethe über Napoleon sagte: ›Voilà un homme.‹ Das kann man über Kim Il Sung* auch sagen: ein Mann, ein Mensch.«[66]
Rinser am Herrscherhof! Umgeben von Macht und Pracht, im herzlichen Gespräch mit einem intelligenten Kavalier, der sie mag. Bald sind beide – der »Große Führer« und die berühmte Schriftstellerin – auf einer Ebene.
Zur Eigenart des Diktators bemerkt die Schriftstellerin: »Kim Il Sung ist nicht eitel, und nun verstehe ich überhaupt nicht mehr, daß er den so verrufenen Personenkult will oder duldet. Der paßt gar nicht zu ihm. [...] Braucht das Volk den Kult? Gewährt er ihm, was es will? Hat das Volk einen Kult nötig, da es keinen religiösen Kult mehr hat?«[67]
Sonst Machtmenschen gegenüber so kritisch, vermag sie bei Kim Il-sung nur die väterliche, warme Seite wahrzunehmen. Sie kann

---

* Die Autorin schreibt den Namen so, während die korrekte Umschrift wohl Kim Il-sung ist.

mit ihm über alles sprechen. Über Verwaltung und Organisation des Landes, über die Armee, über Moral. Dabei verfallen sie dem gängigen Klischee: Der Westen sei korrupt, der Sozialismus vorbildlich. Schließlich wird das eigentliche Thema angesprochen: »Und der Kommunismus? frage ich. Der Kommunismus ist Zukunftsziel, er ist die große Utopie, aller Sozialismus ist darauf gerichtet, der ganzen Welt Frieden und gegenseitiges Wohlwollen zu bringen.«
Wenn Kommunismus bedeutet, dass jeder Mensch nur das bekommen soll, was er braucht, so wohnt der Lehre Wahrheit und Gerechtigkeit inne. Das kapitalistische System, welches das grenzenlose Ansammeln von Geld und Besitz zulässt oder geradezu fördert, erweist sich als in sich selbst nichtig. Das ist die Theorie. Tatsache ist jedoch, dass sich in den kommunistischen Ländern eine kleine Minderheit noch rücksichtsloser bereichert als in den kapitalistischen. Und das trifft auf Kim Il-sung zu, der mit einem gewaltigen Vermögen für seine Familie auf Generationen hin vorgesorgt hat – auf Kosten des gutgläubigen Volkes.
Mit seinem Charme hat der Diktator Luise Rinser so für sich eingenommen, dass sie Nordkorea über die innerkoreanische Frage hinaus geradezu als ein Modell für die künftige Entwicklung der Menschheit sieht:
»Diese Begegnung hat mich mit Kraft aufgeladen. Ich glaube wieder an die Zukunft der Menschheit. Ich glaube wieder an eine Reform des Sozialismus in Theorie und Praxis. Mir kommt Rudolf Bahro in den Sinn: ›Die Alternative‹. Seine Kritik am ›real existierenden Sozialismus‹ und seine Darstellung dessen, was Sozialismus sein soll, hat sich mir in Nordkorea als konkrete Wirklichkeit und Wahrheit gezeigt.
Der Sozialismus Nordkoreas ist der Sozialismus mit dem menschlichen Antlitz, wie ihn Dubček für die Tschechoslowakei wollte und wie ihn die Sowjets niedergeschlagen haben. Aber Kim Il Sung führt ihn weiter. Seine Ideologie und seine Praxis, das ist die Alternative, der Dritte Weg. Der Westen sollte sich intensiv mit ihm befassen.«[68]

Diese nordkoreanische Auffassung von Sozialismus wird in der nächsten Zeit Luise Rinsers Sicht der Weltpolitik stark beeinflussen.

Im April 1981 wird Luise Rinser 70 Jahre alt. Im S. Fischer Verlag wird Anfang Mai nachgefeiert. Zu diesem Termin erscheint das Buch, an dem sie neben den vielen Reisen und der politischen Betätigung in den letzten Jahren gearbeitet hat und das sie der Öffentlichkeit als ihre Autobiographie vorstellt: *Den Wolf umarmen.* Es hat große Wirkung und festigt ihren eigenen Mythos von der stets politisch integren Gestalt, die deshalb das Recht hat, als Vorbild und moralische Instanz in der Bundesrepublik zu fungieren. Auf die Problematik dieses Buches sind wir bereits eingegangen.

Bei dieser Gelegenheit besucht sie auch ihren Sohn Christoph in Bonn. Danach reist sie nach Berlin zu Isang Yun und von dort nach Japan zu dem Kongress über die Demokratisierung Südkoreas. Sie beobachtet natürlich auch die Situation in Japan, die Zerrissenheit zwischen »der alten hohen Kultur und der brutalen Unkultur von heute« – den Ameisenfleiß, die Zwangsneurose, alle Konkurrenz der Welt zu überflügeln. »Ganz Tokyo ist ein riesiges Warenhaus.« Nur mit viel Mühe könne man Oasen finden, wo Bescheidenheit und Stille walten. Doch sie sei nicht als Touristin in Japan, sie interessiere das koreanische Problem. Bei dessen Lösung bleibt allerdings die Interpretation des Kommunismus durch Kim Il-sung für Rinser maßgeblich.[69]

Ende Mai Rückflug nach Rom. Dort erwarten sie Nachrichten über neue Verleumdungen von rechts-nationaler Seite, die sie wieder sehr mitnehmen. Im Juli wird sie von einer heftigen Depression gequält und fühlt sich so schlecht, dass sie im August nach Rom in die Klinik »Salvator Mundi« geht.

Der DDR-Kritiker Rudolf Bahro besucht sie. Mit ihm fliegt sie Ende September nach Nordkorea, wo sie bis 20. Oktober bleibt. Danach arbeitet sie einige Tage in Rocca an ihrem *Nordkoreanischen Reisetagebuch.* Im November muss sie wieder verreisen. Sie hat

Lesungen in Graz, Wien, Marburg, Frankfurt. Im Dezember verbringt sie zehn Tage zu Hause, um sich dann gleich wieder auf die Reise zu begeben: über München nach Ostberlin zur Tagung der Ostberliner Akademie. Die letzten zehn Tage verbringt sie schließlich wieder zu Hause. Sie ist erschöpft.

Reisen, Erfolge und Auszeichnungen vermögen ihr nicht über die Enttäuschung hinwegzuhelfen, die ihr die Verleumdungen und die zum Teil unfaire Kritik seitens der deutschen Medien in den vergangenen Jahren verursacht haben. In der letzten Nacht dieses Jahres erreicht ihre Verzweiflung einen Höhepunkt: »Silvester 1981. Kein Rückblick auf dieses Jahr. Es tut weh, mich zu erinnern. Ein Un-Jahr. Ein finsteres Loch in meinem Leben. Wie das, kann man fragen, an den Erfolg des ›Wolf‹ denkend, an die Geburtstagsfeiern, an die Flut der schönen Leserbriefe, an die beiden höchst interessanten Ostasienreisen [...] Und das ein finsteres Loch? So ist es: ein Loch und finster. Zehn Monate Depression. Kein Mittel dagegen. Wollte auch keines [...] Erbe meines Vaters. Depressionen. Jeder Tag neue Anstrengung. (Wie gut ich alle Depressiven verstehe!) Und noch kein Absehen. Ich gehe durch den Garten [...] zu der großen Pinie, die der erste Baum ist, den ich auf meinem Grundstück pflanzte. Sie hat etwas Mütterliches. Ich lehne mich an ihren Stamm, er ist schuppig rauh, hilf mir du, sage ich zu dem Baum. [...] Schon kann ich meine Jahre abschätzen, abzählen, an den Fingern vielleicht. Liebe Mutter Pinie, du wirst mich überleben. Und wo werde ich sein? Werde ich den Lebenswinter überstehen?«[70]

Friedensbewegung
1982–1984

Mirjam

In Polen hatte sich seit dem 13. Dezember 1981 die Lage zugespitzt. Der Widerstand gegen die sowjetische Herrschaft wuchs. Die Gewerkschaft *Solidarność* wurde verboten. Soldaten zu Pferd oder in Militärfahrzeugen patrouillierten in den Straßen. Die nationalen Grenzen wurden gesperrt.

In der Bundesrepublik machte sich die Auffassung breit, man könne nicht Polens wegen die Erfolge der Entspannungspolitik opfern. Egon Bahr, einer der Architekten der »Öffnung nach Osten«, gestand der Sowjetunion das Recht zu, gegen einen etwaigen Austritt Polens aus dem Warschauer Pakt militärisch einzugreifen. Im Hinblick auf Polen stimmten SPD und FDP überein. Auch wünschten beide bessere Beziehungen zur DDR. Dennoch war die Zerrüttung zwischen den Koalitionsparteien kaum mehr aufzuhalten. Der Streit um den »NATO-Doppelbeschluss« bewegte die Bevölkerung.*

Die Friedensbewegung erhielt enormen Zulauf. Millionen gingen in verschiedenen europäischen Ländern auf die Straße. Auf den deutschen Demonstrationen sprachen Erhard Eppler, Willy Brandt, Heinrich Böll, Günter Grass, Helmut Gollwitzer, Heinrich Albertz,

---

* Er sah Verhandlungen mit der Sowjetunion über eine Verringerung der Mittelstreckenraketen in Europa vor. Wenn diese jedoch keine Zugeständnisse mache, sollten die neuen »Pershing«-Raketen und »Cruise-Missiles« (Marschflugkörper) in Deutschland stationiert werden, um den SS-20-Raketen der Sowjetunion eine adäquate Waffengattung entgegenzusetzen.

Robert Jungk, Alfred Mechtersheimer, Oskar Lafontaine, Martin Niemöller, Horst-Eberhard Richter, Luise Rinser, Dorothee Sölle. Zu den Organisatoren gehörten Gert Bastian, Petra Kelly, Jo Leinen, Gunnar Matthiessen, Josef Weber und Andreas Zumach. In der Regierung führten die Differenzen zwischen SPD und FDP schließlich dazu, dass die FDP ihre Minister aus dem Kabinett zurückzog. Am 1. Oktober 1982 wurde Helmut Schmidt als Bundeskanzler mit Hilfe eines konstruktiven Misstrauensvotums mit den Stimmen von CDU/CSU und FDP durch Helmut Kohl abgelöst.

Wie auch in anderen Fällen – etwa bei ihrer Einstellung zu Nordkorea – war für Rinsers Nähe zur deutschen Sozialdemokratie die Beziehung zu einem Mann ausschlaggebend: Willy Brandt. So überrascht es nicht, dass nach dessen Rücktritt 1974 ihr Interesse an der SPD als Partei stark abnahm. Sie nähert sich der neuen Partei der Grünen an, die im Januar 1980 in Karlsruhe gegründet wurde. Grundlage dieser Annäherung ist die gemeinsame Überzeugung, dass sich politische Arbeit durch die Verkrustung der etablierten Parteien hindurch erneuern und der Erhaltung des Lebens widmen müsse.

Doch Luise Rinser geht der Sache auf den Grund. Die letzte Erklärung für gesellschaftliche Unruhen findet sie im noch unausgeglichenen Verhältnis zwischen Mann und Frau. Und auch hier sieht sie tiefer. Es handelt sich nicht bloß um die Frau und den Mann. Gemeint sind die Lebensprinzipien, die sie verkörpern: »Das Männliche: der Geist, das Zeugende, das Herrschende, die Vater-Autorität. Das Weibliche: die Materia, das Empfangende, das Dienstbare.«[71] Im Weiblichen erscheine der Geist materialisiert (*Mater*) als Wiege, im Männlichen idealisiert als Eroberungsdrang: das ostasiatische *Yang* und *Yin*. Das Problem der Menschheit sieht Luise Rinser in der Einseitigkeit der Mitwirkung.

»Wann, warum, wozu hat der Mann das Weibliche in sich nicht mehr gelten und wirken lassen? Weil es ihn in seiner Aggressivität gestört hätte. [...] Ist die neue Epoche der Geschichte des Menschen nicht schon deutlich erkennbar verbunden mit dem, was auf sozio-politischer Ebene die Emanzipation der Frau ist

und auf psychologischer Ebene die Aufwertung der Anima? [...]
Glauben wir noch, daß Gott ein Mann ist? Und Maria?«[72]
Mit dieser letzten Frage beschäftigt sich die Schriftstellerin im Jahr
1982. Daraus ist eines ihrer Hauptwerke hervorgegangen.
In diesem Zeitraum, von Mitte April bis Anfang Juli, wird ihr
bis an die Grenze gehender Energieeinsatz ersichtlich. Die Nieder-
schrift von *Mirjam* wechselt ab mit politischen Veranstaltungen in
Deutschland und Holland (»Haager Treffen«), mit den Vorbereitungen für eine Fernsehaufnahme in Köln (»Zeitzeugen« im WDR).
In der zweiten Maihälfte verlässt sie wieder den Schreibtisch wegen der Hochzeit ihres Sohnes Christoph mit Barbara Kampe in
Bonn, aus deren Verbindung im folgenden Jahr Daniel geboren
wird. Danach reist sie über Frankfurt (Besprechung beim S. Fischer
Verlag) nach Tübingen zur Eröffnung des von Hans Küng initiier-
ten »Forschungsprojekts Frau«, in dessen Beirat sie berufen worden
ist. Anschließend kehrt sie zur Arbeit an *Mirjam* zurück. Am 5. Juli
ist sie schon wieder bei einer Fernsehaufnahme in München – und
am 18. fliegt sie nach Nordkorea. Schwer zu glauben, dass unter
diesen Umständen ein anspruchsvoller Roman wie *Mirjam* entstehen konnte. Doch ist diese Unruhe wirklich spurlos an dem Werk
vorübergegangen? Dass die Qualität unter der Quantität leiden
kann, ist eine der problematischen Seiten der Rinser'schen Kreativität.
Als der Roman 1983 erscheint, ist Luise Rinser 72 Jahre alt. Ein
Jahr hat sie für die Niederschrift gebraucht. Doch das Thema beschäftigt sie seit ihrer Kindheit. Die Grundfrage findet sich keim-
haft in *Die gläsernen Ringe*: Warum ist Gott Mann geworden –
und nicht Frau? Wäre es möglich, dass Gott weder Mann noch
Frau, sondern – Mensch wird? Diese Frage scheint sich aus einigen
ihrer Gedankengänge zu ergeben:
»Eines Tages zeichnete Jochanan im Sand. [...] Ein Dreieck mit
der Basis auf der Erde, und ein zweites auf dem Kopf stehend,
sodaß eine Spitze, abwärtszielend, genau auf die Spitze des unteren, aufrecht stehenden Dreiecks traf.
Jochanan deutete auf den Punkt, an dem beide Spitzen sich trafen:
Da steht ER. Dies hier oben ist der göttliche Bereich, dies unten

der menschliche. Keine Trennung, doch verschiedene Reiche. ER ist die Brücke.«[73]

Der Roman *Mirjam* ist das Evangelium, geschrieben von einer Frau. Die Ereignisse, die in den Männer-Evangelien vorkommen, werden aus weiblicher Sicht dargestellt. Und die gleichen Tatsachen erscheinen wesenhaft anders. Diese Andersartigkeit betont die Autorin auch dadurch, dass sie die Namen in der hebräisch-aramäischen Form einsetzt. Mirjam ist Maria von Magdala, Jesus heißt Jeschuah, Johannes Jochanan, Judas wird zu Jehuda, Simon Petrus zu Schimon. Diese Veränderungen bewirken Verfremdung, die zum Ursprung des Phänomens zurückführt. Das Phänomen ist, dass Gott Mensch wird – und nicht Mann.

Das Buch bewegt von Anfang an die Gemüter. Das bedeutet nicht, dass es von allen verstanden wird.[74] Das Thema ist theologisch waghalsig, menschlich entscheidend. Es beängstigt. Die Schriftstellerin selbst, gleichsam aus Scheu davor, setzt gelegentlich den Wert des eigenen Werkes herab. Oder ist sie sich vielleicht dessen, was sie geleistet hat, nicht voll bewusst?

Gleich nach Erscheinen des Buches hält die Autorin Lesungen in der Bundesrepublik. Bei einer dieser Veranstaltungen bringt eine unerwartete Frage die Schriftstellerin in Verlegenheit. »Kinderfrage, peinlich. In der Diskussion nach meiner Berliner Lesung in der Urania gehts um meinen Roman ›Mirjam‹. Ich kenne den Fragekanon schon von vorhergehenden Lesungen. Aber da kommt nun eine Frage, die nie vorher kam und die mich bestürzt. Sie kommt von einer Elfjährigen: ›Ist Ihnen Jesus, oder Jeschua, lieber als Mann oder wäre es Ihnen lieber, wenn er eine Frau wäre?‹«[75]

Hat die Autorin selbst den Umbruch wahrgenommen, der sich in *Mirjam* ereignet?

Das Buch interessiert die Menschen, und zwar gerade deshalb, weil es mehrere Dimensionen gleichzeitig anspricht: die unmittelbare, politische, und die zukünftige, menschheitsgeschichtliche, die literarische und die philosophische. Damals unterdrückte das römische Imperium kleinere Länder, heute (1983) manipulieren die Weltmächte USA und Sowjetunion das Leben der Menschen und das Schicksal der Welt. Mirjam legt den Finger auf die Wunde. Die Menschheitsgeschichte ist die Geschichte der Unterdrückung des Weiblichen als der Wiege des Lebens. Das offizielle Christentum erweist sich daher als ein Missverständnis der ursprünglichen Absicht. Jesus, der Sohn der Jungfrau Maria, sollte den ganz neuen Anfang bedeuten. Doch man machte daraus wieder eine Männergeschichte, die, wie alle Geschichten von Männern, eine Geschichte der Macht war. Aus der Sicht Mirjams stimmt bei all dem das Entscheidende nicht. Die Fakten sind verbogen worden. Jesus war nicht so, wie die Evangelien behaupten, ihm ging es nicht um das, was man ihn seither zweitausend Jahre lang hat vertreten lassen. Die Geschichte der Gruppe von Jüngerinnen und Jüngern um Jesus war eine ganz andere Geschichte. Die Männer haben diese Geschichte ihrer menschlichen Züge beraubt. Die weibliche Sicht Mirjams gibt ihr die Menschlichkeit zurück.

»Nach dem Stationierungsbeschluß ist dieser Roman noch aktueller und für manche in der Friedensbewegung vielleicht auch existentieller als vorher. […] Ein hilfreicher Roman in einer Epoche modernistischer Ungläubigkeit, symbolisiert durch SS 20 und Pershing II. *Mirjam* ist nicht zuletzt ein politischer Roman. Er vermittelt Hoffnung – trotz allem. Da war mal einer, der hat einen Weg gezeigt.«[76]
Das ist die unmittelbare tagespolitische Bedeutung für die Menschen im Jahr 1983. Die war und bleibt richtig. Jede Zeit braucht eine Mirjam. Über die jeweilige Epoche hinaus geht es jedoch um Bleibendes. Diese Tiefenbedeutung klingt in den abschließenden Sätzen des Buches an:
»Denkst du immer noch in Jahrhunderten? Denk in Jahrtausenden. Das Werk der Befreiung hat erst begonnen. Der Aufstieg des Menschen dauert sehr lange, Mirjam! […]
Ich sehe Abstieg, Rabbi!
Was du als Abstieg siehst, ist Durchgang.
Du bist geduldig, Rabbi.
Meine Liebe ist geduldig. Hochreißen möchte ich den Menschen, bis in die Sphäre des Höchsten möchte ich ihn ziehen mit der

Macht meiner Liebe. Dorthin muß er gelangen, denn von dort-
her stammt er. Mirjam, du wirst den Aufstieg leisten, die
Menschheit wird ihn leisten. [...]
Karg hielt mich mein Geliebter, und streng nahm er mich beim
Wort: Ich brauche keine Wunder und keine Gesichte, um an dich
zu glauben, Rabbi!«[77]
Die Bezeichnung »Jesus – Frau im Mann« ist treffend. Doch die
Botschaft war von Anfang an den meisten unbequem. So wurde
der Spieß wieder umgedreht. Aus dem weiblichen Mann wurde der
Christus Pantokrator, der nun da herrscht, wo früher andere, die
römischen Kaiser, herrschten. Aus der revolutionären Botschaft
von Jeschua wurde – eine Machtablösung. So sieht die äußere Geschichte aus. Die innere verläuft ganz anders. Sie verändert nicht
bloß, sie gebiert. Auf diese Geschichte der Tiefe deutet Rinsers
Buch hin.

Anfang April 1984 arbeitet Luise einige Tage in Deutschland an
der Geschichte der Sinti und Roma, teilweise zusammen mit Romani Rose. Bald nach ihrer Rückkehr nach Rocca di Papa trifft
Christa Wolf, der sie einige Wochen vorher in Wien begegnet war,
mit ihrem Mann in Rom ein. Zu dieser Zeit besucht sie auch der
Schriftsteller Michael Kleeberg, der mit ihr viele Jahre freundschaftlich und literarisch verbunden bleibt.
   Die letzte Aprilwoche 1984 verbringt Luise Rinser in den USA
zu Vorträgen im Zusammenhang mit *Mirjam*. Zurück in München, findet sie unter dem gewohnten Berg Post ein Telegramm
mit einer Anfrage der Grünen, ob sie bereit sei, als deren Kandidatin für das Amt des Bundespräsidenten anzutreten. Das überrascht
sie. Denn sie ist kein Parteimitglied, nur Sympathisantin. Sie bittet
Christoph, der in Bonn wohnt, sich bei der Parteizentrale zu erkundigen, was das bedeute. Man teilt ihm mit, Luise Rinser möge, um
der Demokratie willen, die Kandidatur annehmen. »Es gehe nicht
an, daß man in einer Demokratie dem Volk einen Bundespräsidenten überstülpe und keine Alternative lasse.«[78] Sie betrachtet sich
dem Kandidaten der CDU, Richard von Weizsäcker, gegenüber als
chancenlos. Doch sie sieht Aspekte, die für ihre Kandidatur spre-

chen: Als erste Frau, überparteilich und nicht den Interessen der Industrie verpflichtet, als Künstlerin, die das Vertrauen der Menschen, vor allem der Jugend, genießt, wäre sie gewiss eine gewichtige Alternative. Und so willigt sie schließlich ein.

Die Bundesversammlung tritt am 23. Mai 1984 in der Bonner Beethovenhalle zusammen. Richard von Weizsäcker ist allen bekannt und wird von den meisten auch geschätzt. Luise Rinser dagegen ist die Überraschung, auf die sich die Aufmerksamkeit konzentriert. Willy Brandt, über Parteidifferenzen erhaben, umarmt sie, beglückwünscht sie zu ihrer Anwesenheit. Helmut Schmidt ist etwas distanzierter, sagt aber doch herzlich: »Bei aller Wertschätzung und Sympathie, heute kann ich Ihnen meine Stimme nicht geben.« Und Hans-Jochen Vogel, dem sie in seiner Zeit als Oberbürgermeister von München prophezeit hatte, er werde eines Tages in Bonn landen, wird gar witzig: »Aber daß auch Sie hier ankommen, das haben wir nicht gedacht.«

Währenddessen macht die Schriftstellerin ihre Beobachtungen: »Jemand sagt: Daß Sie bei alledem so seelenruhig bleiben?! Warum sollte ich mich aufregen? Ich will ja nicht gewählt werden. Ich bin die nüchtern-belustigte Zuschauerin. Wie schlecht diesen Provinzlern aus dem Südosten der Frack steht. Wie Oberkellner sehen sie aus. Die SPD trägt keinen, und die Obern der CDU auch nicht. Und wie sie sich, diese unsere Abgeordneten, auf die Drinks stürzen. Rote Gesichter, schwitzend. Die also regieren uns kraft der Zahl ihrer Wählerstimmen. Ich habe einen Augenblick lang den ketzerischen Gedanken, daß eine Oligarchie, eine Minderheit von wirklich Großformatigen, autoritär kraft ihres Formats, besser sein kann als eine Mehrheit von solchen, wie sie hier herumstehen und am Vormittag schon saufen.« Ein Glück, dass die Abgeordneten des Hohen Hauses die Gedanken der Kandidatin nicht lesen können.

Dann geht es zur Wahl. Von 1028 abgegebenen Stimmen erhält im ersten Wahlgang der Kandidat der CDU 960, die Kandidatin der Grünen 68. Luise Rinser und die Grünen staunen. Gerechnet hatte man mit 26, den Stimmen der Grünen. 42 Stimmen kamen also von anderen Parteien. Es habe sich gelohnt, sich zur Verfügung zu stellen, meint sie. Es sei ein positives Signal für die deutsche Demokratie. So sehen es auch viele andere. An erster Stelle Richard von Weizsäcker, der sich bei der Schriftstellerin für ihren Mut bedankt. Ähnlich äußert sich Rainer Barzel als Bundestagspräsident. Nur einer will Luise Rinser partout nicht kennen: »der ungeschlachte Bayernkönig [Franz Josef Strauß]. Aber ich halte ihn mit Worten fest, bis alle Fernsehkameras den bayrisch-bayrischen Händedruck verewigt haben. Komisches Intervall. Nun ja.«

Für den Fall ihrer Wahl hatte Luise Rinser einen Redeentwurf geschrieben, in dem sie darstellt, wie sie das hohe Staatsamt ausgeübt hätte.

»Den Posten, für den Sie mich wählen, habe ich nicht angestrebt. […] Ich habe mich nie von einer Partei einfangen […] lassen. […] Meine Unabhängigkeit erlaubte mir, eine unbequeme Mahnerin zu sein.

Und nun soll ich mich also Spielregeln unterwerfen, die mir diese Freiheit erheblich beschneiden? […] Ich habe mir mein Leben als Bundespräsidentin […] konkret vorgestellt. Ich sehe mich freundlich lächelnd den Staat vertreten, auf rotem Teppich ausländische Diplomaten erwartend, mit deren Politik ich durchaus nicht einverstanden bin. Ich sehe mich verhaßte Militärparaden abnehmend […]. Ich sehe mich […] hohe Orden verleihen auch an Vertreter faschistischer Diktaturen. […] Ich werde heftig protestieren, wenn vorgeblich sozialistische Parteien die Renten kürzen und den Behinderten das Geld für die Hilfsperson streichen, während die Minister und Abgeordneten, ohnehin schon überbezahlt und in einigen bekannten Fällen schon privat reich, Erhöhung ihrer Gehälter und Diäten fordern […]. Ich werde keine kostspieligen Festessen gestatten. […] Ich werde sooft wie möglich im Bundestag sein und so dafür sorgen, daß die Debatten sachlich geführt werden und Anpöbelungen und Verleumdungen unterbleiben. […] Ich würde die Aufhebung der Immunität der Parlamentarier betreiben. Sie sollen sich nicht ungestraft Unanständigkeiten erlauben dürfen. Ich weiß, daß ich mit meinen Vorhaben die bisher eingehaltenen Machtbefugnisgrenzen überschreite […]

Und nun, liebe Freunde und Feinde, sehen Sie zu, wie Sie mit einer so unbequemen Person zurechtkommen.«[79] Sie wären nicht zurechtgekommen. Plato meinte, der Denker gehöre an die Spitze des Staates. Doch er setzte dabei eine Menschheit voraus, die es nicht gibt. So zeigte sich der Weltgeist wieder einmal weitsichtig, als er am 23. Mai 1984 keine Überraschung zuließ und bestimmte, dass Richard von Weizsäcker Bundespräsident wurde – und Luise Rinser kritische Schriftstellerin blieb.

Lebenslust und Heimweh
1984–1993

Abaelards Liebe

In den Jahren 1984/85 ereignet sich ein tiefer Einschnitt in Luise Rinsers Leben. Er ist nicht punktuell festzustellen, doch eine Wesensveränderung vollzieht sich. Äußerlich verläuft ihr Leben rege wie sonst. Sie unternimmt große Reisen: USA, China, Nordkorea. Sie genießt ihren Erfolg. In Pyöngyang wird ein Konzert mit Werken ihres Freundes Isang Yun aufgeführt. *Mirjam* wird positiv aufgenommen. Besonders freut sie sich über die Rezension von Franz Alt in *Die Zeit*. Bei Lesungen erlebt sie schöne Stunden, doch sie begegnet auch dem Unverständnis konfessioneller Enge.

Sie wird geehrt. Am 15. September 1984 empfängt sie – zusammen mit dem Komponisten Goffredo Petrassi und dem Juristen Werner Maihofer – den »Internationalen Preis der Universität Florenz«, den vor ihr Simone Veil erhalten hat. Sie hat schon zwei italienische Preise. Nach diesem darf sie sich nun aber in Italien »Senatorin« nennen.

Auch in der DDR wird sie gefeiert. Sie notiert: »DDR-Lesereise 1984. Die Feier mir zu Ehren. Überreichung der Bobrowski-Medaille.«[80] Dann wird sie durch das Land gefahren, hält Lesungen in Karl-Marx-Stadt (Chemnitz), Dresden, Meißen.

In Westdeutschland aber wird sie angegriffen. Vielleicht als Reaktion auf ihre Kandidatur für das Amt des Bundespräsidenten wird sie geradezu gequält. Als »Nazipoetin« wird sie in Boulevardmagazinen und Populärzeitungen beschimpft. Der Berliner Historiker Bernd Sösemann konfrontiert sie im Fernsehen mit jenen Gedichten, die sie tatsächlich in der NS-Zeit geschrieben hat, wie wir gesehen haben. Sie findet noch immer nicht die Kraft, sich dazu zu bekennen. All das bedrückt sie. Noch tiefer nagt jedoch etwas anderes an ihr: der Tod, dessen Gegenwart in ihrem Leben immer gewichtiger wird.

Oft hatten sie und Karl Rahner mit dem Tod kokettiert. Luise Rinser erzählte noch in späten Jahren von Gedankenspielen, die beide – Rahner und sie – gern mochten. Wer zuerst gehe, besuche den anderen und sage ihm Bescheid. Wenn aber der Tod tatsächlich kommt, verlieren Spekulationen ihr Gewicht. Es zählen nur die nackten Fakten. Sie verursachen Schmerz, Angst, Leere, die manchmal noch tiefer werden, je mehr Zeit vergeht. Karl Rahner stirbt am 30. März 1984.

»Trauerzeit. Ich hätte nie gedacht, daß mich der Tod des alten Freundes so tief träfe. Ich dachte, das Band löse sich leicht, zumal es ja nur das sichtbare ist. Jetzt aber, zwei Monate später, erkenne ich den Verlust. […] Er liegt in der Gruft. Es ist töricht von mir: ich ertrage den Gedanken nicht, daß er da allein liegt in der Kälte und im Dunkeln.«

Den Tod nicht zerreden, sein Haupt senken sollte der Mensch davor und schweigen. Der große Übergang ist eigentlich natürlich, gehört zum Leben, doch für uns ist er unheimlich.

Am 27. März 1985 stirbt Luise Rinsers engste Freundin Ingeborg Hoffmann, die Ehefrau von Michael Ende. Die beiden Frauen hatten sich 1946 kennengelernt, nachdem Ingeborg Hoffmann Rinsers Erzählung *Die rote Katze* für den Rundfunk gelesen hatte. Die Autorin war von der Stimme angetan, die Schauspielerin vom Text. »Freundschaft auf den ersten Blick« sei es gewesen, sagte Luise Rinser. Sie gedenkt ihrer Freundin:

»Nun liegt das, was von ihr der Erde gehört, auf dem protestantischen Friedhof in Rom […]. Ingeborg, wo bist du jetzt an diesem herrlichen Ostermorgen? Ich sehe dich, begleitet von Hunden und Katzen, durch deinen Garten gehen […] den alten flachen Strohhut auf dem Kopf, sitzen auf jenem halbvermoderten Stühlchen zwischen Büschen und deinen sorgfältig gepflegten Komposterdehaufen, ›ökologisch‹, lang ehe es Mode und Notwendigkeit wurde; deine Pflanzen lohnten es dir. Wer wird sie jetzt pflegen? Und die Tiere? Ob die Dryaden, die in deinen Ölbäumen wohnen, wissen, wo du bist? Trauert der Garten?«[81] Im Juli stirbt Gustav René Hocke. Mit dem Journalisten, Schriftsteller und Kulturhistoriker verband Luise Rinser eine langjährige Freundschaft. Er lebte in Genzano di Roma, wo er wenige Meter von Endes Haus entfernt eine Villa besaß. Bei der Totenfeier in der Kirche sagt der Maler Gerhard Hoehme zu ihr:»Wissen Sie, dass heute Heinrich Böll gestorben ist?« Ein Abschied nach dem anderen. Luise Rinser bleibt immer einsamer zurück. Nun geht sie hinter dem Sarg von Hocke durch die Straßen von Genzano zum Friedhof. Ihre Gedanken springen zu Heinrich Böll, der in Merten bei Köln unter großer Anteilnahme von Bevölkerung, Schriftstellern und Politikern beigesetzt wird. »Ich denke an Heinrich Böll. Was sah er zuletzt? ›Schreckliches‹, wie René es mir von sich sagte? Das glaube ich nicht. Böll hat sein Leben lang dem Unheil ins Auge geschaut. Nie hat er sich angewidert, entsetzt, befremdet, gelangweilt abgewandt. Er sah, was IST, und sein Entsetzen wandelte sich in zorniges und aktives Mitleid. Die Angst, o doch, die kannte er. Hätte er sonst für seine Enkelin Samay das Gedicht geschrieben: ›… keine Angst, alle sind bei dir‹. Lieber Heinrich Böll, wir sind bei dir.«[82] Auch Todesfälle, von denen sie durch Freunde oder durch die Medien erfährt, beschäftigen sie. Auf einem Flug im Sommer 1984 liest sie im Feuilleton der *Frankfurter Rundschau* einen Nachruf auf den Schriftsteller Uwe Johnson, der im Alter von 49 Jahren in England gestorben ist. Warum stirbt ein Mensch so jung?, fragt sie sich. »Er hat getrunken. Viel getrunken. Das wird's gewesen sein.«[83] Uwe Johnson war ein sehr geschätzter, mutiger Schriftsteller, der vieles sah und sagte, was andere nicht sahen oder nicht zu sagen wagten.

Sie sieht eine Todesanzeige. Martin Niemöller ist gestorben. Mitbegründer der »Bekennenden Kirche«, war er von 1937 bis 1943 in den KZs Sachsenhausen und Dachau inhaftiert. Gleich nach dem Krieg wirkte er am »Stuttgarter Schuldbekenntnis« mit: »Wir klagen uns an, daß wir nicht mutiger bekannt und nicht brennender geliebt haben«, zitiert Rinser sinngemäß aus dem Gedächtnis. Auch der Tod des Sekretärs der Kommunistischen Partei Italiens,

Enrico Berlinguer, am 11. Juni 1984 bewegt sie sehr. Das ganze italienische Volk, über die Parteigrenzen hinweg, hat dieser Tod ergriffen. »Wie uns sein Gesicht fehlt, dieses schmale verschlossene bäuerlich-aristokratische Gesicht. Was für ein wunderbarer Tod: mitten in einer Rede in Padua. Bis zum letzten Augenblick eins mit seiner Arbeit. Bruchlos alles. Eine Rechnung ging auf, restlos.«[84] Das Phänomen der Verklärung fasziniert die Schriftstellerin. Menschen, zu denen die Zeitgenossen zu Lebzeiten keinen Zugang hatten, weil sie den gesellschaftlichen, künstlerischen, intellektuellen Rahmen sprengten, rücken nach ihrem Tod näher.

Untergangsstimmung unter deutschen Schriftstellern. Günter Grass, der 1974 gesagt hatte, er schreibe nichts mehr, weil es »nicht mehr fünf Minuten vor zwölf sei, sondern halb eins«, habe nun einen neuen Roman begonnen, notiert Luise Rinser im Tagebuch. Wolfgang Hildesheimer dagegen mache ernsthaft Schluss, er wolle nicht mehr schreiben, weil es bald keine Leser, überhaupt keine Nachwelt mehr geben werde. Rinsers Kommentar dazu: »Hat er also bisher nur für die Nachwelt geschrieben? Ich schreibe zu meiner eigenen Lust (oder aus eigener Unlust) [...] So wichtig sind wir doch alle nicht, auch so ein guter Schriftsteller wie Hildesheimer nicht.«[85]

Auch der Suizid Jean Amérys trifft sie hart: »Man muß auf ET-WAS hoffen. Man muß HOFFEND SEIN. Leben IST Hoffnung. Wer nichts mehr hoffen kann, der wählt den Tod. Jean Améry hat ihn, logisch, für sich, gewählt.«

Trotz allem nimmt Rinsers Lebenslust keineswegs ab. Depressive Anfälle gehören zu ihrer Persönlichkeitsstruktur. Ihnen folgen Phasen höchster Vitalität, die dem Lebensprozess den entscheidenden Antrieb geben. Im Sommer 1984 setzt sie sich mit den Vorsokratikern auseinander. »Sommer-Lektüre. Die Vorsokratiker, wieder und wieder. Immer neuer Gewinn. Aufregende Funde. Gefühl großer Bereicherung. Bedürfnis der Mitteilung. Aktualität.«[86] Gleichsam instinktiv unterscheidet sie die Philosophien, die mit ihren Epochen vergehen, von denjenigen, die Bleibendes entdecken. Zu den letzteren rechnete sie die Vorsokratiker. Diese Beschäftigung mit den griechischen Urphilosophen wird später, in ihren letzten Lebensjahren, wichtige Folgen haben.

Am 3. September 1985 hält Luise Rinser zur Eröffnung der Berliner Festwochen einen Vortrag.[87] In der Einladung wird ihr das Thema freigestellt. Sie wählt: *Die Aufgabe der Musik in der Gesellschaft von heute.*

»So wäre denn die Aufgabe der Musik in unserer Gesellschaft die Vermittlung der rettenden Erkenntnis von der realen Existenz der universalen Harmonie, die nicht in Widerspruch steht zur realen Disharmonie unserer Welt und Zeit, sondern in polarer Spannung, der die Tendenz zur Auflösung der Disharmonie, zum Wiederfinden der harmonia mundi innewohnt.«
»Der Vortrag war ein [...] stürmischer Erfolg vor allem bei den jungen Musikern«, notiert Rinser im Tagebuch.

Zwei grundverschiedene Welten – Finnland und Albanien – lernt Luise Rinser 1986 kennen. Auf den vom Verlag sorgfältig vorbereiteten Reisen hält sie Lesungen, kommt mit wichtigen Persönlichkeiten zusammen.

In Helsinki beeindrucken sie die eingefrorenen Schiffe am Hafen. Und dann die Temppeliaukio-Kirche. Tiefer allerdings bewegt sie ein Treffen mit Zigeunern. Sie hatte ein Jahr vorher Romani Rose kennengelernt, sich daraufhin mit der Zigeuner-Problematik befasst und ein Buch darüber veröffentlicht.[88] Nun darf sie an der Beerdigung der Zigeuner-Königin Elli Hagert teilnehmen.

Albanien, ein sozialistisches Land. Klimatisch wie politisch so verschieden von Finnland, jedoch ebenso schwer zugänglich. »Das verschlossene Land«, »das letzte Geheimnis Europas« wird es genannt, stolz, der marxistisch-leninistischen Auffassung vom Kommunismus zu folgen.[89]

Den Sommer 1986 verbringt Luise Rinser wieder in Nordkorea, wo sie mit einem koreanischen Orden und dem Doctor honoris causa der Universität Pyöngyang ausgezeichnet wird. Diesmal hält sie keine Lesungen, hat keine Verpflichtungen. Dafür liest sie Hegel.

»Unsere Sehnsucht. Meine Ferienlektüre in Nordkorea, an der mandschurischen Grenze in der äußerst klaren Luft auf 1300 m Höhe: Hegels ›Vorlesungen über die Philosophie der Geschichte‹. Einiges daraus notiert: Der Sündenfall ist die Entzweiung des

Menschen in Natur und Geist; die Sehnsucht richtet sich auf die Versöhnung des Entzweiten.«[90]
Während sonst auf der weiten Welt Unglück herrscht – im Januar ereignet sich die Challenger-Katastrophe, in Schweden wird der sozialistische Regierungschef Olof Palme ermordet, in Tschernobyl explodiert der Atomreaktor –, kommt Luise Rinser eine persönliche Freude zu. Die Gemeinde Rocca di Papa verleiht ihr die *cittadinanza onoraria*, die Ehrenbürgerschaft.

»Es freut mich um so mehr, als niemals eine deutsche Gemeinde mich zur Ehrenbürgerin machte, weder München noch meine Geburtsstadt Landsberg-Pitzling.«[91] [...] Jetzt habe ich eine Heimat anderswo. Ich lebe nicht im Exil. Ich bin hier rechtens daheim.[92]

Ganz stimmt es nicht. Die Heimatlosigkeit, die sie ihr Leben lang empfindet, reicht tiefer, als dass eine politische Ehrung sie wettmachen könnte. Dennoch, fügt sie hinzu, sei es ein gutes Gefühl, und sie sei ihrer Gemeinde Rocca di Papa dankbar. Die neue Ehrenbürgerin wird gleich tätig. Sie setzt sich ein für eine *Università popolare* (Volkshochschule), und zwar nicht nur mit Ideen, sie schreibt auch Firmen und reiche Menschen in Deutschland an und bittet um finanzielle Unterstützung. Das Unternehmen gelingt.

Auf Einladung der Goethe-Institute in Skandinavien reist Luise Rinser im März 1987 wieder in die nördlichsten Länder Europas. Zuerst besucht sie Norwegen. Im Tagebuch heißt es: »Ich ertrage Kälte schlecht, ich mag keinen Winter, kein Eis, keinen Schnee. Aber hier oben wird mir die Winterwelt zum neuen Erlebnis. Wie hübsch ist dieses Tromsö [...]« Doch auch unheimlich sei die ganze Gegend. Kalt und weit, zu viel Platz für so wenige Menschen.[93]
Im September nimmt sie an einem Schriftstellertreffen in Reykjavík teil. Neben dem isländischen Nobelpreisträger Halldór Laxness sind berühmte Autoren anwesend wie Alain Robbe-Grillet, Schöpfer des »Nouveau Roman«, und Isabel Allende. Zum Land selbst bemerkt sie: »Eisland. Mitte September schon winterkalt. Scharfe heftige Winde fegen in Stößen über den kahlen Boden hin, man hält sich kaum aufrecht.«

Sie erhält neue Ehrungen: Am 5. Mai 1987 den Heinrich-Mann-Preis der DDR, am 18. Dezember 1987 den Literaturpreis von Trani (Apulien), »Premio Giustina Rocca«, benannt nach der ersten italienischen praktizierenden Richterin im 15. Jahrhundert. Im Februar 1988 zeichnet die Stadt Alzey sie mit dem Elisabeth-Langgässer-Preis aus, der in diesem Jahr zum ersten Mal verliehen wird. Die Geldsumme, die mit dem Preis verbunden ist, leitet Luise Rinser nach Jerusalem weiter, wo Bürgermeister Teddy Kollek, den sie dort kennengelert hat, ein Jugendzentrum für Israelis und Araber gründet.

Doch das Wichtigste ist das Nacherleben ihrer Ursprünge. Im Spätherbst 1987 wird für das ZDF ein Film gedreht über Luise Rinsers geistige Urheimat. Gleichzeitig erscheint ein Buch, das wir bereits zitiert haben: *Wessobrunn. Ort meiner Kindheit.* Beim Anblick der ihrer Meinung nach sehr guten Fotos wird ihr »eng ums Herz«,

»der Schmerz heißt: Heimweh. Fast hätte ich mit Goethe gesagt: ›Ach, ich besaß es doch einmal, was so köstlich ist …‹ Ich besaß eine Heimat, die, obgleich nur Besuchsheimat, Ferienheimat, Kinderheimat, doch meine ganz eigentliche ist, meine geistige Heimat. Hier war ich als Kind, hier war ich IMMER, hier BIN ICH, Wessobrunn ist in MIR, und ich bin Wessobrunn.«

Und sie beschließt, in Wessobrunn einmal ruhen zu wollen – am Ort ihrer dichterischen Grunderfahrung:

»[…] aber nein: es ist nicht die ›deutsche Erde‹, die mich haben soll, es ist der Boden, aus dem mir die frühen hohen Erkenntnisse zuwuchsen, aus dem meine Hinneigung zur Mystik kam, aus dem mir das erste meiner Bücher (Die gläsernen Ringe) zufiel; dorthin will ich zurückkehren.«[94]

Der Verleger Fritz Landshoff stirbt 1988 fast 87-jährig an Herzversagen. Luise Rinsers leidenschaftliche Liebesbeziehung mit ihm hatte nur zwei Jahre gedauert – die Freundschaft jedoch bis zum Tod. Sie blickt zurück:

»Todesfuge im März. Ende März, immer Ende März, sterben sie mir weg, meine Freunde.

Am 29. März 1982 Carl Orff
am 31.* März 1984 Karl Rahner, mein Lehrer und Freund seit
1962
am 27. März 1985 Ingeborg Hoffmann, meine liebste Freundin
seit 1946
am 31. März 1988 Fritz Landshoff, Verleger und naher Freund
seit 1949.«[95]

Doch das Leben geht weiter. Manche Kämpfe enden mit Niederlagen. Am 20. Januar nimmt die Schriftstellerin an einer Fernsehsendung des WDR über »Schreiben unterm Hakenkreuz« teil. Sie findet noch immer nicht die Kraft, zu ihrer eigenen Vergangenheit zu stehen. Ihre aggressiven Reaktionen auf die Angriffe (»diese unselige Sendung«, »die ganze Sauerei«) zeigen, wie sehr sie vom eigenen Leben überfordert ist. Denn was diese und andere Sendungen bringen, ist, wie wir nun wissen, eigentlich harmlos im Vergleich zur historischen Wahrheit.

Erfolge und Lichtblicke fehlen aber nicht. 1989 beginnt Luise Rinser einen ihrer wichtigsten Romane: *Abaelards Liebe*. Schweren Herzens muss sie jedoch die Arbeit unterbrechen, um in Frankreich und England Lesungen zu halten. Und sie besucht – zum siebten und letzten Mal – Nordkorea, wo sie sich beim christlich (methodistisch) getauften Kim Il-sung dafür einsetzt, dass im Land Kirchen gebaut werden dürfen.[96] In China werden Studenten erschossen. Deng Xiao Ping erscheint lächelnd auf dem Fernsehschirm.

Am 22. September 1989 veröffentlicht Luise Rinser einen Artikel in der *Zeit* zum Thema Sozialismus. Die entscheidende Frage sei nicht die Gegenüberstellung von *Sozialismus* und *Kapitalismus*, »sondern die Fähigkeit demokratischer Systeme, ihre wirtschaftlichen Probleme zu bewältigen«.
    »Was ist denn das: der Sozialismus? Die schönste Definition gab

* Rinsers Erinnerung ist hier nicht genau: Karl Rahner starb am 30. März
1984.

Camus: Sozialismus ist: so lange auf dem nackten Boden schlafen, bis der Bruder ein Bett hat.« Dann zitiert sie die Kibbuz-Bewegung, wo es keinerlei Privateigentum gab. Sie habe nicht funktioniert. Ebenso wenig gelinge es in religiösen Ordensgemeinschaften jeder Richtung. Da setze sich nur der Schein durch. Auch unter dem Habit würden sich Gier und Besitzdrang verbergen.

»Unser Denk-Irrtum: daß irgend etwas auf unsrer Erde endgültig erreicht werden könne. Alles Leben ist Wandlung. Was bleibt, ist eine große Idee, der wir verschiedene Namen geben. Einer dieser Namen ist: Kommunismus; ein andrer: Reich Gottes auf Erden; ein andrer: Weltfrieden; ein andrer: Sozialismus.«

Zwar scheitere die Idee immer wieder, bei den Großen jedoch bleibe sie durch die Jahrhunderte hindurch lebendig. Und sie schließt ihre Überlegungen apodiktisch: »Die Politik der Zukunft wird eine sozialistische sein oder es gibt keine Zukunft mehr.«

*

Am 9. November 1989 ereignet sich für Europa Entscheidendes: »Die Berliner Mauer fällt. Ich hätte mir die Sache dramatisch-spektakulärer gewünscht, durch Dynamitsprengungen etwa zu Wagners ›Götterdämmerungs‹-Musik.«

So Luise Rinsers spontane Reaktion. Doch sie hat Angst vor Deutschland – vor Groß-Deutschland:

»Hitlers Wort und dazu ›Deutschland über alles‹ […] das Zentrum Europas, das zwar nie mehr einen Krieg gebären wird, aber mächtig genug ist, wirtschaftlichen Druck auszuüben. […] Die Tränen, die ich in der Nacht darauf weine, sind bitter: was kommt da auf uns zu? Was für unlösbare Probleme. Ich habe das quälende Gefühl, daß das alles schiefläuft. Unaufhaltsam.«[97]

Ihr Pessimismus hat mehr mit ihrem psychischen Zustand zu tun als mit den Ereignissen. Sie fühlt sich noch nicht alt, aber sie spürt, dass sie alt wird. Ihr Blick wird tiefer, verliert sich in den Dunkelheiten der Lebensabgründe. Das Jahr 1987 endete mit der Sehnsucht nach Heimat. Sie bestimmt auch das Jahr 1988. Und im Dezember 1989 kommt diese Stimmung noch stärker zum Vorschein.

Sie interessiert sich für alles, was im medizinischen Bereich gegen Depressionen erfunden wird. Schon 1962 war das ein Gesprächsthema zwischen ihr und Rahner. Nun wird es akuter: »Dezember 89. Feucht, schwarz, ein unguter Wind aus Südwesten. Abend. Um Viertel nach fünf schon dunkel. Schwere Traurigkeit, sogar Angst. Wovor Angst? Fangarme aus dem Universum. Gespenster gehen um.«[98] Sie habe erfahren, dass es in den USA eine neue Pille gebe, die Amerikaner schenkten sie einander zu Weihnachten.

An diesem Abend liest sie in Thomas Manns vorletztem Tagebuch, dass auch er eine Pille nahm, »Heiterlein« genannt. »Wäre ich weniger diszipliniert, könnte diese Pille für mich eine Versuchung sein.« Doch: »Man muß hindurch. Ohne Chemie.«[99] Die Depression schärft den Blick für die Finsternis, die Helligkeit dagegen wird kaum wahrgenommen. So behält Luise Rinser aus diesem Jahr nur die Bilder des Tragischen im Bewusstsein: Den jungen Chinesen, der in Peking auf dem Tiananmen-Platz den Panzern entgegenläuft, die junge Südkoreanerin, die die Grenze unter Einsatz ihres Lebens überschreitet.[100] Heldenhafte Taten, gewiss. Doch zum menschlichen Dasein gehören nicht nur das Tragische und das Dramatische, sondern auch das Komische und das Heitere. Im Zustand der Depression jedoch beansprucht das Tragische die Wahrheit für sich.[101]

Im Sommer 1990 wird Luise Rinser von der Akademie der Künste der DDR gefragt, ob diese ihre Briefe an Johannes R. Becher veröffentlichen dürfe. Da wird sie von einem schwierigen Kapitel ihrer Vergangenheit eingeholt.

Luise Rinser hatte Becher in München unmittelbar nach dem Krieg kennengelernt. Er fühlte sich von ihr leidenschaftlich angezogen und wollte, dass sie in die DDR komme. Kulturminister sei er gewesen, behauptet Luise Rinser – was er auch war, allerdings erst später; damals war er Präsident des Kulturbundes, der zwischen 1945 und 1958 »Kulturbund zur demokratischen Erneuerung Deutschlands« hieß.

Dann geschah nach Rinsers Bericht Folgendes: »Ich wurde im Leipziger ›Börsenblatt für den deutschen Buchhandel‹ 118. Jahrgang, vom 20. 1. 51, Seite 29, als anglo-amerikanische Agentin und Kriegshetzerin erwähnt, neben Tito und Heuss.« Das hatte sie veranlasst, den Briefwechsel zu beenden. Vergrößert wurde die Kluft durch ihre Weigerung, für den Aufbau-Verlag (von J. R. Becher mitbegründet) ein Grußwort an Becher anlässlich seines 60. Geburtstags zu schreiben. Nie wieder könne sie im Westen etwas veröffentlichen, wenn sie so etwas täte, begründete sie ihre Absage. Der wahre Grund für die Trennung von Becher war aber politischer Natur. Sie teilte seine Auffassung von Kommunismus nicht, sie lehnte »den realen Sozialismus«, also den real existierenden Sozialismus, ab. Die Freundschaft mit Becher, schreibt sie, habe privat weiterbestanden, der Briefwechsel mit ihm sei dennoch nicht veröffentlicht worden.

1990 steht Europa mitten im Prozess der Auflösung des sowjetischen Systems. Der Zusammenbruch offenbart mehr, als selbst Luise Rinser vermutet hätte. Die Ideologie diente als Tarnung eines verkappten, nur einigen zugutekommenden Kapitalismus. Dies erfährt die Welt bei der Auflösung der DDR. Luise Rinser schämt sich.

Im Tagebuch zitiert sie einen Text aus einem Schreiben aus Jena vom 27. April 1990 mit Briefkopf »Interkommerz, Gesellschaft für Projektierung und Verwertung«:

»In dieser Zeit haben sich nicht nur Umwälzungen in großen Institutionen, wie dem Ministerium für Staatssicherheit und der ehemaligen Staatspartei SED … ergeben. Auch viele Familien einstmals führender und einflußreicher Mitarbeiter aus Staatsinstitutionen der DDR haben in der Folge dieser Ereignisse drastische materielle Einbußen erlitten und sind jetzt gezwungen, Wertgegenstände aus Familienbesitz zu veräußern.«[102]

Trotz ihrer reichen Lebenserfahrung behält Luise Rinser einen bisweilen kindlichen Grundzug. Sie glaubt an die Menschen – und wundert sich deshalb über Heuchelei und Betrug, als ob sie Derartiges zum ersten Mal sähe:

»Familienbesitz? Wie könnte sich in einem kommunistischen Staat wertvoller Familienbesitz erhalten haben? Wie kamen die Stasi- und SED-Leute zu solchen Schätzen? Das Wort ›einstmals‹ entbehrt nicht der Komik.«

Ja, die DDR-Spitze weint ihrem vorteilhafteren, da unkontrollierten Kapitalismus nach. »Einstmals« war es so, dass die Funktionäre nur Privilegien kannten, jetzt müssen sie ihren Reichtum den Gesetzen des kapitalistischen Westens unterstellen. War also alles blanker Betrug? Das Schreiben fährt fort:

»Bitte haben Sie Verständnis dafür, daß wir die Identität der Besitzer nicht preisgeben können, da unsere Auftraggeber dadurch in eine äußerst prekäre Lage kämen ... Alle Transaktionen werden selbstverständlich in westlicher Währung vorgenommen.«

»Selbstverständlich«, wiederholt Rinser empört. Mit Recht. Es war nämlich nicht nur, es bleibt, bewusst getarnt unter dem Mantel der Ideologie, Betrug am Volk bis zur letzten Sekunde.

Sie vergleicht Moskau immer wieder mit dem Vatikan. Die Ideologie einerseits und das Evangelium andererseits dienen einer Minderheit als Vorwand, um sich auf Kosten des leichtgläubigen Volkes zu bereichern.

Neunundsiebzigjährig besucht Luise Rinser zum ersten Mal Prag, was sie schon als junge Schülerin gerne getan hätte. Sie entdeckt die tschechische Hauptstadt nicht als eine schöne, interessante Stadt neben anderen, sondern als eine *andere* Stadt:

»Prag lag in einer anderen Welt, die hieß für mich Kafka, seit ich ihn als Sechzehnjährige zu lesen begonnen hatte (als kaum jemand ihn las); Prag, das heißt auch ›Don Giovanni‹ und Mörikes Erzählung ›Mozart auf der Reise nach Prag‹; es hieß auch Heiliger Nepomuk auf der Brücke, von der ihn König Wenzel stoßen ließ [...].«[103]

Prag ist auch Kopernikus, Kepler, der Däne Tycho Brahe – und Comenius. Und die Böhmischen Brüder – und Johannes Hus, der wegen seiner Pflege der Volkssprache und seiner Kritik an der Amtskirche ähnliche Bedeutung hat wie Luther in Deutschland.

Dann spürt sie den Hauch der Tragödien der jüngsten Zeit. Einmarsch der Wehrmacht unter Hitler. Später Dubček und der »Sozialismus mit menschlichem Antlitz«, dessen brutale Niederschlagung mit sowjetischen Panzern, die Proteste des jungen Jan Palach, der sich auf dem Wenzelsplatz verbrannte. »[...] und für eine Weile war mir Prag ein überaus konkretes politisches Gebilde [...].« Große Geister, weitblickende Pädagogen und Kirchenreformer. Auf der anderen Seite politisches Elend, kirchenpolitische Engstirnigkeit. Wirren, Verfolgungen. Heuchelei, Grausamkeit – und vor all dem nimmt das Volk Zuflucht zur Frömmigkeit. Auch Luise Rinser flüchtet vor der Wirklichkeit in die ästhetische Sphäre. Das Hässliche, sogar das Böse scheint in der literarischen Verwandlung annehmbar. Das Wunder der Sprache. Sie erlebt Prag kafkaesk. Davon überzeugt, dass ihr jetziger Besuch vor Jahrhunderten vorgesehen war, fühlt sie sich von Naturphänomenen – einem Gewitter, dem Rauschen des Flusses Moldau – oder gar von den (wie ihr scheint) überzähligen Schlägen der Turmuhr betroffen. Nichts in ihrem Leben ist für Luise Rinser zufällig. So auch nicht ihre Erlebnisse beim Besuch Prags.

Zwei literarische Arbeiten stehen in diesem Jahr im Mittelpunkt. Am 23. Mai 1990 liefert sie das Manuskript von *Abaelards Liebe* ab; das Buch wird im folgenden Jahr erscheinen. Doch die monatelange Anstrengung hinterlässt ihre Spuren: »Als ich den Roman abgeliefert hatte, wurde ich krank. Eine Depression, eine absolute Erschöpfung. Fünf Wochen lang unfähig, ein Wort zu schreiben. Ekel vor dem Schreibtisch. Grenzenlose Gleichgültigkeit gegenüber allem. Schlafen, schlafen. Nie wieder einen Roman schreiben ... Verdammter Beruf. Vampir.«[104] Außerdem schreibt sie ein seit vielen Jahren geplantes Theaterstück über Tolstoi.[105] Viele hatten sich dieses Themas schon angenommen. Zu den besten Abhandlungen zählt die von Thomas Mann. Die widersprüchliche Gestalt Tolstois, von dem man zu Lebzeiten sagte, niemand wisse, wer er wirklich sei, ist ein hochinteressantes Sujet sowohl für Romanschriftsteller als auch für psychoanalytische Seelenforscher. Luise Rinser befindet jedoch, alle, auch Thomas Mann, »der sonst so Genaue«, hätten eines übersehen: Tolstoi war auch Ehemann.

So macht sie sich auf den Weg ins Labyrinth dieser Ehe. Beide, Leo und seine Frau Sonja, haben Tagebücher geführt, in denen jeder der stets streitenden Eheleute seine Darstellung desselben Sachverhalts liefert. Luise Rinser versucht neutral zu bleiben, stellt Aussage gegen Aussage. Zum Beispiel schreibt Leo:»Wie mir die Sinnlichkeit Sonjas auf die Nerven geht!« Sonja meint ihrerseits:»Wie widerlich mir Leos Sinnlichkeit ist.« Die Ehepartner reden fünfzig Jahre lang aneinander vorbei und leben sich auseinander, bis das Zusammensein zur Hölle wird. Leo Tolstoi entzog sich schließlich seiner ganzen Familie und starb einsam und arm. An mehreren Stellen ist zu spüren, dass Luise Rinsers Ehe mit Orff noch nachwirkt. Ihre Interpretationen verlieren bisweilen die Neutralität:»Natürlich gibt die Nachwelt nicht dem Sokrates die Schuld, sondern der bösen Xanthippe. Aber wer weiß, wie der große Grieche seine Frau [...] schikanierte [...]. Die Männer geben immer der Frau die Schuld. Die armen, unverstandenen großen Männer, wie sie litten unter dem dummen Weibervolk.«[106]

Das Stück wurde am 12. Juli 1990 unter der Regie von Roswitha Marks im Deutschen Nationaltheater Weimar uraufgeführt.

Auf die produktive Schriftstellerin wird auch die Bildhauerin Karin Mai aufmerksam, die einen in Gips modellierten Kopf von Luise Rinser hinterlassen hat.[107] Die Art, wie sie sich kennenlernen, ist für beide bezeichnend. In einem Brief vom Januar 2010 an Christoph Rinser erzählt Karin Mais letzter Lebensgefährte Bernd Mühlig-Versen die erste Begegnung so:

»Was das Kennenlernen von Karin und Ihrer Mutter angeht, so hat Karin mir Folgendes erzählt: Sie hat ihre ›Opfer‹ oft selbst ausgewählt, ohne mit ihnen bekannt zu sein, und so auch bei Ihrer Mutter einfach angerufen und um einen Termin gebeten, ohne sie vorher zu kennen, nur im Wissen, dass es eine interessante Person ist. Zu diesem Termin kam Karin deutlich zu spät, da Rocca di Papa mit den ›mezzi publici‹ nicht einfach zu erreichen war. Luise sagte ihr an der Türe, dass der verabredete Termin lange vorbei ist und wollte ihr die Tür vor der Nase zuschlagen. Karin setzte aber ihren Fuß in die Tür und goss ihren berühmten ›heiligen Zorn‹ über das Haupt Ihrer Mutter, welche dann diese Verbalauseinandersetzung doch in das Hausinnere verlegte und es wurde schließlich ein langer, schöner Nachmittag, aus dem dann diese besondere Freundschaft erwuchs.«

Leser wundern sich, dass Luise Rinser nicht mehr auf die Barrikaden geht. Sie versteht das als Vorwurf und rechtfertigt sich damit, dass sie nicht überall sein könne. Einmal, gleich nach dem Krieg, wurde sie mit Jeanne d'Arc verglichen. Erwarten die Leute, dass ich mich öffentlich verbrenne?, schreibt sie pathetisch. In Wirklichkeit ist sie erschöpft. Öffentlich gibt sie es nicht zu. Aber privat – ihren Söhnen und engen Freunden gegenüber – klagt sie über eine tiefe Müdigkeit. Organisch ist sie gesund. Doch nicht die viele Arbeit, sondern die manchmal herablassende oder auch spöttische Reaktion einiger Kritiker auf ihre Arbeit, die Angriffe auf Ihre Person haben sie angeekelt und ausgezehrt.

Am 30. April dieses Jahres wird sie achtzig. Den Tag feiert sie in ihrem Verlag S. Fischer. Es gibt ein festliches Abendessen im Schlosshotel Kronberg, einer feinen Adresse im Taunus. Es sprechen ihr Lektor Hellmut Freund, die Verlegerin Monika Schoeller und ihr guter Freund Harry Valérien. Den musikalischen Rahmen gestaltet ihr Sohn Stephan zusammen mit dem russischen Cellisten Mark Varshavski, mit dem sie seit einiger Zeit befreundet ist. Christoph kann nicht teilnehmen; er ist in Monsummano, wo er eine kleine Pension betreibt, unabkömmlich.

Abaelards Liebe erscheint. Und Luise Rinser wird mit einem neuen italienischen Preis geehrt, dem »Premio Ignazio Silone« der Stadt Frosinone.

Doch nur einige Wochen nach ihrem Geburtstag bekommt sie eine traurige Nachricht, die ihren Verlag, aber auch wichtige Momente ihres Lebens betrifft. In ihrem Tagebuch *Wir Heimatlosen* schreibt sie:

»Tutti ist tot (28. Mai 1991). Tutti, das ist Brigitte Bermann Fischer, Tochter des bedeutenden Sami (Samuel) Fischer, Gründer des Fischer Verlags, in dem meine Bücher erscheinen seit Jahrzehnten. Tutti mit Goffy (Gottfried) für Jahre meine Verleger. Ich hatte viel zu ertragen und zu verlieren durch sie. Ich mochte jedoch beide. Ja, auch Tutti, Landshoffs Kusine, urmusikalisch wie er, eine gute Pianistin, eine umgetriebene Frau, eine schwierige Person, wirklich, ein Wirbelwind im Verlag, Unruhstifterin überall, und doch: eine Persönlichkeit, die ich mochte, denn ich begriff

sie, weil ich Landshoff kannte. Ich weiß, daß sie viel litt; politisch
begründete Leiden, mehr noch selbstgeschaffene.
Jetzt darf sie ausruhen. In Berlin auf dem Friedhof Weißensee.
Sehr schön, sehr tief bewegend, was Goffy auf die Todesanzeige
drucken ließ. Ein Hölderlin-Wort: ›Licht der Liebe! scheinest du
denn auch Toten, du goldenes! Bilder aus hellerer Zeit, leuchtet
ihr mir in die Nacht?‹«[108]

Person und Werk Eugen Drewermanns, dessen spirituelle und tie-
fenpsychologische Grundeinstellung haben für Luise Rinser große
Bedeutung. In seinem Buch *Ich steige hinab in die Barke der Son-*
ne. Alt-Ägyptische Meditationen zu Tod und Auferstehung in Be-
zug auf das Johannes-Evangelium Kap. 20/21 ist eine Abhandlung
über die Hoffnung für die leidende Kreatur enthalten. Die Schriftstellerin ist davon sehr angetan und regt bei Drewermanns Verlag – dem Walter Verlag – an, man solle daraus ein eigenes Büchlein machen. Dort ist man einverstanden, doch Luise Rinser müsse
ein Geleitwort dazu schreiben. Das Buch erscheint mit dem Titel
Über die Unsterblichkeit der Tiere. Geleitwort von Luise Rinser.
Als Zeichen der Freundschaft widmet Luise Rinser Drewermann
ihr Tagebuch *Wir Heimatlosen* (1992). Und er widmet ihr sein
Buch *Milomaki oder vom Geist der Musik* (1992) mit den Worten:
»Für Luise Rinser, in deren Werk und Leben Musik und Dichtung
eins sind«.
In diesem Jahr 1988 lernt sie auch den Maler, Dichter und Philosophen Carmelo Failla und seine Frau Ehrentraud (Trudi) Unterwe-
ger kennen. Sie werden ihr enge Freunde und wichtige Gesprächspartner.

Erst Anfang 1989 nimmt sie den Roman in Angriff, den sie seit
ihrem Besuch des Pariser Friedhofs Père Lachaise in den fünfziger
Jahren im Kopf hat. Über die Geschichte ist viel geschrieben worden. Doch Luise Rinser findet einen neuen Ansatz: Sie entwickelt
sie aus der bislang unberücksichtigt gebliebenen Perspektive des
Sohnes.
Die Geschichte: Der 39-jährige Pariser Philosoph Peter Abaelard

(1079–1142) wird vom Kanonikus Fulbert als Hauslehrer für die Erziehung seiner siebzehnjährigen Ziehtochter Héloïse verpflichtet. Lehrer und Schülerin verlieben sich leidenschaftlich. Héloïse wird schwanger. Abaelard entführt sie, heiratet sie im Geheimen. Ein Sohn, Astrolabius, wird geboren und zu Abaelards Schwester in Obhut gegeben. Wütend lässt Fulbert Abaelard entmannen. Daraufhin empfiehlt Abaelard Héloïse, ins Kloster zu gehen. Auch er wird Mönch, setzt seine Lehrtätigkeit aber fort, von den Studenten verehrt, von orthodoxen Fachkollegen angegriffen. Auch mit der Amtskirche hat er Schwierigkeiten, versöhnt sich mit dieser aber noch vor seinem Tod im Alter von 63 Jahren. Héloïse bleibt im Kloster, wo sie zunächst Priorin wird, später Äbtissin einer Neugründung. Sie überlebt Abaelard um 22 Jahre.

Der Roman: Trotz ihres Eintritts ins Kloster bleibt Héloïse Mutter eines Sohnes, der die Folgen der Tragödie mitzutragen hat. Er wächst in dem Glauben auf, seine Tante sei seine Mutter. Sehr spät erfährt er seine wahre Herkunft. Was er gerne mit seiner Mutter besprochen hätte, schreibt er sich von der Seele. Er versucht seine Eltern zu verstehen, die ihre große Liebe ausgelebt, aber ihn gleichsam als unbeabsichtigtes Nebenprodukt in ein tragisches Schicksal hineingeworfen haben. Er liebt und hasst, bewundert und verachtet seine Eltern. Am Ende, als er seinen Vater, schon tot und in Cluny aufgebahrt, sieht, vermag er zum ersten Mal das Wort »Vater« auszusprechen, selbst wenn es bei ihm für den Rest seines Lebens einen bitteren Geschmack hinterlässt. Die Eltern haben nie richtig bereut. Vielmehr begleitet sie die Wonne der leidenschaftlichen Liebe bis zum Grab. Als Astrolabius ein Paket mit seinen Aufzeichnungen an der Pforte des Klosters seiner Mutter deponiert, ist es, als ob auch er sich dadurch zur Größe seiner Eltern emporgearbeitet hätte.

In *Mirjam* dreht Luise Rinser die Perspektive eines Ereignisses, des Lebens Jesu, das für die abendländische Geschichte von grundlegender Bedeutung ist, um. Was einst von Männern erzählt wurde, lässt sie von einer Frau korrigieren. In *Abaelards Liebe* ist der Sohn der Leidtragende. Die Umdrehung der Perspektive kehrt aber nicht den Sinn der Ereignisse um. Anhand der Liebesgeschichte wird die von Männern dominierte Welt des Hochmittelalters kritisch offengelegt, die grausame Unterdrückung menschlicher Gefühle durch die Amtskirche entlarvt. Vielleicht ist die Bedeutungslosigkeit des Individuums angesichts der Institution der wichtigste Aspekt der Rinser'schen Rekonstruktion. Denn zwar wird in erster Linie die Frau herabgesetzt, doch zugleich auch der Mann. Abaelard darf, weil Kleriker, nicht als Mann lieben, und der Sohn darf, um den Schein zu wahren, nicht bei den Eltern aufwachsen. Heuchelei als Lebensform. Luise Rinser stellt dieses bekannte Thema mit ungewöhnlicher Leidenschaft und vitaler Schönheit neu dar.

Die Inspiration zu dem originellen Gedanken, die Liebesgeschichte aus der Perspektive des Sohnes zu erzählen, fällt Luise Rinser aus dem eigenen Leben zu. Als das Buch 1991 erscheint, ist ihr Sohn Stephan 49 Jahre alt. In ihrem Roman rettet Luise Rinser Astrolabius nach mehr als 800 Jahren, indem sie ihn das Gespräch mit seiner Mutter führen lässt, das er zu seinen Lebzeiten nicht hat führen können. Stephan Rinser weiß noch immer nicht, wer sein Vater ist. Wird Luise Rinser nach diesem Roman vielleicht die Kraft finden, ihm die Wahrheit zu sagen?

Oder wird weiterhin die Angst, ihre Stellung als moralische Instanz der Republik zu verlieren, stärker sein als die mütterliche Pflicht? Ihre politische Vergangenheit verbindet Luise Rinser mit vielen prominenten Deutschen. Das Dilemma bleibt ungelöst. Dieselbe Öffentlichkeit, die Aufrichtigkeit verlangt, hätte es ihr übelgenommen, wenn sie gesprochen hätte. So hat sie das Problem auf die gleiche Weise umgangen wie viele andere: durch Schweigen. Bei vielen ist die Lüge aufgedeckt, sie sind beruflich eliminiert worden, etwa Werner Höfer. Andere, wie Günter Grass, waren klug genug, vom (inszenierten?) Skandal zu profitieren. Bei Luise Rinser hat es mit dem Verheimlichen zu Lebzeiten ziemlich gut geklappt.

Abaelards Liebe ist ein Erfolg. Das Buch wird bald in mehrere Sprachen übersetzt. Und sie wird geehrt. Im Tagebuch notiert sie: »November 1991. Drei Auszeichnungen in einem Jahr: erst der Herkomer-Preis in meiner Heimatstadt Landsberg-Pitzling, dann in Turin ein Fest aus Anlaß der italienischen Übersetzung meines ›Gefängnistagebuches‹ und nun der Silone-Preis.«[109]

Doch was dieser Roman aufgewühlt hat, belastet sie übermenschlich. Nach der Abgabe des Manuskripts habe sie über drei Monate keine Zeile schreiben können, das haben wir bereits erfahren. Ist das nur physische Erschöpfung? Kaum, die Arbeit an *Mirjam* hatte ihr eine größere Anstrengung abverlangt. Es ist die Konfrontation mit sich selbst, die sie so mitnimmt.

Weihnachten verbringt sie alleine. Sie hätte Leute einladen können. Aber sie entscheidet sich dieses Jahr für die Einsamkeit, auf die Gefahr hin, den Gespenstern ihres Lebens das Tor zu öffnen. Doch in ihrem Leben gibt es nicht nur Dunkelheiten und Abgründe. Auch Lichtblicke.

»Heilig-Abend allein [...] Ich wollte in aller Stille über das Geheimnis der Menschwerdung nachdenken. Dabei aber schlichen sich Gefühle ein [...]: ich habe Heimweh nach München, nach der oberbayerischen Weihnacht. [...]

31. Dezember 1991. [...] Gegen Mitternacht. Ich schlage jenes seltsame, weise, schöne Buch auf [...]: ›Divine Healing of Mind and Body‹ und bitte um ein Zeichen fürs Neue Jahr. Die Antwort: If you overcome the sense of time and space, you shall enter into the understanding where all is NOW, where is no separation, no distance, no time.* [...] Das NOW ist das NU der deutschen mittelalterlichen Mystiker. Alles ist ›NU‹, alles ist ›Hic et nunc‹. Alles ist Augenblick.«[110]

Schuld als quälende Erinnerung und treibende Spannung. Die unschuldige Reinheit des Ursprungs und die Wiedererlangung der Reinheit durch Versöhnung. Das sind zwei Grundpfeiler der menschlichen Sehnsucht. Nicht leicht zu bewältigen ist jedoch der Weg dazwischen.

Jenen tiefen Punkt, aus dem die menschliche Schwermut emporsteigt, vermögen Freunde nicht zu erreichen. Dort ist der Mensch immer allein mit sich selbst. Die innere Einsamkeit vertieft sich,

---

* ›Wenn du den Sinn für Zeit und Raum überwindest, wirst du in das Verständnis dessen eintreten, wo alles JETZT ist, wo es keine Trennung gibt, keine Entfernung, keine Zeit.‹

wenn die äußere wächst. Immer wieder gehen Freunde, Gesinnungsgenossen. Am 8. Oktober 1992 stirbt Willy Brandt.

Gelegentlich sagt ein Titel fast mehr als der Inhalt. Das gilt für Rinsers vorletztes Tagebuch *Wir Heimatlosen*. Es ist, als wollte die Autorin als Zusammenfassung ihres Lebens ihren tiefsten Wesenszug offenbaren. Nichts vermag den Menschen vollständig zu erfüllen; aller Dinge wird er allmählich überdrüssig. Einige erleben dieses Schicksal besonders intensiv. Achtzig geworden, weiß Luise Rinser nicht mehr, wo sie gerne wäre: in München, in Rocca di Papa? Hier und dort – oder überall zugleich?

»›Nicht hier, nicht dort, wo aber?‹ Das könnte der Anfang eines Gedichtes sein. Es ist Prosa. Die nüchterne, sachliche Frage: wo bin ich daheim? Wo denn. Mit deutschem (dem neuen europäischen) Paß und Aufenthalts-Erlaubnis, Ehrenbürgerin meines Wohnorts Rocca di Papa, in Italien, seit mehr als drei Jahrzehnten.«[111]

Wir erinnern uns an ihr Kindheitserlebnis. Bei jedem Ausflug quälte sie vom Augenblick der Abfahrt an der Gedanke, dass er bald zu Ende sein würde. Ebenso ging es ihr später als Erwachsener. Kaum bin ich da, will ich wieder weg, schrieb sie, als das Haus in Rocca di Papa fertig gebaut war. Abgrundtiefe Unzufriedenheit. Im Alter ändert sich nichts daran. Aber nun schreibt sie darüber mit wohltuender Ironie.

»Bin ich in München, überfällt mich die schier wilde Sehnsucht nach Rom, und ich sage zu der bestürzten, fast beleidigten Adele: ›Ich muß heim‹. Und heim, das ist Italien, mein Haus, mein Garten. Vier Wochen später sage ich am Telefon zu A. in München: ›A., ich hab Heimweh.‹ Dann möchte ich das nächste Flugzeug nehmen … Und in München dann, nach drei Tagen: ›A., ich möchte heim.‹«

Adele, die treue Freundin, wartet in der schönen Wohnung in der Münchner Borstei auf ihre Rückkehr, der einige Tage später der Abschied folgt, und beobachtet mit einem Lächeln die unruhige Schaukel der Rinser'schen Sehnsucht.

1993 fühlt sich die Autorin müde. Aber sie arbeitet trotzdem am zweiten Teil ihrer »Autobiographie«, *Saturn auf der Sonne*. Doch das kommende Jahr ist ein geradezu tragisches. Eingeleitet von dem, was *Abaelards Liebe* in ihr aufgewühlt hat, führt es zum vielleicht größten Einbruch in ihrem Leben.

Stephans Tod
1994

Die Müdigkeit, über die Luise Rinser immer häufiger klagt, ist nicht organisch verursacht. Mit dreiundachtzig Jahren ist sie arbeitswillig und leistungsfähig. Es ist die Zerrissenheit, die sie aushöhlt. Das Schicksal vieler Personen des öffentlichen Lebens: wenn die Quantität schwindet, bleibt die Leere zurück.

Ostersonntag 1994. »Mein Münchner Ostersonntag«, schreibt sie in ihrem letzten Tagebuch.[112] Alle Freunde sind auf dem Land, das Wetter frühlingshaft. »Ich bin allein. Plötzlich überfällt mich das Verlangen, mich ins ›bunte Gewimmel‹ zu werfen. Also in die Stadt. Was will ich dort? Nichts als ›dabei sein‹. Nicht allein sein.« Doch die Einsamkeit bleibt nicht zurück, wenn man unter Menschen geht. Sie kommt mit und öffnet die Augen für das Elend der Welt: die Obdachlosen in der Unterführung der S-Bahn, die Indios aus Bolivien (Jahre zuvor war sie dort gewesen), die in der Kaufingerstraße singen und tanzen, im fernen Deutschland auf der Suche nach Geld.

Sie geht weiter auf der Neuhauser Straße, hört Musik. Bach. Sie bleibt stehen. Dann kommt sie ins Gespräch mit den jungen Musikern aus Sibirien. Sie fragen die Schriftstellerin, ob sie etwas von Musik verstehe. Und plötzlich steht die Gestalt ihres dritten Ehemannes Orff mitten unter ihnen. »Carmina Burana!«, rufen sie aus. Ja, man kenne ihn wirklich in der ganzen Welt, schreibt sie später in ihrem Tagebuch.

»Lieber C.O. – und einmal wollte man dich in München aus der Musikhochschule werfen, und die deutschen Kritiker beurteilten dich als Exzentriker, als Erotomanen und als ›nicht aufführbar‹ … und jetzt liegst du eingemauert in Andechs. Was für eine Musik hörst du jetzt?«

Marienplatz. Eine kleine Menge hat sich um einen schwarzen Mann versammelt, er tänzelt und gestikuliert um einen kleinen Koffer, als fürchte er sich davor. Im Koffer ist nichts. Aber die Menschen finden es aufregend, das Treiben um die gespielte Gefahr. Im Leben entpuppt sich vieles, das beunruhigt, als nichts. Es ist aber gerade das Ungreifbare, das ängstigt.»Der einsame Ostersonntag, er war erfüllt von Leben.«

Das ist Literatur. Eine schöne Beschreibung für die vielen Menschen, die den Ostersonntag wie die Weihnacht allein verbringen müssen. Das Tagebuch *Kunst des Schattenspiels* hat sie – wie alle Tagebücher – ohnehin einige Zeit nach den Erlebnissen verfasst – also wie ihre »Autobiographien« für die Leser und für sich selbst »rekonstruiert«. Was sie eigentlich beschäftigt, steht nicht im Tagebuch. Nicht unter den Eintragungen dieses Jahres 1994.

Am 8. Juli stirbt der Diktator Kim Il-sung in seiner Residenz »Hyangsan Chalet« an einem Herzinfarkt. Am 20. Juli wird sein Sohn Kim Jong-il zum Nachfolger ernannt. Drei Jahre vorher, 1991, hatte ihn sein Vater zum Oberbefehlshaber der Koreanischen Volksarmee ernannt und damit den Grundstein für die erste kommunistische Dynastie der Geschichte gelegt. Das Land hat der »Große Führer« in Armut und Isolation hinterlassen.

Zum Tod Kim Il-sungs findet sich in Luise Rinsers Tagebuch kein Beitrag – vielleicht weil sie von einem anderen großen, persönlichen Unglück heimgesucht wird.

Stephan Rinser begann nach dem Abitur in München Theaterwissenschaft zu studieren und eine Schauspielschule zu besuchen. Doch es zog ihn mehr in die Theaterpraxis. Im Herbst 1962 erhielt er eine Assistentenstelle bei Leopold Lindtberg in Zürich. Er gab sie aber ein Jahr später wieder auf – wohl wegen persönlicher Probleme mit Lindtberg – und kehrte nach München zurück. Dort arbeitete er als Assistent für Regie und Bühnenbild am Nationaltheater, dann beim Fernsehen. Das Tourneetheater »Der Grüne Wagen« engagierte ihn als technischen Leiter für das Stück *Eines langen Tages Reise in die Nacht* von Eugene O'Neill unter der Regie von Karl Heinz Stroux.

Mit 29 Jahren – also 1970 – erhielt er seinen ersten selbständigen Regieauftrag für das Fernsehen. Von da an machte er eine beachtliche Karriere. Er führte Regie in einigen erfolgreichen Serien wie *Das Patenkind* (1971), *Tribunal 1982* (1972), wofür er den Adolf-Grimme-Preis in Silber erhielt, *Alles Gute, Köhler* (1973), *Lokalseite unten links* (1974), *Der falsche Paß für Tibo* (1980), außerdem in dem Ludwig-Thoma-Film *Der Jagerloisl* (1982) sowie in dem Film *Kinder unseres Volkes* (1983), für den seine Mutter 1979 das Drehbuch geschrieben hatte.

Seine Begabung, sein Charme und sein Fleiß waren stets von seinen persönlichen Problemen überschattet. Hinter all seinen Schwierigkeiten stand das Grundproblem seiner Herkunft. Intelligent und sensibel, hat er es vermutlich früh geahnt. Schon als Baby und Kleinkind war er entschieden benachteiligt gewesen. Die häufige und lang dauernde Trennung von der Mutter musste sein Leben als qualvolles Trauma belasten. Wie deutlich er sich an bestimmte Ereignisse erinnerte und wie stark er darunter litt, kam in Gesprächen mit seinem Bruder Christoph immer wieder zum Ausdruck. Es gab dennoch Zeiten, in denen er sich gut mit seiner Mutter verstand und ihr vielleicht sogar näherkam als sein Bruder. Bis ihm eines Tages ein Verwandter die Wahrheit sagte. Adele Adlichhammer war einer der wenigen Menschen, mit denen er sich aussprechen konnte. Mit der Mutter darüber zu reden war ausgeschlossen. So musste er jahrelang mit seiner Mutter verkehren, als ob er nichts wüsste. Eine unerträgliche Situation.

Stephan Rinser begann zu trinken. Seine angeborene Neigung zu Gefäßkrankheiten wurde durch starken Zigaretten- und Alkoholkonsum sehr wahrscheinlich verschlimmert. Mindestens einmal war er in akuter Lebensgefahr wegen einer Thrombose.

Wohl aufgrund seiner Alkoholabhängigkeit erhielt er nach 1983 keine nennenswerte Regieverpflichtung mehr. Eine der wenigen Arbeiten jener Zeit war eine Hörfunkproduktion mit Peter Michael Hamel. Daneben schlug er sich durch mit Werbefilmen und anderen kleineren Aufträgen. Seine Zeit füllte er mit verschiedenen

sozialen Engagements, etwa in der Gewerkschaft, gab Schauspiel-
unterricht und beschäftigte sich mit spirituellen Fragen. (Plato und
Meister Eckhart gehörten zu seinen Lieblingsautoren.)

Im August 1994 wird Stephan Rinser mit unerträglichen Bauch-
schmerzen in eine Münchner Klinik eingeliefert und sofort operiert. Ein Darmdurchbruch, durch eine Thrombose verursacht. Mit
einer schweren Sepsis liegt er monatelang auf der Intensivstation.
Mehrmals wird er operiert. Die Ärzte versichern immer wieder,
man werde ihn »durchbringen«. Unter diesen Umständen scheint
es Mutter und Bruder nicht angebracht, seine Patientenverfügung
geltend zu machen, mit der er bestimmt hatte, dass die Behandlung nicht fortgesetzt werden solle, wenn keine Aussicht auf Hei-
lung bestünde. Und Luise Rinser entscheidet sich, zu einer lange
verabredeten Begegnung mit dem Dalai Lama nach Indien zu reisen.

Dieses Ereignis hat zwei Aspekte: einen biographischen und einen – es sei der Ausdruck erlaubt – geistespolitischen, die eng zusammenhängen. Biographisch schließt die Begegnung mit dem Dalai Lama den Kreis ihrer bisherigen geistigen Entwicklung. 1930
hatte Luise Rinser die Erzählung *Auf dem Dach der Welt* geschrieben, ein Lebensprojekt mit jungen Leuten auf dem höchsten Gipfel
der Erde literarisch erproben wollen. Die Welt war damals nicht
besser als heute, aber auch nicht schlechter. Es ist die Welt, die
entsteht, wenn Gier und Machtsucht vorherrschen.

Im Jahr 1993 – das ist der geistespolitische Aspekt – findet sich
eine Anzahl herausragender Persönlichkeiten aus verschiedenen
Bereichen zusammen, die bereit sind, gemeinsam für Frieden und
ein würdiges Leben auf Erden zu arbeiten. Es entsteht die Idee einer
»Friedensuniversität« in Berlin. Luise Rinser gehört dem Grün-
dungskuratorium an.

Bei dieser Gelegenheit lernt sie den Dalai Lama kennen. Am
23. Oktober 1993 finden im Berliner Schauspielhaus erste Gespräche im Hinblick auf das erwähnte Projekt statt. Luise Rinser wird
beauftragt, den Dalai Lama zu begrüßen. Dadurch ergibt sich ein
näherer Kontakt zu ihm. Es wird gleich ein Treffen in Rom verein-
bart. Und gleichzeitig wird der Termin für einen Besuch beim Dalai

Lama an seinem Wohnsitz im Exil in Dharamsala im indischen Teil
des Himalaja für August 1994 festgemacht. Dorthin fliegt Luise
Rinser zusammen mit dem Initiator der Friedensuniversität, Uwe
Morawetz, der die Organisation der langen Reise und die Vorbereitung der Gespräche übernommen hat.

Der Dalai Lama empfängt Luise Rinser mit ihrem Begleiter während einer Woche täglich für zweieinhalb Stunden. Es wird englisch gesprochen – mit einem Dolmetscher, wenn der Dalai Lama
wegen des schwierigen Themas seine Muttersprache verwendet.

Die Gespräche, welche aktuelle Themen aus Politik, Wirtschaft
und Religion betreffen, kreisen um das Phänomen, das für den Buddhismus zentral ist: *Mitgefühl*. Damit ist die Fähigkeit gemeint,
sich in die Lage nicht bloß der Mitmenschen, sondern aller Lebewe-
sen, aller Seienden zu versetzen, um mit ihnen Leid und Freude zu
empfinden. Es ist das große Thema einer inneren Verwandlung des
Menschen – und die schwierige Frage nach dem Sinn des Leidens
in der Schöpfung.[113]

»Mit zwanzig Jahren schrieb ich eine Erzählung: ›Auf dem Dach
der Welt.‹ So nannte man Tibet und den Himalaja […] Und dann
die Verwirklichung ein halbes Jahrhundert später, ganz anders
und doch das Wesentliche treffend.«[114]
Die Friedensuniversität wird schon kurze Zeit nach der Gründung
von den Medien scharf angegriffen. Einige Prominente, die ihre
Unterstützung zugesagt haben, ziehen sich zurück – wohl beeinflusst durch den Vorwurf der Nähe Uwe Morawetz' zur Esoterik
und dem »New Age«-Denken. Alter und Gesundheitszustand hin-
derten Luise Rinser später daran, sich an der weiteren Entwicklung
zu beteiligen.

Stephan Rinsers Zustand verschlechtert sich. Aufgrund der opti-
mistischen Prognose einiger Ärzte begleiten Mutter und Bruder
den Todkranken zuversichtlich. Nur ein junger Arzt, so berichtet
die Schriftstellerin, hat den Mut, die Wahrheit nicht zu vertuschen.
Auf ihre Frage »nach möglicher Rettung schwieg er und schaute
mich traurig an«.[115] Nach ihrer Rückkehr aus Indien kommt die
Mutter täglich zu ihm, eine Stunde, länger darf man nicht bleiben.

»Ich halte Stephans Hände, bin ganz gefühllos, verdränge alles.«
Dennoch fliegt sie Ende Oktober wieder nach Rom.

Als die Ärzte schließlich mitteilen müssen, es bestehe keine
Hoffnung mehr, verfügen Mutter und Bruder, dass die lebenserhal-
tenden Maßnahmen eingestellt werden. Luise Rinser im Tagebuch:
»Der letzte Nachtbesuch. Die Ärzte schicken mich heim. Ich
kann nicht mehr. Adele kommt und geht. Auch sie kann nicht
mehr. Christoph bleibt die Nacht über. Kaum ist er zu Hause,
kommt der Anruf: ›Es ist geschehen.‹«[116]
Es ist der 27. November 1994.

Was nicht geplant war, ergibt sich nun: Stephan Rinser wird noch
vor seiner Mutter an dem von ihr für sich selbst gewählten Platz
in Wessobrunn beigesetzt. Die Feier wird musikalisch umrahmt
durch die Musikkapelle der Gemeinde, die eines seiner Lieblings-
stücke spielt: Kanon und Gigue von Johann Pachelbel. Einer seiner
engsten Freunde, der Jurist und spätere Justizminister von Niedersachsen, Christian Pfeiffer, hält eine bewegende Ansprache. Mit
ihm zusammen hatte Stephan Rinser aufgrund seiner Beschäftigung mit dem Schicksal Strafentlassener in der TV-Serie *Alles Gute, Köhler* den Verein »Die Brücke« gegründet. Pfeiffer hebt in
seiner Grabrede Stephans soziales Engagement hervor.

Auf der ersten Seite für das Jahr 1995[117] steht im Tagebuch
Kunst des Schattenspiels: »Vor genau vier Wochen haben wir Stephan begraben. Er liegt in der warmen Erde, dort, wo auch mein
Grab sein wird. Als er im Koma lag, sagte ich ihm: Du wartest auf
mich: ich komme, und dann liegen wir Arm in Arm, und niemand
trennt uns mehr, und aus unserer Materie ist gute Erde geworden.«
Sie hat ihm aber auch gesagt, er müsse die Nabelschnur durchtren-
nen. Sie hat das Gefühl, Stephan sei gegangen, bevor er reif war
für den Übergang. Wer ist unreif geblieben? Den Sohn hat die
Lebenskraft früh verlassen. Die Mutter brachte niemals den Mut
auf, ihm die Wahrheit zu sagen.

Die Tragik reicht über den Tod hinaus. Zum ersten Todestag im
November 1995 fährt sie zusammen mit Christoph nach Wessobrunn. Ihrer Neigung entsprechend deutet sie dort Erlebtes als Zei-

chen.[118] Ein Schmetterling sitzt auf dem Grab. »Stephans Seele. Sie ist geflügelt, ganz still, im Licht. Stephans Gruß an uns.« Jemand hat ein Windrädchen aus Stanniol auf das Grab gestellt, es soll sich ohne Wind bewegt haben. »Stephans Spiel, nachgelebte Kindheit.« Sie stellt eine Kerze zwischen das Grün, befürchtet, sie würde gelöscht vom Windhauch. Doch: »Sie brannte still ab.« Daraufhin: »Immer noch kann ich nicht weinen. Aber warum auch sollte ich's tun, wenn mir solche Zeichen zukommen?« Ist das echt – oder nur Literatur? Bevor sie die »Zeichen« im Friedhof interpretiert, hat sie am Arbeitstisch geschrieben:
»Christoph und ich fuhren am 10. Oktober nach Wessobrunn zu Stephans Grab. Sein Geburtstag. Er wäre vierundfünfzig geworden. Er starb am 29. November 1994.«
Stephan ist aber am 27. November gestorben. Ein Versehen – als ein neuer Beweis der tragischen Realität? Versunken in der literarischen Interpretation der vermeintlichen »Zeichen« irrt sie sich beim tatsächlichen Todesdatum. Fast vierundfünfzig Jahre früher, im Januar 1941, in jener tollen Berliner Nacht, war es auch ein »Versehen«, das Stephan das Leben geschenkt hat.

V.
Rückzug ins Schweigen
1995–2002

Kunst des Schattenspiels
Bruder Hund

Im Januar 1995 suchte ich Luise Rinser in Rocca di Papa auf, um sie als Mitarbeiterin zu gewinnen für ein Buch zum Thema *Das Weibliche*, das ich als Herausgeber vorbereitete. Sie sagte zu und bot mir den Text ihres Vortrages über Musik vom 3. September 1985 zur Eröffnung der Berliner Festwochen an, den sie eigens dafür zu überarbeiten vorschlug. Ich nahm das Angebot an. Der Aufsatz erschien.[1] Das ist die sachliche Seite. Was das Menschliche anbelangt, hat sie es selbst erzählt im *Vorwort* zu meinem Buch *Dein Name ist Liebe*.[2] Was dort gesagt wird, stimmt. Wir spürten augenblicklich eine tiefe Übereinstimmung in den entscheidenden Fragen des Lebens.

Nicht fachphilosophisch Dichtung abhandeln, sondern dichterisch philosophieren, das sei heute die Aufgabe, sagte ich. Der Satz beglückte sie, galt ihr doch Literatur als »getarnte« Philosophie. Sie sage das Wort »getarnt« aus Bescheidenheit und Respekt, erwiderte ich, in Wirklichkeit sei die Literatur, die sie schreibe, sprachlich glänzend vermittelte Philosophie. Sie lächelte.

Ich erzählte ihr von meinem Bemühen, als Philosoph zur Dichtung zurückzukehren. Es sei dringend, wieder von jener Urdimension her zu philosophieren, die man als die »weibliche« bezeichnen könne. Die abendländische Philosophie sei nicht nur hauptsächlich von Männern betrieben worden, sie sei in ihrem Wesen »männlich«. Unsere europäische Kultur und die neuzeitliche Wissenschaft seien von dieser Einseitigkeit geprägt, ein Neubeginn sei vonnöten. Luise Rinser hörte gespannt zu, ohne ihre Augen von meinen abzuwenden. Dann rief sie aus:»Das ist eine neue Vorsokratik!«

Mich traf der Satz wie ein Blitz. Sie, eine Frau, hat es als Erste begriffen. Besser kann man wohl den Versuch, die Philosophie ursprünglich zu begründen, kaum bezeichnen. Denn es geht nicht – wie etwa bei Descartes oder Kant – darum, zwar neu, aber auf dem alten Boden zu beginnen. Nötig ist es vielmehr, einen neuen Boden zu bereiten.[3]

Noch nie habe sie einen Mann so sprechen gehört, sagte sie, und wieder vermied sie bescheiden anzumerken, dass sie genau das literarisch seit Jahrzehnten versuche. Und ich fühlte mich zum ersten Mal philosophisch verstanden, dichterisch beflügelt.

Seit dem Tag blieben wir in Verbindung. Kurz darauf kam sie nach München, wo ich damals auch wohnte. Ich besuchte sie gleich nach ihrer Ankunft – und dann immer wieder – in ihrem Domizil in der Borstei, das Adele Adlichhammer, die treue Freundin, mitbewohnte und hütete.[4]

In den Gesprächen an diesen Nachmittagen entdeckten wir, dass uns etwas anderes noch tiefer verband als Philosophie und Dichtung: die Erfahrung des Un-Zuhause. In Italien waren wir beide – sie die deutsche *Cittadina d'onore* und ich der spanische *Professore* – nur Gäste. Doch auch in Deutschland, ihrer natürlichen Heimat, fühlte sie sich fremd. Und ich war sowohl in Deutschland, meiner geistigen Heimat, ein Fremder, wie auch in meiner natürlichen: Spanien. Wir sind Exilmenschen, daheim nur unterwegs. Was uns am tiefsten eine, sei unsere Heimatlosigkeit, meinten wir.

Einige Wochen später lösten Luise Rinser und Adele Adlichhammer die gemeinsame Wohnung auf. Die Schriftstellerin kaufte eine Wohnung im Münchner Dantepark – nur wenige Meter von der Borstei entfernt. Dort besuchte ich sie anfangs täglich, später mindestens zweimal in der Woche. Wir telefonierten oft miteinander, immer wenn einer von uns das Bedürfnis danach spürte. Ein Anruf fiel jedoch nie aus: der Gute-Nacht-Gruß punkt 20.20 Uhr, jeden Tag, jahrelang – egal wo ich war: in München, Norddeutschland, Italien, Mexiko oder Spanien – bis sie ins Altenheim kam.

In der neuen Wohnung begann sie ein neues Leben – oder ihr altes Leben ganz von vorne. Sie sagte, ich sei ihr von ihrem Sohn Stephan geschickt worden, an seiner Stelle – als Zeichen der Vergebung, um ihr vom Jenseits her zu versichern, dass alles gut sei zwischen ihm und ihr. Ich saß auf dem blauen Sofa und sagte: »Aufgang« ist eines meiner Lieblingswörter. Neubeginn nach jedem Untergang.

In dieser ersten Zeit unserer Freundschaft äußerte ich einen Wunsch: Diesmal, bitte, nichts der Öffentlichkeit preisgeben. Leben Sie Ihr Leben einmal nur für sich, sagte ich, lassen Sie uns im Verborgenen unser Leben nur für uns leben. Versprochen? Sie sagte weder ja noch nein. Sie lächelte nur.

Anfang November 1995 flog Luise Rinser nach Berlin. Isang Yun lag im Sterben. Sie konnten noch miteinander sprechen. Sie kam nach München zurück, betroffen, doch keineswegs niedergeschlagen. Sie hatte keine Angst vor dem Tod. Aber sie war neugierig auf das Geheimnis wie ein Kind.

Sie berichtete mir über Yuns letzte Worte: »Wer bin ich, Luise?« Sie sei ergriffen gewesen, habe kein Wort über die Lippen gebracht, nur seine Hand genommen. Dann habe er sich direkt an Buddha gewandt: »Bitte, wer bin ich? Sag es mir, bitte!« Ob er vor seinem Tod noch eine Antwort erhalten hat?

Kunst des Schattenspiels. 1994–1997 lautet der Titel des letzten Tagebuches von Luise Rinser. Da geht es um »die schlimmsten Jahre«, wie sie sagte. Die Schriftstellerin hatte in verschiedenen Phasen ihres Lebens schlimme Jahre durchgemacht. Doch diese Strecke gehört in der Tat zu den schwersten. Nach Stephans Tod war sie innerlich gebrochen. Es war, als hätte sie nicht gelebt – als hätte ihr Leben nie einen Sinn gehabt. Als wäre es ein verzweifeltes Rennen gewesen, ohne sich zu erreichen. Würde sie jetzt endlich bei sich ankommen?

Monika Schoeller, ihre Verlegerin, war bei ihr zu Besuch. Die Schriftstellerin äußerte den Wunsch, dem Tagebuch eine Dichtung voranzustellen. Sie rief mich an, wollte sich vergewissern, ob der Text stimme, und trug mir mein Gedicht vor:

> Du hast mich nicht gesandt
> damit ich nur für mich da sei.

Ersticke ich nicht in mir,
wenn ich aufhöre
zu lieben?

Ihr war wichtig, dass ihre Verlegerin, die ihr Freundin war, wusste, dass sie in hohem Alter ganz frisch geliebt wurde. Sie begann nicht nur neu. Sie lernte auch nach und nach, worauf es im Leben ankommt. Dies steht nicht im Tagebuch. Es enthält zwar wertvolles Philosophisches und Literarisches. Aber die Weisheit kam danach. Als sie über *den Fund* hätte schreiben können, wollte sie es nicht mehr. Ihren schönsten Roman hat sie gelebt – und ungeschrieben mit ins Grab genommen. Doch vorher schrieb sie noch einige Bücher, davon zwei biographisch relevante: das letzte Tagebuch und *Bruder Hund*. (Auf Letzteres wird, da so wichtig, zum Beschluss eingegangen.)

Kunst des Schattenspiels kann, was die literarische Grundeinstellung anbelangt, als eine Zusammenfassung aller ihrer Tagebücher gesehen werden. Es ist gewiss ein Glücksfall, dass ich – der ich damals nicht im Geringsten daran dachte, eines Tages ihre Biographie zu verfassen – der Schriftstellerin beim Schreiben gleichsam über die Schulter schauen konnte. Auf höchstem Niveau zu leben war ihr stets Bedürfnis. Höhe und Größe erreichte sie schreibend. Durch die Kunst des Wortes verwandelte sie dürftige Realitäten in ekstatische Momente.

In den ersten Jahren nach 1995 ging sie immer wieder »bummeln« in München. Am nächsten Tag beschrieb sie, was sie erlebt hatte. Die Fakten dienten ihr als Sprungbrett über die Banalität des Alltags hinaus.

Man sollte Tagebücher und Autobiographien mit einem erläuternden Wort versehen, etwa »Literarische Autobiographie«. Der Leser braucht dann nicht nach historischen Informationen zu suchen. Es wird ihm ein subjektives Erleben angeboten. Gabriel Marcel, den Luise Rinser kannte und schätzte, hat ein *Metaphysisches Tagebuch* (*Journal métaphysique*) geschrieben. Der nur historisch interessierte Leser ist so vor der Lektüre gewarnt. Wie ihre Autobiographien sind auch Rinsers Tagebücher beides: *literarische* und *metaphysische*, das Historische ist oft nur Anlass. Der Titel *Kunst des Schattenspiels* macht es deutlich. Dann wird man von historischen Unstimmigkeiten nicht mehr überrascht – man kann sie, wo sie peinlich wirken, sogar entschuldigen. Manchmal sind die faktischen Ungenauigkeiten geradezu rührend. Auf Seite 22 wird über den Kauf von Kunstgegenständen in Dharamsala im August 1994 berichtet. Eine Bronze-Statuette von einem Flötenspieler erwarb sie für Stephan, der sie leider nicht mehr wahrnehmen konnte, da er bereits im Koma lag, als sie von der Reise zurückkehrte. Anschließend heißt es:»Ich fand auch eine kleine Bronze-Göttin, die als Madonna gelten kann; ich schenkte sie S. für seine Arbeit über das ›Weibliche‹.« Sie erweckt den Eindruck, dort an S. gedacht zu haben. Nun, S. kannte sie damals noch nicht. Die Statuette bekam S. allerdings, zu Weihnachten 1996.

Der Schwerpunkt ihrer Aktivitäten verschob sich allmählich von außen nach innen. Doch ihre Anziehungskraft auf Menschen blieb unvermindert. Viele Besucher kamen. Und sie war offen für neue Projekte.

In München-Neuhausen bestand seit einigen Jahren ein»Münchner Denkkreis«. Eine kleine Gruppe traf sich regelmäßig in der Bibliothek des Klosters St. Theresia und philosophierte über ausgewählte Themen: große Denker, Probleme der Zeit. Ich lud Luise Rinser ein, und sie kam. Manchmal leitete sie sogar die Sitzung. Die Gruppe staunte über ihr Engagement und ihre Frische.

In ihrer Wohnung erweiterte sich der literarisch-philosophische Freundeskreis. Hans Christian Meiser kam oft zu ihr und plante mit jugendlichem Schwung immer neue Veröffentlichungen. *Dein Name ist Liebe* entstand auf seine Anregung hin. Er selbst schrieb gemeinsam mit Luise Rinser einen Briefwechsel zwischen einer alten Dame und einem jungen Mann, der 1997 mit dem Titel *Reinheit und Ekstase – Auf der Suche nach der vollkommenen Liebe* erschien. Danach plante Meiser, mit ihr zusammen einen Roman zu schreiben. Sie willigte ein.

Sie hatte wieder Lebenslust. Sie reiste nach Berlin, um an einer Sitzung des Kuratoriums der Friedensuniversität teilzunehmen. Da auch ich in Berlin zu tun hatte, flogen wir zusammen. Das war unser einziger gemeinsamer Flug. Zwei Tage später flog sie allein nach München zurück. Ich blieb zehn Tage. Während dieser ersten Trennung häuften sich die Anrufe. Sie brauchte den Kontakt. Das Alleinsein fiel ihr zunehmend schwer. Unmerklich ging ich auch dazu über, alles mit ihr zu besprechen und sie über alle meine Schritte zu informieren. War ich nicht in München, musste ich immer ein Telefon in der Nähe haben. Wurde ich zu Vorträgen eingeladen, machte ich zur Bedingung, dass ich überall direkt erreichbar sei. (Damals hatte ich noch kein Mobiltelefon.) Ich wollte nicht, dass sie auch nur kurze Zeit das Gefühl hatte, allein zu sein.

In Wirklichkeit war sie nicht allein. Wir, der enge Freundeskreis, hatten es so eingerichtet, dass sie jeden Nachmittag Besuch bekam. Vormittags schrieb sie nach wie vor, doch nicht so verbissen wie einst. »Sie dürfen nichts mehr müssen«, sagte ich zu ihr.

Adele Adlichhammer kam oft und war für sie ständig telefonisch erreichbar. Sehr wichtig war auch Sieghild (Sisserl) Müller, die sie »Müllerin« nannte oder »Murmeltier«, weil sie, wie Rinser fand, so »murmelt, leise und undeutlich spricht«. Sieghild Müller setzte ihre Verehrung unermüdlich in Taten um. Obwohl sie in der Oberpfalz wohnte, kam sie bei Bedarf auf Anruf sogleich nach München. Dabei brachte sie immer gute Dinge zu essen mit, schmückte das Wohnzimmer mit Blumen. Nicht nur in die Pickelstraße, auch in die neue Wohnung kam Sisserl weiterhin, half im Haushalt und spielte ihr oft vor dem Einschlafen Lieder vor. Renate Romor wurde für Luise Rinser zunehmend wichtig. Da sie nur einige hundert Meter vom Dantepark wohnte, konnte sie leicht zu ihr kommen, begleitete sie auch bei Arztbesuchen oder zum Einkaufen in die Stadt.

Bogdan Snela, der sie als Lektor beim Kösel Verlag betreute, war oft bei ihr. Seine Frau Helena sorgte dafür, dass der Haushalt in Ordnung war, und behandelte sie häufig physiotherapeutisch. Und ihr Sohn Christoph kam immer wieder von Italien nach München. Er hatte die Wohnung seines Bruders Stephan in der Kunigundenstraße in Schwabing behalten. Sie sind doch nicht allein, sagte ich mit Blick auf die vielen Menschen, die sich um sie kümmerten. Wenn Sie nicht da sind, fühle ich mich einsam, antwortete sie.

Komisch, dass wir uns noch mit Sie anreden, bemerkte sie einmal, als das Gespräch besonders herzlich war. Wollen wir uns duzen? Dann müssen Sie mir das Du anbieten, erwiderte ich. Nein, sagte sie, Sie brauchen es so, es ist mir nur gerade eingefallen. Unter ihren vielen Beziehungen zu Männern habe sie noch keine so reine, ruhige, harmonische und tiefgehende Freundschaft gehabt. Auch voller Humor sei sie. Wir lachten in der Tat viel zusammen, über alles, auch über uns selbst.

Es ist das Alter, sagte ich, wir haben schon vieles hinter uns. Nein, junger Mann, erwiderte sie, die Liebe kennt kein Alter. Es ist nur etwas anderes, die ganz andere Liebe »jenseits von Geist und Leib«.

Ist das die Seele?, fragte ich.

Ja, genau, das ist es, die Seele.

Dieses Gespräch fand an einem Donnerstag statt. Am darauffolgenden Sonntag überreichte sie mir ein Blatt mit einer handgeschriebenen Notiz. Sie war überschrieben »An die Nachwelt«. Darin hatte sie die Art unserer Freundschaft auf eine etwas pathetische Weise dargestellt. Sie wolle nicht, dass die Leute meinten, es sei eine Frau-Mann-Beziehung gewesen wie die anderen. Noch war sie von der öffentlichen Meinung abhängig.

Sie überreichte mir das Blatt und sagte, Sie können es veröffentlichen nach meinem Tod, wenn Sie wollen. Ich antwortete, nein, wir brauchen niemandem Rechenschaft abzulegen. Können Sie sich Luise Rinser immer noch nicht ohne Öffentlichkeit vorstellen?

Sie lächelte. Sie fühlte sich wichtig, nicht bloß bewundert, sondern geliebt ohne weitere Zusätze. Ihr Gesicht nahm kindliche Züge an, ihre Augen glänzten. Ich muss gehen, sagte ich und stand auf vom blauen Sofa. Ihr fiel es schwer, sich zu trennen. Sie begleitete mich auf dem langen Gang bis zum Aufzug. Ich spürte, wie weich ihre Seele geworden war. Da drehte ich mich um, schaute ihr in die Augen und sagte spontan: »Mädchen!«, und sie rief aus: »Mein Herr!« – so wie einst Jesus zur Frau: »Maria« und sie zu ihm: »Rabbi!«

Sie lebte existentiell nach, was sie einst so genial geschrieben hatte: ihren Roman *Mirjam*. Die Geschichte der Frau und des Man-

nes, die durch die Liebe gemeinsam bis zum Göttlichen emporstie-
gen. Sie spielte nicht im hohen Alter das verliebte Mädchen. Sie
war verliebt wie ein junges Mädchen.

Sie hatte das Bedürfnis, meinen Geburtsort Ronda kennenzulernen. So reiste sie im Frühjahr 1996 mit Christoph nach Andalu-
sien. Vom Flughafen Sevilla fuhren sie direkt nach Ronda. Sie
wohnten im Hotel »Reina Victoria«, in dem einst Rainer Maria
Rilke weilte. Dessen Bronze-Statue steht dort mit Blick auf den
Tajo, den Felsen-Einschnitt, aus dem die Stadt emporragt. Hinten
das Gebirge, die Serranía, umwittert von sagenhaften Geschichten,
von guten Räubern, welche die Reichen bestahlen, um den Armen
zu helfen. Sie besichtigten auch Córdoba, Granada, die Höhlen von
Guadix, Sevilla, Cádiz, Jerez, Málaga.

Als sie nach München zurückkam, sagte sie zu mir, sie verstehe
meine Art zu empfinden und mein Denken jetzt besser. Ich stelle
eine Verkörperung des Ortes dar, den sie überall, sogar in meiner
Unterschrift, wiederfinde. Die Linie des »z«, die sich nach unten
verliere, steche in die Leere des Tajo – den Abgrund, der zu der
lichten Höhe der Berge hinaufblicke.

In Rocca hatte ich ihr erzählt, wie wichtig für mich das Wort
»Ungrund« (Un-Grund) von Jakob Böhme geworden sei. Damals
war sie erstaunt, dass ich, ein Südländer, mich für die Spekulation
eines hermetischen Norddeutschen des 16. Jahrhunderts begeistern
konnte. Auch sie, die Heimatlose, hatte noch solche Vorurteile. Sie
meinte, ich scherze, als ich ihr sagte, dass ich das Werk Jakob Böh-
mes, den Hegel so schwierig fand, wie einen spannenden Roman
lese. In Ronda habe sie verstanden, sagte sie dann. Es gebe Ur-
dimensionen, in welchen sich Menschen – von Zufälligkeiten wie
Epoche, Nationalität, Sprache unabhängig – frei begegnen können.

Kant und Heidegger läse ich gerne, auch Sartre und Thomas
Bernhard, doch mein Lieblingsdichter sei Hölderlin, mein Lieb-
lingsphilosoph Jakob Böhme, vertraute ich ihr an. Daraufhin bat
sie mich, ein Buch über Jakob Böhme zu schreiben. Sie schaltete
Bogdan Snela ein, damit es beim Kösel Verlag erscheinen konnte.
Ich verfasste den Text, sie las ihn Kapitel für Kapitel, machte Korrekturvorschläge. Schließlich war sie zufrieden.[5]

Wir sprachen oft über Ronda. Dabei erreichte das Gespräch ungeahnte Tiefen. Sie erzählte von dem, was sie erfahren hatte, während sie von Christoph durch die kargen Landschaften gefahren wurde. Wie für Don Quijote die Windmühlen zu Riesen wurden, so verwandelten sich ihr die Bäume, die Berge, die Bauernhäuser in geheimnisvolle Gestalten. Der Himmel wurde blauer, das Licht lieblicher – und die Landschaften härter und einsamer. In ihrer Wohnung am Münchner Dantepark schrieb sie vormittags ihre Andalusien-Erlebnisse nieder. Am Nachmittag, wenn ich kam, las sie mir das Geschriebene vor. Ich fand es ausgezeichnet. Über Ronda haben große Schriftsteller wie Rilke und Hemingway geschrieben. Zu den schönsten Texten über Stadt und Landschaft jedoch gehören die Darstellungen Luise Rinsers.[6]

Nach der Reise und den spannenden Tagen der dichterischen Verarbeitung schlug die Gebrechlichkeit geradezu wie ein Blitz in ihr Leben ein. In der Nacht vom 2. auf den 3. Juli 1996 stürzte Luise Rinser, nachdem sie sich in der Küche etwas zu trinken geholt hatte. Unter großen Schmerzen robbte sie von der Küche wieder ins Bett und wartete, bis es Morgen wurde. Helena Snela wurde benachrichtigt und kam. Im Krankenhaus des »Dritten Ordens« wurde ein Schenkelhalsbruch festgestellt und sofort operiert. Christoph war da. Sieghild Müller war gleich zu ihr gefahren und kam immer wieder. Sie bediente die Schriftstellerin tagsüber im Krankenhaus, fuhr sie im Rollstuhl umher. Adele Adlichhammer und Renate Romor besuchten sie oft. Auch Teilnehmer des Denkkreises kamen zu ihr.

Ich sah sie jeden Tag. Manchmal überraschte ich sie mit einem zweiten Besuch am selben Tag. Sie brauchte das Gespräch in der Tiefe. Im hohen Alter, sagte sie, dürfe sie die Liebe ganz neu erfahren, jetzt entdecke sie durch die Krankheit auch das Leben. Große Freude empfand sie, als sie einige Tage nach der Operation zum ersten Mal ganz allein bis ins Bad gehen konnte. Drei Meter waren es vom Krankenbett dorthin. Doch ihr kam die Entfernung riesig vor und der Weg wie ein Marathonlauf.

Im Laufe des Lebens wird alles zur Gewohnheit. Bis eine Erschütterung uns weckt. Dann geht uns auf, dass wir von Wundern umgeben sind. Und wir staunen über die einfachsten Vorgänge. Im

Krankenzimmer des »Dritten Ordens« erwachte die Dichterin neu zum Leben – und war davon entzückt wie einst in den geheimnisvollen Ecken des Gartens von Wessobrunn.

Zur Rehabilitation verbrachte sie einige Wochen in Feldafing. Der Ort rief Erinnerungen wach. Sie sprach oft von Orff; in dieser Gegend wollten sie ein Haus kaufen. Doch es kam keine Melancholie auf. Sie war zufrieden, kam mit Ärzten und Pflegepersonal gut aus. Sie schrieb wieder, verfasste das Vorwort zu *Dein Name ist Liebe.*

Am 4. September 1996 sollte sie entlassen werden. Am Morgen stürzte sie wieder, musste am selben Tag noch einmal in München operiert werden. Am 5. September waren Christoph, Sieghild Müller und ich bei ihr. Sisserl hatte Geburtstag. Ein Foto verewigt das Ereignis. Adele Adlichhammer kam auch. In diesen Tagen lernten sich Renate Romor und Sieghild Müller im Krankenzimmer kennen. Dass der Freundeskreis enger und fester wurde, war für Luise Rinser äußerst wichtig.

Was bedeutete dieser zweite Sturz? Nur Zufall? Sie hatte Angst davor, wieder in die Wohnung am Dantepark zurückzukehren. Da nahmen die Besuche am Nachmittag nur einige Stunden in Anspruch. Vormittags schrieb sie zwei, drei Stunden. Und die restliche Zeit? Die Abende und die Nächte? Mit sich allein sein, sich selbst genügen, das konnte sie noch nicht. Aber sie hatte es sich zum Ziel gesetzt.

Ich vermute, dass sie in der Einsamkeit der kleinen Wohnung von Gespenstern der Vergangenheit heimgesucht wurde. So wie einst in Rocca di Papa. Die schöne Villa war ihr zuweilen zu einem Geisterhaus geworden.

Ich mag nicht mehr, sagte sie manchmal, ster-r-rben will ich. Das klang echt. Ob sie deswegen zum zweiten Mal gestürzt sei, fragte ich. Aber doch nicht absichtlich?, wehrte sie sich sanft. Vielleicht unbewusst absichtlich? hakte ich nach. Das schon, vielleicht. Sie müsse sich noch für das Leben entscheiden, weil so viele Menschen von ihr abhingen, sagte ich, sie könne nicht einfach gehen und uns alle alleine lassen.

Sie war ganz hell im Denken – heller vielleicht als in ihren bes-

ten Zeiten, das sagte ich ihr. Und sie lächelte mit einem wunderschön kindlichen Stolz.

Nach fast fünf Monaten ununterbrochener Klinikaufenthalte (Anfang Juli bis Mitte November 1996) fühlte sie sich vielleicht zum
ersten Mal in ihrem Leben gebrechlich.[7] Ich werde alt, sagte sie.
Sohn Christoph staunte. So demütig habe er seine Mutter noch nie
erlebt.
Mich selbst hatte ich bislang nicht wahrgenommen, sagte sie mir
einmal. Wie kann ein Mensch alt werden, ohne sich selbst wirklich
zu erfahren? Nur von sich wegrennen unter schönen, manchmal
sogar wichtigen Vorwänden? Doch so leben die meisten Menschen.
Es fiel Luise Rinser schwer, Gebrechlichkeit und Begrenzung zu
akzeptieren. Aber sie arbeitete hart daran. Der Körper verbraucht
sich, der Geist wird schwächer. Auch das ist der Mensch. Die Reinheit des Kindes, die Frische der Jugend, die Reife des Erwachsenen,
die Gebrechen des Alters. Der Mensch ist nicht das eine oder das
andere. Er ist alles zusammen. Jede Phase kann schön sein, doch
jede hat auch ihre Pein. Dies zu akzeptieren oder zumindest damit
zurechtzukommen ist die Aufgabe.

Im Oktober 1997 hielt sie einen Vortrag über Nikolaus von Kues
in Brixen, wo sie so oft gewesen war, einmal mit Karl Rahner, der
dort vor ihr, d. h. »vor der Liebe«, kniete. Ihre letzte Dichterlesung
gab sie im Oktober 1998: in Wessobrunn.
  In dieser Zeit kam eine Journalistin zu ihr. Ich war bei dem Interview anwesend. Zu den Fragen der Reporterin sagte sie: All das
habe ich früher gewusst, jetzt weiß ich nichts mehr. Nach dem
Interview blieben wir beide allein. Wir sprachen über Sokrates.
Und über Kierkegaard, der den Griechen geradezu geliebt hat. Man
intellektualisiert das sokratische »ich weiß, dass ich nichts weiß«,
und dann ist Hopfen und Malz wieder verloren, sagte ich. Sie lachte über meinen Ausspruch, darüber, dass ich eine so urdeutsche
Redewendung spontan benutzt hatte.
  Schon als junges Mädchen im Münchner Internat hat sie Kierkegaard gelesen. Das *Tagebuch eines Verführers* natürlich. Auch *Die*

Krankheit zum Tode. Sie betonte es, weil sie wusste, dass dieses Buch für mich eine Zeit lang sehr wichtig gewesen war. Schwierig sei Kierkegaards Denkweise anfangs für sie gewesen, dann habe sie aber doch hineingefunden.

Und Hegel, merkte ich an, haben Sie auch gerne gelesen. Ja, aber viel später. Einmal, im Sommer 1986, habe sie in Nordkorea mehrere Wochen lang nur Hegel gelesen. Auch ihn habe sie am Anfang als schwierig empfunden, dann aber Freude an seinen Höhenflügen gehabt. Kierkegaard, bemerkte ich, habe Hegel den absoluten Professor genannt, der Denkpaläste baue, selber aber in einer Hütte wohne. Ja, schon, erwiderte sie, aber Hegels Sprache ist streckenweise erhaben, geradezu poetisch. Die letzte Seite der *Phänomenologie des Geistes?*, fragte ich. Ja, stimmte sie zu, diese ganz besonders, aber nicht nur diese. Hegel'sche Höhenflüge, spottete ich, bis Karl Marx ihn zur Landung brachte ... Ja, Karl Marx, unterbrach sie, das ist etwas anderes, da geht es ... (sie fand das richtige Wort nicht) ... Da geht es nicht um den Geist, sondern um die Wurst, äußerte ich. Sie lachte, ja, so kann man es auch ausdrücken.

Ach, die philosophische Spekulation ist schön, sagte ich, man darf sie aber nicht so ernst nehmen, genauso wenig wie die Dogmen der Religionen. Das sind alles Vorübungen auf dem Weg zum Ziel. Und was wäre das Ziel?, fragte sie. Leben, meinte ich.[8]

Unsere Gespräche verliefen sehr unterschiedlich. Manchmal saßen wir stundenlang auf der blauen Couch. Oft sprach nur ich, sie hörte mit sanft konzentriertem Ausdruck zu. Noch nie in meinem Leben hatte ich so lange und so gerne geredet wie mit Luise Rinser; sie war mir die geborene Zuhörerin – Mutter, Schwester und Freundin in einem. Manchmal sagte ich kaum etwas, mochte nicht sprechen, dann sagte sie liebevoll, ich sei launisch (wer ist es nicht?, antwortete ich), und sie erzählte dann Spannendes aus ihrem Leben. Es kam aber auch vor, dass wir nur kurze Sätze wechselten, während wir dastanden oder von einem Raum in den anderen gingen, wie zwei Menschen, die sich schon ewig kennen. Das Zusammensein war so selbstverständlich einfach, dass einer den anderen nicht einmal mehr bemerkte. Jeder war beide.

Sie wurde von Tag zu Tag ruhiger, gelassener. Von engen Vertrauten erfuhr ich, dass Luise Rinser für ihre Zornausbrüche auch im Alter bekannt sei. Ich selbst habe sie niemals so erlebt. Aber ich habe ihren Kampf mit sich selbst gespürt. Wahrheitsgemäß schrieb sie in diesen Tagen: »Ich fühle mich getragen und geborgen, aber von einer Art Schrecken erfasst. Ich bin der Unendlichkeit nicht gewachsen. Wer wär's denn auch?«[9]

Nervös wurde sie, wenn ich ihr sagte, ich müsse für drei oder vier Wochen nach Spanien reisen. Einige Tage konnte sie verkraften. Aber drei oder gar vier Wochen? Das können Sie mir nicht antun, klagte sie. Und ich spürte ihre Angst, dass ich nicht mehr nach München zurückkehren könnte.

Eines Tages sagte sie zu mir: Ich muss Ihnen etwas Wichtiges sagen. Etwas bedrückte sie. Es vergingen jedoch noch Wochen, bis ich erfuhr, um was es ging. Dann sprach sie endlich offen über »das Problem ihres Lebens«: Stephans Herkunft.

Mit diesem Gespräch war das Thema für immer erledigt. Sie hatte es offensichtlich als eine Mauer zwischen uns empfunden. Sie erwähnte es nie wieder. Dagegen sprach sie niemals mit mir über die Nazizeit. Einmal fragte ich sie, ob es stimme, dass sie mit Hitler korrespondiert habe. Da sagte sie mir, was ich schon im zweiten Teil dieses Buches zitiert habe: Sie habe nur eine einzige Karte von ihm zu einem Geburtstag bekommen, Hitler habe bekanntlich eine Schwäche für Künstlerinnen und Schriftstellerinnen gehabt. Alles andere aus dieser schlimmen Zeit hatte sie völlig verdrängt. Was ich darüber mitgeteilt habe, ist das Ergebnis von Recherchen nach ihrem Tod.

Einige Wochen nach dem Gespräch über Stephan fuhren wir gemeinsam nach Wessobrunn. Sie wollte mir den Ort zeigen. Wir besuchten zunächst Stephan Rinsers Ruhestätte. Wir standen davor, beteten nicht, wir schwiegen nur. Dann sprach sie ihren Kummer, ihr Leiden, ihre Reue und auch ihr Vertrauen ins Grab hinein. Und dort sind ihre Worte für immer aufgehoben.

Wir gingen durch den Klostergarten an den Teich, blieben dort lange, ich hatte Lust, etwas zu den *Gläsernen Ringen* zu sagen, zur Stille vielleicht, aber ich sagte nichts. Wir schauten schweigend ins

Wasser – so wie sie es als Kind wohl oft getan hatte. Dann gingen wir ins Klostergebäude. Eine Schulklasse wurde gerade hereingelassen, wir durften mit. Wir hörten die Erläuterungen der Schwester, die die Führung machte. Sie zitierte aus *Die gläsernen Ringe*. Am Büchertisch lag das Buch neben anderen Büchern von Luise Rinser zum Verkauf. Wir stellten uns an. Als wir an der Reihe waren, erkannte die Schwester die Schriftstellerin wieder. Große Überraschung! Die Schulkinder und ihre Lehrerin bekamen es mit. Sie hatten gerade Bücher von ihr gekauft, und nun hatten sie die Autorin vor Augen. Alle wollten ihre Unterschrift. Und sie signierte mit Freude und Stolz – wie in alten Zeiten.

Danach fuhren wir in ein Restaurant am Starnberger See und tranken Tee. Während der Rückfahrt nach München sprachen wir kein Wort mehr über Stephan, in dessen Nähe sie eines Tages ruhen würde, und auch nicht über Wessobrunn. Es war vollbracht. Der Tag war so schön, sagte sie sichtlich gerührt, als wir uns an ihrer Wohnungstür verabschiedeten.

Sie entfernte sich innerlich immer mehr von der Welt. Geistig war sie jedoch keineswegs schwächer geworden, im Gegenteil. Ich hatte manchmal das Gefühl, dass sie ungewöhnlich wach war. Doch die körperliche Schwäche lenkte den Blick ihres Geistes in eine andere Richtung. Sie war mit dem Verwandlungsprozess beschäftigt, der in ihr stattfand. Eine neue Form der Selbsterfahrung, die sie bislang nicht gekannt hatte. Es war nicht die Nähe des Todes, die sie interessierte. Es war die ganz neue Weise, das Leben zu erfahren: unmittelbarer, einfacher und tiefer, wie ein Kind.

Sie habe eigentlich, gestand sie mir, kein Interesse mehr an der Literatur. Trotzdem arbeitete sie weiter an dem gemeinsamen Roman mit Hans Christian Meiser: *Aeterna*.

Ein gewagtes Projekt. Zwei Autoren, nicht nur in sehr verschiedenen Lebensaltern, sondern auch von unterschiedlichem literarischem Rang, schrieben gemeinsam ein Buch. Sie schrieben abwechselnd ein Kapitel nach dem anderen. Der Gedanke, der von Luise Rinser stammte, war originell. Es geht um die Wiederentdeckung einer Stadt, die von einem Vulkan, eigentlich jedoch »durch Vergessen« zerstört worden ist. Die Protagonistin kehrt dorthin »nach langer Zeit«, vielleicht nach mehreren Leben, zurück. Die Stadt existiert nur in ihrer Erinnerung. Auch für den Mann, dem sie begegnet und der ihr bei der Erforschung der Geheimnisse helfen soll, besteht die Stadt nur durch das Gedächtnis. Die Insel wird wieder von dem Vulkan bedroht, der sie einst zerstört hatte. Kann die Vergangenheit dem Menschen für den Aufbau der Zukunft nicht dienlich sein? Für das Projekt *Mensch* fehlt noch der Entwurf. Wie soll man diesen aus der Vergangenheit gewinnen, da es ihn bislang noch nie gegeben hat?

Das Thema lag ihr nahe. Doch es war nicht ihr Werk. Der Stil ändert sich von Kapitel zu Kapitel. Außerdem war die Arbeit monatelang unterbrochen wegen einer durch ein Psychopharmakon hervorgerufenen seelischen Lähmung. Das Buch wurde aber schließlich doch vollendet und erschien im Jahr 2000 bei S. Fischer. Die ganze Zeit litt ich mit. Ich fragte sie, wie sie sich beim Schreiben gefühlt habe. Sie sei froh, dass das Buch abgeschlossen sei. Während sie diese anstrengende Arbeit mit eisernem Willen leistete, war sie schon woanders, jenseits von Literatur und Philosophie.

»Was IST, was ist nicht? Immer durchsichtiger wird mir die materiale Welt. Die Dinge SIND und sind doch nicht. Ich sehe das Gespinst der Ideen. Sie SIND. Sie sind die eigentliche Wirklichkeit. Ich selber werde mir immer durchsichtiger. Das hat nichts zu tun mit ›Selbsterkenntnis‹. Es ist völlig außerhalb der psychologisch-moralischen Kategorie. Es geschieht etwas ganz anderes: Der stoffliche Leib (zu dem Gehirn und Nerven gehören) verwandelt sich unmerklich in eine andere Art des DA-SEINS. Man ist in die Materie eingebunden, aber diese Materie ist eine andere als die gewohnte.

Das ist, scheint mir, die sanfte Vorbereitung auf das ›Sterben‹: auf die bedeutende Verwandlung des Seienden.[10]

Schauen. Plötzlich ›sehe‹ ich es: das grenzenlose und endlose Energiefeld des Seins. Es ist in unaufhörlicher Bewegung. Es fließt. Es umfließt uns, aber es steht gleichzeitig still. Es trägt uns mit sich. Es ist das Sein schlechthin. Es ist das, was wir Gott nennen. Der Urstrom. Die Ur-Strömung. Ich sehe mich in diesem

Energiefeld. Ich bin Mittelpunkt. Jeder ist Mittelpunkt. Jeder gleich weit entfernt von dem, was man die äußerste Grenzlinie nennen könnte. Aber es gibt keine Grenzlinie. Das ist das Unvorstellbare. Es gibt nur unzählige Mittelpunkte im Innern einer grenzenlosen Sphäre.«[11]

Wenn wir über mein Buch *Dein Name ist Liebe* sprachen, sagte sie immer »unser Buch«. Mit Recht. Sie hatte es angeregt, das Manuskript mehrmals durchgelesen, Korrekturvorschläge gemacht, das Buch unter ihren Freunden verteilt.

Als die Krönung ihres Werkes betrachte ich *Bruder Hund*. Es ist mehr als ihr literarisches Testament. Es ist ihr ureigenstes Buch. Im Jahr 1999 erschien es bei Kösel.

Meine Beteiligung war bescheiden. Ich hörte zu oder las mit, eine Korrektur wagte ich nicht – aus Ehrfurcht vor der zerbrechlichen Einfachheit des Erhabenen. Die Gedanken hatte sie seit Jahrzehnten mit sich herumgetragen, einige Passagen schon längst entworfen. Aber jetzt, bei der Niederschrift, war ich immer dabei.

Wir gingen am Würmkanal hinter dem Dantepark spazieren. Es war sehr ruhig an diesem Tag. Da erzählte sie: Es wird gerade Hochzeit gefeiert. Das Fest dauert zu lang. Dem Hund wird es langweilig. Er verkriecht sich unter dem Tisch zu den Füßen seines Herrn. Der Herr schiebt ihm die Schüssel mit Wasser zu. Es ist heiß, der Hund schläft ein. Die Gäste feiern weiter. Der Wein geht aus. Peinlich. Der Herr hat Mitleid mit der Not des Hochzeitspaares und verwandelt das Wasser in Wein. Die Hochzeitsgäste jubeln. Das Geschrei weckt den Hund. Er ist durstig und trinkt aus der Schüssel. Und dann? ... Was passiert dann?, fragte sie.

Wir blieben auf dem schmalen Weg stehen und schauten uns an. Aus dem Wasser ist Wein geworden, der Hund säuft aus seiner Schüssel und ist gleich besoffen, meinte ich.

Ja, genau! Sie strahlte, ihre Augen glänzten, ihr Gesicht war entspannt, sie sah wie ein junges Mädchen aus. Siegeszüge des Genies im Augenblick der Erfindung.

Die Grundaussage reicht tief, ist ihrer Zeit und vielleicht vielen künftigen Zeiten voraus. Gott wollte Mensch werden. Bislang ließ man ihn nur Mann werden. *Mirjam* ist das Evangelium, gelebt und geschrieben von einer Frau. *Bruder Hund* stellt eine Episode daraus dar, erzählt von einem Hund, verfasst von einer Frau, die weiblich zärtlich sein konnte, aber auch zäh und hart wie ein Mann. Der Hund spricht von und mit seinem Herrn – und dieser mit ihm. Ein Jesus wird nicht genannt. Der Hund liebt seinen Herrn zwar sehr, aber für ihn sind alle Menschen und alle Wesen gleichwertig. Wie könnte Gott sich nur punktuell in einem Menschen einer Epoche oder einer bestimmten Kultur inkarnieren? Warum und wozu muss er ausgerechnet Mensch werden? Damit der Mensch Gott tötet? Ach! das ist alles von Menschen gedacht – und darum ganz klein und borniert, eben menschlich, naiv selbstbezogen, meint der Hund.

Das »unbegreifliche Geheimnis«, das wir – wie Karl Rahner sagte – Gott nennen, offenbart sich überall und zu allen Zeiten immer neu, bei jeder Geburt – und alles wird unmerklich, aber ununterbrochen neu geboren. Wie könnte es sonst leben? Das Göttliche ist die Wirklichkeit des Irdischen, rein gelebt, meint der Hund.

Am Ende des Buches erweist sich, dass der Hund schon einmal Mensch war. Wo der Mensch jetzt ist, war der Hund schon. Wo der Hund jetzt ist, ist der Mensch aber noch lange nicht angekommen.

Bruder Hund revolutioniert nicht nur die Theologie, sondern auch die Evolutionstheorie, die ganze Naturwissenschaft. Doch es wird vermutlich viel Zeit brauchen, bis dies wirklich geschieht. Wir wollen also noch eine Weile bei dem schönen Büchlein bleiben.

Wer ist eigentlich der Herr, wer der Hund, wer Mirjam, die darin auch wieder vorkommt? Ist der Herr Jesus oder Francesco d'Assisi? Ist Mirjam Maria oder Chiara? Und der Hund? Oder ist der Herr sowohl Jesus als auch Francesco als auch Giovanni als auch … – du und ich? Und ist Mirjam vielleicht jede Frau?

Ja, vielleicht.

Und wer ist der Hund, der schon einmal Mensch war und sich als Hund davon erholt hat und dann wieder Mensch werden soll? Ich vermute, es ist der liebe Gott selbst – nicht der Gott, den die Menschen erfunden und nach Menschenart haben inkarnieren lassen, sondern eben der *liebe* Gott. Ich sage »vielleicht«, ich weiß es auch nicht.

Einmal fragte ich Luise Rinser, wer der Hund sei. Sie antwortete: Ich weiß es nicht. Ist das so wichtig? Das Buch schließt so: »Plötzlich wurde es ganz hell, es gab einen fürchterlichen Knall, und dann war es dunkel, und neben mir sagte ein Mann: ›Jetzt hats uns erwischt.‹ Da schien ein Licht auf und der Rabbi kam übers Feld und sagte: ›Bruder Hund, dein Geschick erfüllt sich. Du wirst noch einmal Mensch sein, dann kehrst du heim zu mir.‹ Und dann sagte er noch: ›Berichte, Bruder Hund, was du erlebt hast als Mensch und als mein und Mirjams Hund. Du warst immer mein Bruder. Erzähle alles. Du wirst dich erinnern, weil ich es will. Und ich werde jemanden finden, der dich versteht und deine Geschichte in Menschenworte fassen kann. Jetzt schlaf, guter Bruder Hund.‹«[12]

Wie soll ich es ihr sagen?, überlegte ich lange. Es fiel mir schwer. Ich suchte die sanfte Formulierung: Eigentlich sollte ich langsam meine dritte Lebensphase planen, meinte ich. Sie schaute mich an, als ob sie wüsste, was kommt. Wo ist Ihre Heimat? fragte sie dann. Ich verstand: Wo ist meine Heimat, in Málaga, in München?

Sie hatte recht, ich weiß nicht, wo meine Heimat ist. Aber sie hatte auch Verständnis für meinen Wunsch. Nach vielen Jahren in Italien war sie selbst wieder nach München gekommen. Der Lebensbogen sei das, sagte ich, alles, was einmal anfängt, endet auch irgendwann. Schrecklich sei mein »Lebensbogen«, spottete sie gelegentlich. Ich fragte also zurück: Wo ist Ihre Heimat: in Rocca oder in München?

Menschen wie wir haben keine feste Heimat, wir werden von unserem Denken getragen – und von unseren Sehnsüchten geschaukelt. Wo Liebe ist, da bleiben wir. Manchmal ist Leben, wo keine Liebe, und Liebe, wo kein Leben ist. Das ergibt die Schaukel von der Liebe zum Leben und vom Leben zur Liebe. Sie wurde von München nach Rocca und zurückgeschleudert – ich von Málaga nach München und zurück. Doch geboren war sie im bayerischen Pitzling, und ich im andalusischen Ronda. Wo war unsere Heimat?

Ich sagte ihr also: Bisher habe ich in München gewohnt und bin zweimal im Jahr für einige Wochen nach Málaga geflogen. Nun könnte es umgekehrt werden: Ich wohne bei Málaga und komme zweimal im Jahr für einige Wochen nach München. Es ist wichtig, dass ich dort Fuß fasse. Auch ich werde älter. Ich brauche wieder den Süden.

Zu meinem Staunen gab sie keinen Kommentar dazu. Sie nahm es einfach hin. Gelassen. Was wissen wir schon, warum es so ist und nicht anders? Sie kannte im Leben nur mehr Tatsachen. Keine Interpretationen. Kein Warum. Kein Wozu. Es ist, wie es ist.

Einige Zeit später äußerte sie den Wunsch, wieder in Rocca di Papa zu sein. Ich ging in die Berge von Málaga und sie in ihre Villa in den Albaner Bergen. Beide in die Einsamkeit.

Sie blieb einige Monate. Eine junge rumänische Frau, Maria, half ihr im Haushalt. Die Schriftstellerin verstand sich nicht mit ihr. Ich besuchte sie zweimal und stellte den Kampf der beiden Frauen fest. Ich bemerkte vielleicht zu hart: Über die Liebe zu den Armen und Schwachen zu schreiben ist ein Ding, danach zu handeln ein anderes. Ich bereute sofort. Denn es traf auch auf mich zu. Wir laufen alle hinter uns her. Doch Luise Rinser war schon einen Schritt weitergegangen. Sie sah ein: Sie musste noch lernen, die Menschen so sein zu lassen, wie sie sind, sie umzuwandeln ist ohnehin unmöglich, und der vergebliche Versuch, es zu tun, kostet unnötig Kraft und Lebenssubstanz auf beiden Seiten.

In Rocca war sie nicht glücklich. In München auch nicht. Sie musste akzeptieren, dass jeder Mensch seinen Weg allein gehen können muss. Wir alle sind immer allein, nur merken wir es nicht ständig. Es gibt aber Zeiten, in denen diese Seite des Daseins uns unbarmherzig quält.

Zu ihrem 90. Geburtstag am 30. April 2001 hatte die Stadt München eine große Feier vorbereitet. Und am Vorabend fand auf Einladung des S. Fischer Verlages in kleinerem Kreis im Münchner Hotel »Vier Jahreszeiten« ein Abendessen statt. Der Geburtstag selbst wurde im Literaturhaus gefeiert. Alle waren auf die Schriftstellerin gespannt. Doch Luise Rinser kam nicht. Sie war tags zuvor bei ihrer Ankunft im Münchner Flughafen gestürzt. Zunächst wurde sie ins Krankenhaus Erding und dann nach Vogtareuth gebracht, wo sie operiert wurde. Im Krankenhaus Rechts der Isar in München musste sie bald darauf ein zweites Mal operiert werden. Die Feier im Literaturhaus fand dennoch statt, im ausverkauften Saal. Sie wurde von Oberbürgermeister Christian Ude eröffnet, der in seiner Rede auf die politische Persönlichkeit der Schriftstellerin einging, während Monika Schoeller sie im Namen des Verlages als Autorin und Menschen würdigte. Die Schauspielerin Ingeborg Ach und Christoph Rinser lasen Texte der Dichterin.

Für Luise Rinser leitete der Geburtstag die allerletzte Hürde ihres irdischen Daseins ein: den Aufenthalt im Altenheim. In der Rehabilitationsklinik überraschte sie ihren Sohn Christoph mit der Mitteilung, dass sie – entgegen ihrer bis dahin geäußerten Absicht – nie mehr nach Rocca di Papa zurückkehren wolle. So ergab sich die Notwendigkeit, in der kurzen Zeit bis zur Entlassung einen Heimplatz für sie zu finden. In einem Seniorenheim in Nymphenburg stand sofort ein Zimmer zur Verfügung.

Ich besuchte sie dort mehrmals. Sie schickte sich sehr geduldig in die neuen Umstände, ohne zu klagen. Einmal fand ich sie in angeregter Unterhaltung beim Teetrinken mit einigen Damen und Herren in der Cafeteria. Sie führte den Vorsitz. Sie stellte mich ihren neuen Bekannten mit aller Selbstverständlichkeit vor, sie hatte sich angepasst, ohne Getue, sie betrachtete sich nun als einen Menschen, der wie die anderen im »Wartesaal des Todes« saß.

Der Satz mag literarisch gut klingen, solange die Realität noch weit entfernt ist. Rückt sie aber näher, bleiben drei Möglichkeiten: rebellieren, hinnehmen oder annehmen. Luise Rinser nahm sie gelassen an. Für eine Künstlerin, der die öffentliche Anerkennung lebenswichtig gewesen war, bedeutete das eine große Leistung. Es war aber auch eine Gnade. Die Gelassenheit ihrer letzten Lebensmonate war das Ergebnis des Zusammenspiels von harter Arbeit an sich und geschenkter Demut vor dem menschlichen Schicksal.

Im Januar 2002 konnte sie ein hübsch eingerichtetes Zimmer in einem Seniorenstift in Unterhaching bei München beziehen mit

Zugang zu Terrasse und Vorgärtchen und mit Blick auf einen kleinen See. Hier fühlte sie sich wohl, wirkte erstaunlich entspannt. Frei durch Loslassen.

Ich besuchte sie dort mehrmals. Beim letzten Mal – am 15. Februar 2002 – fragte sie mich: Wollen wir uns duzen? Ich umarmte sie.

Wir redeten nicht viel. Hatten wir nicht schon über alles gesprochen – und auch *alles besprochen*? Es war nun Zeit für das Schweigen. Sie fragte mich nicht nach meiner Arbeit, erzählte nicht von sich und auch nicht über das Heim. Sie sagte nur: Die Menschen hier sind so lieb zu mir. Es ist alles ganz in Ordnung.

Sie war wie erlöst von einer unsichtbaren Last, ganz präsent und zugleich fern. Mich berührten ihre Augen. Ihr Blick durchdrang mich – doch nicht kritisch, nicht forschend, weder klagend noch zustimmend. Er strahlte eine sanfte Wärme aus, die mich umfasste und barg. Schauen sich die Menschen vielleicht so an, wenn sie von allem Irdischen befreit sind? Mir ging durch den Kopf: *Reinheit und Ekstase*, doch nun echt und für immer.

Mach es gut, Luise, wagte ich zu sagen vor dem Abschiedskuss.

Mach es gut, José.

Zum ersten Mal nannten wir uns mit unseren Vornamen. Wie oft hatten wir gesagt, wir würden es nie können?

Am 18. März gegen 11 Uhr wurde ich in Spanien angerufen: Luise Rinser sei am Vortag gestorben. Am 20. März flog ich nach München. Mit Renate Romor und Christoph Rinser fuhr ich nach Unterhaching. Da lag sie im Sarg, ich küsste ihre Stirn. In ihrem Zimmer erfuhren wir von Christoph, wie sie gestorben war. Um die gewohnte Zeit habe ihr die Pflegerin das Mittagessen gebracht, die Schriftstellerin habe gerade die Zeitung gelesen. Als sie etwa eine halbe Stunde später zurückgekommen sei, um das Geschirr abzuräumen, habe sie Luise Rinser tot auf dem Bett gefunden. Friedlich. Kein Zeichen von Todeskampf. Sie hatte – was selten vorkam – alles aufgegessen, sich dann hingelegt und war hinübergeschlafen.

Einsam steht der Sarg unter dem Bogen im Klosterhof. Ein enger Kreis von Freunden begleitet Luise Rinser zur Ruhestätte neben ihrem Sohn. Schnee bedeckt lautlos die Erde auf dem Grab. Im Hintergrund ein Seufzen. Sie wurde nicht nur bewundert und gescholten, sie wurde auch geliebt.

Es ist kalt. Die Freunde gehen weg. Luise und Stephan Rinser bleiben zurück in der Stille von Wessobrunn.

Nachwort

Bei unserer ersten Begegnung im Januar 1995 in Rocca di Papa verstanden wir uns auf Anhieb sehr gut. Kurz darauf kam Luise Rinser nach München, wo sie noch immer ihre Wohnung hatte und wo auch ich zu jener Zeit lebte. Wir verloren uns nicht mehr aus den Augen. Je näher ich sie kennenlernte, desto deutlicher sah ich die Kluft, die bei ihr das Öffentliche vom Privaten trennte. Sie war einsam, tief verletzt in ihrer Seele, niedergeschlagen nach dem Tod ihres Sohnes Stephan. Sie hatte ein großes Bedürfnis, angenommen und geliebt zu werden.

Das gängige Rinser-Bild, das sich auch in Artikeln und Nachschlagewerken findet, erstaunte mich. Es verfehlt Wesentliches, stellt schlicht Unwahres als Wahrheit dar. Selbst Germanisten und Literaturkritiker gingen, wenn sie Unstimmigkeiten vermuteten, der Sache niemals auf den Grund. So redeten sie meist an Mensch und Werk vorbei. Wie hatte sich eine solche Verzerrung über Jahrzehnte hinweg halten können? Weiter unten werde ich versuchen, eine Antwort auf diese Frage zu geben.

Kritik machte Luise Rinser schwer zu schaffen. Sie war empfindlich und wurde unsicher; denn bei aller Verdrängung wusste sie durchaus, welche Wahrheiten sie verbarg. Doch um ihr erstaunliches Leben nachzuvollziehen und zum Kern ihres Denkens zu gelangen, genügen kaum die Mittel oberflächlichen Recherchierens im Zeitalter der Eile.

Der geschichtliche Sinn etwa von *Mirjam* ist offensichtlich noch nicht verstanden worden. Von Kritikern wurde das Buch als »interessant«, »gewagt« oder gar »großartig« befunden. Das griff zu kurz.

Denn es geht darin weder um eine zeitgemäße Erläuterung der alten Überlieferung noch um historische Anpassung. Das Werk bedeutet mehr als einen Durchbruch weiblichen Empfindens in einer bislang von Männern beherrschten religiösen Welt. Es stellt die Denkform radikal in Frage, welche die abendländischen Anthropologien, darunter die christliche, prägt. Um diese Problematik wahrnehmen zu können, fehlte es an den philosophischen Voraussetzungen. *Mirjam* geht von einer Philosophie aus, die es zu Beginn des christlichen Zeitalters noch nicht gab, ohne welche jedoch die Gestalt Jesu in ihrer weltgeschichtlichen Tiefe und Tragweite nicht aufgenommen werden kann. Der Ansatz Luise Rinsers erhellt in einer befreienden Rückschau, die aber nach vorn treibt, den Sinn der Ursprünge. So gesehen war und bleibt das Werk seiner Zeit voraus. Dasselbe gilt für *Mitte des Lebens*, für *Ich bin Tobias*, für *Silberschuld*, für *Bruder Hund*, für die Schriften also, welche die Grundlage der abendländischen Selbstinterpretation des Menschen betreffen.

Ähnlich verhält es sich mit den politischen Ereignissen. Die Gegner, die Luise Rinser 1977 zur Sympathisantin von Terroristen abstempeln wollten, blamierten sich. Die Datenfälschung war durchsichtig, die beabsichtigte Demontage der Schriftstellerin unbeholfen. Schwerer wog 1987/88 – nach Bekanntwerden der zwischen 1934 und 1937 in der Zeitschrift *Herdfeuer* erschienenen Gedichte – der Vorwurf der »Nazi-Poetin«. Doch weder Historiker noch Journalisten erkannten die Herausforderung, die es bedeutete, die vielgelesene Schriftstellerin mit den Widersprüchen ihres Lebens zu konfrontieren. Denn Luise Rinser war ja nicht nur Autorin jener Gedichte; sie hatte sogar ein Filmdrehbuch für die UFA – die Goebbels als zuständigem Minister unterstand – verfasst und vorher BDM-Führerinnen ausgebildet. Dann aber saß sie als Feindin des Dritten Reichs im Gefängnis, hatte nach 1945 am geistigen Aufbau der Bundesrepublik maßgeblich mitgewirkt und war als führende Schriftstellerin im demokratischen Deutschland zum Vorbild für Generationen von Frauen und auch Männern geworden. Wie passte das alles zusammen?

Das Thema wäre wichtig genug gewesen, um Gegenstand wissenschaftlicher Forschung zu werden. Stattdessen witterte man die

billige Sensation, die man mit einigen Zeitungsartikeln und oberflächlichen Fernsehbeiträgen abhaken zu können glaubte. Und so
blieb das Ausmaß der Rinser'schen Tragödie bis heute verdeckt.
Denn erschütternd wie leider so oft bei Gestalten des deutschen
Geisteslebens zeigt sich bei Luise Rinser, was das Dritte Reich an-
gerichtet hat. Die Katastrophe gehört nur militärisch-politisch der
Vergangenheit an, existentiell wirkt sie in Menschen und Familien
auf manchmal ungeahnt grausame Weise fort.

Der brutalste Krieg aller Zeiten hat nicht nur Städte zerstört und
Millionen unschuldiger Menschen getötet. Er hat ebenso viele geistig und moralisch Verstümmelte hinterlassen, die ihr Unglück den
Nachkommen weitergaben. Viele Menschen, die damals die Einsicht verloren hatten und später wiedergewannen, fanden nicht
mehr aus den Irrwegen heraus. Es fehlte ihnen der Mut zum Bekenntnis – auch weil der gesellschaftliche Rahmen dafür nicht bestand und selbst heute noch nicht gegeben ist. Sie waren Gefangene
der Verhältnisse, sowohl in der Nazizeit als auch später. Dennoch
waren sie mitverantwortlich.

Luise Rinsers Leben spiegelt die Eigenart dieses Schicksals in
dramatischen Varianten wider. Die Schriftstellerin hat das Phänomen in ihrem Werk reflektiert, Deutschland und dem Ausland Vorwürfe und Vorschläge gemacht – aber dabei den alten Fehler began-
gen: Sie hat sich selbst in entscheidenden Punkten vom Irrtum
ausgenommen.

Diese Ambivalenz wurde zwar bislang wohl gespürt, aber nicht
überzeugend dargelegt. Darum schienen Werk und Person vielen
irritierend; die große Mehrheit der Leser dagegen war fasziniert.
Rinsers Gestalten nämlich sind widersprüchlich, zerrissen – wie sie
selbst es war und wie viele Menschen es ebenfalls sind.

Diese Echtheit ist ein Grund ihres Erfolges – nicht nur die Tatsache, dass ihre Werke auch Lebenshilfe für das Volk (als wäre diese
nicht ebenfalls wertvoll), also (zu Unrecht geschmähte) »Erbau-
ungsliteratur« sind. So darf behauptet werden, dass Luise Rinser
Romane und Sachbücher hinterlassen hat, die zur Weltliteratur gehören. Ihre Stärke war es, Zustände darzustellen, welche die Verlogenheit der hauptsächlich von Männern geprägten und beherrsch-

ten Zivilisation aufdecken. Dass sie selbst eklatantes Spiegelbild dieser Zustände war, es aber nicht zuzugeben vermochte, ist ein Widerspruch, der nicht nur zu ihrer Persönlichkeitsstruktur, sondern zum von ihr kritisierten Phänomen gehört.

Sich selbst stellte Luise Rinser gern als Heldin dar. Doch auch sie war nur ein Mensch. Ein Mensch eigener Art allerdings, eine ungewöhnliche Frau. Zu ihrer Wesensart passt das Wort »Unbedingtheit«. Alles Halbherzige war ihr ein Gräuel. Und so waren auch ihre Männer Ausnahmeerscheinungen, von denen jeder auf seine Weise den Rahmen des Gewohnten sprengte.

Die religiöse Dimension war ihr wichtig. Dabei ging es ihr um das Wesentliche, das über allem Institutionalisierten steht. Die kritische Christin hatte ihre atheistische Phase, als ihr angesichts des Grauens im Dritten Reich der Glaube an einen Gott unmöglich wurde. Aber auch in den Phasen ihrer christlichen Begeisterung wusste die oberbayerische Katholikin dem Buddhismus Entscheidendes zu entleihen. Die katholische Amtskirche apostrophierte sie als Männerkirche und traf sie damit in ihrem Kern – gleichwohl blieb sie ihr bis zuletzt treu.

Sozialismus war für sie die einzige vertretbare politische Position. Aber sie war nie Mitglied der SPD oder einer anderen linken Partei. Dennoch engagierte sie sich sogar im Wahlkampf in Städten und Dörfern, solange dieser der Politik des charismatischen Willy Brandt diente. Nach dessen Rücktritt als Kanzler nahm sie Abstand von der SPD und näherte sich, ebenfalls ohne sich zu binden, den Grünen, die es zu honorieren wussten: Sie wurde 1984 deren Kandidatin für das Amt des Bundespräsidenten. Doch alle Parteien erschütterte die überzeugte Demokratin, als sie sich für die Person und die Politik des nordkoreanischen Diktators Kim Il-sung begeisterte. Die Freiheitsheldin und der Tyrann: Rinser'sche *coincidentia oppositorum*, das Zusammenfallen der Gegensätze.

Was war der Grund für diesen kolossalen Widerspruch?

Im Wesen unabhängig und rebellisch, war sie doch gegenüber der Liebe machtlos. Das war der Grund der Kim-Bewunderung, nicht eigentlich die Politik. Abgeneigt, auf eine kritische Analyse ihrer koreanischen Verwicklung einzugehen, war sie nicht. Das bedeutet aber keineswegs, dass sie gleich einen Fehler eingeräumt hätte. Hinter den meisten menschlichen Handlungen, so auch hinter der Entscheidung für eine politische Partei, steckt die Liebe. Geliebt oder abgelehnt zu werden kann den Lebensweg eines Menschen bestimmen. Weiterentwickelt führt dieser Gedanke nicht nur zu einer Relativierung des Mythos von der – wie wir zu glauben geneigt sind – stets sachlich bestimmenden menschlichen Vernunft, er zeigt vielmehr dessen Sinn: Die Annahme einer unabhängig von Gefühlen die Dinge überblickenden und urteilenden Vernunft ist notwendig, um die Welt der Menschen gegen Willkür und Barbarei zu schützen.

Die Dynamik von Rinsers Werk zielte von Anfang an auf eine Umkehr des Denkens. Bereits in ihrem ersten Buch *Die gläsernen Ringe* (1941) brach eine ursprüngliche Seinserfahrung durch, die einen neuen Horizont öffnete. In der frischen Dichtung der angehenden Schriftstellerin erschien ein Menschen- und Weltbild, welches das im Abendland spätestens seit Aristoteles vorherrschende in Frage stellte, doch nicht um es abzulehnen, sondern um es fruchtbar zu ergänzen.

Bei ihr stand das Denken im Dienste des Lebens. Umkehr des Denkens bedeutete für sie: Wandlung des Menschen zum Guten hin. Ist eine Bedingung dafür vielleicht, dass man zuerst die eigene Bodenlosigkeit erfährt?

»Jetzt kenne ich meine Abgründe«, schrieb Luise Rinser im Tagebuch nach ihrer Erfahrung im Gefängnis – sie, die seit ihrer frühesten Jugend stets nach dem Gipfel strebte. Je höher sie stieg, desto größer wurde ihre Angst vor dem Absturz. Das menschliche Drama vom ständigen Fallen und Sich-wieder-Aufrichten kannte sie zur Genüge. Durch diese Spannung bildete sich bei ihr eine besondere Empfindsamkeit für die Selbstgefährdung des Menschen und für den unsicheren Gang der Geschichte.

*

Als der S. Fischer Verlag mich auf Empfehlung von Christoph Rinser im Juni 2006 mit der Biographie der Schriftstellerin beauftragte, bestand für mich die Aufgabe darin, diese Zusammenhänge zu

erhellen, zu begründen und der Öffentlichkeit zu vermitteln. Es
war ein schwieriges Unterfangen. Denn einschlägige Vorarbeiten
waren nicht vorhanden, die historischen Quellen ungenügend. Unbekannte Dokumente wurden aber doch gefunden. Besonders aufschlussreich waren bislang unbeachtet gebliebene Frühschriften der
Junglehrerin Luise Rinser, die Briefwechsel mit ihren Eltern, mit
dem Verleger Peter Suhrkamp, mit dem Pädagogen Franz Seitz,
mit den Schriftstellern Hermann Hesse, Ernst Jünger und Thomas
Mann, mit dem Verleger Gottfried Bermann Fischer.[1] Das Niederschreiben war ein langer, schwieriger Prozess. Dabei achtete ich vor
allem darauf, die historische Wahrheit schonungslos, aber respektvoll darzulegen. Bei der Interpretation der wichtigsten Werke habe
ich versucht, das oft verborgene Grundanliegen aufzudecken.

Da nun der Leser mit dem wahren Leben Luise Rinsers konfrontiert ist, das in wesentlichen Aspekten völlig anders verlief als bisher angenommen, sei hier eine Antwort auf die oben gestellte Frage
versucht, wie ein derart falsches Bild von ihr überhaupt entstehen
konnte.

Zweifellos geht die Irreführung auf Luise Rinser selbst zurück,
auf ihre sogenannten autobiographischen Schriften. Doch wie konnte *Den Wolf umarmen* (1981, mit der Fortsetzung *Saturn auf der
Sonne*, 1994) als historische Autobiographie missverstanden werden, da sich das Buch von der ersten bis zur letzten Seite als epische
Selbstdarstellung erweist? Das Datum 1. September 1939 als Beginn
der Niederschrift von *Die gläsernen Ringe*, womit die Autobiographie beginnt,[2] ist – historisch wohl unzutreffend – ein kräftiges
Symbol für ein Epos, das weiter reicht, als die Autorin selbst gedacht
hat. Darauf sind wir ausführlich eingegangen.

Erschienen 1981, vierzig Jahre nach diesem Datum also, stellt
die dichterische Selbstinterpretation einen Versuch dar, das grauenhafte Geschehen in eine höhere Dimension zu stellen und es so für
sich selbst und für die Leser zu verarbeiten. Gehört diese Verarbeitung nicht zu den Hauptaufgaben literarischen Schaffens überhaupt? Ein gutes Buch ist nicht nur oft besser als der Autor. Es
zeigt dessen Mehrdeutigkeit. Im Prozess des Schaffens wächst der
Dichter über sich hinaus, bringt die besten Seiten seiner selbst zur

Entfaltung, die er in der anderen Welt, genannt Realität, nicht zu erreichen vermag. Schöngeistige Literatur hebt die Dimension des Geistes hervor, damit sie gerade in Zeiten der Verwirrung Sinn und Ziel des menschlichen Lebens leite. Unter diesem Gesichtspunkt ist das Werk wichtiger als sein Schöpfer. Diese entscheidende Einsicht wird verhindert, wenn das Buch ausschließlich mit dem Blick auf die historische Unmittelbarkeit gelesen wird.

Nach Fehlern hat jeder Mensch das Recht, wieder neu zu beginnen. Die Fehltritte gehören zum Weg – daher die Pflicht, dazu zu stehen. Der Lebensweg eines Menschen ist aber mehr als die einzelnen Schritte.

Zwischen 1926 und 1929 schwärmte die junge Schülerin, wie wir gesehen haben, bei der Lektüre Hölderlins von der Größe »der deutschen Seele«. Nach der Erfahrung des Zweiten Weltkriegs ist die Schriftstellerin zu der Erkenntnis gelangt, dass es – über alle Grenzen hinweg – um die »Seele des Menschen« geht. Und diese offenbart sich im Gesamtzusammenhang ihres Werkes als nicht fassbar, als ein Rätsel – immer auf der Suche nach der eigenen Bestimmung.

In diesem Sinne gehören *Mirjam*, das Evangelium, gesehen mit den Augen einer Frau (und geschrieben von einer Frau), *Den Wolf umarmen*, die Sage von der zierlichen, zähen Frau, die in die machtgierige Männerwelt eine Wesenskorrektur einbringt, und *Bruder Hund*, literarisches Juwel und geistiges Testament der philosophischen Schriftstellerin, zusammen.

*

Ohne die ständige Begleitung durch Christoph Rinser wäre diese Arbeit kaum zu bewältigen gewesen. Er hat mir aus dem Leben seiner Mutter erzählt – und vieles von dem, was ich selbst von ihr erfahren habe, bestätigt oder richtiggestellt –, Briefe und Dokumente zugänglich gemacht, jede Fassung des Manuskripts kritisch durchgelesen. Hervorheben möchte ich vor allem seine Fähigkeit und Bereitschaft, persönliche Gefühle von der Sache zu trennen und auch bei den empfindlichsten Themen stets der Wahrheit den

Vorrang zu geben. Der Untertitel dieser Biographie, »Ein Leben in Widersprüchen«, geht auf ihn zurück. Für ihn gilt, was auch mich von Anfang bis Ende leitete: »*Amicus Plato, major amica veritas.*« Mit Plato befreundet, war mir dennoch eine größere Freundin die Wahrheit. Was man auch so verstehen kann: Erst die Wahrheit, respektvoll gesagt, bereichert die Freundschaft.

Ein besonderes Wort des Dankes und der Anerkennung gebührt Corinna Fiedler, Lektorin im S. Fischer Verlag. Sie hat das Entstehen des Manuskripts all die Jahre mit Rat und Tat und großem Engagement begleitet.

Zu Dank verpflichtet bin ich Renate M. Romor für ihre wertvolle Korrekturhilfe. Renate und Anton Bürckmann verdanke ich zahlreiche bereichernde literarisch-philosophische Gespräche.

Ihnen und allen, die dieses Buch ermöglicht haben, sei gedankt.

München, im Herbst 2010   José Sánchez de Murillo

Anhang

Anmerkungen

I. Kindheit und Jugend in Zeiten des Umbruchs. 1910–1929

1 Luise Rinser, *Den Wolf umarmen*. Frankfurt a.M. 1981. Soweit nicht anders vermerkt, wird aus den Werken nach den Ausgaben im Fischer Taschenbuch Verlag zitiert. Hier: Frankfurt a.M. 1984 ff., S. 150.

2 Laut Matrikelbuch des katholischen Pfarramtes Mariä Himmelfahrt in Pitzling-Landsberg.

3 Vitus Rinser, 1879–1969, Eisenbahner (Rangiermeister).

4 Dem frisch geweihten Priester wird eine junge Verwandte als symbolische Braut zugesprochen, die, ganz in Weiß gekleidet, während der ersten Messe (»Primiz«) ein Kissen mit einer Brautkrone trägt. Diese Krone symbolisiert die eigentliche Braut des Neugeweihten: die katholische Kirche. Die Primizbraut stellt den Verzicht auf körperliche Liebe dar.

5 *Den Wolf umarmen*, S. 35.

6 *Den Wolf umarmen*, S. 50.

7 Vgl. *Den Wolf umarmen*, S. 12.

8 *Den Wolf umarmen*, S. 168 f.; auf S. 169 bringt sie ein weiteres Beispiel, das ihre Selbstinterpretation bestätigen soll.

9 Vgl. *Den Wolf umarmen*, S. 30 ff., 75 ff.

10 *Den Wolf umarmen*, S. 70, vgl. S. 69.

11 *Den Wolf umarmen*, S. 107 f.

12 *Die gläsernen Ringe*, Berlin 1941. Frankfurt a.M. 1961 ff., S. 33.

13 Vgl. *Den Wolf umarmen*, S. 119; *Die gläsernen Ringe*, S. 7–8, 9, 14, 33.

14 *Den Wolf umarmen*, S. 56.

15 *Den Wolf umarmen*, S. 167.

16 *Den Wolf umarmen*, S. 50.

17 *Den Wolf umarmen*, S. 106 f.

18 *Den Wolf umarmen*, S. 19, folgende Zitate ebenda.

19 Vgl. Clement Fichtner, *Gesegnete Brunnen. Wessobrunn. Ein Klos-*

ter- und Künstlerdorf. Landsberg a.L. ²1992; Reinhard Höppl, Die Traditionen des Klosters Wessobrunn. München 1984.

20 Der Satz »Ich war ein Kind von fünf Jahren« eröffnet Die gläsernen Ringe. Das Werk ist aber kein historisches, sondern ein dichterisches. Für das, was die Autorin zeigen will, musste das Kind etwas älter sein.

21 Vgl. Luise Rinser, Wessobrunn. Ort meiner Kindheit. Herausgegeben und eingeleitet von Barbara Vogt-Hägerbäumer, Fotos von Jürgen Richter. Erschienen in der Reihe »Beschreibungen: Deutschland«, in Zusammenarbeit mit dem ZDF herausgegeben von Dieter Zimmer. Freiburg i.Br. 1987.

22 Den Wolf umarmen, S. 38

23 Den Wolf umarmen, S. 49, vgl. auch S. 50.

24 Den Wolf umarmen, S. 68; 69 ff.

25 Vgl. Den Wolf umarmen, S. 75.

26 Den Wolf umarmen, S. 120.

27 Den Wolf umarmen, S. 73.

28 Den Wolf umarmen, S. 56.

29 Den Wolf umarmen, S. 73 f. Rinser gibt kein Datum an. Es muss aber im Oktober/November 1921 gewesen sein. Ludwig III., geboren am 7. Jan. 1845 in München, seit 1913 Prinzregent, 1918 als letzter bayerischer König abgesetzt, starb am 18. Okt. 1921 – nicht in Österreich, wie Luise Rinser S. 74 sagt, sondern auf Schloss Nádasdy in Sárvár, Ungarn. Mit seiner Absetzung endete die 738 Jahre währende Herrschaft der Dynastie der Wittelsbacher.

30 Vgl. Die gläsernen Ringe, S. 68–74, und Den Wolf umarmen, S. 112–114.

31 Den Wolf umarmen, S. 80 ff.

32 Den Wolf umarmen, S. 104.

33 Diese Angaben verdankt der Autor Veronika Schmid, geb. Möst (1915–2008), Oberlehrerin i. R., die – selbst einige Jahre nach Luise Rinser Lehrerin geworden – mich in mehreren langen Gesprächen in ihrem Haus in Bad Endorf über Ausbildung und Arbeit deutscher Lehrerinnen in der Zeit zwischen den beiden Weltkriegen informierte. Auf Anfrage bestätigte die Abteilung für Schulwesen des Bayerischen Staatsministeriums für Unterricht und Kultus in München diese Informationen.

34 Den Wolf umarmen, S. 162 ff.

35 Den Wolf umarmen, S. 180 ff.

36 Den Wolf umarmen, S. 182; folgende Zitate aus S. 183–185.

37 Vgl. Den Wolf umarmen, S. 187–188.

38 Den Wolf umarmen, S. 190 ff. – Auf den mythologischen Charakter dieser Autobiographie wird an anderer Stelle näher eingegangen. (Vgl. den Abschnitt »Der literarische Charakter der Autobiographie«,

S. 214 – 217.) Es sei jedoch nochmals hervorgehoben: Hier geht es um die wesentliche Bedeutung gleichgeschlechtlicher Erfahrung für die Entwicklung des Menschen. Dass die Fakten zum großen Teil »erdichtet« sind, scheint mir jedoch gewiss. Wichtig ist die Idee, von der her die Wirklichkeit dichterisch interpretiert wird. Und dies wird durch die mythische Grundstruktur der Erzählung und die ständige Einbeziehung Dionysos' und Apollos, Hölderlins und der eigenen Rückinterpretation in *Die gläsernen Ringe* meisterhaft geleistet.

39 *Den Wolf umarmen,* S. 192.

40 *Den Wolf umarmen,* S. 190.

41 *Den Wolf umarmen,* S. 177. Wir geben hier nur Luise Rinsers Interpretation des Experiments wieder.

42 *Den Wolf umarmen,* S. 200.

43 Vgl. *Den Wolf umarmen,* S. 174.

44 Vgl. *Den Wolf umarmen,* S. 173 ff..

45 *Den Wolf umarmen,* S. 176.

46 Vgl. *Den Wolf umarmen,* S. 201 f.

47 *Den Wolf umarmen,* S. 201.

48 *Den Wolf umarmen,* S. 204. – Die Briefe von Luise Rinser an Gertraud Ehrengut sind, soweit erhalten, im Besitz von Christoph Rinser; die Briefe von Gertraud Ehrengut an Luise Rinser sind nicht erhalten.

49 *Den Wolf umarmen,* S. 203.

50 Für die folgende Erzählung über die Beziehung zu dem Physikprofessor gilt das, was hinsichtlich der Liebesgeschichte mit der Lehrerin Elisabeth Schweitzer gesagt wurde. Die dortige literarische Grundstruktur wiederholt sich hier – ebenso der mythische Einschlag. Die dichterisch« vorgetragene Grundaussage ist fundamental und seit eh und je aktuell: Die Entwicklung der menschlichen Sexualität geht durch eine homoerotische Phase, die für den Reifungsprozess notwendig ist. Die andere Aussage: Zum Reifungsprozess gehört der von Erziehern ausgehende erotische Reiz, der notwendig und darum in Ordnung ist, solange es beim Reiz bleibt.

51 *Den Wolf umarmen,* S. 206, zum Folgenden S. 204–228.

52 Zu den ungerechtesten Urteilen ihrer Mutter gehörte die Behauptung: »Dich will nie ein Mann, bilde dir nur nie was ein, du bist häßlich, na, wenigstens bist du gescheit.«

53 Klug, Dr. I. [Ignaz Meyer], *Die Tiefen der Seele. Moralpsychologische Studien.* Paderborn 1926.

54 *Den Wolf umarmen,* S. 213, vgl. S. 212.

55 *Den Wolf umarmen,* S. 217 f.; folgende Zitate aus S. 210. – Die Tagebücher sind nicht erhalten. Sie können nur nach *Den Wolf umarmen* zitiert werden.

56 Vgl. oben Anm. 38 und Anm. 50. Der mythologische Charakter der Erzählung ist auch hier offensichtlich. Die junge Frau (die Jungfrau) geht in die »magische Richtung«, der Professor wohnt in der Nähe der Lehrerin (das Männliche neben dem Weiblichen), beide werden in ihrer Wohnung (der inneren Mitte) aufgesucht, beiden werden Blumen dargereicht usw. Auf die Mythologie der (nebensächlich historischen) Zahlen sei nur hingewiesen: Mittwoch 16. (Penthesilea), Freitag 18. (Bruckner), Sonntag 20. (Durchbruch). Abstände von jeweils drei Tagen (16, 17, 18/18, 19, 20). Im Frühlingsmonat Mai. Tod und Auferstehung. – Ich behaupte nicht, dass Luise Rinser es sich so vorgenommen habe. Dichtung entsteht im Prozess des Schreibens. Ihr Sinn bleibt oft über Generationen hinweg verborgen.

57 *Den Wolf umarmen*, S. 223.

58 *Den Wolf umarmen*, S. 208.

59 Die Manuskripte sind nicht erhalten; wir können nur nach *Den Wolf umarmen*, S. 242 f., zitieren.

60 *Den Wolf umarmen*, S. 246.

61 *Den Wolf umarmen*, S. 247. Nächstes Zitat ebenda.

II. Im Chaos der Nazizeit. 1930–1945

1 Das tat sie erst 1935.

2 *Den Wolf umarmen*, S. 237; nächstes Zitat ebenda.

3 Die Jugendbewegung, entstanden aus der Kriegsbegeisterung von 1914, entwickelte sich zunächst aus einer antibürgerlichen Reaktion und propagierte die Rückkehr zur Natur im Gegensatz zum Stadtleben, vor allem durch Ausflüge (Fahrten bzw. Wanderfahrten). Sie hob sich bewusst vom Bürgerlichen ab durch Rückgriff auf »romantische« Traditionen, die in einfacher Kleidung, Heimat- und Liederabenden, Lagerfeuer-Feiern und Tanz ihren Ausdruck fanden. Ein Zweig der Jugendbewegung war die Jugendmusikbewegung, die das Musizieren und die Pflege traditioneller Volkslieder förderte.

4 Hans Baumann, 1914 in Amberg als Sohn eines Berufssoldaten geboren, deutscher Lyriker, Liedschreiber sowie Kinder- und Jugendbuchautor und Übersetzer. Seinen Beruf als Volksschullehrer übte er nur kurze Zeit aus. Zunächst Mitglied in einem katholischen Jugendbund, danach in der Hitlerjugend. 1939–1945 Soldat in der Propagandakompanie 501 an der Ostfront, gestorben 1988 in Murnau.

5 *Den Wolf umarmen*, S. 255.

6 Der Briefwechsel befindet sich im Besitz von Christoph Rinser.

7 *Den Wolf umarmen*, S. 254, vgl. zum Folgenden S. 248 f., Zitat aus S. 248 f.

8 *Den Wolf umarmen*, S. 257 f.
9 Vgl. *Den Wolf umarmen*, S. 263.
10 Vgl. *Den Wolf umarmen*, S. 269–278.
11 *Den Wolf umarmen*, S. 277 f.
12 Vgl. Golo Mann, *Deutsche Geschichte des 19. und 20. Jahrhunderts.* Frankfurt a. M. 1992, Zehntes Kapitel: Weimar, S. 629–765, die Zitate aus S. 731, 749, 732.
13 *Den Wolf umarmen*, S. 278, ferner 279–283.
14 Möglicherweise stellt folgende Stelle den Schlüsseltext dar: »Ich glaube, ich kann Dirs heute sagen, nicht aus der Stimmung nur, sondern aus dem plötzlichen Aufleuchten u. Erkennen Deines Wesens: *Ich sage ja, ich werde zu Dir kommen* (nun zittere ich, da ich es sage, ich zittere sehr u. meine Augen sind so voll) ich werde kommen. Nur: Warte!« (Rinsers Brief an Seitz vom 25. 12. 1932).
15 *Den Wolf umarmen*, S. 291.
16 Bedeutender Schulreformer; vgl. *Den Wolf umarmen*, S. 279 f.
17 Vgl. *Den Wolf umarmen*, S. 293.
18 Dass sie nie Mitglied der NSDAP wurde, bestätigt lediglich ihre später mehrmals erwähnte Abneigung, sich parteipolitisch zu binden.
19 Luise Müller, geborene Poch (1916–2009) legte 1940 das Staatsexamen für das Lehramt an Volksschulen ab. Sie war Schülerin und dann bis zu deren Tod Freundin von Luise Rinser. Sie war so freundlich, den Autor im Februar 2007 für ein mehrstündiges Gespräch zu empfangen. Dabei eröffnete sie ihm bislang unbekannte Aspekte und wichtige Einzelheiten von Luise Rinsers Verhältnis zum Nationalsozialismus.
20 *Den Wolf umarmen*, S. 294, folgende Zitate daraus.
21 *Den Wolf umarmen*, S. 295.
22 Wir werden später zeigen, dass sie nicht ›geflüchtet‹ ist, sondern, im Gegenteil, nach der umwälzenden Erfahrung geistig im Aufbruch war.
23 *Den Wolf umarmen*, S. 296.
24 *Den Wolf umarmen*, S. 300, das nächste Zitat aus S. 301.
25 Vgl. Anne Bäumer-Schleinkofer, *Das Mädchen als künftige Hausfrau und Mutter – Biologieunterricht im Dritten Reich*, in: *Biologie in unserer Zeit* (Weinheim 2008) Band 22, Ausgabe 3, S. 151–156.
26 Hier und im Folgenden kann nur *Den Wolf umarmen*, S. 303–308, als Quelle benutzt werden.
27 A. a. O.
28 *Den Wolf umarmen*, S. 304, folgende Zitate ebenso daraus.
29 *Herdfeuer. Zeitschrift der deutschen Hausbücherei.* Erschien von 1926 bis ca. 1941 in Hamburg. Hier Heft 9 (1934), S. 127–131. Eine weitere Veröffentlichung findet sich im *Herdfeuer* desselben Jahres auf S. 260–263 mit dem Titel: »Du und Dein Kind. Eine Dreijährige erlebt den Krieg«.

30 Baldur von Schirach, ab 1931 Reichsjugendführer der NSDAP, Verfasser des Hitlerjugend-Liedes, im Nürnberger Prozess verurteilt.
31 Vgl. *Den Wolf umarmen*, S. 305 ff. Folgende Zitate aus S. 306.
32 *Herdfeuer* 10 (Januar 1935), S. 436. Nach diesem Gedicht veröffentlicht Luise Rinser in *Herdfeuer* die Gedichte »Spätes Jahr« (November 1936), »An eine Totenmaske« (Januar 1937), »Die Lilie« (Dezember 1938) und die Erzählungen »Sina und ihr Kind« (Februar 1936), »Agnes« (April 1936).
33 *Den Wolf umarmen*, S. 308. Der Brief befindet sich im Besitz von Christoph Rinser.
34 *Den Wolf umarmen*, S. 322.
35 Vgl. *Den Wolf umarmen*, S. 320, 328. Ein anderes Bild vermittelt Hans Hartog, *Heinrich Kaminski. Leben und Werk.* Tutzing 1987. Carl Orff äußerte sich meistens anerkennend über Kaminski.
36 Vgl. *Den Wolf umarmen*, S. 320–329. In der unveröffentlichten Erzählung *Ich war zwanzig Jahre alt* (geschrieben 1944) schildert Luise Rinser ihre Erfahrungen im Haus Kaminski. Das Manuskript befindet sich im Besitz von Christoph Rinser.
37 *Den Wolf umarmen*, S. 327; nächste Zitate ebenso daraus.
38 *Den Wolf umarmen*, S. 329.
39 Der Briefwechsel befindet sich im Besitz von Christoph Rinser. Er wird vollständig in Band 8 (2011) von *Aufgang* (siehe Nachwort, Anm. 1) veröffentlicht. – Abdruck aller unveröffentlichten Briefe und Dokumente Luise Rinsers mit Genehmigung von Christoph Rinser.
40 Im Original dreimal unterstrichen.
41 *Herdfeuer* 11 (Juni 1936) S. 353.
42 *Den Wolf umarmen*, S. 347 f.
43 *Den Wolf umarmen*, S. 353 f.
44 *Den Wolf umarmen*, S. 339 f., vgl. für das Folgende bis S. 343.
45 *Den Wolf umarmen*, S. 310. Von der Geschichte der Anna Margareta Buxtehude sind mehrere Fassungen bekannt, die teilweise voneinander abweichen, im Kern jedoch übereinstimmen. Auf diesen Kern bezieht sich Luise Rinsers Erzählung.
46 *Den Wolf umarmen*, S. 20, vgl. *Die gläsernen Ringe*, S. 21–27.
47 *Den Wolf umarmen*, S. 310.
48 *Herdfeuer* 12 (Januar 1937) S. 13. Zu diesem Gedicht wurde sie angeregt durch das damals sehr bekannte Foto der Totenmaske der »Inconnue de la Seine«, einer jungen Selbstmörderin.
49 Brief vom 22. 8. 1937 aus Ohlstadt. (Archiv der Nolde Stiftung Seebüll) Vgl. auch Luise Rinser, *Im Dunkeln singen.* 1982–1985. Frankfurt a. M. 1985, S. 200–201.
50 *Den Wolf umarmen*, S. 337.
51 Vgl. *Den Wolf umarmen*, S. 336.

52 Vgl. Elke Fröhlich (Hg.), *Die Tagebücher von Joseph Goebbels. Teil I, Aufzeichnungen 1923–1941*, 14 Bde., München 1997–2005; Albert Speer, *Erinnerungen*. Berlin 1969. Dazu Matthias Schmidt, *Albert Speer: Das Ende eines Mythos*. 2. Neuauflage. *Speers wahre Rolle im Dritten Reich*. Geleitwort von Heinrich Breloer, Berlin 2005.

53 1937 wurde Nolde 70 Jahre alt; Horst Günther Schnell hat für ihn ein Klavierkonzert gegeben.

54 *Den Wolf umarmen*, S. 359, vgl. S. 359–361, hieraus die Zitate.

55 *Den Wolf umarmen*, S. 360.

56 Vgl. *Den Wolf umarmen*, S. 21.

57 *Den Wolf umarmen*, S. 361, noch schärfer auf S. 22.

58 Im Dritten Reich und auch davor waren alle Lehrerinnen »Fräulein«. Dies ist auf Anfrage vom Referat für Schulwesen des Bayerischen Kultusministeriums bestätigt worden. Vgl. oben S. 84.

59 Vgl. *Den Wolf umarmen*, S. 7 ff.

60 *Den Wolf umarmen*, S. 23.

61 Wie berichtet, hatte Luise Rinser auf Empfehlung ihres Mannes die Erzählung *Die Lilie* an den S. Fischer Verlag geschickt. Sie war in der *Neuen Rundschau* veröffentlicht worden. Am 21. Dezember 1939 schrieb ihr Peter Suhrkamp: »Herr Dr. Korn hatte Ihnen seinerzeit wohl schon mitgeteilt, dass auch mir das Kapitel aus Ihrem Roman in der Neuen Rundschau gefallen hat. Und so kann ich Ihnen aus ganz freien Stücken zu dem Angebot von Herrn Dr. Claassen aus dem Goverts Verlag mitteilen, dass der S. Fischer Verlag Sie ›mit Freuden festhält‹. Ich möchte auch jetzt schon gerne einen Vertrag mit Ihnen über den Roman machen.« (Deutsches Literaturarchiv Marbach) Aus der weiteren Korrespondenz geht hervor, wie sorgfältig der Verleger das Entstehen des Buches begleitet hat.

62 Luise Rinser stellte auch ihren Ehemann als verfolgten Antifaschisten dar, der von den in Braunschweig vertraglich vereinbarten 12 Opernaufführungen nur eine erhält; vgl. *Den Wolf umarmen*, S. 364. Das lässt sich weder mit Schnells Eigenart noch mit den Umständen und der weiteren Entwicklung vereinbaren. Hätte Horst Günther Schnell in Braunschweig als Nazigegner gegolten, und wäre er als solcher aus dem Staatstheater ausgeschlossen worden, hätte er niemals nach so kurzer Zeit den Aufstieg zum Ersten Kapellmeister in Rostock erreicht.

63 Es geht im Folgenden weder um die Person Jüngers noch um sein Werk, sondern nur darum, wie diese auf Luise Rinser gewirkt haben. Die Briefe befinden sich im Deutschen Literaturarchiv Marbach. Abdruck der Briefe Jüngers mit freundlicher Genehmigung von Irina und Martin Jünger.

64 Dabei war es für den Verleger nicht immer leicht. Schon vor dem Erscheinen des Erstlingswerkes treten die ersten Schwierigkeiten in

Geldangelegenheiten und im Umgang miteinander zutage. Am
21. August 1940 schreibt Suhrkamp: »Was Ihre Geldwünsche betrifft,
so haben Sie auch da zwei Dinge durcheinander gebracht. Ich sagte
Ihnen in Braunschweig, dass es zwei Möglichkeiten der Finanzierung
gäbe: entweder Sie kriegten gleich eine grössere Summe *oder* Sie
könnten einen monatlichen Zuschuss kriegen. Beides geht schwer. Sie
haben sich dann für eine grössere Summe für Ihre Ferien entschieden.« Luise Rinser ist nicht zufrieden und bedauert, nicht zu einem
anderen Verlag gegangen zu sein. Da wird Suhrkamp im Brief vom
28. August 1940 deutlich: »Ich möchte von Ihnen nicht immer wieder
hören, dass Sie bei den Verlagen Herbig oder Goverts günstiger gefahren wären, deshalb stelle ich Ihnen heute noch anheim, zu einem
von diesen Verlagen zu gehen [...]. Diese Art, einem immer wieder
und bei jeder Gelegenheit die versäumten Möglichkeiten vorzuhalten,
scheint mir nicht die richtige Basis für ein gedeihliches Miteinander.«
(Deutsches Literaturarchiv Marbach) Anschließend führt Suhrkamp
konkrete Zahlen an, die eine großzügige Unterstützung Rinsers durch
den Verlag belegen.

65 Auch noch Ende der 1970er Jahre, da sie *Den Wolf umarmen*
schreibt, wird das Problem verdrängt.

66 *Den Wolf umarmen*, S. 24.

67 Er befindet sich im Besitz von Christoph Rinser.

68 Vgl. José Sánchez de Murillo, *Licht der Frühe. Luise Rinsers kindliche Traumwelt*, in: Aufgang 3 (2006) S. 64–90.

69 Kurt Seeberger, *Die Bücher Luise Rinsers*, in: *Luise Rinser. Materialien zu Leben und Werk*. Hg. von Hans-Rüdiger Schwab. Frankfurt
a. M. 1986, S. 174. *Die gläsernen Ringe* einer bestimmten literarischen Strömung – etwa dem sogenannten Neoklazissimus zu Beginn
des 20. Jahrhunderts – zuzuordnen, ist natürlich möglich, vgl. Hans
Dieter Schäfer, *Das gespaltene Bewusstsein. Über deutsche Kultur
und Lebenswirklichkeit 1933–1945*. 3. Aufl. München 1984; über
Einzelheiten zur Situation in der gesamten Kriegszeit berichten Alf
Mentzer und Hans Sarkowicz, *Literatur in Nazi-Deutschland. Ein
biographisches Lexikon*. Hamburg / Wien 2001. Wir haben dagegen
versucht, Rinsers erstes Buch, dessen mehrdimensionaler, biographischer und literarischer Entstehungsprozess in seinen verschiedenen
Phasen nachgezeichnet worden ist, aus sich heraus zu verstehen und
mit Blick auf das Gesamtwerk zu interpretieren.

70 Sophie Dorothee Gräfin Podewils, *Die geflügelte Orchidee*. Berlin,
S. Fischer 1941.

71 Die Geburtsanzeige bezog sich auf ein Enkelkind Hesses. Das Buch
war vermutlich der 1942 bei Fretz & Wasmuth in Zürich erschienene
Band *Die Gedichte*.

72 Walter Stanietz (1907–1965), Autor von Theaterstücken, die der Blut-und-Boden-Ideologie nahestanden. Nach dem Krieg wandte er sich der Esoterik zu.

73 In einem langen Brief vom 24. März 1942 geht Peter Suhrkamp ausführlich auf eine Erzählung »vom Major« ein: »Wenn die stilistische Umarbeitung Ihnen nun noch gelingt, werden Sie wirklich zu einem kleinen Kunstwerk kommen.« Gleichzeitig macht er auf stilistische und kompositorische Schwächen aufmerksam, an denen die Autorin noch gründlich arbeiten müsse. (Deutsches Literaturarchiv Marbach). Das Manuskript der Erzählung mit dem Titel *Der Major und Madeleine* befindet sich im Besitz von Christoph Rinser.

74 *Den Wolf umarmen,* S. 369 f.

75 Peter Suhrkamp ist von Anfang an über die Filmpläne Luise Rinsers beunruhigt. Am 4. Januar 1941 schreibt er ihr: »Die Bestätigung unserer Abmachungen ist gestern an Sie hinausgegangen, ebenso die erste Rate. Ich hoffe doch sehr, dass Sie nicht zu viel Zeit und Kraft auf den Film wenden, sondern daran denken, dass das erste Buch nicht zu lange ohne eine Folge bleiben darf.« Am 31. Oktober 1942 im Zusammenhang mit einer Einkommensaufstellung: »Da der Film noch Zukunftsmusik ist, brauchen Sie davon meines Erachtens nichts zu erwähnen.« (Deutsches Literaturarchiv Marbach)

76 Vgl. *Den Wolf umarmen,* S. 365.

77 Möglich ist auch, dass der Arzt Dr. Friton aus Laufen, der später der Hausarzt der Familie wurde, das Häuschen gefunden hat.

78 Die Publizistin und Schriftstellerin Hedwig Rohde (1909–1990).

79 Auch gegen diese Entscheidung hatte Peter Suhrkamp Bedenken, die er Luise Rinser schon vor Monaten, am 16. Februar 1942, mitgeteilt hatte. ›Gestutzt habe ich beim Lesen Ihres Briefes über die Mitteilung, dass Sie den Kleinen in ein Kinderheim geben wollen. […] Meine Bedenken gehen auch nur dahin: ob diese Tatsache nicht von Ihren Gegnern unter Umständen gegen Sie benutzt werden kann. Ich will Sie darauf wenigstens aufmerksam machen, richtig beurteilen können Sie es nur selbst.‹ (Deutsches Literaturarchiv Marbach)

80 *Den Wolf umarmen,* S. 366.

81 Vgl. *Den Wolf umarmen,* S. 364.

82 *Das dunkle Herz.* Erzählungen (1936); *Drachensee.* Erzählungen (1942); beide im S. Fischer Verlag.

83 Sehr wahrscheinlich auf Empfehlung von Klaus Herrmann, der ihn schätzte.

84 Ähnlich im Brief vom 30. 6. 1943: »Auch bei uns sind die Erdbeeren schon bald zuende. Ich hab viele in meinem geschützten Garten. Aber die Hasen […] fressen mir Kohlrabi und Erbsen. Sie […] sind niedlich in all ihrer Frechheit, genau wie mein 3 ¼jähriger Christoph. Er

ist so maßlos frech und ebenso süß, daß ich ganz hilflos bin, obwohl ich alle Sparten der Psychologie einstmals (und der Pädagogik) studiert habe von Fröbel bis Jung!« Stephan wird nicht erwähnt.

85 *Den Wolf umarmen,* S. 366 f.

86 »Weimar, 3. X. 53. Lortzingstr. 3. Liebe Luise, Dank für Brief. Die Kirchanschöringer Neuigkeiten haben mich unterhalten, mein Gott, es liegt so weit zurück – aber inzwischen war meine Krankheit, und ich habe *sehr* intensiv gelebt [...] Ich hatte eine Menge nachzuholen, stellte ich fest. [...] Gegenwärtig bin ich der Tristesse verfallen, da mein bester Freund (*nicht,* was Du denkst, *dabei* kann man wohl nicht befreundet sein) nach Berlin gegangen ist.« Dieser Brief befindet sich im Besitz von Christoph Rinser in einem Umschlag mit dem (nachträglichen) Vermerk »V. Klaus Herrmann (wichtig für § 175!!)«. Das bezieht sich sehr wahrscheinlich auf eine vermutlich später angestrebte Annullierung der Ehe.

87 *Den Wolf umarmen,* S. 369.

88 *Den Wolf umarmen,* S. 373. Was bei dieser Beschreibung historisch zutreffend und was erdichtet ist, haben wir bereits nachgewiesen.

89 Vgl. den Brief an Lisl Grünfelder vom 12.10.1945, der im *Gefängnistagebuch* zitiert wird. Die in diesem Brief erwähnten Fakten werden in der literarischen Verarbeitung in *Den Wolf umarmen,* S. 373–384, zwar überformt, doch im Wesentlichen zutreffend wiedergegeben.

90 Bundesarchiv, Berlin.

91 Luise Rinser, *Gefängnistagebuch.* München 1946. Frankfurt a. M. 1973 ff., S. 63–64.

92 Auf Haftunterbrechung zu Weihnachten, die bis zum 7. Januar gewährt wurde, wie eine Bescheinigung dokumentiert (Deutsches Literaturarchiv Marbach).

93 *Gefängnistagebuch,* S. 116–118. ›K.‹ und ›Ma‹ stehen für Klaus Herrmann und dessen Mutter.

94 Bescheinigung des Landgerichtsgefängnisses Traunstein vom 21. Dezember 1944 (Deutsches Literaturarchiv Marbach).

95 *Den Wolf umarmen,* S. 382.

96 S. 384.

97 Deutsches Literaturarchiv Marbach.

98 Deutsches Literaturarchiv Marbach.

99 Albert Speer, *Erinnerungen.* Berlin 1969, S. 446.

III. Literarischer Durchbruch im zerstörten Deutschland. 1945–1959

1 *Gefängnistagebuch,* S. 90.

2 Beide Briefe sind im Anhang zum *Gefängnistagebuch* veröffentlicht.

3 Vgl. *Den Wolf umarmen*, S. 400.

4 Später erschienen in der Sammlung *An den Frieden glauben. Über Literatur, Politik, Religion. 1944–1967*. Hg. Hans-Rüdiger Schwab. Frankfurt a. M. 1990.

5 *An den Frieden glauben*, S. 187 ff. Die Rede wurde am 30. September 1946 gehalten.

6 *Den Wolf umarmen*, S. 404.

7 *Den Wolf umarmen*, S. 405.

8 Abdruck der Briefe Hermann Hesses aus: *Gesammelte Briefe in vier Bänden*. Hg. Ursula Michels und Volker Michels. © Suhrkamp Verlag, Frankfurt am Main 1986. Abdruck aus den bisher unveröffentlichten Briefen mit freundlicher Genehmigung von Silver Hesse. © Silver Hesse. © Suhrkamp Verlag.

9 *Hitler in uns selbst? Versuch einer psychologischen Analyse des Menschen der Gegenwart*. Vortrag, gehalten 1947 im Umschulungslager für ehemalige SS-Mitglieder in Ludwigsburg. Vgl. Anm. 4.

10 Vgl. *Den Wolf umarmen*, S. 405–408.

11 *Den Wolf umarmen*, S. 407 f. Fast 40 Jahre vorher hatte Luise Rinser mitten im Geschehen darüber an Hermann Hesse geschrieben. Dort sieht die Geschichte etwas anders aus.

12 Die Erzählung *Jan Lobel aus Warschau* ist ihm gewidmet.

13 *Den Wolf umarmen*, S. 408.

14 Luise Rinser, *Saturn auf der Sonne*. Frankfurt a. M. 1994. Taschenbuch-Ausgabe Frankfurt a. M. 1996 ff., S. 7.

15 Vgl. *Saturn auf der Sonne*, S. 17 und zum Folgenden S. 24.

16 *Saturn auf der Sonne*, S. 33.

17 *Saturn auf der Sonne*, S. 33, vgl. bis S. 36.

18 Mit der Schauspielerin und Synchronsprecherin Ruth Hellberg.

19 *Saturn auf der Sonne*, S. 39 f.

20 Vgl. *Saturn auf der Sonne*, S. 45.

21 *Saturn auf der Sonne*, S. 48.

22 *Saturn auf der Sonne*, S. 49.

23 *Saturn auf der Sonne*, S. 50.

24 Das Herz hat Gründe (raisons), die die Vernunft (raison) nicht kennt.

25 *Saturn auf der Sonne*, S. 49.

26 *Saturn auf der Sonne*, S. 55.

27 *Saturn auf der Sonne*, S. 56.

28 *Saturn auf der Sonne*, S. 71.

29 *Saturn auf der Sonne*, S. 57–85.

30 Titel der Rede war: *Über den Antisemitismus. Ein Aufruf zur Besinnung*. Abgedruckt in dem Essayband *An den Frieden glauben* (vgl. Anm. 4). Dort ist – anders als in *Saturn auf der Sonne* – eine Veranstaltung der Lessing-Gesellschaft als Anlass genannt. Da im gedruck-

ten Text des Vortrags, wo auch immer er stattfand, weder die Aktion
»Bäume für Israel« noch der Vatikan vorkommen, dürfen wir annehmen, dass Luise Rinser beim Niederschreiben von *Saturn* Erinnerungen aus verschiedenen Situationen verschmolzen hat.

31 *Saturn auf der Sonne*, S. 62.
32 *Saturn auf der Sonne*, S. 82.
33 *Saturn auf der Sonne*, S. 82 f.
34 Auf S. 73 von *Saturn* steht ungenau »Die weite Welt«.
35 Vgl. *Saturn auf der Sonne*, S. 74–83.
36 *Saturn auf der Sonne*, S. 74.
37 *Saturn auf der Sonne*, S. 75.
38 *Saturn auf der Sonne*, S. 77.
39 Abgedruckt in *An den Frieden glauben* (vgl. Anm. 4).
40 Vgl. Luise Rinsers Brief an Thomas Mann vom 24. August 1947 aus
   Kirchanschöring (Thomas Mann Archiv Zürich) und die Antwort
   Thomas Manns vom 29. September 1947 aus Pacific Palisades, Cali-
   fornia (Deutsches Literaturarchiv Marbach; zitiert mit Genehmigung
   des S. Fischer Verlags).
41 Bertolt Brecht, *Gesammelte Werke*, Bd. 19. Frankfurt a.M. 1967,
   S. 495 f.
42 Ihrer Ehe mit Carl Orff widmet Luise Rinser in *Saturn auf der Sonne*
   das Kapitel »Zum Hasse nicht …« (S. 86–137), das die Fakten, wie
   bei ihr üblich, oft als Sprungbrett für die dichterische Umwandlung
   der Ereignisse benutzt. Korrektur erfolgt, wenn nötig, auf der
   Grundlage anderer Quellen. Selbstverständlich geht es hier nicht um
   Carl Orff selbst, sondern um seine Rolle im Leben Luise Rinsers.
43 *Saturn auf der Sonne*, S. 91.
44 *Saturn auf der Sonne*, S. 106; zum Folgenden S. 107.
45 Vgl. oben und Anm. 86.
46 »Wir hatten am 6. März 1954 geheiratet, und zwar in Riederau am
   Ammersee.« (*Saturn auf der Sonne*, S. 107). Dass keine kirchliche
   Trauung stattfand, zeigt eindeutig das folgende Zitat, das im Zusammenhang mit ihrer Liebesbeziehung zum Benediktiner-Abt (M.A. =
   Mein Abt) steht: »Was dachte M.A., der Geistliche, der Zölibatär,
   über meine Ehe mit C.O.? Half er sich mit einem theologischen Argument: C.O. und ich waren nicht kirchlich getraut, da war es denn
   schließlich keine Sünde wider ein Sakrament …« (S. 159 f.).
47 *Saturn auf der Sonne*, S. 123.
48 *Saturn auf der Sonne*, S. 97.
49 *Saturn auf der Sonne*, S. 101.
50 *Saturn auf der Sonne*, S. 122.
51 *Saturn auf der Sonne*, S. 99, folgendes Zitat aus S. 101.
52 *Saturn auf der Sonne*, S. 130.

53 Saturn auf der Sonne, S. 109.
54 Gesellschaft für musikalische Aufführungs- und mechanische Vervielfältigungsrechte.
55 Der Inhaber des Verlags B. Schott's Söhne in Mainz.
56 *Die Wahrheit über Konnersreuth. Ein Bericht.* Einsiedeln/Zürich/ Köln 1954.
57 *Saturn auf der Sonne,* S. 131.
58 *Saturn auf der Sonne,* S. 110.
59 *Saturn auf der Sonne,* S. 143.
60 *Saturn auf der Sonne,* S. 144.
61 Michael Höck (die beiden Brüder schreiben ihren Namen unterschiedlich), Kirchengeschichtler, war wegen seiner Ablehnung des Naziregimes 1944–1945 im KZ Dachau inhaftiert; nach dem Krieg hatte er in der Münchner Erzdiözese wichtige Ämter inne.
62 *Saturn auf der Sonne,* S. 146 bzw. 147.
63 *Saturn auf der Sonne,* S. 149, vgl. 148.
64 *Saturn auf der Sonne,* S. 152.
65 *Saturn auf der Sonne,* S. 152.
66 *Saturn auf der Sonne,* S. 153.
67 *Saturn auf der Sonne,* S. 154.
68 »Er hätte sagen können: er müsse verreisen, oder derlei. Er log nie. Aber später verreiste er einfach, wenn er wußte, daß ich komme. Er floh.« (*Saturn auf der Sonne,* S. 149).
69 *Saturn auf der Sonne,* S. 157.
70 *Saturn auf der Sonne,* S. 159 (folgendes Zitat auch daraus), vgl. S. 102.
71 *Saturn auf der Sonne,* S. 157.
72 *Saturn auf der Sonne,* S. 160.
73 *Saturn auf der Sonne,* S. 144.
74 *Saturn auf der Sonne,* S. 139.
75 *Saturn auf der Sonne,* S. 135.
76 »Omnium rerum finis erit vitiorum abolitio.« Orffs Satz stellt keine wörtliche Übersetzung dar (abolitio heißt eigentlich Abschaffung), sondern eine Interpretation, mit der Orff sein Werk in die große Tradition der Weltliteratur stellt. Dante sagt vom Fluss Lethe: »Was hier hinabfließt, löscht im Gedächtnis des Menschen jede Spur von Sünden aus.« (*Die göttliche Komödie.* 28. Gesang) Die Anachoreten, die Orff in Schlaf fallen und vom Ende der Zeiten träumen lässt, erinnern an Calderóns *Das Leben ein Traum,* das Orff kannte und schätzte. Darauf machte mich Dr. Thomas Rösch, Direktor des Orff-Zentrums München, aufmerksam. Für das lange, bereichernde Gespräch Ende Februar 2009 bin ich ihm sehr dankbar.
77 Im Original unterstrichen. – Abdruck mit freundlicher Genehmigung von Frau Liselotte Orff und der Carl Orff-Stiftung.

78 *Saturn auf der Sonne*, S. 163.
79 *Saturn auf der Sonne*, S. 119.
80 *Saturn auf der Sonne*, S. 136 und 137.

IV. Die Pein der Heimatlosigkeit. 1959–1994

1 Luise Rinser, *Septembertag*, Frankfurt a. M. 1964. Taschenbuch-Ausgabe Frankfurt a. M. 2003, S. 29.
2 *Septembertag*, S. 56 f.
3 *Saturn auf der Sonne*, S. 193 f.
4 *Saturn auf der Sonne*, S. 213.
5 *Saturn auf der Sonne*, S. 214.
6 *Saturn auf der Sonne*, S. 222.
7 Möglicherweise werden sich manche der hier vorgelegten Interpretationen bei Bekanntwerden der noch unter Veröffentlichungsverbot stehenden Briefe Rahners an Luise Rinser als korrekturbedürftig erweisen. Zwar lassen Rinsers Briefe oft Schlüsse auf die Inhalte der Briefe Rahners zu. Doch solange sie nicht bekannt sind, stehen diese Schlüsse unter dem Vorbehalt einer möglichen Fehldeutung. So plädiere ich im Interesse der historischen Wahrheit dafür, Rahners Briefe mögen – mit dem gebotenen Respekt – der Öffentlichkeit zugänglich gemacht werden.
8 Luise Rinser, *Gratwanderung. Briefe der Freundschaft an Karl Rahner*. München 1994.
9 *Saturn auf der Sonne*, S. 224.
10 *Gratwanderung*, S. 11.
11 *Gratwanderung*, S. 15.
12 Vgl. *Gratwanderung*, S. 424, Anm. 3 und 4.
13 *Gratwanderung*, S. 19.
14 Brief vom 7. 4. 1962. *Gratwanderung*, S. 29.
15 In Briefen aus Jerusalem und Haifa, vgl. *Gratwanderung*, S. 36, 38.
16 *Saturn auf der Sonne*, S. 235 f.
17 Der S. Fischer Verlag überwies im Juli und August 1964 insgesamt 25 000 DM als Vorschuss.
18 Abt Hoeck ist offensichtlich auch kein Kind von Traurigkeit. Trotz seiner Beziehung zu Luise Rinser geht er mit seiner Sekretärin so großzügig um, dass diese von Mönchen und Hausangestellten, die meinen, es »sei etwas« zwischen ihnen, »Frau A.« (Frau Abt) genannt wird. Luise Rinser behauptet, es von einem Mitbruder (»S[cheyerer?] Pater« genannt) erfahren zu haben, der offenbar dem Abt schaden wolle. Die Nachricht verstört Luise Rinser trotzdem. Vgl. *Gratwanderung*, S. 194.

19 Brief vom 13. 7. 1963. *Gratwanderung*, S. 146.
20 Brief vom 26. 6. 1964, früh. *Gratwanderung*, S. 206.
21 Brief vom 7. 7. 1964, nachmittags. *Gratwanderung*, S. 212.
22 Rom, Allerheiligenabend, 1964. *Gratwanderung*, S. 246.
23 Roma, 9. 11. 64 (»9. Nov. 38! Kristallnacht!«). *Gratwanderung*, S. 254 bzw. 255.
24 Brief an Rahner vom 17. 2. 1965. *Gratwanderung*, S. 275.
25 Vgl. *Gratwanderung*, S. 321.
26 Beide Zitate aus *Saturn auf der Sonne*, S. 237 bzw. 238.
27 Die Gründung der Stadt soll auf Soldaten zurückgehen, die mit König Ludwig dem Bayern im 14. Jahrhundert nach Rom kamen. Ein Ortsteil heißt noch heute »quartiere bavarese«, und die Fahne Rocca di Papas ist, wie die bayerische, weiß-blau. Vgl. Luise Rinser, *Wachsender Mond. 1985 bis 1988*. Frankfurt a. M. 1988, S. 125.
28 Die Villa besteht seit 2006 nicht mehr.
29 Vgl. Brief an Rahner vom »vielleicht« 13. Februar 1965. *Gratwanderung*, S. 270.
30 Brief vom 13. 5. 1965. *Gratwanderung*, S. 298.
31 Brief vom 8. 4. 1965. *Gratwanderung*, S. 293.
32 Brief vom 22. 10. 1966. *Gratwanderung*, S. 397 f.
33 »Die Anti-Depressions-Pillen täten mich schon sehr interessieren. Ich würde sie aber dann nur im äußersten Notfall nehmen, dann nämlich, wenn die Depression mich in der Arbeit oder in der Beziehung zu Mitmenschen erheblich stört.« (Brief vom 13. 5. 1965. *Gratwanderung*, S. 297)
34 Vorrede zur ersten Auflage (1781).
35 Karl Rahner, *Von der Größe und dem Elend des christlichen Schriftstellers*, in: Luise Rinser. Zu ihrem 60. Geburtstag am 30. April 1971, S. 35–46, hier S. 36. Wieder abgedruckt in: *Luise Rinser. Materialien zu Leben und Werk*. Hg. von Hans-Rüdiger Schwab. Frankfurt a. M. 1986, S. 89–102.
36 Brief an Rahner vom 2. 4. 1965. *Gratwanderung*, S. 291.
37 Luise Rinser, *Baustelle. Eine Art Tagebuch*. Frankfurt a. M. 1970, S. 27.
38 Karlheinz Graudenz, *Das Buch der Etikette*, unter Mitarbeit von Erica von Pappritz. Marbach am Neckar, 1956. Die 12., völlig neu bearbeitete Auflage erschien 1971 in München unter dem Titel *Etikette neu*.
39 Vgl. Gerd Koenen, *Das rote Jahrzehnt. Unsere kleine deutsche Kulturrevolution. 1967–1977*. Köln 2001.
40 *Baustelle*, S. 187 und 206.
41 *Baustelle*, S. 278.
42 Vgl. Willy Brandt, *Links und frei. Mein Weg 1930–1950*. Hamburg 1982; ders., *Erinnerungen*. Frankfurt a. M. 1989; Georg Schöllgen, *Willy Brandt. Die Biographie*. Berlin 2001.

43 Luise Rinser, *Grenzübergänge. Tagebuch-Notizen.* Frankfurt a. M. 1972, S. 237–242, alle folgenden Zitate daraus.
44 *Grenzübergänge. Tagebuch-Notizen.* Frankfurt a. M. 1972; *Kriegsspielzeug. Tagebuch 1972–1978.* Frankfurt a. M. 1978; *Winterfrühling. 1979–1982.* Frankfurt a. M. 1982.
45 *Grenzübergänge,* S. 75.
46 *Grenzübergänge,* S. 267–271.
47 *Grenzübergänge,* S. 114–124. Alle Zitate daraus.
48 *Grenzübergänge,* S. 109.
49 *Grenzübergänge,* S. 144 bzw. 145.
50 *Grenzübergänge,* S. 148 f.
51 *Grenzübergänge,* S. 229.
52 Vgl. *Grenzübergänge,* S. 273–279 und *Kriegsspielzeug,* S. 167–173.
53 Die Briefe befinden sich im Deutschen Literaturarchiv Marbach.
54 *Grenzübergänge,* S. 278 bzw. 279.
55 Luise Rinser, *Kriegsspielzeug. Tagebuch 1972–1978.* Frankfurt a. M. 1978, S. 28 f.
56 Luise Rinser, *Dem Tode geweiht? Lepra ist heilbar!* (Mit 24 Bildtafeln; Fotos von Christoph Rinser), Percha/Kempfenhausen 1974. Nach der Ölkrise 1973 war 1974 im selben Verlag erschienen: *Wie wenn wir ärmer würden oder Die Heimkehr des verlorenen Sohnes,* und ein Jahr vorher *Hochzeit der Widersprüche.*
57 *Kriegsspielzeug,* S. 92. Die Oper, die »Ich, Präsident« heißen sollte, ist nicht vollendet worden.
58 *Kriegsspielzeug,* S. 48. Das Jahr 1975 ist überhaupt sehr fruchtbar: »20. Januar: ›Wie wenn wir ärmer würden‹ fertig« (ebd. S. 45), »20. April. ›Leiden Sterben Auferstehen‹ Luzerner Predigten fertig« (ebd. S. 46), »Juli: ›Dem Tode geweiht‹ fertig« (ebd. S. 47). Und 1976 beginnt so: »3. März: ›Wenn die Wale kämpfen‹ (Korea-Reisebericht) fertig« (ebd. S. 95).
59 Luise Rinser, *Bruder Feuer.* Stuttgart 1975. Taschenbuch-Ausgabe Frankfurt a. M. 1978, S. 124, nächste Zitate S. 125, 127.
60 *Kriegsspielzeug,* S. 167.
61 *Kriegsspielzeug,* S. 212 f.
62 Luise Rinser, *Khomeini und der islamische Gottesstaat.* Percha/Kempfenhausen 1979, S. 8.
63 Luise Rinser, *Wenn die Wale kämpfen. Porträt eines Landes: Süd-Korea,* Percha/Kempfenhausen 1976.
64 Luise Rinser, Isang Yun: *Der verwundete Drache. Dialog über Leben und Werk des Komponisten.* Frankfurt a. M. 1977.
65 *Der verwundete Drache,* S. 236.
66 Luise Rinser, *Nordkoreanisches Reisetagebuch.* Frankfurt a. M. 1981, S. 137.

67 *Nordkoreanisches Reisetagebuch,* S. 142.
68 *Nordkoreanisches Reisetagebuch,* S. 144.
69 Luise Rinser, *Winterfrühling. 1979–1982.* Frankfurt a. M. 1982, S. 124; die Japanreise wird auf S. 124–140 beschrieben.
70 *Winterfrühling,* S. 184 f.
71 *Winterfrühling,* S. 226.
72 *Winterfrühling,* S. 227. Vgl. zu diesem Thema: Luise Rinser, *Unterentwickeltes Land Frau.* Würzburg 1970.
73 Luise Rinser, *Mirjam.* Roman. Frankfurt a. M. 1983. Taschenbuch-Ausgabe Frankfurt a. M. 1987, S. 77.
74 Mit Datum 22. September 1984 schreibt der Theologe Hans Urs von Balthasar zustimmend der Autorin, das Buch sei »stark und voller Leidenschaft«. Seine Fragen über das Gebet, die Gewalt, das Kreuz, zeigen jedoch, so wichtig sie auch sein mögen, dass die Grundintention des Buches unerkannt bleibt, obwohl dem Ex-Jesuiten die »teilhardischen Ausblicke am Schluß« nicht entgangen sind. (Deutsches Literaturarchiv Marbach)
75 Luise Rinser, *Im Dunkeln singen. 1982–1985.* Frankfurt a. M. 1985, S. 138 f.
76 Franz Alt, *Jesus – Frau im Mann,* in: *Luise Rinser. Materialien zu Leben und Werk.* Hg. von Hans-Rüdiger Schwab. Frankfurt a. M. 1986, S. 218–225. Vgl. auch den Brief von Hans Mayer an Luise Rinser, ebd., S. 276–277.
77 *Mirjam,* S. 331 f.
78 *Im Dunkeln singen,* S. 158. Vgl. den Bericht über die Kandidatur und die Vorbereitung der Rede, mit der sie ihre Kandidatur begründete, auf S. 157–164. Alle folgenden Zitate daraus.
79 In: *Luise Rinser. Materialien zu Leben und Werk,* S. 55–59.
80 *Im Dunkeln singen,* S. 176. Die Johannes-Bobrowski-Medaille wurde (bis 1988) von der Ost-CDU und dem der CDU gehörenden Union-Verlag verliehen. Ausgezeichnet wurden u. a. Ernesto Cardenal, Frei Betto und Albrecht Goes.
81 *Im Dunkeln singen,* S. 247 bzw. 249.
82 Luise Rinser, *Wachsender Mond. 1985–1988.* Frankfurt a. M. 1988, S. 28 bzw. 29.
83 *Im Dunkeln singen,* S. 153.
84 *Im Dunkeln singen,* S. 156.
85 *Im Dunkeln singen,* S. 197.
86 *Im Dunkeln singen,* S. 173, vgl. S. 170–174.
87 *Wachsender Mond,* S. 54–57. Der Vortrag wurde 1988 bei S. Fischer veröffentlicht.
88 Luise Rinser, *Wer wirft den Stein? Zigeuner sein in Deutschland. Eine Anklage.* Stuttgart 1985.

89 *Wachsender Mond,* S. 92–103.
90 *Wachsender Mond,* S. 115.
91 Landsberg ehrte sie einige Jahre später.
92 *Wachsender Mond,* S. 123 f.
93 *Wachsender Mond,* S. 164, vgl. den ganzen Bericht S. 164–176.
94 *Wachsender Mond,* S. 212 f.
95 *Wachsender Mond,* S. 239, vgl. 240. (Luise Rinser wird ebenfalls im März sterben.)
96 Luise Rinser, *Wir Heimatlosen. 1989–1992.* Frankfurt a. M. 1992, S. 58–59, ferner S. 36 f.
97 *Wir Heimatlosen,* S. 75 f.
98 *Wir Heimatlosen,* S. 76.
99 *Wir Heimatlosen,* S. 76.
100 *Wir Heimatlosen,* S. 78.
101 Unter diesem negativen Blickpunkt, dem freilich die historische Berechtigung keineswegs fehlt, betrachtet Luise Rinser die wichtigsten Ereignisse dieser Jahre 1988–1990, vor allem die Beziehung zwischen Ost- und Westdeutschland. Auch das gespannte Verhältnis zwischen ost- und westdeutschen Schriftstellern erfährt sie beim Treffen des P.E.N.-Clubs 1990. Die Vertreter des geistigen Lebens in Deutschland waren sich uneinig. »In Berlin gingen wir freundlich enttäuscht auseinander, und ich sagte, den König von Sachsen zitierend, der 1919, nach Revolution und Abdankung, seinem Volk zurief: ›Macht euern Dreck alleene.‹« (*Wir Heimatlosen,* S. 93).
102 *Wir Heimatlosen,* S. 112 f. Der Brief befindet sich im Deutschen Literaturarchiv Marbach.
103 *Wir Heimatlosen,* S. 99, vgl. bis 103. Folgende Zitate daraus.
104 *Wir Heimatlosen,* S. 110 f.
105 *Sonja und Leo.* Als Manuskript gedruckt im S. Fischer Verlag.
106 *Wir Heimatlosen,* S. 116.
107 Vgl. *Karin Mai. Begegnungen. Leben und Werk der Bildhauerin Karin Mai.* Hg. von Bernd Mühlig-Versen, Landsberg a. L. 2009.
108 *Wir Heimatlosen,* S. 167.
109 *Wir Heimatlosen,* S. 187.
110 *Wir Heimatlosen,* S. 194 und 206.
111 *Wir Heimatlosen,* S. 212.
112 *Kunst des Schattenspiels.* Frankfurt a. M. 1997, S. 14; für 1994 vgl. S. 13–35.
113 Eine Schilderung des Besuches in Dharamsala sowie eine Wiedergabe der Gespräche finden sich in: Luise Rinser, *Mitgefühl als Weg zum Frieden. Meine Gespräche mit dem Dalai Lama.* München 1995; darin auf S. 129–144 ein Bericht über die Entstehung der Friedensuniversität.

114 *Wir Heimatlosen*, S. 18 bzw. 19.
115 *Kunst des Schattenspiels*, S. 60, zum Tod von Stephan Rinser vgl.
     ferner S. 39, 43, 60–62, 64.
116 *Kunst des Schattenspiels*, S. 61.
117 *Kunst des Schattenspiels*, S. 39.
118 *Kunst des Schattenspiels*, S. 53.

V. Rückzug ins Schweigen. 1995–2002

1 Luise Rinser, *Der Auftrag der Musik in der Gesellschaft von heute*,
   in: Edith Stein Jahrbuch. Hg. von José Sánchez de Murillo. Band 2
   Das Weibliche, Würzburg 1996, 301–314.
2 Vgl. José Sánchez de Murillo, *Dein Name ist Liebe*. Vorwort von
   Luise Rinser. Bergisch-Gladbach 1998.
3 Vgl. José Sánchez de Murillo, *Durchbruch der Tiefenphänomenolo-
   gie. Die Neue Vorsokratik*. Stuttgart 2002. Der Untertitel geht auf
   dieses Gespräch mit Luise Rinser zurück, die sich im Laufe ihres
   Lebens intensiv mit der griechischen Vorsokratik befasst hat.
4 Adele Adlichhammer bewohnte als Untermieterin zwei Zimmer,
   hielt die Wohnung sauber, nahm während Luise Rinsers Abwesenheit Telefonate entgegen, kaufte ein, bekochte und chauffierte sie,
   wenn sie in München war.
5 Jakob Böhme, *Das Fünklein Mensch*. Ausgewählte Texte, herausgegeben und meditativ erschlossen von José Sánchez de Murillo.
   München 1997.
6 Die Beschreibung der Andalusien-Reise findet sich in *Kunst des
   Schattenspiels*, S. 140–148, die Schilderung Rondas auf S. 142–143
   und im Vorwort zu *Dein Name ist Liebe*. Vgl. ferner *Luise Rinser
   und Ronda. Der dichterische Zauber einer Stadt / El embrujo poético
   de una ciudad*. Deutsch-spanisch. Hg. von José Sánchez de Murillo,
   Christoph Rinser, Martin Thurner. Schriften der Luise Rinser-Stiftung. München 2007.
7 Im Tagebuch schreibt sie von gut vier Monaten Krankenhaus. Diese
   Zeit sei so einschneidend gewesen, dass sie dafür leere Seiten ein-
   fügte. Vgl. *Kunst des Schattenspiels*, Vorbemerkung auf S. 9 und
   S. 100–104.
8 Das Gespräch hat sie im Wesentlichen im Tagebuch festgehalten:
   »Marxismus, Sozialismus, Religion, ja auch Religion. Was ist mit
   den fernöstlichen Religionen? Mit dem Buddhismus, dem Hinduis-
   mus? Sind sie tragfähig? Ich weiß es nicht. Ich weiß gar nichts
   mehr. S., der Hochgelehrte, sagt, er wisse auch nichts, und er frage
   auch nicht mehr, er lebe.« (*Kunst des Schattenspiels*, S. 116.)

9   *Kunst des Schattenspiels*, S. 52.
10 *Kunst des Schattenspiels*, S. 42.
11 *Kunst des Schattenspiels*, S. 51 f.
12 Luise Rinser, *Bruder Hund. Eine Legende*. München 1999, S. 160.

Nachwort

1 Die Briefe und andere wichtige Dokumente und Erkenntnisse, die in
   dieser Biographie keinen Platz finden konnten, werden nach und
   nach veröffentlicht in *Aufgang. Jahrbuch für Denken, Dichten, Musik*, herausgegeben von José Sánchez de Murillo und Martin Thurner,
   das seit 2004 – nun in Trägerschaft der Luise Rinser-Stiftung – bei
   Kohlhammer in Stuttgart erscheint.
2 Vgl. *Den Wolf umarmen*, S. 7 und 11.

Bibliographie

Buchveröffentlichungen in chronologischer Folge

Die gläsernen Ringe. Eine Erzählung. S. Fischer, Berlin 1941
Erste Liebe. Drei Erzählungen. Inhalt: *Elisabeth; Anna; Daniela.* Kurt Desch, München 1946
Gefängnistagebuch. Kurt Desch, München 1946. Neudruck: S. Fischer, Frankfurt am Main 1963; Fischer Taschenbuch Verlag, Frankfurt am Main 1973
Pestalozzi und wir. Der Mensch und das Werk. Günther, Stuttgart 1947
Jan Lobel aus Warschau. Erzählung. Schleber, Kassel 1948
Hochebene. Ein Unterhaltungsroman. Schleber, Kassel 1948. Neudruck: Benziger, Einsiedeln–Zürich–Köln 1953
Die Stärkeren. Roman. Schleber, Kassel 1948
Martins Reise. Ein Kinderbuch. Atlantis, Zürich–Freiburg i.Br. 1949. Taschenbuch: Arena, Würzburg 1966
Mitte des Lebens. Roman. S. Fischer, Frankfurt am Main 1950; Fischer Taschenbuch Verlag, Frankfurt am Main 1959
Sie zogen mit dem Stern. Eine Bubenweihnacht. Don Bosco, München 1950. Neudruck: Buchner, München 1960
Daniela. Roman. S. Fischer, Frankfurt am Main 1953; Fischer Taschenbuch Verlag, Frankfurt am Main 1970
Die Wahrheit über Konnersreuth. Ein Bericht. Benziger, Einsiedeln–Zürich–Köln 1954; Fischer Taschenbuch Verlag, Frankfurt am Main 1954
Der Sündenbock. Roman. S. Fischer, Frankfurt am Main 1955; Fischer Taschenbuch Verlag, Frankfurt am Main 1962
Ein Bündel weißer Narzissen. Erzählungen. Inhalt: *Die Lilie; Anna; Elisabeth; Daniela; Die rote Katze; Die kleine Frau Marbel; Ein alter Mann stirbt; Eine dunkle Geschichte; Jan Lobel aus Warschau; David.* S. Fischer, Frankfurt am Main 1956; Fischer Taschenbuch Verlag, Frankfurt am Main 1975

Abenteuer der Tugend. Roman. S. Fischer, Frankfurt am Main 1957; Fischer Taschenbuch Verlag, Frankfurt am Main 1969
Geh fort wenn du kannst. Erzählung. S. Fischer, Frankfurt am Main 1959
Der Schwerpunkt. Essays. Inhalt: *Annette Kolb; Franz Werfel; Carl Zuckmayer; Elisabeth Langgässer; Bertolt Brecht*. S. Fischer, Frankfurt am Main 1960
Ich weiß deinen Namen. 73 Fotografien gedeutet von Luise Rinser. Echter, Würzburg 1962
Die vollkommene Freude. Roman. S. Fischer, Frankfurt am Main 1962; Fischer Taschenbuch Verlag, Frankfurt am Main 1972
Vom Sinn der Traurigkeit (Felix tristitia). Die Arche, Zürich 1962
Weihnachts-Triptychon. Erzählungen. Inhalt: *Schaufel und Besen; Willkommen anstelle von Veronika; Weihnacht hinterm Holz*. Die Arche, Zürich 1963
Septembertag. S. Fischer, Frankfurt am Main 1964; Fischer Taschenbuch Verlag, Frankfurt am Main 1976
Über die Hoffnung. Die Arche, Zürich 1964
Gespräche über Lebensfragen. Echter, Würzburg 1966
Hat Beten einen Sinn? Die Arche, Zürich 1966
Ich bin Tobias. Roman. S. Fischer, Frankfurt am Main 1966; Fischer Taschenbuch Verlag, Frankfurt am Main 1975
Gespräch von Mensch zu Mensch. Echter, Würzburg 1967
Jugend unserer Zeit. Fotografien gedeutet von Luise Rinser. Echter, Würzburg 1967
Laie, nicht ferngesteuert. Die Arche, Zürich 1967
Zölibat und Frau. Echter, Würzburg 1967
Fragen, Antworten. Echter, Würzburg 1968
Von der Unmöglichkeit und der Möglichkeit heute Priester zu sein. Echter, Würzburg 1968
Nach seinem Bild. Text: Luise Rinser, Fotos: Oswald Kettenberger. Echter, Würzburg, und NZN, Zürich, 1969
Unterentwickeltes Land Frau. Echter, Würzburg 1970; NA mit einem Vorwort, Fischer Taschenbuch Verlag, Frankfurt am Main 1987
Baustelle. Eine Art Tagebuch. 1967–1970. S. Fischer, Frankfurt am Main 1970; Fischer Taschenbuch Verlag, Frankfurt am Main 1977
Grenzübergänge. Tagebuch-Notizen. S. Fischer, Frankfurt am Main 1972; Fischer Taschenbuch Verlag, Frankfurt am Main 1977
Hochzeit der Widersprüche. R. S. Schulz, Percha/Kempfenhausen 1973
Dem Tode geweiht? Lepra ist heilbar. Reisebericht über die Lepra-Insel Lewoleba. R. S. Schulz, Percha/Kempfenhausen 1974
Wie wenn wir ärmer würden oder Die Heimkehr des verlorenen Sohnes. R. S. Schulz, Percha/Kempfenhausen 1974

Der schwarze Esel. Roman. S. Fischer, Frankfurt am Main 1975; Fischer
Taschenbuch Verlag, Frankfurt am Main 1976
Bruder Feuer. K. Thienemann, Stuttgart 1975; Fischer Taschenbuch Ver-
lag, Frankfurt am Main 1978; bearbeitete und erweiterte Neuausgabe:
Weitbrecht, Stuttgart 1992
Leiden, Sterben, Auferstehen. Echter, Würzburg 1975
Wenn die Wale kämpfen. Portrait eines Landes: Süd-Korea. R. S.
Schulz, Percha/Kempfenhausen 1976
Luise Rinser und Isang Yun, *Der verwundete Drache.* Dialog über Le-
ben und Werk des Komponisten. S. Fischer, Frankfurt am Main 1977
Kriegsspielzeug. Tagebuch 1972–1978. S. Fischer, Frankfurt am Main
1978; Fischer Taschenbuch Verlag, Frankfurt am Main 1980
Khomeini und der islamische Gottesstaat. Eine große Idee – Ein großer
Irrtum? R. S. Schulz, Percha/Kempfenhausen 1979
Das Geheimnis des Brunnens. Thienemann, Stuttgart 1979
Mein Lesebuch. Eine Anthologie. Fischer Taschenbuch Verlag, Frankfurt
am Main 1980
Nordkoreanisches Reisetagebuch. Fischer Taschenbuch Verlag, Frank-
furt am Main 1981
Den Wolf umarmen. S. Fischer, Frankfurt am Main 1981; Fischer Ta-
schenbuch Verlag, Frankfurt am Main 1984
Winterfrühling. 1979–1982. S. Fischer, Frankfurt am Main 1982; Fischer
Taschenbuch Verlag, Frankfurt am Main 1984
Mirjam. Roman. S. Fischer, Frankfurt am Main 1983; Fischer Taschen-
buch Verlag, Frankfurt am Main 1987.
Das Squirrel. Thienemann, Stuttgart 1984; Neuausgabe: Aquamarin,
Grafing 2004
Im Dunkeln singen. 1982–1985. S. Fischer, Frankfurt am Main 1985;
Fischer Taschenbuch Verlag, Frankfurt am Main 1988
Wer wirft den Stein? Zigeuner sein in Deutschland. Eine Anklage. Thi-
enemann, Stuttgart 1985; Ullstein, Berlin, 1987
Geschichten aus der Löwengrube. Acht Erzählungen. Inhalt: *Hinkela;
Munjo, der Dichter; Bitte, keine mildernden Umstände; Wie in einem
Spiegel; Jakobs Kampf; Vergib uns, wie auch wir vergeben; Äskulap;
Angewandte Physik.* S. Fischer, Frankfurt am Main 1986; Fischer Ta-
schenbuch Verlag, Frankfurt am Main 1992
Die Aufgabe der Musik in der Gesellschaft von heute. Vortrag, gehalten
am 3. September 1985 in der Philharmonie zur Eröffnung der Berli-
ner Festwochen. S. Fischer, Frankfurt am Main 1986
Die sieben letzten Worte unseres Erlösers am Kreuz. Calig Verlag,
München, und Bernward Verlag, Hildesheim 1987
Silberschuld. Roman. S. Fischer, Frankfurt am Main 1987; Fischer Ta-
schenbuch Verlag, Frankfurt am Main 1992

Wachsender Mond. 1985–1988. S. Fischer, Frankfurt am Main 1988; Fischer Taschenbuch Verlag, Frankfurt am Main 1993

Drei Kinder und ein Stern. Hoch, Stuttgart – Wien 1988

An den Frieden glauben. Über Literatur, Politik und Religion 1944–1967. S. Fischer, Frankfurt am Main 1990

Abaelards Liebe. Roman. S. Fischer, Frankfurt am Main 1991; Fischer Taschenbuch Verlag, Frankfurt am Main 1993

Wir Heimatlosen. 1989–1992. S. Fischer, Frankfurt am Main 1992; Fischer Taschenbuch Verlag, Frankfurt am Main 1995

Immer ist jetzt. Tagebuchaufzeichnungen. Hg. von Ute Zydek. Kiefel, Wuppertal 1992

Fließendes Licht. Ein Lesebuch. Hg. von Bogdan Snela und Ute Zydek. Kösel, München 1993

Saturn auf der Sonne. S. Fischer, Frankfurt am Main 1994; Fischer Taschenbuch Verlag, Frankfurt am Main 1996

Gratwanderung. Briefe der Freundschaft an Karl Rahner 1962–1964. Hg. von Bogdan Snela. Kösel, München 1994

Mitgefühl als Weg zum Frieden. Meine Gespräche mit dem Dalai Lama. Kösel; München 1995

Leben im Augenblick. Kurze Texte zur Sinnfrage. Hg. von Ute Zydek. Kösel, München 1996

Kunst des Schattenspiels. 1994–1997. S. Fischer, Frankfurt am Main 1997

Luise Rinser und Hans Christian Meiser, *Reinheit und Ekstase. Auf der Suche nach der vollkommenen Liebe.* List, München 1998

Bruder Hund. Eine Legende. Kösel, München 1999

Luise Rinser und Hans Christian Meiser, *Aeterna.* Roman. S. Fischer, Frankfurt am Main 2000

Zauberworte für den Mut. Eine Anthologie. Hg. von Hans Christian Meiser. Ars Edition, München 2002

Luise Rinser. Materialien zu Leben und Werk, Hg. Hans-Rüdiger Schwab. Fischer Taschenbuch Verlag, Frankfurt am Main 1986. (Der Band enthält ein Verzeichnis der Beiträge zu Anthologien, der Veröffentlichungen in Zeitungen und Zeitschriften sowie eine Sekundärbibliographie.)

Bildnachweis

In der Reihenfolge der Abbildungen:

1–11 Archiv S. Fischer Verlag
12 Privatarchiv Rinser
13, 14 Archiv S. Fischer Verlag
15 Anne Kirchbach
16, 17 Archiv S. Fischer Verlag
18 Bernd Mühlig-Versen
19 Isolde Ohlbaum

Register